Erwin Salamon
Variable Engeltsysteme für Praktiker

Erwin Salamon

Variable Entgeltsysteme für Praktiker

Die Grundstrukturen für Unternehmen

DE GRUYTER

Rechtsanwalt und Fachanwalt für Arbeitsrecht Dr. iur. Erwin Salamon, Partner,
ESCHE SCHÜMANN COMMICHAU, Hamburg.

Zitiervorschlag: *Salamon*, Kap. 5 Rn 46.

Hinweis:
Alle Angaben in diesem Werk sind nach bestem Wissen unter Anwendung aller gebotenen Sorgfalt erstellt worden. Trotzdem kann von dem Verlag und dem Autor keine Haftung für etwaige Fehler übernommen werden.

ISBN 978-3-11-031558-5
e-ISBN 978-3-11-031575-2

Bibliografische Information der Deutschen Nationalbibliothek
Die Deutsche Nationalbibliothek verzeichnet diese Publikation in der Deutschen Nationalbibliografie; detaillierte bibliografische Daten sind im Internet über http://dnb.d-nb.de abrufbar.

© 2013 Walter de Gruyter GmbH, Berlin/Boston
Datenkonvertierung/Satz: jürgen ullrich typosatz, 86720 Nördlingen
Druck: Hubert & Co. GmbH & Co. KG, Göttingen
♾ Gedruckt auf säurefreiem Papier
Printed in Germany

www.degruyter.com

Vorwort

Variable Entgeltsysteme erfreuen sich stetig zunehmender Bedeutung im Arbeitsleben. Betriebswirtschaftlich ermöglichen sie es Unternehmen, Personalkosten in gewissen Grenzen steuern zu können und damit eine Gestaltung entsprechend den konjunkturellen Rahmenbedingungen, aber auch den individuellen Anteilen der Arbeitnehmer am Wertschöpfungsprozess als Flexibilisierungsinstrument nutzbar zu machen.

Da das historisch gewachsene Leitbild des Arbeitsverhältnisses eine feststehende Vergütung einer feststehenden Arbeitszeit gegenüberstellt, ist und bleibt ein variables Entgeltsystem allerdings bei einer arbeitsrechtlichen Betrachtung eine Ausnahme von der Regel. Die Gestaltungsmöglichkeiten des Arbeitgebers werden daher durch eine zunehmend differenzierende Rechtsprechung begrenzt, die eine unangemessene Benachteiligung des Arbeitnehmers bei der Entgeltgestaltung zu vermeiden sucht.

Die Rechtsprechung des Bundesarbeitsgerichtes hat insbesondere in den vergangenen Jahren nicht unerhebliche Neuerungen gebracht, die Arbeitgeber beachten müssen – anderenfalls verfehlen sie das Steuerungsziel eines variablen Entgeltsystems. Eine nicht unerhebliche Rolle nehmen hierbei die Anforderungen des Bundesarbeitsgerichtes an eine klare und transparente Gestaltung derartiger Entgeltsysteme ein, woraus strenge formale Anforderungen für Arbeitgeber folgen und beachtet werden müssen.

Kein Gegenstand dieses Werkes ist eine Bewertung der Entwicklung der Rechtsprechung, ob der Arbeitnehmerschutz im 21. Jahrhundert tatsächlich eine so weitgehende Schutzbedürftigkeit begründet, wie die Rechtsprechung die Möglichkeiten des Arbeitgebers unter verschiedensten rechtlichen Gesichtspunkten zu beschneiden sucht. In diesem Werk werden vielmehr die Gestaltungsmöglichkeiten für Arbeitgeber aufgezeigt, um eine angemessene Gestaltung variabler Entgeltsysteme zu ermöglichen, hierbei die rechtlichen Grenzen zu erkennen und gleichzeitig betriebswirtschaftlich sinnvolle Gegebenheiten in die Entgeltfindung einfließen zu lassen.

Ziel dieses Werkes ist damit nicht die Vorstellung „des" richtigen variablen Entgeltsystems. Vielmehr werden die Strukturen möglicher Entgeltvariabilisierungen besprochen, die rechtlichen Grenzen dargestellt und anhand konkreter Praxisbeispiele die mögliche Umsetzung verschiedener variabler Entgeltmodelle für die Praxis aufgezeigt. Damit richtet sich das Werk vorrangig an den praktischen Rechtsanwender, indem es die in der täglichen Beratungspraxis des Verfassers bei der Gestaltung variabler Entgelte relevanten Fragestellungen behandelt und Beispiele für praktische Lösungen in Unternehmen aufzeigt.

Für Bemerkungen, Anregungen und Kritik bin ich aufgeschlossen und dankbar. Sie erreichen mich unter:

ESCHE SCHÜMANN COMMICHAU
Rechtsanwalt Dr. iur. Erwin Salamon
Am Sandtorkai 44
20457 Hamburg
Tel.: 040/36805-360, Fax: 040/36805-234
e.salamon@esche.de
www.esche.de

Hamburg, im Juli 2013   Erwin Salamon

Inhaltsübersicht

Abkürzungsverzeichnis —— **XVII**
Literaturverzeichnis —— **XXI**

Kapitel 1
Überblick: Bedeutung von variablen Entgeltsystemen in der unternehmerischen Praxis —— **1**

Kapitel 2
Die Grundlagen: Strukturformen des Arbeitsentgelts —— **5**

Kapitel 3
Generelle Flexibilisierungsinstrumente im Individualarbeitsrecht —— **25**

Kapitel 4
Bestands- und erfolgsabhängige Entgeltgestaltung im Individualarbeitsrecht —— **69**

Kapitel 5
Die betriebsverfassungsrechtliche Bedeutung —— **133**

Kapitel 6
Gestaltungsmöglichkeiten bei den wichtigsten Formen variabler Entgeltsysteme —— **171**

Kapitel 7
Vor- und Nachteile der Personalführung durch variable Entgeltsysteme —— **229**

Kapitel 8
Umsetzung des Konzepts in der Praxis: Die Einführung variabler Entgeltsysteme —— **241**

Kapitel 9
Muster —— **249**

Kapitel 10
Ausblick —— **263**

Stichwortverzeichnis —— **265**

Inhaltsverzeichnis

Abkürzungsverzeichnis —— **XVII**
Literaturverzeichnis —— **XXI**

Kapitel 1
Überblick: Bedeutung von variablen Entgeltsystemen in der unternehmerischen Praxis

A. Bedeutung des Entgelts in der historischen Entwicklung —— **1**
B. Bedeutung des Arbeitsrechts im Wandel —— **3**

Kapitel 2
Die Grundlagen: Strukturformen des Arbeitsentgelts

A. Grundvergütung —— **5**
B. Zulagen und Zuschläge —— **6**
C. Aufwendungsersatz —— **7**
   I. Begriff und Abgrenzung —— **7**
   II. Arbeitsrechtliche Bedeutung —— **8**
D. Einmalzahlungen —— **10**
   I. Anlassbezogene Leistungen, insbesondere Urlaubs- und Weihnachtsgelder —— **10**
   II. Tantiemen —— **11**
   III. Sonstige leistungs- oder erfolgsabhängige Sonderzahlungen (Boni, Prämien etc.) —— **12**
      1. Ermessensabhängige Festsetzung —— **12**
      2. Festsetzung nach Zielen —— **13**
         a) Individualerfolgsbezogene Ziele —— **14**
         b) Gruppenerfolgsbezogene Ziele —— **14**
         c) Unternehmens-, konzern- oder spartenerfolgsbezogene Ziele —— **15**
         d) Mischformen —— **15**
   IV. Einzelfallbezogene Festsetzung oder dauerhaftes Leistungssystem —— **16**
      1. Einzelfallbezogene Festsetzung —— **16**
      2. Dauerhaftes Leistungssystem —— **17**
      3. Zielvereinbarungen oder Zielvorgaben —— **18**
E. Provisionen —— **18**
F. Aktienoptionen —— **21**

Kapitel 3
Generelle Flexibilisierungsinstrumente im Individualarbeitsrecht

A. Basisabsicherung durch Mindestfixvergütung —— 25
    I. Gesetzliches Leitbild des Arbeitsverhältnisses —— 25
    II. Gleichbehandlungspflichten —— 26
    III. Kollektivrechtliche Pflichten —— 28
    IV. Sittenwidrige Arbeitsentgelte —— 30
B. Reichweite und Grenzen der Gestaltung freiwilliger Vergütungsbestandteile —— 32
    I. Freiwilligkeit von Vergütungsbestandteilen —— 32
    II. Kein laufendes Arbeitsentgelt —— 34
    III. Einmalige Leistungen —— 38
    IV. Wiederkehrende Leistungen —— 39
    V. Reichweite des Freiwilligkeitsvorbehaltes —— 40
        1. Totalvorbehalt —— 40
        2. Freiwilligkeitsvorbehalt hinsichtlich des Anspruchsgrundes —— 43
        3. Freiwilligkeitsvorbehalt der Höhe nach —— 44
    VI. Erklärung des Freiwilligkeitsvorbehaltes —— 46
        1. Leistungen mit kollektivem Bezug —— 46
            a) Anwendungsfall betriebliche Übung —— 46
            b) Kollektiver Charakter des Freiwilligkeitsvorbehaltes —— 47
            c) Konkreter oder pauschaler Freiwilligkeitsvorbehalt —— 48
        2. Individualvereinbarungen (§ 305b BGB) —— 49
            a) Begriff und Abgrenzung —— 49
            b) Freiwilligkeitsvorbehalte bei Individualabreden —— 50
        3. Sonstige individuelle Zusageformen —— 51
C. Befristung von Entgeltbestandteilen —— 52
    I. Abgrenzung zu Einmalleistungen —— 52
    II. Rechtliche Grenzen —— 53
        1. Prüfungsmaßstab —— 53
        2. Sachliche Gründe für die Befristung von Entgeltbestandteilen —— 54
        3. Transparenzkontrolle —— 56
D. Änderungsvorbehalte —— 57
    I. Begriff und Abgrenzung —— 57
    II. Widerrufsvorbehalt —— 57
    III. Bezugnahme auf externe Regelungswerke —— 62
        1. Dynamische Bezugnahme auf Tarifverträge —— 62
        2. Dynamische Bezugnahme auf einseitige Regelungswerke des Arbeitgebers —— 62
        3. Dynamische Bezugnahme von Betriebsvereinbarungen —— 63
    IV. Direktionsrecht —— 66

Kapitel 4
Bestands- und erfolgsabhängige Entgeltgestaltung im Individualarbeitsrecht

A. Betriebstreueleistungen —— 69
   I. Begriff —— 69
      1. Abgrenzung und Leistungszweck —— 69
      2. Bedeutung der formulierten Anspruchsvoraussetzungen —— 69
      3. Leistungen mit Mischcharakter —— 71
   II. Regelungsschranken —— 73
      1. Höhe des Anspruchs —— 73
      2. Variabilisierungsmöglichkeiten —— 73
      3. Grenzen von Bindungsklauseln —— 75
         a) Rückzahlungsklauseln —— 75
         b) Stichtagsklauseln —— 77
      4. Transparenzkontrolle —— 79
B. Erfolgsabhängige Leistungen —— 81
   I. Erscheinungsformen —— 81
      1. Tantiemen —— 81
      2. Bonus-, Prämien- und sonstige Sonderzahlungen —— 83
   II. Anknüpfungspunkte der Erfolgskomponente —— 83
   III. Rechtliche Grenzen —— 84
      1. Unerheblichkeit der Möglichkeit einer Einflussnahme —— 84
      2. Grenzen des Bezugszeitraums und Bindungswirkung —— 85
         a) Zielsetzung und Bezugszeitraum —— 85
         b) Arbeitnehmerbindung für den Bezugszeitraum und Stichtagsregelungen —— 86
      3. Rahmen- und ausfüllende Einzelregelungen —— 90
      4. Erreichbarkeit der Ziele —— 92
         a) Zielvereinbarungen —— 92
            aa) Grundsätze der freien Entgeltvereinbarung —— 92
            bb) Transparenzkontrolle —— 93
         b) Zielvorgaben —— 95
            aa) Billigkeitskontrolle bei einseitigem Leistungsbestimmungsrecht —— 95
            bb) Grenzen des Direktionsrechts bei tätigkeitsbezogenen Zielen —— 96
            cc) Bedeutung des Direktionsrechts bei wirtschaftlichen Zielen —— 97
            dd) Erreichbarkeit der Ziele —— 97
            ee) Gewichtung der Ziele —— 99
      5. Zeitpunkt der Festlegung der Ziele —— 100

6. Anpassung bestehender Zielvereinbarungen oder -vorgaben im laufenden Bezugszeitraum —— 101
   a) Interessenlage —— 101
   b) Anpassungsansprüche —— 102
      aa) Anpassung von Zielvorgaben —— 103
      bb) Anpassung von Zielvereinbarungen —— 104
7. Exkurs: Rechtsfolgen unterbliebener bzw. fehlerhafter Zielvereinbarung oder -vorgaben —— 107
   a) Fehlen einer Zielvorgabe oder Zielvereinbarung —— 107
      aa) Grundsatz und Ausnahmefall —— 107
      bb) Fehlende Zielvorgabe —— 108
      cc) Fehlen einer Zielvereinbarung —— 109
      dd) Schadensersatzanspruch bei fehlenden Zielen —— 110
   b) Fehlerhafte Zielvorgaben oder -vereinbarungen —— 114
IV. Arbeitsunfähigkeit und sonstige Fehlzeiten —— 115
   1. Gestaltungsmöglichkeiten —— 115
      a) Grenzen der Berücksichtigung von Anwesenheitszeiten —— 116
      b) Arbeitsunfähigkeit —— 116
         aa) Entwicklung der Rechtsprechung, Regelung des § 4a EFZG —— 116
         bb) Bemessung der Kürzung nach § 4a EFZG —— 118
      c) Elternzeit, Pflegezeit, Wehrdienst —— 120
      d) Mutterschutz —— 122
      e) Erholungsurlaub —— 122
      f) Kurzarbeit —— 122
   2. Fehlende Gestaltung —— 123
C. Wertungsmodelle des VorstAG —— 124
   I. Wertungsmodelle —— 124
   II. Übertragbarkeit auf Arbeitsverhältnisse —— 126
D. Besonderheiten für Banken und Versicherungen —— 127
   I. Institutsvergütungsverordnung —— 127
   II. Versicherungsvergütungsverordnung —— 131

Kapitel 5
Die betriebsverfassungsrechtliche Bedeutung

A. Mitbestimmungsrechte des Betriebsrates —— 133
   I. Überblick —— 133
   II. Mitbestimmung bei Fragen der betrieblichen Entgeltgestaltung —— 134
      1. Inhalt des Mitbestimmungsrechts —— 134
      2. Entgeltgrundsätze —— 134

        3. Einmalzahlungen —— 136
        4. Mitbestimmung bei Einführung und Änderung —— 137
            a) Mitbestimmung bei der Einführung —— 137
            b) Mitbestimmung bei der Änderung —— 140
        5. Rechtsfolgen fehlender Beteiligung des Betriebsrates —— 144
        6. Zuständigkeit der Einigungsstelle —— 145
    III. Flankierende Mitbestimmungsrechte —— 147
        1. Verhalten der Arbeitnehmer im Betrieb —— 147
        2. Technische Überwachungseinrichtungen —— 149
        3. Beurteilungsgrundsätze —— 151
        4. Berufsbildung —— 152
            a) Berufsbildung —— 152
            b) Mitbestimmung bei der betrieblichen Berufsbildung —— 153
            c) Mitbestimmung bei der außerbetrieblichen Berufsbildung —— 154
        5. Weitere denkbare Anknüpfungspunkte einer Mitbestimmung —— 155
B. Ausübung der Mitbestimmung —— 156
    I. Regelungsabrede —— 156
    II. Betriebsvereinbarungen —— 157
        1. Unmittelbare und zwingende Geltung —— 157
        2. Zustandekommen —— 158
        3. Rechtliche Grenzen —— 160
            a) Regelungssperre des § 77 Abs. 3 BetrVG —— 160
            b) Regelungsschranke des § 75 BetrVG —— 162
        4. Günstigkeitsvergleich —— 163
        5. Beendigung der Betriebsvereinbarung —— 164
            a) Befristung —— 164
            b) Aufhebung —— 165
            c) Kündigung —— 165
            d) Nachwirkung —— 166
    III. Zuständigkeitsverteilung zwischen Betriebs-, Gesamtbetriebs- sowie Konzernbetriebsrat —— 168

Kapitel 6
Gestaltungsmöglichkeiten bei den wichtigsten Formen variabler Entgeltsysteme

A. Arbeitnehmerbindung durch Betriebstreueleistungen —— 171
    I. Funktion und Bedeutung als Personalführungsinstrument —— 171
    II. Rechtliche Gestaltung —— 173
        1. Arten von Betriebstreueleistungen —— 173
        2. Bindungszeiträume —— 173
        3. Vergangenheits- oder zukunftsbezogene Bindungszeiträume —— 174

         4. Quantitative Grenzen —— 176
         5. Ausschluss von Leistungen mit Mischcharakter —— 178
         6. Betriebstreueleistung und Beendigungstatbestände —— 179
         7. Behandlung von Ruhenszeiten oder sonstigen Zeiten ohne aktive Erbringung einer Arbeitsleistung —— 180
         8. Rückzahlungsklauseln —— 181
    III. Flexibilisierungsmöglichkeiten —— 182
         1. Einmalige Leistungen —— 182
         2. Widerrufsvorbehalte —— 183
         3. Flexibilisierung der Anspruchshöhe —— 184
B. Tantiemen —— 186
    I. Funktion und Bedeutung als Personalführungsinstrument —— 186
    II. Rechtliche Gestaltung —— 188
         1. Bemessungsgrundlagen —— 188
         2. Bemessungsfaktoren —— 193
         3. Anknüpfung an die aktive Erbringung einer Arbeitsleistung und Berücksichtigung von Ruhenszeiten —— 194
         4. Ausschluss des Anspruchs bei unterjährigem Bestand des Arbeitsverhältnisses —— 194
    III. Flexibilisierungsmöglichkeiten —— 195
         1. Einmalige Leistungen —— 195
         2. Widerrufsvorbehalt —— 197
         3. Variabilisierung der Tantiemebemessung —— 201
C. Zielvereinbarungssysteme —— 203
    I. Begriff und Bedeutung als Personalführungsinstrument —— 203
    II. Rechtliche Gestaltungen —— 207
         1. Rahmen- und/oder Einzelvereinbarungen —— 207
            a) Undurchführbarkeit bei abschließender Dauerregelung —— 207
            b) Kombination aus abstrakter Rahmen- und ausfüllender Einzelregelung —— 209
         2. Gegenstand der Zielkomponenten —— 213
         3. Gewichtung der einzelnen Zielkomponenten —— 216
         4. Bezugszeitraum —— 218
         5. Bemessung der Ziele und Graduierung der Bewertung —— 220
         6. Feststellung der Zielerreichung —— 223
            a) Zeitpunkt —— 223
            b) Entscheidungszuständigkeit —— 224
            c) Auskunftsanspruch des Arbeitnehmers —— 226

Kapitel 7
Vor- und Nachteile der Personalführung durch variable Entgeltsysteme

A. Einmalige Leistungen oder dauerhafte Leistungssysteme —— 229
    I. Ausschluss zukünftiger Rechtsansprüche
durch Freiwilligkeitsvorbehalte —— 229
    II. Begrenzung des Leistungszeitraums
durch Befristungen —— 231
    III. Dauerhafte Leistungssysteme —— 232
B. Bestandsabhängige Entgeltsysteme —— 232
C. Erfolgsabhängige Entgeltsysteme —— 234
    I. Steigerung der Motivation —— 234
    II. Notwendigkeit einer Zielidentifikation —— 235
    III. Anreize und Fehlanreize —— 238
    IV. Leistungsgerechtigkeit des Entgelts und
Personalkostenflexibilisierung —— 239

Kapitel 8
Umsetzung des Konzepts in der Praxis: Die Einführung variabler Entgeltsysteme

A. Entscheidungsprozess —— 241
    I. Vorfragen des Entscheidungsprozesses —— 241
    II. Folgefragen des Entscheidungsprozesses —— 243
        1. Erste Stufe: Abstrakt-generelle Fragen —— 243
        2. Zweite Stufe: Individuelle Einzelfragen —— 244
        3. Dritte Stufe: Zeitliche Komponenten —— 245
B. Gleichbehandlungspflichten bei der Einführung
neuer Entgeltsysteme —— 246
    I. Gleichbehandlung in der Reihe —— 246
    II. Gleichbehandlung in der Zeit —— 247

Kapitel 9
Muster

A. Einmalige Leistungen —— 249
B. Widerrufsvorbehalt —— 250
C. Befristete Leistungen —— 250
D. Betriebsvereinbarungsoffene Vertragsgestaltung —— 251
E. Betriebstreueleistungen —— 251
F. Tantiemevereinbarung —— 252

G. Rahmenvereinbarung zu einem Zielvereinbarungssystem —— 253
H. Betriebsvereinbarung zu einem Zielvereinbarungssystem —— 257
I. Zielvereinbarung für einen Jahreszeitraum —— 259

Kapitel 10
Ausblick —— 263

Stichwortverzeichnis —— 265

Abkürzungsverzeichnis

§	Paragraph
€	Euro
%	Prozent
a.A.	anderer Ansicht
Abs.	Absatz
AEntG	Arbeitnehmer-Entsendegesetz
AEUV	Vertrag über die Arbeitsweise der Europäischen Union
AGG	Allgemeines Gleichbehandlungsgesetz
AktG	Aktiengesetz
AP	Arbeitsrechtliche Praxis (Zeitschrift)
ArbGG	Arbeitsgerichtsgesetz
ArbPlSchG	Arbeitsplatzschutzgesetz
ArbRB	Der Arbeits-Rechts-Berater
Aufl.	Auflage
AÜG	Arbeitnehmerüberlassungsgesetz
Az.	Aktenzeichen
BaFin	Bundesanstalt für Finanzdienstleistungsaufsicht
BAG	Bundesarbeitsgericht
BB	Betriebs-Berater (Zeitschrift)
Beschl.	Beschluss
BetrAVG	Gesetz zur Verbesserung der betrieblichen Altersversorgung
BetrVG	Betriebsverfassungsgesetz
BGB	Bürgerliches Gesetzbuch
BGH	Bundesgerichtshof
BMAS	Bundesministerium für Arbeit und Soziales
BSC	Balanced Score Card
BT-Drucks.	Bundestags-Drucksache
BUrlG	Bundesurlaubsgesetz
bzw.	beziehungsweise
d.h.	das heißt
DB	Der Betrieb (Zeitschrift)
EBIT	Earnings Before Interest and Taxes
EBITDA	Earnings Before Interest, Taxes, Depreciation and Amortization
EDV	Elektronische Datenverarbeitung
EFZG	Gesetz über die Zahlung des Arbeitsentgeltes an Sonn- und Feiertagen und im Krankheitsfall
ERA	Entgeltrahmentarifvertrag
etc.	et cetera
f., ff.	folgende (-en)
FA	Fachanwalt Arbeitsrecht (Zeitschrift)

gem.	gemäß
GewO	Gewerbeordnung
ggf.	gegebenenfalls
GmbH	Gesellschaft mit beschränkter Haftung
GmbHR	GmbH-Rundschau (Zeitschrift)
GRUR	Gewerblicher Rechtsschutz und Urheberrecht (Zeitschrift)
GuV	Gewinn- und Verlustrechnung
HGB	Handelsgesetzbuch
Hs.	Halbsatz
i.S.d.	im Sinne des
i.S.v.	im Sinne von
i.V.m.	in Verbindung mit
IFRS	International Financial Reporting Standards
InstitutsVergV	Verordnung über die aufsichtsrechtlichen Anforderungen an Vergütungssysteme von Instituten
Kap.	Kapitel
KSchG	Kündigungsschutzgesetz
KWG	Gesetz über das Kreditwesen
LAG	Landesarbeitsgericht
m.w.N.	mit weiteren Nachweisen
max.	maximal
MbO	Management by Objectives
Mrd.	Milliarde
MuSchG	Gesetz zum Schutze der erwerbstätigen Mutter (Mutterschutzgesetz)
NJW	Neue Juristische Wochenschrift
Nr.	Nummer
NZA	Neue Zeitschrift für Arbeitsrecht
NZG	Neue Zeitschrift für Gesellschaftsrecht
o.ä.	oder ähnliche (-s)
Pkw	Personenkraftwagen
RdA	Recht der Arbeit (Zeitschrift)
Rn	Randnummer
S.	Seite; Satz, Sätze
SGB IV	Gemeinsame Vorschriften für die Sozialversicherung
sog.	sogenannt (-e)
T€	Tausend Euro
TVG	Tarifvertragsgesetz
TzBfG	Teilzeit- und Befristungsgesetz

u.a.	unter anderem, und andere
u.ä.	und ähnliches
u.U.	unter Umständen
Urt.	Urteil
US-GAAP	United States Generally Accepted Accounting Principles
usw.	und so weiter
v.	von/vom
VAG	Gesetz über die Beaufsichtigung der Versicherungsunternehmen
VersVergV	Verordnung über die aufsichtsrechtlichen Anforderungen an Vergütungssysteme im Versicherungsbereich
vgl.	vergleiche
VorstAG	Gesetz zur Angemessenheit der Vorstandsvergütung
WM	Wertpapier-Mitteilungen (Zeitschrift)
z.B.	zum Beispiel
Ziff.	Ziffer
zit.	zitiert
ZPO	Zivilprozessordnung
zzgl.	zuzüglich

Literaturverzeichnis

Bauer, Jobst-Hubertus/Lingemann, Stefan/Diller, Martin/Haußmann, Katrin, Anwalts-Formularbuch Arbeitsrecht, 4. Aufl., Köln 2011 (zit.: Bauer/Lingemann/Diller/Haußmann/*Bearbeiter*)
Däubler, Wolfgang/Kittner, Michael/Klebe, Thomas/Wedde, Peter, BetrVG: Betriebsverfassungsgesetz, 13. Aufl., Frankfurt am Main 2012 (zit.: DKKW/*Bearbeiter*)
Düwell, Franz-Josef, Betriebsverfassungsgesetz, 3. Aufl., Baden-Baden 2010 (zit.: HaKo-BetrVG/*Bearbeiter*)
Erfurter Kommentar zum Arbeitsrecht, 13. Aufl., München 2013 (zit.: ErfK/*Bearbeiter*)
Feichtinger, Peter/Malkmus, Hans, Entgeltfortzahlungsrecht, 2. Aufl., Baden-Baden 2010 (zit.: *Feichtinger/Malkmus*)
Fitting, Karl/Engels, Gerd/Schmidt, Ingrid/Treibinger, Yvonne/Linsenmaier, Wolfgang, Betriebsverfassungsgesetz, 26. Aufl., München 2012 (zit.: *Fitting*)
Hennsler, Martin/Willemsen, Heinz Josef/Kalb, Heinz-Jürgen, Arbeitsrecht, 4. Aufl., Köln 2012 (zit.: HWK/*Bearbeiter*)
Hess, Harald/Schlochauer, Ursula/Worzalla, Michael/Glock, Dirk/Nicolai, Andrea/Rose, Franz-Josef, BetrVG, 8. Aufl., Köln 2011 (zit.: H/S/W/G/N/R/*Bearbeiter*)
Hümmerich, Klaus/Reufels, Martin, Gestaltung von Arbeitsverträgen, 2. Aufl., Baden-Baden 2011 (zit.: Hümmerich/Reufels/*Bearbeiter*)
Küttner, Wolfdieter, Personalhandbuch 2013, 20. Aufl., München 2013 (zit.: Küttner/*Bearbeiter*)
Löwisch, Manfred/Kaiser, Dagmar, Kommentar zum Betriebsverfassungsgesetz, 6. Aufl., Frankfurt am Main 2010 (zit.: *Löwisch/Kaiser*)
Mengel, Anja, Erfolgs- und leistungsorientierte Vergütung, Berlin 2008 (zit.: *Mengel*)
Preis, Ulrich, Der Arbeitsvertrag, 4. Aufl., Köln 2011 (zit.: Preis/*Bearbeiter*)
Richardi, Reinhard, Betriebsverfassungsgesetz, 13. Aufl., München 2012 (zit.: Richardi/*Bearbeiter*)
Schaub, Günter, Arbeitsrechts-Handbuch, 14. Aufl., München 2011 (zit.: Schaub/*Bearbeiter*)
Schmitt, Jochen, Entgeltfortzahlungsgesetz, 7. Aufl., München 2012 (zit.: *Schmitt*)
Tschöpe, Ulrich, Anwalts-Handbuch Arbeitsrecht, 7. Aufl., Köln 2011 (zit.: Tschöpe/*Bearbeiter*)
Watzka, Klaus, Zielvereinbarungen im Unternehmen, Wiesbaden 2011 (zit.: Watzka/*Bearbeiter*)
Weber, Konrad Maria, Zielvereinbarungen und Zielvorgaben im Individualarbeitsrecht, Bern 2009 (zit.: *Weber*)
Wiese, Günther/Kreutz, Peter/Oetker, Hartmut/Raab, Thomas/Weber, Christoph/Franzen, Martin, Gemeinschaftskommentar zum Betriebsverfassungsgesetz, 9. Aufl., Köln 2010 (zit.: GK-BetrVG/*Bearbeiter*)

Kapitel 1
Überblick: Bedeutung von variablen Entgeltsystemen in der unternehmerischen Praxis

A. Bedeutung des Entgelts in der historischen Entwicklung

Durch eine (zumindest in Teilen) zielabhängige Entgeltgestaltung kann der Arbeitgeber auf konjunkturelle Schwankungen durch Personalkostenbestandteile, deren „Ob" und „Wie" sich am Erfolg des Unternehmens ausrichtet, zu **Kosteneinsparungen** in wirtschaftlich schwierigen Zeiten reagieren, ohne zu einem Personalabbau oder ggf. lediglich zu einem Personalabbau geringeren Ausmaßes gezwungen zu sein. Dies vermeidet bei konjunkturellen Schwankungen **Entlassungswellen** bei sich **anschließenden Neueinstellungen**, was nicht nur mit erheblichen wirtschaftlichen Auszehrungen durch Personalabbaukosten, sondern gleichzeitig mit einem **Verlust an Wissen und Erfahrung** zuvor langjährig tätiger, aber sodann ausgetauschter Arbeitnehmer verbunden ist, wie es in den Unternehmen zu Beginn des 21. Jahrhunderts vielfach zu beobachten war.

Die zielabhängige Entgeltgestaltung ist in Unternehmen mittlerweile gefestigtes und wesentliches **Personalführungsinstrument** zur Steigerung der Wirtschaftsleistung. Seit Beginn des 21. Jahrhunderts und einem zunehmenden **Fachkräftemangel** ist bei Führungskräften die zielabhängige Entgeltgestaltung zudem häufig mit einem Kriterium der **Mitarbeiterzufriedenheit** (Führungskräftefeedback etc.) als Spiegelung der Führungsfähigkeit und Bestandteil der Personalentwicklung gekoppelt. Zielabhängige Entgeltsysteme finden sich über die Hierarchieebenen der Führungskräfte hinaus mit wachsender Bedeutung auch im **operativ-administrativen Bereich**, um Arbeitnehmer auf sämtlichen Hierarchieebenen zur Steigerung des Erfolgs des Unternehmens zu motivieren und hierzu einen wirtschaftlichen Anreiz zu setzen.

Zunächst waren **Zielvereinbarungssysteme** allein auf den **oberen Hierarchieebenen der Führungskräfte** im strategischen Bereich verbreitet. Im operativ-administrativen Bereich wurden dagegen eher Boni oder Prämien im Nachhinein für besondere Leistungen gewährt, sodass untere Hierarchieebenen nicht oder nur in geringem Umfang an einer Entgeltkomponente mit Anreizfunktion partizipierten. Im Bereich der oberen Hierarchieebenen der Führungskräfte setzte sich die zielabhängige Entgeltgestaltung neben einer Fixvergütung indessen zunehmend durch. Diese Ziele stellten etwa auf den **wirtschaftlichen Erfolg** des Unternehmens, auf den **Abschluss von Projekten** oder **persönliche Weiterbildungsmaßnahmen** ab. Dabei zeigt sich wiederum ein differenzierendes Bild danach, ob einige dieser Ziele, typischerweise etwa der Abschluss einer persönlichen Weiterbildungsmaßnahme, von der wirtschaftlichen Honorierung auszunehmen waren.

Im angloamerikanischen Raum waren diese Systeme insbesondere auf die Führungsinstrumente des „Management by Objectives" (MbO) oder die „Balanced Score

Card" (BSC) nach *Kaplan* und *Norton* zurückzuführen.¹ Während das **Management by Objectives** als Personalführungskonzept von abstrakten Zielsetzungen höherer Hierarchieebene bis zu konkret-spezifischen Zielsetzungen im operativ-administrativen Bereich ein System aufeinander abgestimmter Einzelziele für das gesamte Unternehmen vorsah² und die **Balanced Score Card** mithilfe eines Kennzahlensystems unternehmerische Planungsprozesse für das Gesamtunternehmen darstellte und leitete,³ hat die zielabhängige Entgeltgestaltung damit einen differenzierten Weg eingeschlagen. Generell rückten immer weitergehend **Vergütungskomponenten mit konkreter Anreiz- und Belohnungsfunktion** in den Vordergrund. Zuvor war eine gegenteilige Entwicklung zu beobachten: Geprägt durch stabile Arbeitsmärkte und wirtschaftliches Wachstum bis zu der Krise des Ölmarkts waren insbesondere in der ersten Hälfte der 70-iger Jahre des 20. Jahrhunderts **Leistungen der betrieblichen Altersversorgung** verbreitetes Instrument der Arbeitgeber, um Arbeitnehmer – ohne jede Flexibilität – zu binden. Durch sehr weit gehende Zusagen zeigte sich erst bei einer Realisierung der Ansprüche Jahrzehnte später, insbesondere in den 90-iger Jahren des 20. Jahrhunderts, dass viele Arbeitgeber sich hierbei übernommen hatten.

5   Zuvor hatten sich Sonderzahlungen gefestigt etwa aus **Anlass des Urlaubs oder des Weihnachtsfestes**. Dabei haben Arbeitgeber durchaus unterschiedliche Zielsetzungen mit diesen Leistungen verfolgt, die aus Sicht der Arbeitnehmer vielfach jedoch nur in „Störfällen" (Arbeitsunfähigkeit, Beendigung des Arbeitsverhältnisses) Bedeutung erlangten. Insbesondere Weihnachtsgratifikationen knüpften häufig nicht an die Erbringung von Arbeitsleistungen, sondern allein an den Bestand des Arbeitsverhältnisses an, sodass etwa dauerhaft erkrankte Arbeitnehmer oder Arbeitnehmer in Elternzeit trotz fehlenden Entgeltanspruchs derartige Zuwendungen beanspruchen konnten.

6   Diese **anlassbezogenen Leistungen** hatten sich in den Zeiten des Wirtschaftswachstums nach den 50-iger Jahren des 20. Jahrhunderts neben der laufenden Arbeitsvergütung durchgesetzt, nachdem zuvor allein das Austauschverhältnis der Gesamtheit der Entgeltleistungen gegenüber der Arbeitsleistung von Bedeutung war. Im Zuge der Industrialisierung und Bevölkerungsmigration vom Land in die Stadt mit fortschreitendem Beginn des 20. Jahrhunderts hatten zunehmend **Fabrikarbeiter** im Fokus des Arbeitslebens gestanden. Damals wurden insbesondere **Sachleistungen** aus der eigenen Produktion zusätzlich zum monetären Arbeitsentgelt gewährt (sog. Deputate).⁴ Diese nehmen in der heutigen betrieblichen Praxis allenfalls noch im Zusammenhang mit Personalrabatten für den vergünstigten Einkauf von Produkten des Arbeitgebers eine feststellbare Rolle ein.

---

1 *Hümmerich*, NJW 2006, 2294, 2294.
2 *Weber*, S. 15.
3 *Weber*, S. 16.
4 *Mengel*, S. 20 Rn 3.

Ausgangspunkt dieser Entwicklung war das seit Beginn des 20. Jahrhunderts durch ein Leitbild geprägte Arbeitsverhältnis, wie es in der im BGB zum Ausdruck kommenden Regelung des **§ 611 BGB** über den Dienstvertrag bestimmt ist. Der Arbeitnehmer ist zur Arbeitsleistung, der Arbeitgeber zur Gewährung der vereinbarten Vergütung verpflichtet. Fehlt es an einer Vereinbarung über die Vergütung, sieht § 612 Abs. 1 BGB vor, dass eine Vergütung als stillschweigend vereinbart gilt, wenn die Dienstleistung den Umständen nach nur gegen eine Vergütung zu erwarten ist. Deren Höhe richtet sich gem. § 612 Abs. 2 BGB im Zweifel nach der üblichen Vergütung. Von weitergehenden Regelungen konnte der damalige Gesetzgeber absehen, da das Leitbild des Arbeitsverhältnisses durch einen monatlichen oder nach Stunden bemessenen **Lohn** für den gewerblichen Arbeitnehmer bzw. ein **Gehalt** für die Angestellten geprägt war.

B. Bedeutung des Arbeitsrechts im Wandel

Neben den betriebswirtschaftlichen Rahmenbedingungen ist die arbeitsrechtliche Umsetzbarkeit der entscheidende Faktor für die Realisierung der mit variablen Entgeltbestandteilen bezweckten Erfolge. Während das Arbeitsrecht mit Ausnahme der Spezialgesetze etwa für die Entgeltsicherung bei Arbeitsunfähigkeit, an Feiertagen, bei mutterschutzrechtlichen Beschäftigungsverboten oder für den Erholungsurlaub nur wenige gesetzliche Rechtsgrundlagen zur Gestaltung des Entgelts vorsah, hat sich insbesondere mit der **Rechtsprechung des BAG** ein sehr differenziertes Richterrecht entwickelt.

Der Gesetzgeber hat zuletzt mit Inkrafttreten des **Schuldrechtsmodernisierungsgesetzes** per 1.1.2002 den Kontrollmaßstab für arbeitsvertragliche Regelungen auf gesetzlicher Grundlage in größerem Umfang – mit weitgehenden Spielräumen für die Gerichtsbarkeit – gestaltet. So hatte die Rechtsprechung zwar bereits in der Vergangenheit eine Billigkeits- und Inhaltskontrolle arbeitsvertraglicher Regelungen vorgenommen und vom Arbeitgeber vorgegebene vertragliche Formulierungen an ihrer sog. Unklarheitenregelung (heute § 305c Abs. 2 BGB) gemessen, nach der Zweifel bei der Auslegung arbeitsvertraglicher Regelungen zulasten des Arbeitgebers gingen. Aufgrund dieser bisherigen Rechtsprechung sind die Neuerungen durch das Schuldrechtsmodernisierungsgesetz weniger erheblich, wie die Entwicklung der Rechtsprechung in Teilen seitdem zeigt. Die Rechtsprechung hat die gesetzliche Änderung aber zum Anlass genommen, bisherige **Rechtsprechungsgrundsätze auf den Prüfstand** zu stellen und teilweise aufzugeben.

Soweit inhaltlich an bisherigen rechtlichen Rahmenbedingungen festgehalten wird, steigen stetig die Anforderungen an die **Klarheit und Verständlichkeit** arbeitgeberseitiger Formulierungen. Unter Berufung auf das Transparenzgebot (§ 307 Abs. 1 S. 2 BGB) ist der Arbeitgeber formal zu Formulierungen gehalten, die ihm keine Spielräume eröffnen. Will der Arbeitgeber bei der Einführung variabler Entgeltkomponenten nicht das wirtschaftliche Risiko laufen, die Entgeltkomponente ohne die gewünschte Variabilität leisten zu müssen, muss er die jeweils aktuellen formellen rechtlichen Rahmenbedingungen beachten.

11 Dabei hatten erst die abnehmende Bedeutung tariflicher Arbeitsbedingungen im Arbeitsleben und die zunehmende Schnelllebigkeit der Arbeitsvorgänge durch Automatisierung und moderne Kommunikationsmittel die Betrachtung des individuellen Arbeitsverhältnisses forciert. Demgegenüber war das vorherige Richterrecht im 20. Jahrhundert weitgehend geprägt durch **Ordnungsprinzipien**, wie etwa der innerbetrieblichen Gerechtigkeit nach Maßgabe des arbeitsrechtlichen Gleichbehandlungsgrundsatzes, der einheitlichen Geltung von Tarifverträgen nach dem früher geltenden Grundsatz der Tarifeinheit[5] oder der betrieblichen Übung gegenüber dem Kollektiv. Das **Einzelarbeitsverhältnis**, wie es insbesondere im Rahmen einer zielabhängigen Entgeltgestaltung unmittelbar im Fokus steht, war in dieser Rechtsprechung vielfach lediglich ein **Anwendungsfall der kollektiven Betrachtung**. Dies entsprach der historisch gewachsenen Rolle tariflicher Arbeitsbedingungen in Zeiten, als die beiderseitige Tarifbindung und damit die Anwendbarkeit tariflicher Arbeitsbedingungen Regelfall war. Die Entgeltgestaltung war weitgehend durch **Tarifverträge** sichergestellt, bei denen aufgrund der Beteiligung der Gewerkschaft eine Angemessenheitsvermutung bestand.[6] Ein Schutz vor Überforderung war durch Begrenzungen über die Höchstarbeitszeit und Regelungen über Pausen sowie Ruhezeiten gewährleistet.

12 Materiell steht die Bedeutung einer **Angemessenheitskontrolle von Entgeltgestaltungen** im individuellen Arbeitsverhältnis im Vordergrund der rechtlichen Leitlinien. Soweit der Arbeitgeber sich – dem Zweck variabler Entgeltsysteme entsprechend – eine Flexibilität über „Ob" oder „Wie" einer Leistung ausbedingt, hatte die Rechtsprechung aufgrund des **Bestandsschutzes** des Arbeitsverhältnisses, insbesondere vor einer einseitigen Veränderung der Arbeitsbedingungen durch den Arbeitgeber (Stichwort: Umgehung der Voraussetzungen einer Änderungskündigung), bereits vor Inkrafttreten des Schuldrechtsmodernisierungsgesetzes Grenzen gesetzt. Insoweit hatte nicht der Gesetzgeber, sondern die Rechtsprechung durch **Richterrecht** Leitlinien entwickelt, um die Gestaltungsmacht des Arbeitgebers zu begrenzen. Für Arbeitgeber war diese **Entwicklung nicht leicht vorhersehbar**, da die Rechtsprechung konkrete Leitlinien allein aus unbestimmten Rechtsbegriffen wie der Billigkeit (§ 315 BGB), Treu und Glauben (§ 242 BGB) sowie Wertungsmodellen wie dem Kündigungsschutzrecht herleitete. Nun werden die Wertungen überwiegend aus dem Begriff der **unangemessenen Benachteiligung** (§ 307 Abs. 1 S. 1 BGB) hergeleitet – ein weiterhin schillernder Rechtsbegriff, aber mit zum Teil gänzlich anderen Ergebnissen.

---

5 ErfK/*Franzen*, § 4 TVG Rn 70 f.
6 ErfK/*Preis*, § 310 BGB Rn 11–18.

Kapitel 2
Die Grundlagen: Strukturformen des Arbeitsentgelts

A. Grundvergütung

Nach dem gesetzlichen Leitbild des § 611 Abs. 1 BGB steht das Arbeitsentgelt im **Gegenseitigkeitsverhältnis** (Synallagma) zur Arbeitsleistung. Dabei handelt es sich entweder um die vereinbarte oder die gem. § 612 Abs. 1, 2 BGB übliche Vergütung. Ein Arbeitsverhältnis, bei dem kein Arbeitsentgelt gezahlt wird, ist nur ausnahmsweise denkbar.[1] Bei einer Unentgeltlichkeit der Tätigkeit kommt eher ein Auftragsverhältnis gem. §§ 662ff. BGB in Betracht, das nicht dem Arbeitsrecht unterfällt.[2] Aus dieser **grundsätzlichen Entgeltlichkeit der Arbeitsleistung** folgt zugleich, dass die Arbeitsvertragsparteien die Bemessung der Arbeitsvergütung zwar frei vereinbaren können, eine Untergrenze zur Vermeidung des Vorwurfs der Sittenwidrigkeit jedoch gewahrt werden muss.[3]

In der Praxis stellt dies die Grundvergütung sicher, die bei gewerblichen Arbeitern häufig als Lohn, bei kaufmännischen Angestellten als Gehalt bezeichnet wird. Regelfall der Grundvergütung ist die **Zeitvergütung**. Die Zeitvergütung wird in der Regel nach Stunden, Tagen, Wochen oder Monaten bemessen, insbesondere bei Führungskräften aber häufig als Jahresvergütung vereinbart.

> **Bedeutung für den Arbeitgeber**
> Der Zeitlohn ist einfach zu ermitteln. Bei ihm trägt der Arbeitgeber indessen das volle Risiko der vom Arbeitnehmer geleisteten Arbeitsquantität sowie -qualität. Der Arbeitnehmer muss während der Arbeitszeit lediglich seine persönliche Leistungsfähigkeit ausschöpfen.[4] Für den Arbeitgeber ist diese subjektive Bemessung der Leistungspflicht in Abhängigkeit von der individuellen Leistungsfähigkeit praktisch jedoch nicht messbar und damit nicht kontrollfähig.

Traditionell gewachsen ist daneben die **Akkord- oder Prämienlohnvergütung**. Die Akkordvergütung ist eine von der Arbeitsmenge abhängige Vergütung.[5] Beim Geldakkord bemisst sich das Arbeitsentgelt anhand einer Multiplikation der erreichten Arbeitsmenge mit dem Geldfaktor, beim Zeitakkord durch eine Multiplikation der Arbeitsmenge mit der Vorgabezeit sowie dem Geldfaktor.

---

1 BAG, Urt. v. 29.8.2012 – 10 AZR 499/11 –.
2 BAG, Urt. v. 29.8.2012 – 10 AZR 499/11 –.
3 BAG, Urt. v. 18.4.2012 – 5 AZR 630/10 –.
4 BAG, Urt. v. 11.12.2003 – 2 AZR 667/02 –; BAG, Urt. v. 17.1.2008 – 2 AZR 536/06 –.
5 Schaub/*Vogelsang*, § 67 Rn 10.

> **Bedeutung für den Arbeitgeber**
> Bei der Akkordvergütung orientiert sich deren Höhe an der Arbeitsmenge. Der Arbeitnehmer trägt damit das Risiko einer quantitativen Minderleistung.[6] Eine Minderqualität der geleisteten Arbeiten wirkt sich auf die Höhe der Akkordvergütung indessen nicht aus.

4 Bei Prämienlohnsystemen bemisst sich die Vergütung an der Arbeitsmenge sowie der Arbeitsqualität.[7]

> **Bedeutung für den Arbeitgeber**
> Bei einem Prämienlohnsystem trägt der Arbeitnehmer das Risiko einer Minder- wie auch einer Schlechtleistung. Im Streitfalle gelten für die Leistungsbewertung die §§ 315 ff. BGB, sodass ggf. eine Leistungsbestimmung durch Urteil des Arbeitsgerichts erfolgen kann.

5 In der Praxis finden sich selten reine Akkord- oder Prämienlohnvergütungssysteme. Häufig erfolgt vielmehr eine Kombination aus Zeit- mit Akkord- oder Prämienlohnvergütung.

B. Zulagen und Zuschläge

6 Zulagen und Zuschläge knüpfen an besondere Leistungen oder Umstände bei der Erbringung der Leistung an.

> **Beispiel**
> - Überstundenzuschläge hinsichtlich der Frage der Dauer der Arbeitszeit,
> - Schicht- oder Wechselschichtzuschläge bei unregelmäßiger oder ungünstiger Lage der Arbeitszeit,
> - Nacht-, Sonn- oder Feiertagsarbeitszuschläge hinsichtlich der Lage der Arbeitszeit zu besonderen Zeitpunkten,
> - Erschwernis- oder Schmutzzulagen als Ausgleich ungünstiger Arbeitsbedingungen,
> - Funktionszulagen für die Ausübung zusätzlicher Funktionen.

7 Bei den Zulagen ist in der Praxis insbesondere im Zusammenhang mit tariflichen Vergütungssystemen zwischen über- und außertariflichen Zulagen zu differenzieren.[8] **Außertarifliche Zulagen** werden für Arbeitsbedingungen gezahlt, die im jeweiligen Tarifvertragswerk überhaupt nicht vorgesehen sind. **Übertarifliche Zulagen** erhöhen demgegenüber den sich aus einem Tarifvertrag ergebenden Geldbetrag.

---

6 Schaub/*Vogelsang*, § 67 Rn 22.
7 Schaub/*Vogelsang*, § 67 Rn 26.
8 Schaub/*Linck*, § 69 Rn 1.

Praxistipp
Unter Erschwerniszulagen fallen u.a. Entfernungszulagen bei weit entfernten Arbeitsorten. Arbeitgeber sollten sehr genau prüfen, ob sie eine Entfernungszulage oder aber – da steuer- und damit sozialabgabenprivilegiert – Aufwendungsersatz gewähren, falls unter den Gesichtspunkten einer Dienstreise oder doppelten Haushaltsführung die steuerlichen Rahmenbedingungen erfüllt sind.

C. Aufwendungsersatz

I. Begriff und Abgrenzung

Aufwendungsersatz ist kein Arbeitsentgelt, sondern ein Ausgleich für die vom Arbeitnehmer freiwillig erbrachten Vermögenseinbußen, die der Arbeitnehmer mit Rücksicht auf das Arbeitsverhältnis erbracht hat.[9]

Beispiel
- Kilometergeld bei Verwendung des Privat-Pkw für Dienstreisen,
- Auslösungsbeträge bei Auswärtsübernachtungen,
- Verpflegungspauschbeträge bei Abwesenheiten,
- vom Arbeitnehmer getragene Kosten für Beförderung mit Bahn, Flugzeug oder sonstigen Verkehrsmitteln sowie Übernachtungskosten,
- Bewirtungskosten,
- Auslagen zur Beschaffung von Arbeitsmaterial.

Aufwendungsersatz schuldet der Arbeitgeber kraft Gesetzes (§ 670 BGB). Ziel des Aufwendungsersatzes ist die Herstellung von **Kostenneutralität** für das Vermögen des Arbeitnehmers, während mit dem Arbeitsentgelt eine **Vermögensmehrung** beim Arbeitnehmer bezweckt ist. Aufwendungsersatz ist zwar kein variables Arbeitsentgelt und steht damit außerhalb der hier vorzunehmenden Behandlung. Wegen vielfacher **Steuer- und Sozialabgabenprivilegierungen** lohnt sich jedoch für den Arbeitgeber eine genaue Betrachtung und Abgrenzung.

Entscheidend für die Abgrenzung zwischen Arbeitsentgelt und Aufwendungsersatz ist, ob **Vermögensnachteile beim Arbeitnehmer für erbrachte Auslagen** ausgeglichen werden sollen oder eine Leistung des Arbeitgebers mit Blick auf einen Gegenwert zur Arbeitsleistung des Arbeitnehmers erbracht wird. Am deutlichsten wird ein reiner Aufwendungsersatzcharakter, wenn der Arbeitnehmer tatsächlich aufgewendete Kosten unter Nachweis von Belegen abrechnet (etwa unter Vorlage von Rechnungen für Bahn- oder Flugtickets, Hotels etc.). In einem solchen Falle ist eine Kostenneutralität nicht infrage zu stellen, sodass der Leistung kein gesonderter

---
[9] HWK/*Thüsing*, § 611 BGB Rn 270; Schaub/*Koch*, § 82 Rn 1.

Entgeltcharakter für eine erbrachte Arbeitsleistung beizumessen ist, auch nicht unter dem Gesichtspunkt zukünftig zu erbringender Arbeitsleistungen.

11 Aufwendungsersatz ist daran geknüpft, dass der Arbeitnehmer Vermögensnachteile im Zusammenhang mit der Erbringung der Arbeitsleistung eingeht, die der Arbeitgeber ohne Zwischenschaltung des Arbeitnehmers unmittelbar zu tragen hätte. Nicht zu den Aufwendungen zählen deshalb **Kosten des persönlichen Lebensbedarfs des Arbeitnehmers**, die der Arbeitnehmer aus seiner Arbeitsvergütung zu bestreiten hat. Hierzu zählen insbesondere Kosten für die Fahrten zwischen Wohnung und Arbeitsstätte, die reguläre Verpflegung oder Kleidung.[10]

12 Ein Aufwendungsersatzcharakter ist anzunehmen, wenn die Leistung mit Blick darauf erfolgt, dass Kostenneutralität für den Arbeitnehmer hergestellt werden soll, dieser also weder Vor- noch Nachteile erzielt. Eine Arbeitsleistung wird nach der Rechtsprechung demgegenüber bereits dann entgolten, wenn etwa mit der Zahlung eines (erhöhten) Kilometergeldes die Bereitschaft des Arbeitnehmers zur Durchführung von Dienstreisen herbeigeführt oder gefördert werden soll.[11] Aber auch dann, wenn Aufwendungsersatz nicht konkret nach Maßgabe tatsächlich entstandener Aufwendungen, sondern als **pauschalierter Aufwendungsersatz** geleistet wird, handelt es sich dabei nicht notwendig um Arbeitsentgelt. Umgekehrt werden Leistungen des Arbeitgebers nicht alleine dadurch, dass sie etwa im Zusammenhang mit Geschäftsreisen erbracht und als Spesen bezeichnet werden, zu Aufwendungsersatz.[12]

13 Die **Abgrenzung** richtet sich nach dieser Rechtsprechung nach dem **Zweck der Leistung**: Nur bei Leistungen, die von **vornherein** die Aufwendungen überschreiten, die der Arbeitgeber nach der Verkehrsanschauung für erforderlich halten kann, dient der überschießende Teil im Zweifel als Entgelt, weil der Leistung des Arbeitgebers kein zu **erwartender arbeitnehmerseitiger Aufwand** gegenübersteht.[13]

II. Arbeitsrechtliche Bedeutung

14 Aufwendungsersatz ist nicht Bestandteil der Arbeitsvergütung. Der Arbeitnehmer hat **Anspruch** auf Ausgleich seiner Aufwendungen jedoch aus **§ 670 BGB**. Soweit der Arbeitnehmer Aufwendungen eingeht, ist der Arbeitgeber für die Wiederherstellung der Kostenneutralität verantwortlich. In der Praxis wird Arbeitgebern insoweit häufig empfohlen, zur Vereinfachung des Erstattungsverfahrens **Pauschalierungs-**

---

10 Schaub/*Koch*, § 82 Rn 5.
11 BAG, Beschl. v. 27.10.1998 – 1 ABR 3/98 –.
12 BAG, Beschl. v. 27.10.1998 – 1 ABR 3/98 –.
13 BAG, Beschl. v. 27.10.1998 – 1 ABR 3/98 –.

vereinbarungen, etwa im Rahmen einer **Reisekostenrichtlinie** über Pauschalleistungen unabhängig von den tatsächlichen Aufwendungen des Arbeitnehmers, zu vereinbaren.[14] Nach der Rechtsprechung des BAG ändert eine solche Pauschalierung nichts an dem Aufwendungsersatzcharakter, auch wenn die tatsächlichen arbeitnehmerseitigen Aufwendungen im Einzelfall ober- oder unterhalb der Pauschale liegen können, sofern nur der Arbeitgeber bei der Pauschalierung den typischerweise zu erwartenden arbeitnehmerseitigen Aufwand berücksichtigt.[15]

Übersteigt indessen die Pauschale erheblich den typischerweise vom Arbeitnehmer aufzuwendenden Betrag, dient sie nicht mehr der Kostenneutralität und ist damit der Vergütung zuzurechnen.[16]

Praxistipp
Arbeitgeber müssen sich entscheiden, ob sie zur Vereinfachung des Erstattungsverfahrens Pauschalen vorsehen. Soweit die Pauschalen von tatsächlichen Aufwendungen des Arbeitnehmers erheblich abweichen können, sind sie der Arbeitsvergütung zuzurechnen und nehmen damit am arbeitsvertraglichen Bestandsschutz teil. Eine Lossagung des Arbeitgebers von der Pauschale ist damit ohne Einvernehmen mit dem Arbeitnehmer praktisch kaum möglich. Will der Arbeitgeber eine solche Bindung vermeiden, wird er Auslagen allein nach Maßgabe der tatsächlich vom Arbeitnehmer getragenen Kosten erstatten. In diesem Falle setzt er lediglich die sich aus § 670 BGB ergebende Verpflichtung zum Aufwendungsersatz um, ohne sich vertraglich zu binden.

Für die Beantwortung der Frage, ob eine Pauschale des Arbeitgebers die **zu erwartenden Aufwendungen überschreitet**, die der Arbeitgeber nach der Verkehrsanschauung für erforderlich halten kann, werden im Zusammenhang mit Dienstreisen insbesondere die **Einkommensteuer-Richtlinien** über steuerfreie Leistungen des Arbeitgebers herangezogen.[17]

Betriebsverfassungsrechtlich ist der Ersatz von Aufwendungen **nicht mitbestimmungspflichtig**. Insbesondere folgt ein Mitbestimmungsrecht des Betriebsrates nicht aus § 87 Abs. 1 Nr. 10 BetrVG als Frage der betrieblichen Entgeltgestaltung, da Aufwendungen nicht dem Arbeitsentgelt und damit nicht dem betriebsverfassungsrechtlich mitzubestimmenden Entgelt zuzuordnen sind. Dies gilt ebenfalls für Pauschalen, sofern diese die genannte Grenze der typischerweise zu erwartenden Aufwendungen nicht überschreiten.[18]

---

14 Preis/*Stoffels*, II A 115 Rn 13; Küttner/*Griese*, Aufwendungsersatz, Rn 4.
15 BAG, Beschl. v. 27.10.1998 – 1 ABR 3/98 –.
16 BAG, Urt. v. 17.6.1998 – 2 AZR 336/97 –.
17 BAG, Urt. v. 17.6.1998 – 2 AZR 336/97 –; BAG, Beschl. v. 27.10.1998 – 1 ABR 3/98 –.
18 BAG, Beschl. v. 27.10.1998 – 1 ABR 3/98 –.

D. Einmalzahlungen

I. Anlassbezogene Leistungen, insbesondere Urlaubs- und Weihnachtsgelder

18 In der Praxis weitverbreitet sind anlassbezogene Einmalzahlungen außerhalb der monatlichen Grundvergütung. Anlass der Auszahlung ist typischerweise das Weihnachtsfest oder der Erholungsurlaub, also Anlässe, aus denen Arbeitnehmern typischerweise Kosten entstehen können. Bei anlassbezogenen Einmalzahlungen ist zu differenzieren, ob es sich um eine 13. oder 14. Monatsvergütung für erbrachte Arbeitsleistungen handelt, also um eine Zahlung, die außerhalb der sonstigen monatlich ratierlichen Zahlungsweise erfolgt, jedoch Bestandteil der im **Gegenseitigkeitsverhältnis zur Arbeitsleistung** stehenden Grundvergütung ist. In diesem Falle handelt es sich lediglich um **außerturnusmäßige Fälligkeitszeitpunkte**. Es gelten jedoch die allgemeinen Regelungen, sodass diese Zahlung bei einem Ruhen des Arbeitsverhältnisses etwa während der Elternzeit oder bei Arbeitsunfähigkeit mit Überschreitung des Entgeltfortzahlungszeitraums nicht bzw. lediglich anteilig entsprechend dem Zeitraum der erbrachten Arbeitsleistungen zu gewähren sind. Solche Leistungen teilen das **Schicksal des synallagmatischen Grundvergütungsanspruchs**, wenn Leistungsstörungen bei der Erbringung der Arbeitsleistung auftreten.

19 Von solchen Leistungen, die lediglich von der ratierlich monatlichen Zahlungsweise abweichen, sind zusätzlich zur Grundvergütung gewährte **anlassbezogene Zahlungen mit Gratifikationscharakter** zu unterscheiden.[19] Diese Leistungen knüpfen nicht an die aktive Arbeitsleistung des Arbeitnehmers, sondern an die Betriebstreue und damit den bloßen Bestand des Arbeitsverhältnisses an. Ist nichts Abweichendes vereinbart, sind diese Leistungen deshalb auch für Zeiträume zu gewähren, in denen der Arbeitnehmer kein Arbeitsentgelt erhält, etwa in den genannten Fällen der Elternzeit oder der Arbeitsunfähigkeit über den Entgeltfortzahlungszeitraum hinaus.

20 Umgekehrt kann der Arbeitgeber mit diesen Leistungen eine **Bindung des Arbeitnehmers** an das Unternehmen herbeiführen, wenn er etwa durch Stichtagsklauseln oder Rückzahlungsklauseln eine Abhängigkeit der Leistung von zukünftiger Betriebstreue regelt.[20] **Rückzahlungsklauseln** sehen insoweit vor, dass der Arbeitnehmer eine bereits erhaltene Leistung zurückzuzahlen hat, wenn er vor Ablauf eines bestimmten Zeitraums nach Erhalt der Leistung aus dem Arbeitsverhältnis ausscheidet.[21] Eine **Stichtagsklausel** sieht dagegen vor, dass ein Anspruch nur unter der Voraussetzung entsteht, dass das Arbeitsverhältnis zu einem bestimmten Stichtag (ggf. ungekündigt) besteht.[22]

---

19 *Mengel*, S. 24 Rn 11f.
20 BAG, Urt. v. 18.1.2012 – 10 AZR 667/10 –.
21 BAG, Urt. v. 18.1.2012 – 10 AZR 612/10 –.
22 BAG, Urt. v. 18.1.2012 – 10 AZR 612/10 –; Schaub/*Linck*, § 78 Rn 52.

Dabei kann eine Stichtagsregelung **vergangene Betriebstreue** im Bezugszeitraum honorieren, wenn allein der Bestand des Arbeitsverhältnisses bis zum Auszahlungszeitpunkt maßgebend sein soll. Sieht eine Stichtagsregelung dagegen den ungekündigten Bestand des Arbeitsverhältnisses zum Auszahlungszeitpunkt vor, knüpft sie an **zukünftige Betriebstreue** für den Zeitraum einer noch auszulösenden ordentlichen Kündigungsfrist an.[23]

21

II. Tantiemen

Bei der Tantieme (Gewinnbeteiligung) erhält der Arbeitnehmer eine Leistung, deren Höhe sich nach dem **geschäftlichen Erfolg des Arbeitgebers** richtet.[24] Für die Bemessung kommen verschiedene Anknüpfungspunkte in Betracht. Eine Tantieme kann an den **Umsatz** oder den **Ertrag** des Unternehmens anknüpfen. In beiden Fällen partizipiert der Arbeitnehmer an unternehmerischen Chancen und Risiken. Im Falle einer ertragsabhängigen Tantieme wird der Arbeitnehmer zudem an der Entwicklung der betrieblichen Ausgaben beteiligt.

22

Praxistipp
Tantiemeregelungen können an den wirtschaftlichen Erfolg des Arbeitgebers unter verschiedensten Gesichtspunkten anknüpfen:
- Maßgabe des Umsatzes oder Erfolgs,
- Maßgabe des Unternehmens, Konzerns, einer Sparte etc.,
- Maßgabe des Ergebnisses nach HGB, IFRS etc.,
- Berücksichtigung von Verlustvorträgen,
- Behandlung außerordentlicher Erträge oder Verluste,
- Behandlung von Beteiligungsergebnissen.

Wird eine **Tantieme in garantierter Höhe** vereinbart, unterscheidet sie sich nicht von einer anlassbezogenen Einzelzahlung, da der Arbeitnehmer nicht an den unternehmerischen Chancen und Risiken partizipiert.[25] Praktische Bedeutung kommt einer solchen begrifflichen Unterscheidung gegenüber anderen Bestandteilen der Arbeitsvergütung u.U. deshalb zu, weil eine als solche bezeichnete Garantietantieme nicht in die **Bemessung sonstiger Leistungen** (Urlaubs-, Weihnachtsgelder, betriebliche Altersversorgung etc.) einfließen soll.[26]

23

---

23 BAG, Urt. v. 18.1.2012 – 10 AZR 612/10 –.
24 Schaub/*Vogelsang*, § 76 Rn 1.
25 *Mengel*, S. 27 Rn 18.
26 *Mengel*, S. 27 Rn 18.

III. Sonstige leistungs- oder erfolgsabhängige Sonderzahlungen (Boni, Prämien etc.)

24 Bei sonstigen leistungs- oder erfolgsabhängigen Einmalzahlungen sind verschiedenartigste Gestaltungen denkbar. Die Festsetzung einer Leistung kann ohne vorherige Einräumung eines Rechtsanspruchs zugunsten des Arbeitnehmers im Einzelfall nach Ermessen festzusetzen sein. Es können aber ebenso bestimmte leistungs- oder erfolgsorientierte Maßgaben aufgestellt werden, um eine Motivation des Arbeitnehmers zu erreichen. Dabei sind wiederum verschiedenste Anknüpfungspunkte denkbar.

1. Ermessensabhängige Festsetzung

25 Der Arbeitgeber kann sich vorbehalten, eine Einmalzahlung nach seinem Ermessen festzusetzen. Bei einer solchen Festsetzung nach dem Ermessen des Arbeitgebers ist danach zu differenzieren, ob der Arbeitgeber sich die Festsetzung der Leistung nach **freiem Ermessen** oder nach **billigem Ermessen** vorbehält.

26 Bei der Festsetzung einer Leistung nach freiem Ermessen ist der Arbeitgeber auch **dem Grunde nach frei** darin, ob er überhaupt eine Leistung festsetzt. Zu beachten ist, dass auch bei der fehlenden Einräumung eines Rechtsanspruchs für den Arbeitnehmer die Ausübung freien Ermessens durch den Arbeitgeber an den arbeitsrechtlichen Gleichbehandlungsgrundsatz gebunden ist.[27] Eine freie Entscheidung des Arbeitgebers über die Leistung setzt voraus, dass dem Arbeitnehmer nicht – etwa aufgrund Arbeitsvertrages, betrieblicher Übung, Betriebsvereinbarung oder tariflicher Regelung – bereits ein Rechtsanspruch dem Grunde nach eingeräumt ist.

 Beispiel
Ein Rechtsanspruch des Arbeitnehmers wird etwa eingeräumt durch Formulierungen wie:
- „Der Arbeitnehmer erhält als zusätzliche Leistung eine jährliche Sonderzahlung, über deren nähere Ausgestaltung der Arbeitgeber in jedem Kalenderjahr erneut entscheidet."
- „Eine jährliche Sonderzahlung wird für das Eintrittsjahr in Höhe von einem Bruttomonatsgehalt garantiert. Für die Folgejahre behält sich der Arbeitgeber eine abweichende Festsetzung vor."
- „Der Arbeitnehmer erhält eine jährliche Sonderzahlung. Die Sonderzahlung wird freiwillig und ohne Einräumung eines Rechtsanspruchs gewährt."

---

27 Allen vorstehenden Regelungen ist gemeinsam, dass der Arbeitnehmer eine Leistung „erhalten" soll[28] oder auf eine jährlich wiederholte Zahlungsweise hingewiesen wird. Mit solchen Formulierungen schließt der Arbeitgeber die Entstehung von

---

27 BAG, Urt. v. 10.12.2008 – 10 AZR 35/08 –.
28 Hierzu: BAG, Urt. v. 10.12.2008 – 10 AZR 2/08 –.

Rechtsansprüchen nicht mit hinreichender Transparenz (§ 307 Abs. 1 S. 2 BGB) aus.[29] Dies gilt selbst dann, wenn nach der formulierten Regelung gleichzeitig die **Entstehung eines Rechtsanspruchs ausgeschlossen** wird, weil die Einräumung eines Rechtsanspruchs einerseits und dessen gleichzeitiger Ausschluss andererseits widersprüchlich sind und ein solcher **Widerspruch** bei der Vertragsgestaltung zum Nachteil des Arbeitgebers wirkt.[30]

Ist der Arbeitgeber **dem Grunde nach zur Leistung verpflichtet**, hat die Bestimmung über die Höhe der Leistung nach **billigem Ermessen** zu erfolgen (§ 315 BGB). Der Arbeitgeber muss im Streitfall begründen können, dass die Festsetzung der Leistung auf sachgerechten, nicht willkürlichen Kriterien beruht. In diesen Grenzen kann der Arbeitgeber eine Sonderzahlung etwa in Abhängigkeit vom **wirtschaftlichen Erfolg des Unternehmens** (wie eine Tantieme) und/oder des **individuellen Erfolgs** des Arbeitnehmers, seiner Abteilung etc. festsetzen. Einschränkungen gelten nach neuerer Rechtsprechung, wenn neben leistungs- und erfolgsorientierten Anknüpfungspunkten zukünftige Betriebstreue eine Rolle spielen soll.[31]

Praxistipp
Will der Arbeitgeber sich die Entscheidung dem Grunde nach vorbehalten, hat er besondere Sorgfalt darauf zu verwenden, diesbezüglich **keine Unklarheiten** entstehen zu lassen. Entweder verzichtet der Arbeitgeber generell auf einen Hinweis bezüglich möglicher Sonderzahlungen und verbindet etwaige Leistungen im Einzelfall mit einem **Freiwilligkeitsvorbehalt**, der Rechtsansprüche für die Zukunft ausschließt.[32] Will der Arbeitgeber auf solche Hinweise nicht verzichten, darf aus seinen Erklärungen nicht auf die Gewährung einer Leistung, sondern allenfalls auf eine solche **Möglichkeit** zu schließen sein.

---

2. Festsetzung nach Zielen

Im Gegensatz zur ermessensabhängigen Festsetzung von Sonderzahlungen verfolgt die vorgabenbezogene Festsetzung nach Zielen eine **Anreizfunktion**.[33] Diese Anreizfunktion setzt voraus, dass die Vorgaben (Ziele) bereits im **Vorwege für den Leistungszeitraum** feststehen, damit der Arbeitnehmer sein Leistungsverhalten hieran ausrichten kann. Dabei können Vorgaben als **individualerfolgsbezogene Ziele** an das Arbeitsverhalten des einzelnen Arbeitnehmers anknüpfen, um die Effizienz auf seinem Arbeitsplatz zu steigern. Ein Abstellen auf übergeordnete Einheiten kann optional oder ergänzend das Leistungsverhalten der Arbeitnehmer untereinander beeinflussen, wenn etwa bei **gruppenerfolgsbezogenen Zielen** leis-

---

29 BAG, Urt. v. 10.12.2008 – 10 AZR 2/08 –.
30 BAG, Urt. v. 10.12.2008 – 10 AZR 2/08 –; BAG, Urt. v. 8.12.2010 – 10 AZR 671/09 –.
31 BAG, Urt. v. 18.1.2012 – 10 AZR 612/10 –; im Einzelnen Kap. 4 Rn 6 ff. sowie Rn 46 ff.
32 Siehe Kap. 3 Rn 18 ff.
33 *Mengel*, S. 159 Rn 281.

tungsstarke Arbeitnehmer feststellen, dass einzelne ihrer Kollegen die Zielerreichung für die gesamte Gruppe infrage stellen. Je größer die Einheit ist, desto weniger wird allerdings eine individuelle Effizienzsteigerung angesprochen werden können. Folgende Parameter spielen in der Praxis eine Rolle:

a) Individualerfolgsbezogene Ziele

30 Eine unmittelbar messbare Anreizfunktion entfalten Vorgaben, die an den individuellen Erfolg des Arbeitnehmers anknüpfen. Diese Vorgaben können etwa die Quantität oder Qualität der **gewöhnlichen Arbeitsabläufe oder -ergebnisse** eines Arbeitnehmers betreffen. Möglich sind aber ebenfalls **Sonderaufgaben oder -projekte**, bei denen insbesondere die Einhaltung von Fertigstellungsterminen im Vordergrund stehen wird. Das Leistungsverhalten eines Arbeitnehmers kann auf diesem Wege unmittelbar angesprochen werden.

b) Gruppenerfolgsbezogene Ziele

31 Gruppenerfolgsbezogene Vorgaben spielen in der Praxis unter zwei Gesichtspunkten eine Rolle. Entweder ist eine Anknüpfung der Zielsetzungen an die Gruppe notwendig, weil eine **Mehrzahl von Arbeitnehmern** an einem **einheitlichen Arbeitsergebnis** zusammenwirkt und eine individuelle Vorgabe von Zielsetzungen nicht messbar wäre. Dies ist insbesondere bei **arbeitsplatzübergreifenden Projekten** erforderlich, wenn der Abschluss des Projektes im Vordergrund steht und nicht etwa auf die einem Arbeitsplatz zuzuordnenden abgrenzbaren Projektabschnitte abgestellt werden kann oder soll.

32 Daneben sind in einer Gruppe zu erzielende Erfolge ein gezieltes Steuerungsinstrument, um über den einzelnen Arbeitnehmer hinaus die **Gruppendynamik** anzusprechen. Unter diesem Gesichtspunkt kommen gruppenerfolgsbezogene Vorgaben zur **Harmonisierung des Miteinanders** in der Gruppe in Betracht, wenn bei individuellen Vorgaben zu befürchten wäre, dass Arbeitnehmer um der individuellen Zielerreichung willen miteinander in unerwünschtem Maße **konkurrieren**. Umgekehrt können gruppenerfolgsbezogene Vorgaben dazu führen, dass Minderleistungen innerhalb der Gruppe von den Gruppenmitgliedern gezielter wahrgenommen werden – ein Bereich, in dem dem Arbeitgeber unter dem Gesichtspunkt der sog. **Low Performer** regelmäßig rechtlich die Hände gebunden sind.

c) Unternehmens-, konzern- oder spartenerfolgsbezogene Ziele

Entsprechend den Grundsätzen bei Tantiemen[34] können auch sonstige Sonderzahlungen an den Erfolg des Unternehmens, Konzerns oder einer Sparte anknüpfen. Hier gelten entsprechende Grundsätze wie für Tantiemen. In der Regel werden Vorgaben auf dieser Ebene allein durch **wirtschaftliche Kennzahlen** parametriert sein, nicht aber durch bestimmte produkt-, projekt- oder sonstige arbeitsablaufbezogene Merkmale.[35] Auch wenn Letzteres nicht ausgeschlossen ist, wird der individuell-konkrete Beitrag des einzelnen Arbeitnehmers in der Regel in der Abstraktion der ganzheitlichen unternehmens-, konzern- oder spartenbezogenen Betrachtung eine kaum noch messbare Rolle spielen, sodass **kein unmittelbarer Leistungsanreiz zur Effizienzsteigerung** oder eine Gruppendynamik erzielt wird.

Anderes mag in Kleinunternehmen oder für **Funktionen** gelten, die für das Unternehmen, den Konzern oder die Sparte von **besonderer Bedeutung** sind. Generell stellen unternehmens-, konzern- oder spartenerfolgsbezogene Vorgaben auf eine Mitwirkung des Arbeitnehmers am wirtschaftlichen Ergebnis ab, wodurch die **persönliche Identifikation** mit den Produkten sowie Dienstleistungen des Arbeitgebers gesteigert werden kann.

d) Mischformen

In der Praxis häufig sind Mischformen der genannten Vorgaben. Um die Leistungssteigerung des Individuums auszusprechen, erfolgen individualerfolgsbezogene Zielsetzungen, daneben werden gruppenerfolgsbezogene Ziele gesetzt, um die Gruppendynamik zu steigern. Die Höhe der sich daraus ergebenden Leistungen oder sogar ein Entfallen eines Anspruchs generell wird sodann an den wirtschaftlichen Erfolg des Unternehmens bzw. Konzerns gekoppelt.

Beispiel
Die Regelung einer Sonderzahlung sieht vor, dass ein Anspruch nur dann entsteht, wenn das **Ergebnis** nach EBIT eine bestimmte **Mindestvorgabe** erreicht, anderenfalls entsteht kein Anspruch. Ist die Mindestvorgabe nach EBIT erreicht, richtet sich die **Höhe der Sonderzahlung** prozentual nach der Erfüllung bestimmter individual- sowie gruppenerfolgsbezogener Vorgaben. Der sich danach ergebende Grad der Zielerreichung wird für die Bestimmung der Höhe der Sonderzahlung ins Verhältnis gesetzt zu einem Fixbetrag für 100% Zielerreichung. Der sich bei 100% Zielerreichung ergebende Betrag kann ggf. nach einer Staffelung im Umfang der Überschreitung des Mindest-EBIT, welches bereits Anspruchsvoraussetzung war, variabilisiert werden.

---

34 Siehe Kap. 2 Rn 22.
35 *Weber*, S. 54 f.

IV. Einzelfallbezogene Festsetzung oder dauerhaftes Leistungssystem

1. Einzelfallbezogene Festsetzung

36 Will der Arbeitgeber sich vorbehalten, Leistungen im Einzelfall sowohl nach Grund („Ob") als auch Höhe der Leistungen festzusetzen, ist ihm die **Einführung eines dauerhaften Leistungssystems verwehrt,** da damit zumindest ein Anspruch des Arbeitnehmers dem Grunde nach eingeräumt wird. Der Arbeitgeber hat dann zwar ggf. noch den Gestaltungsspielraum, die Leistung im Einzelfall nach billigem Ermessen (§ 315 BGB) festzusetzen. Welche Kriterien hierfür als sachliche und damit nicht willkürliche Anknüpfungspunkte in Betracht kommen, kann gleichermaßen dem Entscheidungsspielraum des Arbeitgebers im Einzelfall vorbehalten bleiben, soweit keine Vorgaben aus Arbeitsvertrag, betrieblicher Übung, Betriebsvereinbarung oder tariflichen Regelungen folgen.

37 Für den Arbeitgeber besteht jedoch eine **rechtliche Unwägbarkeit** darin, dass die Rechtsprechung die für die Prüfung des Maßstabes gem. § 315 BGB maßgebenden Kriterien mangels diesbezüglicher Regelungen daraus herzuleiten versucht, wie sich eine **Leistung in der Vergangenheit** entwickelt hat und daraus **Rückschlüsse auf den Leistungszweck** zieht.[36] Dies birgt das rechtliche Risiko, dass der Arbeitgeber im Rahmen eines so zu bestimmenden Leistungszwecks an bestimmte Kriterien gebunden wird, die er in der Zukunft gem. § 315 BGB heranziehen darf, die er aber **niemals abschließend** hätte festlegen wollen.

Beispiel
Ein Arbeitnehmer erhielt in jedem Kalenderjahr einen sog. Jahresbonus in jeweils unterschiedlicher, jedoch jährlich ansteigender Höhe. Eine Vereinbarung hierüber besteht nicht. Nachdem der Arbeitgeber die Leistung einstellte, nahm das BAG einen Anspruch aufgrund arbeitsvertraglicher konkludenter Vereinbarung dem Grunde nach an. Wegen des kontinuierlichen Ansteigens der Leistung nahm es weiter an, dass die Höhe des Bonusanspruchs sich nach dem jeweiligen Geschäftsergebnis, ggf. sich aber auch aus der Höhe eines Bonusanspruchs der Geschäftsführung ergeben könne (wegen näherer Sachverhaltsaufklärung hat das BAG sodann an die Vorinstanz zurückverwiesen).[37]

Nach der Zurückverweisung an die Vorinstanz hat das LAG festgestellt, dass konkrete Vorgaben für die Festsetzung des „Jahresbonus" nicht feststellbar seien. Aufgrund des stetigen Ansteigens der Leistungen habe es jedoch billigem Ermessen entsprochen, den Anspruch mindestens in der Höhe des Vorjahres festzusetzen, was sodann durch Urteil erfolgte.[38]

---

38 Auch wenn diesbezügliche Rechtsstreitigkeiten bei leistungs- sowie erfolgsabhängigen Anknüpfungspunkten in der bisherigen Rechtsprechung nur in geringer Anzahl feststellbar sind, so zeigt der Fall doch, auf welches **„Glatteis"** sich ein Arbeitgeber

---

36 Vgl. BAG, Urt. v. 21.4.2010 – 10 AZR 163/09 –.
37 BAG, Urt. v. 21.4.2010 – 10 AZR 163/09 –.
38 LAG Baden-Württemberg, Urt. v. 1.12.2010 – 22 Sa 40/10 –.

begibt, wenn er keine (nachweisbaren) Kriterien für die Leistungsbestimmung der Höhe nach vorgibt, jedoch dem Grunde nach verpflichtet ist.

> **Praxistipp**
> Arbeitgeber sollten deshalb entweder **ausdrückliche und abschließende Regelungen für Sonderzahlungen** vorsehen oder aber **sämtliche Hinweise vermeiden**, die Rechtsansprüche auf zukünftige Leistungen begründen können. Ein arbeitsvertraglicher Hinweis auf die bloße Möglichkeit zusätzlicher Leistungen dürfte unschädlich sein. Sobald eine Leistung im Einzelfall erbracht wird, ist diese mit einem Freiwilligkeitsvorbehalt zu versehen, nach dem es sich um eine einmalige Leistung handelt, auf die auch bei wiederholter Gewährung kein Rechtsanspruch auf weitere zukünftige Leistungen dieser Art begründet wird.

> **Beispiel**
> Gegenstand der mit einem solchen Vorbehalt versehenen Zusage kann ohne Weiteres ein **komplexes vorgabenbezogenes System** sein, solange es sich nur auf einen einmaligen Leistungszeitraum mit sich ergebender **einmaliger Leistung** beschränkt. Nur in diesem Rahmen der einmaligen Leistung und für diesen Leistungszeitraum ist der Arbeitgeber aufgrund einer solchen Zusage gebunden.

2. Dauerhaftes Leistungssystem

Führt der Arbeitgeber ein dauerhaftes Leistungssystem ein, ist er an die darin getroffenen Vorgaben für die Dauer der Geltung dieses Leistungssystems gebunden. Da mit Ausnahme der Regelung durch Betriebsvereinbarung (Tarifverträge spielen in der Praxis insoweit eine untergeordnete Rolle) keine einseitige Loslösung von einem solchen Leistungssystem durch den Arbeitgeber möglich ist, von seltenen Ausnahmefällen abgesehen, geht der Arbeitgeber mit der Regelung eines dauerhaften Leistungssystems eine **langfristige Bindung**, ggf. für die gesamte Dauer eines Arbeitsverhältnisses, ein. Der Arbeitgeber wird deshalb innerhalb dieses Leistungssystems soweit als möglich **Flexibilisierungsinstrumente** vorsehen müssen, um sich ändernden tatsächlichen, insbesondere wirtschaftlichen, Gegebenheiten durch „atmende Leistungen" Rechnung tragen zu können.

Da bei einem dauerhaften Leistungssystem Ansprüche dem Grunde nach begründet werden, helfen Freiwilligkeitsvorbehalte dem Arbeitgeber nicht weiter. In gewissen Grenzen kommt die **Befristung des Leistungssystems** sowie ein **Änderungsvorbehalt** in Betracht.[39] In der Praxis bedeutsamer ist jedoch die Möglichkeit einer **Steuerung des Anspruchs der Höhe nach** – und damit bis zu einer Mindestherabsetzung auf „Null". Erforderlich ist eine Öffnung für wandelnde Zielsetzungen zur Bemessung der Höhe des Anspruchs. Dies ist dadurch sicherzustellen, dass das

---

39 Dazu Kap. 3 Rn 66 ff. und 78 ff.

dauerhafte Leistungssystem eine **Öffnungsklausel** für entweder (in der Praxis zumeist jährliche) mit dem Arbeitnehmer einvernehmlich zu vereinbarende Zielvereinbarungen oder aber einseitig durch den Arbeitgeber aufzustellende Zielvorgaben enthält.

3. Zielvereinbarungen oder Zielvorgaben

41 **Zielvereinbarungen** stellen insbesondere im Rahmen eines dauerhaften Leistungssystems für den jeweiligen Zielerreichungszeitraum (in der Regel das Kalender- oder Geschäftsjahr) jeweils neue Zielsetzungen auf, von deren Erreichungsgrad die Höhe einer jeweiligen Sonderzahlung abhängt.[40] Zielvereinbarungen sind dadurch gekennzeichnet, dass sie **einvernehmlich zwischen Arbeitgeber und Arbeitnehmer** vereinbart werden, d.h., eine Mitwirkung des Arbeitnehmers zur verbindlichen Festlegung der Ziele unabdingbar ist.[41] Sind sie zustande gekommen, liegt ihr Vorteil darin, dass sie nur einer **arbeitsgerichtlichen Transparenzkontrolle** auf Klarheit und Verständlichkeit der vereinbarten Ziele unterliegen, **nicht** jedoch einer **Angemessenheitskontrolle** der Zielsetzungen selbst.[42]

42 Mit einer **Zielvorgabe** gibt der Arbeitgeber dagegen **einseitig** die Ziele vor. Eine Mitwirkung des Arbeitnehmers ist nicht erforderlich.[43] Die Einhaltung der **Grenzen billigen Ermessens** gem. § 315 BGB unterliegt der vollen arbeitsgerichtlichen Überprüfung (§ 315 Abs. 3 BGB).[44]

E. Provisionen

43 Provisionen knüpfen an den Wert einzelner Geschäfte für den Arbeitgeber an. Begrifflich ist zu unterscheiden, ob der Arbeitnehmer an dem Wert von ihm abgeschlossener Geschäfte partizipiert (**Vermittlungsprovision**) oder sich die Höhe der Provision nach dem Wert der Geschäftsabschlüsse eines bestimmten Bezirkes oder Kundensegmentes richtet (**Bezirksprovision**).[45] Kennzeichnend für die Provision ist ihre Koppelung mit der Vermittlung oder den Abschluss einzelner Verträge, wäh-

---

40 HWK/*Thüsing*, § 611 BGB Rn 116.
41 BAG, Urt. v. 12.12.2007 – 10 AZR 97/07 –; Schaub/*Linck*, § 77 Rn 1–6.
42 BAG, Urt. v. 12.12.2007 – 10 AZR 97/07 –; Bauer/Lingemann/Diller/Haußmann/*Lingemann*, Kap. 12 Rn 60; Schaub/*Linck*, § 77 Rn 4.
43 Schaub/*Linck*, § 77 Rn 5.
44 BAG, Urt. v. 12.12.2007 – 10 AZR 97/07 –; Schaub/*Linck*, § 77 Rn 5; im Einzelnen vgl. Kap. 4 Rn 73 ff.
45 Schaub/*Vogelsang*, § 77 Rn 1.

rend eine als solche bezeichnete Umsatzprovision mangels Bezugs zu Einzelgeschäften den Regelungen für Tantiemen zu unterwerfen wäre.[46]

Für Handelsvertreter i.S.d. § 84 HGB stellen die **§§ 87 ff. HGB** einen umfassenden Regelungskomplex über großteils gesetzlich zwingende Bestimmungen zur Behandlung von Provisionen auf. Laut § 65 HGB gelten für Provisionszusagen gegenüber Arbeitnehmern aus diesem Regelungskomplex die Bestimmungen des § 87 Abs. 1 und 3 sowie der §§ 87a bis 87c HGB. Die Verweisung des § 65 HGB ist insoweit außerhalb der darin genannten Handlungsgehilfen für sämtliche auf Provisionsbasis tätige Arbeitnehmer entsprechend anzuwenden.[47] Aufgrund der Komplexität der für Arbeitnehmer entsprechend anwendbaren Regelungen des HGB über Provisionen werden diese nachstehend nur im Überblick dargestellt.

Nach § 87 Abs. 1 S. 1 HGB entsteht ein Anspruch auf Provision für **alle während der Dauer der Provisionszusage abgeschlossenen Geschäfte**, die auf die Tätigkeit des Arbeitnehmers zurückzuführen sind oder die mit Dritten abgeschlossen werden, die er als Kunden für Geschäfte der gleichen Art geworben hat.

Praxistipp
Der Arbeitnehmer hat Anspruch auf Provision nur für solche Geschäfte, mit deren Vermittlung oder Abschluss er betraut war. Daran fehlt es, wenn ein anderes Geschäft, wenn auch für den Arbeitgeber, zustande kommt. Im Arbeitsvertrag bzw. der Provisionsabrede sind deshalb die **provisionspflichtigen Geschäfte exakt zu definieren**.

Der Abschluss eines solchen Geschäftes setzt voraus, dass ein **rechtswirksamer Vertrag** zwischen Arbeitgeber und Drittem zustande kommt.[48] Ein Provisionsanspruch entsteht nicht, wenn ein Geschäft nichtig ist. Da bei Vereinbarung eines vertraglichen oder Entstehung eines gesetzlichen **Rücktrittsrechts** vom Vertrag zunächst ein rechtswirksamer Vertragsschluss erfolgt, entsteht der Provisionsanspruch mit Vertragsschluss. Allerdings sieht § 87a Abs. 2 HGB vor, dass bei **feststehender Nichtleistung** des Geschäftspartners der Provisionsanspruch entfällt und eine etwaig bereits geleistete Provision an den Arbeitgeber zurückzugewähren ist.

§ 87a HGB sieht grundsätzlich die Fälligkeit des Provisionsanspruchs mit Ausführung des Geschäfts durch den Arbeitgeber vor. Eine **abweichende Vereinbarung** ist jedoch dann ermöglicht, wenn spätestens zum Ende des auf die Ausführung des Geschäfts durch den Arbeitgeber folgenden Monats ein angemessener Vorschuss geleistet wird. Dadurch lassen sich zumindest vertraglich vereinbarte Rücktrittsrechte ebenso wie die Ausübung gesetzlich vorgesehener Widerrufsrechte etwa bei Kreditverträgen durch die Provisionsvereinbarung gestalten, sodass der Arbeit-

---

46 Schaub/*Vogelsang*, § 77 Rn 2.
47 ErfK/*Oetker*, § 65 HGB Rn 5; Schaub/*Vogelsang*, § 75 Rn 7.
48 BAG, Urt. v. 14.3.2000 – 9 AZR 855/98 –.

geber nicht das **Liquiditätsrisiko des Arbeitnehmers** für die Rückzahlung bei Nichtdurchführung des Vertrages vollen Umfangs trägt.

48 Sofern der **Arbeitgeber das Geschäft nicht oder nicht wie vereinbart ausführt**, behält der Arbeitnehmer gem. § 87a Abs. 3 HGB den Provisionsanspruch, es sei denn, der Arbeitgeber kann nachweisen, dass ihn an der Nichtausführung kein Verschulden trifft. In diesem Falle steht zwar – ebenso wie im Anwendungsbereich des § 87a Abs. 2 HGB – fest, dass der Geschäftspartner nicht leisten muss, weil der Arbeitgeber seinerseits die gegenüber dem Geschäftspartner zu gewährende Leistung nicht erbringt. Der Arbeitnehmer soll jedoch lediglich das Risiko einer Nichtausführung des Vertrages aus der Sphäre des Geschäftspartners tragen müssen.

49 Ein Geschäft ist gem. § 87 Abs. 1 HGB nur dann nach diesen Grundsätzen provisionspflichtig, wenn sein Abschluss **auf die Tätigkeit des Arbeitnehmers zurückzuführen** ist. Insoweit findet eine **Kausalitätsbetrachtung** statt, ob der Geschäftsschluss ohne die Tätigkeit des Arbeitnehmers nicht erfolgt wäre.[49] Eine Mitursächlichkeit genügt allerdings.[50] Schwierigkeiten entstehen, wenn mehrere Arbeitnehmer an einem Geschäftsabschluss mitursächlich beteiligt sind.

! **Praxistipp**
Ohne vertragliche Abreden nimmt die Rechtsprechung an, dass bei **mitursächlichen Beteiligungen** mehrerer Arbeitnehmer an einem Geschäftsschluss **jeder Arbeitnehmer Anspruch auf die volle Provision** erhält.[51] Insbesondere in einer Vertriebsorganisation mit Vertriebsteams unter ggf. wechselseitiger Vertretung sollte deshalb in den jeweiligen **Provisionsvereinbarungen** vorgesehen werden, dass im Falle eines **Geschäftsabschlusses insgesamt nur einmal ein Provisionsanspruch** für sämtliche an dem Geschäftsschluss ggf. mitursächlich beteiligten Arbeitnehmer entsteht. Der einzelne Arbeitnehmer sollte einen Anspruch hieran jeweils entsprechend dem Grad seiner Beteiligung an dem Geschäftsschluss erhalten und der Arbeitgeber sollte ggf. zunächst entsprechend § 315 BGB nach billigem Ermessen eine Verteilung vornehmen, sodass eine Doppelprovisionierung aber in jedem Falle ausgeschlossen ist.[52]

---

50 Die daneben gem. § 87 Abs. 2 HGB von der Verweisung des § 65 HGB für Arbeitnehmer grundsätzlich nicht erfasste **Bezirksprovision** kommt nur dann zur Anwendung, wenn dies **ausdrücklich vereinbart** ist. Allein die Zuweisung eines Außendienstbezirkes für einen Vertriebsmitarbeiter genügt hierfür nicht.[53] Ist eine Bezirksprovision vereinbart, ist für den Provisionsanspruch allein das **Zustandekommen eines Geschäfts im Bezirk** erheblich. Die Vermittlung (Kausalität) ist demgegenüber nicht erforderlich. Provisionsansprüche entstehen gem. § 87 Abs. 3

---

49 Schaub/*Vogelsang*, § 75 Rn 20.
50 BAG, Urt. v. 22.1.1971 – 3 AZR 42/70 –; LAG Köln, Urt. v. 23.10.2006 – 14 Sa 459/06 –.
51 LAG Hamm, Urt. v. 23.6.1993 – 15 Sa 1269/92 –.
52 BAG, Urt. v. 13.12.1965 – 3 AZR 446/64 –.
53 LAG Hamm, Urt. v. 2.10.1991 – 15 Sa 605/91 –.

HGB dementsprechend auch für Geschäfte, die erst nach Beendigung des Arbeitsverhältnisses zustande kommen (sog. **Überhangprovision**). Während dieser Anspruch für Handelsvertreter abdingbar ist, da diese gem. § 89b HGB Anspruch auf einen Ausgleichsanspruch haben, gilt dies für Arbeitnehmer nicht.

Nach früherer Rechtsprechung konnte bei Bestehen eines **sachlichen Grundes** eine zum Nachteil des Arbeitnehmers abweichende Vereinbarung getroffen werden, wenn der ausscheidende Arbeitnehmer etwa selbst Provisionen für von seinem Vorgänger geschlossene Geschäfte erhält oder eine dem Ausgleich nach § 89b HGB entsprechende Abfindung zu zahlen ist.[54] Die neuere Rechtsprechung[55] hat **offengelassen**, ob ein solcher Ausschluss der Überhangprovision überhaupt möglich ist. Diese Rechtsprechung knüpft daran an, dass auch nach Beendigung des Arbeitsverhältnisses zustande gekommene Geschäfte, an deren Abschluss der Arbeitnehmer zuvor mitgewirkt hatte, Teil seiner Arbeitsleistungen sind und dementsprechend die hierfür vereinbarte Provision Teil des mit der Mitwirkung bereits erzielten Arbeitsentgelts ist.[56] Ein Ausschluss der Überhangprovision entzieht hiernach bereits erdientes Arbeitsentgelt. Da solche Überhangprovisionen ggf. bei ausscheidenden Arbeitnehmern durch eine Mitwirkung des Nachfolgers gekennzeichnet sind und dieser aus dem Geschäft gleichermaßen einen Provisionsanspruch erwerben kann, zeigt auch dieser Sachverhalt die Notwendigkeit, eine **Regelung über mitursächliche Beiträge** mehrerer Arbeitnehmer zu treffen.

51

F. Aktienoptionen

Aktienoptionsprogramme für Arbeitnehmer gewinnen an Bedeutung. Aktienoptionen räumen dem Inhaber der Option in Gestalt der jeweiligen Optionsbedingungen ein Recht ein, Aktien zu einem bestimmten festgelegten Kurs innerhalb eines bestimmten Zeitraums zu erwerben.[57] Ziel ist zum einen eine **Mitarbeiterbindung**, zum anderen eine **Mitarbeitermotivation** zur Identifizierung mit dem Unternehmen.[58]

52

Aktienoptionen werden in der Praxis auf Grundlage von Betriebsvereinbarungen, Gesamtzusagen oder einzelvertraglichen Vereinbarungen gewährt.[59] Das Aktienoptionsprogramm begründet in der Regel einen Anspruch gegen den Arbeitgeber auf **Bezug von Aktien des Arbeitgeberunternehmens**.[60] Die Beschaffung

53

---

54 BAG, Urt. v. 20.8.1996 – 9 AZR 471/95 –.
55 BAG, Urt. v. 20.2.2008 – 10 AZR 125/07 –.
56 BAG, Urt. v. 20.2.2008 – 10 AZR 125/07 –; BAG, Urt. v. 28.5.2008 – 10 AZR 351/07 –.
57 *Mengel*, S. 31 Rn 28.
58 BAG, Urt. v. 16.1.2008 – 7 AZR 887/06 –.
59 *Baeck/Diller*, DB 1998, 1405, 1406.
60 *Mengel*, S. 31 Rn 29.

der Aktien durch den Arbeitgeber erfolgt in der Praxis im Wege einer bedingten Kapitalerhöhung oder des Erwerbs eigener Aktien. Das Bezugsrecht für den Arbeitnehmer erfolgt in Gestalt der Einräumung einer Aktienoption. Erforderlich hierfür ist ein **Aktienoptionsplan.**

54 Die Aufstellung des Aktienoptionsplans bedarf im Falle einer bedingten Kapitalerhöhung eines Beschlusses der Hauptversammlung der Aktionäre (§ 192 Abs. 2 Nr. 3 AktG). Mit diesem werden die Bedingungen des Aktienoptionsprogramms festgelegt. Wesentlicher Bestandteil der Beschlussfassung sind der Kreis der Bezugsberechtigten, Erfolgsziele, Erwerbs- und Ausübungszeiträume sowie die Wartezeit für die erstmalige Ausübung von mindestens vier Jahren (§ 193 Abs. 2 Nr. 4 AktG). Diese Bestimmungen gelten beim Erwerb eigener Aktien entsprechend (§ 71 Abs. 1 Nr. 8 AktG).

55 Auf Grundlage dieser Beschlussfassung erfolgt die Aufstellung des Aktienoptionsplans, in dem die näheren Voraussetzungen für die Teilnahme festgelegt sind. Aus der Gewährung der Aktienoption entsteht ein vertraglicher Anspruch des Arbeitnehmers gegen den Arbeitgeber, bei Eintritt der Ausübungsbedingungen Aktien zu ziehen.[61] **Typische Regelungsinhalte** sind die Anzahl und ggf. der Basiskaufpreis der zu erwerbenden Aktien. Aufgrund der in § 193 Abs. 2 Nr. 4 AktG gesetzlich vorgesehenen **Wartefrist von mindestens vier Jahren** ist weiterer Regelungsbestandteil des Aktienoptionsplans die Ausübung der Aktienoptionen erst nach Ablauf der Wartefrist.

56 Mit einem vereinbarten Aktienoptionsprogramm wird aber nicht etwa bereits das Optionsrecht oder sogar der Aktienkauf ausgeübt. Vielmehr wird dem Arbeitnehmer allein ein **Optionsrecht** eingeräumt, welches er erst **nach der definierten Wartezeit ausüben** darf.[62] Weitere Voraussetzung für die Ausübung des Optionsrechts kann eine bestimmte **Unternehmensentwicklung oder persönliche Performance** sein.[63] Auf Grundlage des Aktienoptionsprogramms ist der Arbeitnehmer nach Ablauf der Wartefrist und Erreichen des Erfolgsziels zum Aktienerwerb zum festgelegten Basispreis berechtigt.[64]

57 In der Wartezeit liegt die Funktion des Aktienoptionsprogramms, **Mitarbeiter langfristig zu binden**. Eine **Grenze der zulässigen Bindungswirkung** wird – mangels ersichtlicher Rechtsprechung – in der Literatur bei fünf Jahren angenommen, da dies der maximale Zeitraum einer möglichen Bindung des Arbeitnehmers an das Arbeitsverhältnis im Rahmen gesetzlicher Bestimmungen (§§ 624 BGB, 15 Abs. 4 TzBfG) ist.[65]

---

61 Hümmerich/Reufels/*Mengel*, 1.3. Rn 389.
62 Hümmerich/Reufels/*Mengel*, 1.3. Rn 417.
63 Hümmerich/Reufels/*Mengel*, 1.3. Rn 417.
64 Vgl. *Lembke*, BB 2001, 1469, 1470; *Pulz*, BB 2004, 1107, 1108.
65 Hümmerich/Reufels/*Mengel*, 1.3. Rn 420.

Typischerweise sieht ein Aktienoptionsplan neben der Wartezeit eine **Verfü-** 58
gungsbeschränkung vor, dass der Arbeitnehmer sein Optionsrecht nicht auf Dritte
übertragen kann. Der Arbeitnehmer hat dementsprechend sein **Optionsrecht persönlich** auszuüben. Um die mit der Wartezeit bezweckte Betriebstreue zu erreichen,
ist darüber hinaus regelmäßig eine **Verfallklausel** Bestandteil des Aktienoptionsplans, wonach der Arbeitnehmer nach Ausscheiden aus dem Arbeitsverhältnis von
der Ausübung des Optionsrechts ausgeschlossen ist. Die Rechtsprechung hat diese
Gestaltung anerkannt.[66] Eine unangemessene Benachteiligung des Arbeitnehmers
liegt darin auch dann nicht, wenn die Bindungswirkung unabhängig davon zum
Verfall der Optionsrechte führt, ob die Beendigung des Arbeitsverhältnisses aus der
Sphäre des Arbeitgebers oder des Arbeitnehmers endet.[67]

Rechtlich noch ungeklärt sind über die Wartefristen hinausgehende **Haltefris-** 59
ten, nach denen bereits gezogene Aktien für eine bestimmte Zeitspanne nicht veräußert werden dürfen.[68] Derartige Klauseln werden grundsätzlich anerkannt, um
das Interesse des Optionsbegünstigten am Erfolg des Unternehmens aufrechtzuerhalten.[69] Zieht der Arbeitnehmer die Option, wird damit der Optionsvertrag im Ergebnis jedenfalls wirksam und erfüllt der Arbeitgeber den Anspruch aus dem Aktienoptionsplan auf Gewährung von Aktienoptionen.[70]

Neben echten Aktienoptionsprogrammen, die auf den Erwerb von Aktien bei Aus- 60
übung der Option gerichtet sind, kommen **schuldrechtliche Aktienoptionsprogramme** („phantom stocks") in Betracht, die den Arbeitnehmer lediglich so stellen,
als halte er Aktien. Deren Bindungsmöglichkeiten sind bislang ungeklärt. Auch wenn
die **Mindestfrist von vier Jahren** allein für eine Aktienoptionsgewährung aufgrund
bedingter Kapitalerhöhung oder den Erwerb eigener Aktien gilt, wird in ihr eine **gesetzgeberische Wertung** für die Bindungswirkung von Aktienoptionen gesehen werden können.[71] Für die Frage, in welchem Umfang der Arbeitnehmer eine Betriebszugehörigkeit zurückzulegen hat, um Rechte aus Aktienoptionsprogrammen zu erwerben
bzw. zu behalten, kann es schwerlich darauf ankommen, ob die zu gewährenden Aktien aus einer bedingten Kapitalerhöhung oder dem Erwerb eigener Aktien hervorgehen
oder schuldrechtlich zur Verfügung gestellt werden. Bei schuldrechtlichen Gestaltungen steht jedoch der Schutz der Aktionäre nicht im Raum, sodass die Bindungsfristen
zwar eine mögliche, wohl aber keine zwingende Gestaltung darstellen.

In der Praxis werden **Aktienoptionsprogramme in Konzernunternehmen** 61
nicht selten anstelle des Arbeitgebers durch die Konzernmuttergesellschaft aufge-

---

[66] BAG, Urt. v. 28.5.2008 – 10 AZR 351/07 –.
[67] BAG, Urt. v. 28.5.2008 – 10 AZR 351/07 –.
[68] Vgl. Küttner/*Röller*, Aktienoptionen, Rn 12 m.w.N.
[69] Vgl. Küttner/*Röller*, Aktienoptionen, Rn 12 m.w.N.
[70] Vgl. Küttner/*Röller*, Aktienoptionen, Rn 4 m.w.N.
[71] Hümmerich/Reufels/*Mengel*, 1.3. Rn 418.

legt. In diesem Fall entstehen **keine Ansprüche gegen den Arbeitgeber**, sondern allein gegen das **Konzernmutterunternehmen**.[72] Das Aktienoptionsprogramm ist rechtlich vom Arbeitsverhältnis zu trennen. Eine solche rechtliche Trennung ist sinnvoll, da keine arbeitsvertraglichen Ansprüche gegen den Arbeitgeber begründet werden, sondern allein Ansprüche aus dem Aktienoptionsprogramm gegen das Konzernmutterunternehmen. Diese rechtliche Differenzierung findet allerdings nur solange statt, wie nicht im **Arbeitsvertrag zum Arbeitgeber** eine Teilnahme des Arbeitnehmers am Aktienoptionsprogramm des Konzernmutterunternehmens ausdrücklich oder konkludent vorgesehen ist; in diesem Falle entstehen Ansprüche des Arbeitnehmers gegen seinen Arbeitgeber auf Zuteilung von Aktienoptionen nach den vom Konzernmutterunternehmen aufgestellten Verteilungsgrundsätzen.[73]

---

[72] BAG, Urt. v. 16.1.2008 – 7 AZR 887/06 –.
[73] BAG, Urt. v. 16.1.2008 – 7 AZR 887/06 –.

Kapitel 3
Generelle Flexibilisierungsinstrumente im Individualarbeitsrecht

A. Basisabsicherung durch Mindestfixvergütung

I. Gesetzliches Leitbild des Arbeitsverhältnisses

Das gesetzliche Leitbild des § 611 Abs. 1 BGB stellt das Arbeitsentgelt in ein **synallagmatisches Gegenseitigkeitsverhältnis** zur Arbeitsleistung. Das bedeutet, dass Arbeitsleistung und Arbeitsvergütung als Hauptleistungspflichten in enger Abhängigkeit zueinander zu betrachten sind. Der Arbeitgeber darf nach dem Grundsatz „ohne Arbeit kein Lohn" die Entgeltzahlung bei Nichtleistung des Arbeitnehmers einstellen, wenn der Arbeitnehmer nicht – etwa bei Arbeitsunfähigkeit mit Entgeltfortzahlung – von der Arbeitsleistung bei fortbestehendem Entgeltanspruch befreit ist. Andererseits muss der Arbeitgeber ein vereinbartes und erarbeitetes Entgelt gewähren, wenn der Arbeitnehmer seine Arbeitsleistung ordnungsgemäß erbracht hat. Dieses **Wertungsmodell des Synallagmas** hat Auswirkungen auf die Entgeltgestaltung, die dem Arbeitnehmer bereits **erdientes Arbeitsentgelt nicht entziehen** darf.[1]

Beispiel
Im Falle der Beendigung des Arbeitsverhältnisses ist das Entgelt bis zum letzten Arbeitstag – ggf. anteilig – abzurechnen. Es darf nicht wegen Nichtbestehens des Arbeitsverhältnisses über einen bestimmten Stichtag hinaus für Zeiten der erbrachten Arbeitsleistung entzogen werden.

Aus dieser **grundsätzlichen Entgeltlichkeit der Arbeitsleistung** folgt zugleich, dass die Arbeitsvertragsparteien die Bemessung der Arbeitsvergütung zwar frei vereinbaren können, eine Untergrenze zur Vermeidung des Vorwurfs der Sittenwidrigkeit jedoch gewahrt werden muss.[2] Dieses **Wertungsmodell eines zu erzielenden Mindestentgelts** darf durch die Variabilisierung der Vergütung nicht infrage gestellt werden.

Beispiel
So wäre etwa eine vollständige Abhängigkeit der Vergütung vom Erreichen eines unternehmerischen Ziels unzulässig.

---

1 BAG, Urt. v. 18.1.2012 – 10 AZR 612/10 –.
2 BAG, Urt. v. 18.4.2012 – 5 AZR 630/10 –.

3 Ein weiteres Wertungsmodell liegt im **Bestandsschutz der Arbeitsbedingungen** und damit auch des Arbeitsentgelts, wie er im Rahmen des Schutzes vor Änderungskündigungen zum Ausdruck kommt. Wegen des Bestandsschutzes des Austauschverhältnisses zwischen Arbeitsleistung und Arbeitsentgelt ist für den Arbeitnehmer Planungssicherheit durch eine feststehende Hauptleistungspflicht des Arbeitgebers gewährleistet.³ Ein **einseitiger Eingriff** in vereinbartes Arbeitsentgelt ist deshalb nur sehr begrenzt zulässig.

Beispiel
Aus diesem Grunde sind Widerrufsrechte bei Entgeltbestandteilen nur in einem Umfang von bis zu regelmäßig 25% der Gesamtvergütung und bei einem sachlichen Grund für den Widerruf zulässig.

II. Gleichbehandlungspflichten

4 Für die Vergütungsvereinbarung gilt der **Grundsatz der Vertragsfreiheit**. Arbeitgeber und Arbeitnehmer können die Höhe des Arbeitsentgelts grundsätzlich nach freiem Ermessen vereinbaren. Eine Grenze des freien Ermessens sind aus Sicht des Arbeitgebers jedoch **Gleichbehandlungspflichten**. Für den Grundsatz der Entgeltgleichheit zwischen Männern und Frauen folgt dies durch Art. 157 AEUV bereits aus Unionsrecht.⁴ Darüber hinaus dürfen die nach Maßgabe des Allgemeinen Gleichbehandlungsgesetzes (AGG) unzulässigen Differenzierungsmerkmale (Rasse, ethnische Herkunft, Geschlecht, Religion oder Weltanschauung, Behinderung, Alter, sexuelle Identität; vgl. § 1 AGG) nicht Anknüpfungspunkt für unterschiedliche Entgeltgestaltungen sein, da dies eine unzulässige Benachteiligung nach § 7 AGG beinhalten würde.⁵

5   Zwar kann eine an die nach § 1 AGG grundsätzlich unzulässigen Differenzierungskriterien anknüpfende **Ungleichbehandlung sachlich gerechtfertigt** sein. Dies setzt gem. § 8 AGG jedoch voraus, dass wegen der **Art der auszuübenden Tätigkeit** oder der Bedingungen ihrer Ausübung eine Ungleichbehandlung erforderlich ist – ist ein Arbeitnehmer aber zur Ausübung einer Tätigkeit in der Lage, wird es daran in der Praxis regelmäßig fehlen, sodass eine Rechtfertigung nach § 8 Abs. 1 AGG ausscheidet. § 8 Abs. 2 AGG stellt ergänzend klar, dass die Vereinbarung einer geringeren Vergütung für gleiche oder gleichwertige Arbeit wegen eines in § 1 AGG genannten Grundes nicht damit gerechtfertigt werden kann, dass wegen eines in § 1 AGG genannten Grundes besondere Schutzvorschriften gelten. Dies betrifft insbesondere die Schutzbestimmungen zugunsten (werdender) Mütter nach

---
3 BAG, Urt. v. 27.7.2005 – 7 AZR 486/04 –.
4 Schaub/*Vogelsang*, § 66 Rn 9.
5 Vgl. Schaub/*Vogelsang*, § 66 Rn 10.

Maßgabe des Mutterschutzgesetzes zur Vermeidung von Ungleichbehandlungen wegen des Geschlechtes oder die besonderen Schutzbestimmungen nach Maßgabe des Jugendarbeitsschutzgesetzes für Minderjährige zur Vermeidung von Ungleichbehandlungen wegen des Alters.

Neben den Gleichbehandlungspflichten nach dem AGG ist im Arbeitsrecht stets der **arbeitsrechtliche Gleichbehandlungsgrundsatz** zu beachten. Dieser ist zwar grundsätzlich nicht auf die Höhe der Arbeitsvergütung anwendbar, sodass er die Arbeitsvertragsparteien nicht daran hindert, eine freie Vergütungsvereinbarung zu treffen. Nach dem arbeitsrechtlichen Gleichbehandlungsgrundsatz ist der Arbeitgeber grundsätzlich verpflichtet, die Belegschaft oder Teile von ihr bei **Aufstellung einer Regel** gleichzubehandeln, sofern nicht ein sachlicher Grund eine Differenzierung rechtfertigt.[6]

Entscheidend für die Reichweite der Gleichbehandlung nach dem arbeitsrechtlichen Gleichbehandlungsgrundsatz ist, ob sich **Arbeitnehmer in gleicher oder vergleichbarer Lage** befinden. Innerhalb dieser Gruppen darf der Arbeitgeber einzelne Arbeitnehmer nicht willkürlich benachteiligen, er darf aber auch von vornherein bei der Aufstellung einer Regel **keine sachfremde Gruppenbildung** vornehmen.[7] Wegen des Vorrangs der Vertragsfreiheit gilt der arbeitsrechtliche Gleichbehandlungsgrundsatz bei der **Vergütungsvereinbarung** jedoch nur **eingeschränkt**.[8]

Bei Vergütungsvereinbarungen kommt eine Anwendung des arbeitsrechtlichen Gleichbehandlungsgrundsatzes nach der Rechtsprechung jedoch in Betracht, wenn der Arbeitgeber die **Vergütung nach allgemeinen Prinzipien** gewährt, etwa durch Aufstellung bestimmter Voraussetzungen oder Zwecke.[9] Stellt der Arbeitgeber solche allgemeinen Regularien für die Bemessung der Arbeitsvergütung auf, darf er **einzelne Arbeitnehmer nicht ohne Bestehen eines sachlichen Grundes** ausnehmen. Allerdings ist der Arbeitgeber nicht verpflichtet, solche allgemeinen Grundsätze aufzustellen, sondern er darf es bei einer individuellen Bemessung der Vergütung belassen.[10]

Eine weitere Grenze bei der Vergütungsgestaltung kann aus den gesetzlichen Bestimmungen über **Mindestarbeitsbedingungen** folgen. Nach dem Mindestarbeitsbedingungengesetz können Mindestarbeitsentgelte für bestimmte Wirtschaftszweige durch Rechtsverordnung festgelegt werden. Entsprechendes gilt – über Mindestentgelte hinaus auch für sonstige Arbeitsbedingungen – nach Maßgabe des

---

6 BAG, Urt. v. 21.6.2000 – 5 AZR 806/98 –; BAG, Urt. v. 17.11.1998 – 1 AZR 147/98 –.
7 BAG, Urt. v. 17.11.1998 – 1 AZR 147/98 –.
8 BAG, Urt. v. 21.6.2000 – 5 AZR 806/98 –; BAG, Urt. v. 17.11.1998 – 1 AZR 147/98 –; Schaub/*Vogelsang*, § 66 Rn 13.
9 BAG, Urt. v. 17.11.1998 – 1 AZR 147/98 –.
10 BAG, Urt. v. 15.11.1994 – 5 AZR 682/93 –.

Arbeitnehmerentsendegesetzes für die in § 4 AEntG genannten Branchen, insbesondere bei Bauhaupt- und -nebengewerben, Gebäudereinigungen, Brief- und Sicherheitsdienstleistungen. Nach § 134 BGB sind wegen Verstoßes gegen ein **gesetzliches Verbot** unter diesen Mindestentgelten zurückbleibende Vergütungsvereinbarungen nichtig. Gleiches gilt im Bereich der Arbeitnehmerüberlassung nach dem Arbeitnehmerüberlassungsgesetz hinsichtlich der zwischenzeitlich in Kraft getretenen Rechtsverordnung nach § 3a Abs. 2 AÜG über Mindeststundenentgelte im Bereich der Arbeitnehmerüberlassung. Im Bereich der Arbeitnehmerüberlassung sind zudem die Bestimmungen über das „**equal treatment**" **der Leiharbeitnehmer** gegenüber vergleichbaren Arbeitnehmern im Entleiher-Unternehmen zu beachten, von denen insbesondere die Arbeitsvergütung umfasst ist (§ 9 Nr. 2 AÜG).

III. Kollektivrechtliche Pflichten

10 Daneben können Grenzen für die freie Vergütungsvereinbarung aus zwingend anwendbaren Tarifverträgen oder Betriebsvereinbarungen folgen. **Tarifverträge** sind zwingend anwendbar, wenn sowohl **Arbeitgeber als auch Arbeitnehmer tarifgebunden** sind, d.h. der Arbeitgeber entweder Mitglied in einem Arbeitgeberverband oder Partei eines Haustarifvertrages und der Arbeitnehmer Mitglied der tarifschließenden Gewerkschaft ist (§§ 2, 3 TVG). In diesem Falle gelten die Rechtsnormen des Tarifvertrages über den Inhalt des Arbeitsverhältnisses **unmittelbar und zwingend** (§ 4 Abs. 1 TVG). Abweichende Abmachungen können, wenn der Tarifvertrag keine Öffnungsklausel vorsieht, allein für den **Arbeitnehmer günstigere Regelungen** vorsehen (§ 4 Abs. 3 TVG). Diese zwingende Geltung von Tarifverträgen wird bei fehlender beiderseitiger Tarifbindung für bestimmte Branchen durch die **Allgemeinverbindlichkeit** nach § 5 TVG unter den dort genannten Voraussetzungen herbeigeführt.

> **Praxistipp**
> Um überprüfen zu können, ob Rechtsverordnungen nach dem Arbeitnehmerentsendegesetz, dem Mindestarbeitsbedingungengesetz oder Tarifverträge kraft Allgemeinverbindlichkeitserklärung anzuwenden sind, finden sich auf der Homepage des Bundesministeriums für Arbeit und Soziales (http://www.bmas.de) eine Übersicht über die Mindestentgelte nach dem Arbeitnehmerentsendegesetz, ein Verzeichnis der für allgemeinverbindlich erklärten Tarifverträge sowie in der derzeitigen Rubrik „Mindestlohngesetze" Hinweise auf sonstige Rechtsverordnungen über Mindestentgelte nach dem Mindestarbeitsbedingungengesetz.

11 Grenzen für Vergütungsvereinbarungen können darüber hinaus aus **betriebsverfassungsrechtlichen Entgeltgrundsätzen** gem. § 87 BetrVG oder Betriebsvereinbarungen folgen. So unterliegen nach § 87 Abs. 1 Nr. 10 BetrVG Entgeltgrundsätze der Mitbestimmung des Betriebsrates, sofern der Arbeitgeber nicht an einen dies re-

gelnden Tarifvertrag gebunden ist.[11] Der Betriebsrat hat hiernach mitzubestimmen, soweit die **Festlegung abstrakter Kriterien für einzelne Entgeltgruppen** sowie die Festsetzung von **Wertunterschieden der einzelnen Entgeltgruppen zueinander** betroffen ist.[12] Die Entgelthöhe als solche unterliegt dagegen nicht der Mitbestimmung des Betriebsrates aus § 87 Abs. 1 Nr. 10 BetrVG.[13]

Eine Vergütungsvereinbarung muss in Betrieben mit Betriebsrat deshalb anwendbare Entgeltgrundsätze beachten, so denn solche bestehen. Die Rechtsprechung geht so weit, nach einem Ende der Tarifbindung des Arbeitgebers infolge Verbandsaustritts die bisherigen tariflichen Entgeltgrundsätze ungeachtet des **Endes der Tarifbindung** des Arbeitgebers als betriebsverfassungsrechtliche Entgeltgrundsätze zu betrachten und den Arbeitgeber damit trotz Beendigung der Tarifbindung an die bisherigen tariflichen Entgeltgrundsätze zu binden.[14] Der Arbeitgeber bedarf daher im Ergebnis zur **Lösung von den bisherigen tariflichen Entgeltgrundsätzen** gem. § 87 Abs. 1 Nr. 10 BetrVG der **Zustimmung des Betriebsrates**.[15] Der Arbeitgeber muss nach Auffassung des BAG die Eingruppierungsmerkmale sowie die Wertunterschiede zwischen Vergütungsgruppen aus einem Tarifvertrag auch dann noch bei seinen individualarbeitsvertraglichen Vergütungsvereinbarungen zugrunde legen, wenn tarifrechtlich eine Anwendbarkeit des Tarifvertrages längst ausgeschlossen ist.[16]

Das BAG geht sogar so weit, dass ein tarifgebundener Arbeitgeber die **tariflichen Entgeltgrundsätze** bei **nicht tarifgebundenen Arbeitnehmern**, bei denen der Tarifvertrag also überhaupt keine Geltung beansprucht, **anwenden muss**, weil nach Auffassung des BAG anderenfalls wegen der bestehenden Tarifbindung des Arbeitgebers ein Schutz der nicht in den Geltungsbereich des Tarifvertrages fallenden Arbeitnehmer nicht über das Mitbestimmungsrecht des § 87 BetrVG gewährleistet wäre.[17] Auch wenn diese Rechtsprechung in das verfassungsrechtlich verbürgte Recht der Arbeitnehmer eingreift, unabhängig von der Tarifbindung des Arbeitgebers gewerkschaftlich gesteuerten Arbeitsbedingungen fern zu bleiben und sie deshalb abzulehnen ist,[18] wird die Praxis damit leben müssen.

---

11 Zur Maßgabe der Tarifbindung nur des Arbeitgebers etwa: BAG, Beschl. v. 18.10.2011 – 1 ABR 25/10 –; *Fitting*, § 87 Rn 42.
12 BAG, Beschl. v. 18.10.2011 – 1 ABR 25/10 –; im Einzelnen zur Mitbestimmung des Betriebsrates unten in Kap. 4.
13 BAG, Beschl. v. 18.10.2011 – 1 ABR 25/10 –.
14 BAG, Urt. v. 15.4.2008 – 1 AZR 65/07 –; kritisch: *Bauer/Günther*, DB 2009, 620 ff.
15 BAG, Urt. v. 15.4.2008 – 1 AZR 65/07 –.
16 BAG, Urt. v. 15.4.2008 – 1 AZR 65/07 –.
17 BAG, Beschl. v. 18.10.2011 – 1 ABR 25/10 –; a.A. *Salamon*, NZA 2012, 899.
18 *Salamon*, NZA 2012, 899.

Beispiel
– Beispiel 1:
Sind sowohl der Arbeitgeber als auch der Arbeitnehmer tarifgebunden, kann eine Vergütungsvereinbarung nur in den Grenzen der tariflichen Regelungen getroffen werden. Der Arbeitnehmer ist in die tarifliche Vergütungsgruppe einzugruppieren. Das Arbeitsentgelt des Arbeitnehmers richtet sich nach der dieser Entgeltgruppe tariflich zugewiesenen Entgelthöhe. Nach § 4 Abs. 3 TVG kann allenfalls ein darüber hinausgehendes Entgelt vereinbart werden.
– Beispiel 2:[19]
Die Tarifbindung des Arbeitgebers endet. Besteht im Betrieb ein Betriebsrat und stellt der Arbeitgeber einen Arbeitnehmer ein, ist die zu treffende Vergütungsvereinbarung wegen der entfallenen Tarifbindung des Arbeitgebers an sich nicht mehr an den tariflichen Entgeltregelungen zu bemessen (§ 4 Abs. 1 TVG). Der Arbeitgeber bleibt jedoch gem. § 87 BetrVG an die bisherigen tariflichen Entgeltgrundsätze gebunden, soweit das Mitbestimmungsrecht aus § 87 BetrVG reicht. Da lediglich die Höhe der Vergütung nicht vom Mitbestimmungsrecht des § 87 BetrVG umfasst wird, muss der nicht mehr tarifgebundene Arbeitgeber den Arbeitnehmer einer tariflichen Entgeltgruppe zuordnen und darf mit dem Arbeitnehmer lediglich ein Arbeitsentgelt vereinbaren, das den Abstand zum Arbeitsentgelt einer anderen Tarifgruppe gewährleistet.

14 Über Entgeltgrundsätze gem. § 87 Abs. 1 Nr. 10 BetrVG hinaus kann eine **Betriebsvereinbarung** gem. § 77 Abs. 4 BetrVG weitere Grenzen für die freie Vergütungsvereinbarung vorgeben, wenn über die in § 87 Abs. 1 Nr. 10 BetrVG genannten Entgeltgrundsätze hinaus in ihr Regelungen über die Höhe der Vergütung getroffen sind. Derartige Betriebsvereinbarungen werden in der Praxis bei der Grundvergütung jedoch nur selten rechtswirksam bestehen können. So können gem. **§ 77 Abs. 3 BetrVG** Arbeitsentgelte und sonstige Arbeitsbedingungen nicht Gegenstand einer Betriebsvereinbarung sein, wenn sie durch Tarifvertrag geregelt oder üblicherweise geregelt sind. Da eine **Tarifüblichkeit** genügt, gilt diese Regelungsgrenze für Betriebsvereinbarungen auch bei fehlender Tarifbindung des Arbeitgebers. Zwingende Vorgaben über die Höhe der Grundvergütung aus Betriebsvereinbarungen werden deshalb in der Praxis die Ausnahme darstellen, während sonstige Entgelte in der Regel mangels abschließender tariflicher Vorgaben durch Betriebsvereinbarung gestaltbar sind.

IV. Sittenwidrige Arbeitsentgelte

15 Soweit die Arbeitsvertragsparteien grundsätzlich in der Gestaltung der Vergütungsvereinbarung frei sind, stellt der Maßstab der Sittenwidrigkeit (§ 138 BGB) eine untere Grenze auf. Ein Rechtsgeschäft ist sittenwidrig, wenn es gegen das **Anstandsgefühl aller billig und gerecht Denkenden** verstößt, was bei Entgeltvereinbarungen

---

[19] BAG, Urt. v. 15.4.2008 – 1 AZR 65/07 –; BAG, Beschl. v. 18.10.2011 – 1 ABR 25/10 –.

insbesondere aus **Wucher** oder einem **wucherähnlichen Rechtsgeschäft** folgen kann.[20] Dies beides setzt ein auffälliges Missverhältnis zwischen Leistung und Gegenleistung voraus. Über die Entgelthöhe hinaus ist der **Gesamtcharakter unter Beweggrund und Zweck** mit einzubeziehen, wobei es nach der Rechtsprechung allerdings genügt, wenn der Arbeitgeber die Tatsachen kennt, aus denen die Sittenwidrigkeit folgt.[21] Für die Beurteilung, ob eine Sittenwidrigkeit anzunehmen ist, ist zwar grundsätzlich der **Zeitpunkt des Vertragsschlusses** maßgebend; bei Entgeltvereinbarungen nimmt das BAG eine Sittenwidrigkeit jedoch auch dann an, wenn die Entgeltvereinbarung nicht an die **allgemeine Lohn- und Gehaltsentwicklung angepasst** wird, sodass ein Missverhältnis zwischen Leistung und Gegenleistung erst zu einem **späteren Zeitpunkt** entsteht.[22]

Als Richtwert für ein auffälliges Missverhältnis der Entgeltvereinbarung zur Arbeitsleistung nimmt das BAG eine Grenze von **zwei Dritteln des üblichen Entgelts** an, wobei insbesondere inhaltlich anwendbare Tarifverträge den Maßstab bilden.[23] Bei dem Vergleich werden lediglich die **vertragliche Grundvergütung** mit der tariflichen Grundvergütung, d.h. nicht etwa Zulagen oder Zuschläge, gegenübergestellt.[24] Darüber hinaus erfordert der Tatbestand des Wuchers bzw. wucherähnlichen Rechtsgeschäfts gem. § 138 Abs. 2 BGB subjektiv aufseiten des Arbeitgebers eine Ausbeutung der Zwangslage, Unerfahrenheit, des Mangels an Urteilsvermögen oder der erheblichen Willensschwäche des Arbeitnehmers. Diese **verwerfliche Gesinnung des Arbeitgebers** wird vermutet, wenn das Arbeitsentgelt weniger als 50% der üblichen Vergütung beträgt.[25] Ist „nur" die **Zwei-Drittel-Grenze** der üblichen Vergütung erfüllt, ist der Arbeitnehmer für die weiteren Voraussetzungen darlegungs- und beweispflichtig.[26]

Praxistipp
Ist der Arbeitgeber unsicher, nach welchen tariflichen Bestimmungen ggf. die Untergrenze der Vergütung zu bemessen ist, zieht das BAG für die Zuordnung des Wirtschaftszweiges des Unternehmens die Klassifikation der Wirtschaftszweige durch das Statistische Bundesamt heran. Der Arbeitgeber kann deshalb aufgrund der vom Statistischen Bundesamt herausgegebenen Klassifikation der Wirtschaftszweige in Zweifelsfällen eine Branchenzuordnung vornehmen und auf dieser Grundlage prüfen, welchem Tarifvertrag das Unternehmen zuzuordnen ist.[27]

---

20 BAG, Urt. v. 26.4.2006 – 5 AZR 549/05 –; BAG, Urt. v. 22.4.2009 – 5 AZR 436/08 –.
21 BAG, Urt. v. 26.4.2006 – 5 AZR 549/05 –; BAG, Urt. v. 22.4.2009 – 5 AZR 436/08 –.
22 BAG, Urt. v. 26.4.2006 – 5 AZR 549/05 –.
23 BAG, Urt. v. 22.4.2009 – 5 AZR 436/08 –.
24 BAG, Urt. v. 22.4.2009 – 5 AZR 436/08 –.
25 BAG, Urt. v. 27.6.2012 – 5 AZR 496/11 –.
26 BAG, Urt. v. 27.6.2012 – 5 AZR 496/11 –.
27 BAG, Urt. v. 18.4.2012 – 5 AZR 630/10 –.

17 Bei der **Gestaltung variabler Entgeltbestandteile** ist sicherzustellen, dass die Grenze der Sittenwidrigkeit beachtet wird. Die Variabilisierung des Entgelts darf nicht bewirken, dass die Untergrenze von zwei Dritteln des üblichen Arbeitsentgelts unterschritten wird.[28] Dies schließt nicht aus, sogar das **gesamte Arbeitsentgelt variabel** zu gestalten. Für eine provisionsabhängige Vergütung hat das BAG dies unter Hinweis auf § 65 HGB, der die Vergütung auf Provisionsbasis vorsieht, ausdrücklich klargestellt.[29] Für die Beurteilung der Frage einer Sittenwidrigkeit kann es aber nicht darauf ankommen, ob die Variabilisierung in Gestalt einer Provision oder sonstigen Entgeltkomponente erfolgt. Entscheidend ist aber stets, dass der Arbeitnehmer bei **voller Ausschöpfung seiner Arbeitskraft** in der Lage sein muss, ein die Grenzen der Sittenwidrigkeit nicht unterschreitendes Arbeitsentgelt zu erzielen.[30]

! Praxistipp

Da die Rechtsprechung zur Wahrung der Grenzen der Sittenwidrigkeit auf eine Gestaltung abstellt, die an die Ausschöpfung der Arbeitskraft anknüpft, wird eine am **wirtschaftlichen Ergebnis des Unternehmens** bemessene Entgeltkomponente nicht in gleichem Maße eine sittenwidrige Entgeltgestaltung ausschließen können. Bei solchen Entgeltkomponenten sollte eine **Mindestfixvergütung** und/oder eine zusätzliche, an die Arbeitskraft anknüpfende Entgeltkomponente sicherstellen, dass zwei Drittel der üblichen Vergütung nicht unterschritten werden.

B. Reichweite und Grenzen der Gestaltung freiwilliger Vergütungsbestandteile

I. Freiwilligkeit von Vergütungsbestandteilen

18 Bei der Gestaltung freiwilliger Vergütungsbestandteile beabsichtigt der Arbeitgeber weitestgehende Flexibilität. Mit der Freiwilligkeit sollen **Rechtsansprüche des Arbeitnehmers ausgeschlossen** werden, sodass der Arbeitgeber jeweils neu über eine Leistung entscheiden kann. Nach allgemeinen zivilrechtlichen Grundsätzen im Rahmen der Erbringung jeweils nur einer einzelnen Leistung durch den Arbeitgeber wäre dies unproblematisch, da die Gewährung einer Leistung im Einzelfall nicht zu einer Bindung für die Zukunft führt. Man denke etwa an den täglichen Kauf einer bestimmten Zeitung an einem Kiosk. Der arbeitsrechtliche Ausgangspunkt aus dem Gesichtspunkt betrieblicher Übungen ist dagegen ein gänzlich anderer.

19 Die Gewährung einer Leistung im Einzelfall begründet zwar stets einen Rechtsanspruch des Arbeitnehmers. Dieser beschränkt sich jedoch auf die jeweilige (ab-

---

[28] BAG, Urt. v. 16.2.2012 – 8 AZR 98/11 –; BAG, Urt. v. 16.2.2012 – 8 AZR 252/11 –.
[29] BAG, Urt. v. 16.2.2012 – 8 AZR 98/11 –; BAG, Urt. v. 16.2.2012 – 8 AZR 252/11 –.
[30] BAG, Urt. v. 16.2.2012 – 8 AZR 98/11 –; BAG, Urt. v. 16.2.2012 – 8 AZR 252/11 –.

gewickelte) Einzelleistung. Im Gegensatz dazu stellt sich bei einer beabsichtigten Freiwilligkeit der Leistung die Frage nach einer **Bindung hinsichtlich zukünftiger weiterer Leistungen**. Nur wenn eine solche Bindung zu vermeiden ist, kommt der Arbeitgeber in den Genuss der beabsichtigten Flexibilität, die Leistung ganz oder teilweise in der Zukunft nicht erneut gewähren zu brauchen. Eine solche Bindung des Arbeitgebers kommt indessen insbesondere unter dem Gesichtspunkt betrieblicher Übungen oder individueller konkludenter Zusageformen in Betracht.

Unter **betrieblicher Übung** versteht das BAG in seiner ständigen Rechtsprechung eine Wiederholung bestimmter Verhaltensweisen durch den Arbeitgeber, aus denen der **Arbeitnehmer darauf schließen kann**, ihm solle eine bestimmte Leistung auf Dauer gewährt werden.[31] Typisches Beispiel ist eine dreimalig wiederholte Zahlung in gleicher Höhe an die gesamte Belegschaft oder Teile von ihr.[32] Im jeweiligen Jahr des Bezugs der Leistung erfolgt eine Gesamt- bzw. – ausdrückliche oder schlüssige – Individualzusage hinsichtlich der einzelnen Zahlung. Auch ohne ausdrückliche Erklärung über zukünftige Leistungen nimmt das BAG eine Bindung des Arbeitgebers für die Zukunft an, weil der Arbeitgeber – so das BAG – mit einem **wiederholten und gleichförmigen Verhalten** konkludent ein rechtsgeschäftliches **verbindliches Angebot** auch hinsichtlich einer **zukünftigen Fortsetzung** dieser Verhaltensweise abgebe.[33]

Eine auf dieser Grundlage entstandene betriebliche Übung wirkt kollektiv für den gesamten Betrieb, sodass sie sich auch auf neu eintretende Arbeitnehmer erstreckt, die in dem Betrieb zuvor noch nicht in den Genuss einer wiederholten Leistung konkret ihnen gegenüber gelangt sind.[34] In ihrer Wirkungsweise ähnelt die betriebliche Übung damit einer **Gesamtzusage**, d.h. einer verbindlichen Zusage des Arbeitgebers gegenüber der Belegschaft, eine bestimmte Leistung dauerhaft zu erbringen.

Will der Arbeitgeber eine **Bindung** für zukünftig wiederholte Leistungen **vermeiden**, muss er hierzu einen **Vorbehalt** erklären, dass sich sein Leistungsversprechen auf die jeweilige Einzelleistung beschränkt und aus ihr keine Ansprüche auf wiederholte Leistungsgewährungen hergeleitet werden können.[35] Nur mit einem solchen Vorbehalt ist es nach Auffassung des BAG möglich, ein **schutzwürdiges Vertrauen** in der Belegschaft zu **zerstören**, aus wiederholten Einzelleistungen könne auf ein dauerhaftes Leistungssystem geschlossen werden.

---

31 BAG, Urt. v. 15.5.2012 – 3 AZR 610/11 –; BAG, Urt. v. 15.2.2011 – 3 AZR 35/09 –; BAG, Urt. v. 30.7.2008 – 10 AZR 606/07 –; BAG, Urt. v. 28.5.2008 – 10 AZR 274/07 –.
32 BAG, Urt. v. 30.7.2008 – 10 AZR 606/07 –.
33 BAG, Urt. v. 15.5.2012 – 3 AZR 610/11 –; BAG, Urt. v. 15.2.2011 – 3 AZR 35/09 –; BAG, Urt. v. 30.7.2008 – 10 AZR 606/07 –; BAG, Urt. v. 28.5.2008 -10 AZR 274/07 –.
34 BAG, Urt. v. 28.6.2006 – 10 AZR 385/05 –.
35 BAG, Urt. v. 14.9.2011 – 10 AZR 526/10 –; BAG, Urt. v. 10.12.2008 – 10 AZR 1/08 –; BAG, Urt. v. 25.4.2007 – 5 AZR 627/06 –.

II. Kein laufendes Arbeitsentgelt

23 Für laufendes Arbeitsentgelt – konkret eine monatlich zu zahlende Leistungszulage – hat das BAG[36] eine Möglichkeit zum Ausschluss eines Rechtsanspruchs für zukünftige Leistungen abgelehnt. Das BAG geht davon aus, dass die Vermeidung eines Rechtsanspruchs bei Bestandteilen des laufenden Arbeitsentgelts dem **Zweck des Arbeitsvertrages** widerspricht, weil der Ausschluss eines Rechtsanspruchs die **synallagmatische Verknüpfung** der Leistungen der Vertragsparteien aufhebe.[37] Dies gelte unabhängig davon, ob ein solcher Vorbehalt die Grundvergütung oder eine zusätzliche Vergütungskomponente erfasse, da auch diese laufendes Arbeitsentgelt und damit in das Synallagma eingebundene Leistungen darstelle.[38]

24 Hiervon ausgehend hat das BAG bei Bestandteilen des laufenden Arbeitsentgeltes angenommen, dass ein **Freiwilligkeitsvorbehalt nicht möglich** sei. Aufgrund des Gegenseitigkeitsverhältnisses sämtlicher laufender Bestandteile des Arbeitsentgeltes gegenüber der Arbeitsleistung bedeute ein Ausschluss des Rechtsanspruchs eine **Abweichung von Rechtsvorschriften**. Für vom Arbeitgeber vorformulierte Arbeitsverträge sieht § 307 Abs. 3 BGB eine Kontrolle am Maßstab der §§ 305ff. BGB („AGB-Kontrolle") vor. Laut § 307 Abs. 1 BGB ist hiernach eine Unwirksamkeit einer Vertragsbestimmung anzunehmen, wenn die Vertragsbestimmung den Arbeitnehmer unangemessen benachteiligt. Nach § 307 Abs. 2 Nr. 1 BGB ist eine solche unangemessene Benachteiligung des Arbeitnehmers im Zweifel anzunehmen, wenn die Vertragsbestimmung mit wesentlichen Grundgedanken einer gesetzlichen Regelung, von der sie abweicht, nicht zu vereinbaren ist. Für Bestandteile des **laufenden Arbeitsentgelts** nimmt das BAG eine solche, zur Unangemessenheit des Freiwilligkeitsvorbehalts führende, Abweichung an, wenn von der **Einräumung eines Rechtsanspruchs** auf Bestandteile des laufenden Arbeitsentgelts durch einen Freiwilligkeitsvorbehalt abgewichen werden soll.[39]

25 Diese Rechtsprechung fußt auf einer Entscheidung des u.a. für Zulagen zuständigen 5. Senats des BAG.[40] Der für vertragliche Sonderzahlungen zuständige 10. Senat des BAG hat kurz danach in Abgrenzung zu dieser Entscheidung festgehalten, dass bei **Sonderzahlungen außerhalb des laufenden Arbeitsentgelts** die Möglichkeit eines Freiwilligkeitsvorbehalts bestehen bleibe – schon um der Notwendigkeit willen, dass Arbeitgeber anderenfalls von Leistungen gänzlich ab-

---

36 BAG, Urt. v. 25.4.2007 – 5 AZR 627/06 –.
37 BAG, Urt. v. 25.4.2007 – 5 AZR 627/06 –.
38 BAG, Urt. v. 25.4.2007 – 5 AZR 627/06 –.
39 BAG, Urt. v. 25.4.2007 – 5 AZR 627/06 –.
40 BAG, Urt. v. 25.4.2007 – 5 AZR 627/06 –.

sähen, wenn sie diese stets dauerhaft gewähren müssten.⁴¹ Das BAG hat damit erkannt, dass der Schutz des Arbeitnehmers durch die Rechtsprechung im Einzelfall bewirken kann, dass weitaus größere Nachteile für Arbeitnehmer entstehen, wenn der Arbeitgeber ihnen keine einmaligen Sonderzahlungen mehr zuwenden dürfte.

Praxistipp
Schwierigkeiten beinhaltet die **Abgrenzung** laufenden Arbeitsentgelts, welches nicht unter einen Freiwilligkeitsvorbehalt gestellt werden kann, von Sonderzahlungen. Die Abgrenzung wirft die Frage auf, welche Leistungen des Arbeitgebers als **Gegenleistung für Arbeitsleistungen** in einem synallagmatischen Austauschverhältnis stehen und damit nicht unter einen Freiwilligkeitsvorbehalt gestellt werden können. Die Rechtsprechung hat bislang keinerlei eindeutige Abgrenzungskriterien benannt. Die Abgrenzung ist für die Frage einer **künftigen Bindungswirkung** aber von **erheblicher wirtschaftlicher Bedeutung**.

Die Abgrenzung wirft die Frage auf, **welche Leistungen** des Arbeitgebers als **Gegen-** 26 **leistung für Arbeitsleistungen** in einem synallagmatischen Austauschverhältnis stehen. In der Literatur wird darauf abgestellt, ob eine berechtigte Leistungserwartung des Arbeitnehmers mit Blick auf die von ihm erbrachte Arbeitsleistung besteht.⁴² Überwiegend wird dies für sämtliche regelmäßigen Zahlungen angenommen.⁴³

Beispiel
Nicht infrage zu stellen ist die Möglichkeit eines Freiwilligkeitsvorbehaltes deshalb bei reinen Betriebstreueleistungen:
– Weihnachts- oder Urlaubsgelder, sofern nicht als 13. Gehalt o.ä. gezahlt,
– Jubiläumszuwendungen,
– sonstige Zuwendungen, die allein an den Bestand des Arbeitsverhältnisses anknüpfen.

Noch nicht abschließend geklärt ist, ob sämtliche Leistungen, die **nicht monatlich** 27 **ratierlich** oder die in **unregelmäßiger Höhe** gezahlt werden, unter einen Freiwilligkeitsvorbehalt gestellt werden können. Auch solche Leistungen können – sofern sie nicht allein an die Betriebstreue anknüpfen – dem synallagmatischen Austauschverhältnis zuzuordnen sein. Für den Bezug zur Arbeitsleistung ist die **Zahlungsweise** sicherlich ein eher zufallsbehaftetes Kriterium.

In der Literatur ist diese Frage bislang **umstritten**, aber die wohl überwiegende 28 Auffassung schließt die Möglichkeit eines Freiwilligkeitsvorbehalts außerhalb rei-

---

41 BAG, Urt. v. 30.7.2008 – 10 AZR 606/07 –; seitdem ständige Rechtsprechung, vgl. BAG, Urt. v. 10.12.2008 – 10 AZR 2/08 –; BAG, Urt. v. 18.3.2009 – 10 AZR 289/08 –; BAG, Urt. v. 14.9.2011 – 10 AZR 526/10 –.
42 Preis/*Preis*, II V 70 Rn 44; *Preis/Lindemann*, NZA 2006, 632, 636.
43 Preis/*Preis*, II V 70 Rn 62; *Lingemann/Gotham*, DB 2007, 1754.

ner Betriebstreueleistungen aus.⁴⁴ Für diese Bewertung der überwiegenden Literatur spricht die Entwicklung der **Rechtsprechung zum synallagmatischen Austauschverhältnis im Zusammenhang mit Bindungskomponenten** für zukünftige Betriebstreue. Die jüngere Rechtsprechung zu dieser Frage nimmt eine Einbeziehung in das synallagmatische Austauschverhältnis bei **sämtlichen Leistungen** an, die **nicht ausdrücklich als reine Betriebstreueleistung** gekennzeichnet sind.⁴⁵

29   Damit spricht auf den ersten Blick viel dafür, dass die Maßgabe einer Einbindung in das Synallagma Freiwilligkeitsvorbehalte unabhängig von einer monatlich regelmäßigen oder unregelmäßigen Zahlungsweise bei sämtlichen (auch) leistungs- oder erfolgsabhängigen Vergütungsbestandteilen ausschließen wird. Eine Einbindung in den Schutz des vertraglichen Austauschverhältnisses **überzeugt** aber **jedenfalls dann nicht**, wenn der Arbeitgeber eine Sonderzahlung erstmals nach dem Bezugszeitraum, in dem der Arbeitnehmer seine Arbeitsleistung erbracht hat, in Aussicht stellt. In diesem Fall kann der Arbeitnehmer allenfalls in der **Hoffnung auf eine zusätzliche Leistung** gearbeitet haben – eine solche Hoffnung ist indessen nach vertragsrechtlichen Grundsätzen nicht schutzwürdig.⁴⁶

30   Ob diese starre Abgrenzung nach dem Leistungszweck einer Honorierung von Betriebstreue oder eines Entgelts für erbrachte Arbeitsleistungen vom BAG mit dem **Begriff der Sonderzahlung** allerdings gemeint ist, scheint zweifelhaft. So hat das **BAG** in Abgrenzung zum Ausschluss der Möglichkeit eines Freiwilligkeitsvorbehaltes beim laufenden Entgelt **ausdrücklich darauf** abgestellt, dass für die Möglichkeit eines Freiwilligkeitsvorbehaltes der **Zweck der Leistung keine Rolle** spielen soll.⁴⁷ In dieser Entscheidung hat das BAG in Abgrenzung zum laufenden Arbeitsentgelt auf die **Existenzsicherung des Arbeitnehmers** abgestellt, der seine Ausgabensituation der regelmäßigen Einnahmesituation, d.h. der monatlich ratierlichen Zahlungsweise von Vergütungsbestandteilen, anpasse. Das BAG hat **ausdrücklich darauf abgestellt**, dass der Arbeitnehmer aus **Sonderzahlungen nicht seinen gewöhnlichen Lebensunterhalt** bestreite und ein Freiwilligkeitsvorbehalt dementsprechend kein Vertrauen in die Gewissheit einer kontinuierlichen Leistungsgewährung entwerte, wie bei der Zahlung laufenden Arbeitsentgelts. Daraus leitet das BAG die Zulässigkeit eines Freiwilligkeitsvorbehalts ab.

31   Deshalb werden – auch wenn eine ausdrückliche Klarstellung durch das BAG noch aussteht – nach dieser Rechtsprechung **Freiwilligkeitsvorbehalte bei Sonderzahlungen auch dann zulässig** sein, wenn sie **geleistete Arbeit zusätzlich**

---

44 Für die Möglichkeit eines Freiwilligkeitsvorbehaltes etwa: Hümmerich/Reufels/*Schiefer*, 1.64 Rn 3445; gegen die Möglichkeit eines Freiwilligkeitsvorbehaltes die wohl überwiegende Literatur: Preis/*Preis*, II V 70 Rn 62 f.; *Mengel*, S. 89 Rn 141; Schaub/*Linck*, § 35 Rn 70.
45 BAG, Urt. v. 18.1.2012 – 10 AZR 667/10 –; BAG, Urt. v. 18.1.2012 – 10 AZR 612/10 –.
46 Vgl. *Salamon*, NZA 2013, 590, 594.
47 BAG, Urt. v. 30.7.2008 – 10 AZR 606/07 –.

vergüten.[48] Allerdings stellt das BAG im Zuge derselben Argumentation in der Entscheidung eine **Parallele zu § 4a EFZG** auf.[49] Dieser Hinweis auf § 4a EFZG ist **widersprüchlich** – deutet er doch an, dass das BAG trotz seiner Formulierung der Unerheblichkeit des Leistungszwecks zum Ergebnis der wohl überwiegenden Literatur neigen könnte, nach der ein Freiwilligkeitsvorbehalt nur bei reinen Betriebstreueleistungen möglich ist. So ist es für den Begriff der Sondervergütung in § 4a EFZG herrschende Auffassung, dass leistungsabhängige Vergütungen auch dann zum Arbeitsentgelt zählen, wenn sie jährlich nur einmalig gezahlt werden.[50] Gleichwohl stellt das BAG klar, dass bei Sonderzahlungen, die an bestimmte **individuelle Leistungen** des Arbeitnehmers oder **bestimmte Unternehmenserfolge** anknüpfen, **nicht mit der gleichen Gewissheit gerechnet** werden kann, wie bei der Zahlung **laufenden Arbeitsentgelts**.[51] Auch stellt das BAG in der Entscheidung darauf ab, dass der Arbeitgeber – ohne Rechtsansprüche auf zukünftige Ansprüche zu begründen – in der Lage sein muss, **geleistete Arbeiten zusätzlich durch Sonderzahlungen** zu vergüten.[52]

Praxistipp

Auch wenn eine gewisse Unwägbarkeit aus der Rechtsprechung folgt, sind diese Hinweise des BAG eindeutig: Sonderzahlungen dürfen unter einem Freiwilligkeitsvorbehalt stehen und für eine solche Sonderzahlung kommt es auf ihren **Leistungszweck** einer etwaigen zusätzlichen Vergütung für geleistete Arbeiten nicht an, **solange nur der Arbeitnehmer mit ihrer dauerhaften Gewährung nicht rechnen** und darauf seinen Lebensstandard einstellen kann. Im Ergebnis wird in der Praxis die **unratierliche Zahlungsweise** bei ggf. **unterschiedlicher Höhe** der Leistung den Ausschlag geben.

Daraus folgt, dass über die oben genannten reinen Betriebstreueleistungen hinaus ein Freiwilligkeitsvorbehalt zulässig bleibt, wenn der Arbeitnehmer nicht regelmäßig mit der laufenden Vergütung einen Anspruch auf die Leistung erwirbt und er bei unregelmäßigen Zahlungen seine Arbeitsleistung nicht in der Gewissheit der Entstehung des Anspruchs in bestimmter Höhe erbringt.

Checkliste

Maßgebend ist demnach
- eine unregelmäßige Zahlungsweise, typischerweise einmalig im Kalenderjahr und
- eine Zusage erst zeitlich nach Erbringung der Arbeitsleistung, sodass der Arbeitnehmer zum Zeitpunkt der Leistungserbringung noch keine Gewissheit über eine zusätzliche Leistung hat oder

---

48 BAG, Urt. v. 30.7.2008 – 10 AZR 606/07 –.
49 BAG, Urt. v. 30.7.2008 – 10 AZR 606/07 –.
50 BAG, Urt. v. 21.1.2009 – 10 AZR 216/08 –; ErfK/*Dörner/Reinhard*, § 4a EFZG Rn 5; *Feichtinger/Malkmus*, § 4a EFZG Rn 25 ff.; *Schmitt*, § 4a EFZG Rn 20.
51 BAG, Urt. v. 30.7.2008 – 10 AZR 606/07 –.
52 BAG, Urt. v. 30.7.2008 – 10 AZR 606/07 –.

– eine Anknüpfung der Leistung entweder an die von erbrachter Arbeitsleistung unabhängige Betriebstreue oder aber an zum Zeitpunkt der Leistungserbringung in ihrer Erreichung noch ungewisse Voraussetzungen, wie ein individuelles oder unternehmensbezogenes Ergebnis, falls die Leistung bereits vor Beginn der Erbringung von Arbeitsleistungen festgesetzt wird.

Beispiele
– Betriebstreueleistungen wie Jubiläumszuwendungen, Weihnachtsgelder, Urlaubsgelder, soweit nicht als 13. Gehalt o.ä. geleistet,
– jährliche Tantiemen,
– jährliche Sonderzahlungen für besondere Arbeitserfolge,
– jährliche Sonderzahlungen für ein besonderes Unternehmensergebnis.

III. Einmalige Leistungen

33 Klassischer Anwendungsbereich des Freiwilligkeitsvorbehaltes sind einmalige Leistungen, die etwa aus Anlass außergewöhnlicher Erfolge gewährt werden.

Beispiel
– Sonderzahlung für den erfolgreichen Abschluss eines außerhalb der typischen Arbeitsabläufe liegenden Projektes, etwa Einführung von SAP etc.,
– Sonderzahlung für einen besonders erfolgreichen Geschäftsabschluss,
– Sonderzahlung für ein besonderes Engagement etwa aufgrund der Einarbeitung einer Vielzahl neuer Mitarbeiter,
– Sonderzahlung anlässlich eines Firmenjubiläums,
– Sonderzahlung anlässlich eines Dienstjubiläums.

34 Sämtlichen dieser Fälle ist gemeinsam, dass sie an außergewöhnliche Ereignisse anknüpfen, die nicht den regelmäßigen Arbeitsabläufen entsprechen. Nach den oben genannten Kriterien handelt es sich bei solchen Leistungen nicht um laufendes Arbeitsentgelt, da bereits aus den jenseits der gewöhnlichen Arbeitsabläufe liegenden Anknüpfungspunkten folgt, dass der Arbeitnehmer nicht – dem Schutzzweck des Ausschlusses von Freiwilligkeitsvorbehalten beim laufenden Arbeitsentgelt entsprechend – seinen Lebensstandard auf eine solche Leistung zum Zeitpunkt der Leistungserbringung dauerhaft eingestellt haben kann. Allerdings wird bei solchen Leistungen die Entstehung einer betrieblichen Übung ohnehin in der Praxis nur selten in Betracht kommen, da aufgrund der Außergewöhnlichkeit ein gleichförmiges wiederholtes Verhalten des Arbeitgebers häufig nicht feststellbar sein wird.

Praxistipp
Gleichwohl sollte der Arbeitgeber auch bei Zuwendungen, die an außergewöhnliche Umstände anknüpfen, einen Freiwilligkeitsvorbehalt erklären. Anderenfalls besteht das Risiko, dass ein vergleichbarer Sachverhalt sich wider Erwarten mehrmals wiederholt und er sodann entweder von der

Gewährung einer Zuwendung zur Vermeidung einer betrieblichen Übung absehen muss oder aber bereits erfolgte vorbehaltlose Zuwendungen das Risiko der Entstehung einer betrieblichen Übung begründen.

Nach den gezeigten Grundsätzen ist die Einmaligkeit einer Leistung aber **nicht auf** 35 **solche außergewöhnlichen Vorfälle begrenzt.** Entscheidend ist, dass die Leistungszusage sich auf eine einmalige Leistung des Arbeitgebers außerhalb des laufenden Entgelts beschränkt.

Beispiel
– Entsteht etwa ein Tantiemeanspruch **einmalig zum Ende des Geschäftsjahres**, ist die Anspruchsentstehung von einer monatlich ratierlich zu zahlenden Vergütung abgrenzbar. Knüpft der Tantiemeanspruch seiner Höhe nach an den ungewissen unternehmerischen Erfolg an, ist nach den genannten Grundsätzen deshalb eine Herausnahme aus dem laufenden Arbeitsentgelt und damit die Möglichkeit eines Freiwilligkeitsvorbehaltes gegeben.
– Gewährt der Arbeitgeber allerdings **monatliche Abschlagszahlungen** in Abhängigkeit der unterjährigen Entwicklung des Unternehmensergebnisses, stellt sich die Frage, ob wegen ratierlicher Auszahlungen mit der monatlichen Grundvergütung laufendes Arbeitsentgelt gegeben ist. Richtigerweise wird hier zu **differenzieren** sein: Behält sich der Arbeitnehmer eine **Rückforderung** vor, wenn das den Abschlagszahlungen zugrunde liegende Unternehmensergebnis tatsächlich nicht erreicht wird, leistet der Arbeitnehmer lediglich in der Hoffnung, die Abschlagszahlungen in Anrechnung auf einen sodann tatsächlich entstehenden Tantiemeanspruch behalten zu dürfen. Sieht eine Regelung dagegen vor, dass der Arbeitnehmer die **Abschlagszahlungen in jedem Falle behalten** darf, ist eine Abgrenzung zum laufenden Arbeitsentgelt trotz des jährlich einmalig entstehenden Anspruchs nicht gewährleistet.

IV. Wiederkehrende Leistungen

Bei wiederkehrenden Leistungen ist die **Abgrenzung zum laufenden Arbeitsent-** 36 **gelt schwieriger.** Da die Rechtsprechung sich zu den Abgrenzungskriterien bislang nicht festgelegt hat, wird mit Blick auf die Zahlungsweise allein eine Leistung von einer monatlich ratierlich zu zahlenden Grundvergütung eindeutig abzugrenzen sein, die etwa nur **einmalig im Kalenderjahr** gewährt wird.[53] Dabei ist bislang rechtlich ungeklärt, ob bei einem Abstellen auf **unregelmäßige Leistungen** die **Entstehung** des Anspruchs oder die **Zahlungsweise** maßgebend ist.

Bei regelmäßig wiederkehrenden Leistungen ist ein Freiwilligkeitsvorbehalt al- 37 lenfalls bei jeder **Einzelleistung** denkbar, wenn diese die Voraussetzungen für die **Herausnahme aus dem laufenden Arbeitsentgelt** erfüllt. Ein Freiwilligkeitsvorbehalt für die Zusage einer **Mehrzahl gleichartiger Einzelleistungen**, etwa meh-

---

53 Hümmerich/Reufels/*Schiefer*, 1.64 Rn 3445.

rere aufeinanderfolgende jährliche Einmalzahlungen, wird dagegen nach den Maßstäben der **Befristung einer Arbeitsbedingung** zu beurteilen sein.[54] Zwar erklärt der Arbeitgeber mit einem solchen Vorbehalt, sich lediglich hinsichtlich einer gewissen Anzahl von Einzelleistungen verpflichten zu wollen und darüber hinausgehende Rechtsansprüche auszuschließen. Bei der Zusage einer Mehrzahl von Einzelleistungen wird dem Arbeitnehmer aber ein auch auf diesen Leistungen basierender Vergütungsstandard für einen die jeweilige **Einzelleistung überschreitenden Zeitraum** zugesagt. Damit steht das **Zeitmoment**, wie es für die Kontrollmaßstäbe einer Befristung maßgebend ist, im Vordergrund, nicht mehr jedoch die Einzelleistung. Eine höchstrichterliche Klärung dieser Konstellation steht allerdings aus.

V. Reichweite des Freiwilligkeitsvorbehaltes

1. Totalvorbehalt

38 Mit einem Freiwilligkeitsvorbehalt kann der Arbeitgeber die Entstehung eines Anspruchs **sowohl nach Grund als auch nach Höhe** vermeiden.[55] Der Arbeitgeber behält sich damit vor, in jedem Einzelfall sowohl über das „Ob" als auch über die Ausgestaltung einer Leistung zu entscheiden. Für den Arbeitgeber bedeutet dies die **weitestgehende Flexibilität**. Er kann von der Gewährung der Leistung **gänzlich absehen** und ist in den **Zwecksetzungen** bei der Ausgestaltung der Leistung nicht gebunden. Er ist zudem frei darin, in welcher **Höhe** er die Leistung gewährt.

Beispiel
Anlässlich eines ungewöhnlich ertragreichen Projektes mit hoher Arbeitsbelastung entschließt sich der Arbeitgeber zu einer Honorierung in Gestalt einer Sonderzahlung. Weder derartige Projekte noch eine vergleichbare Ertragsstärke kennzeichnen die betriebswirtschaftliche Rentabilität des Unternehmens mit einer Regelhaftigkeit, sodass der Arbeitgeber eine Bindung sowohl nach Anspruchsgrund als auch Anspruchshöhe verhindern will.

Klauselmuster
Eine Formulierung des Freiwilligkeitsvorbehaltes könnte etwa wie folgt lauten:
„*Anlässlich des erfolgreichen Abschlusses des Projektes XY erhalten Sie eine einmalige Sonderzahlung in Höhe eines Bruttomonatsgehaltes. Die Rechtsprechung der Arbeitsgerichte macht es erforderlich, Sie darauf hinzuweisen, dass es sich um eine einmalige Leistung handelt, aus der kein Rechtsanspruch auf zukünftige wiederholte weitere Sonderzahlungen, weder dem Grunde noch der Höhe nach, hergeleitet werden kann.*"

---

54 Siehe unten Rn 66 ff.
55 Tschöpe/*Wisskirchen*/*Bissels*, Teil 1 D Rn 88.

Ein solcher Vorbehalt ist bei **Sonderzahlungen** grundsätzlich möglich.[56] Gerade bei einem solchen Freiwilligkeitsvorbehalt nach Anspruchsgrund wie Anspruchshöhe zeigt sich, dass der Arbeitnehmer zum Zeitpunkt der Erbringung der Arbeitsleistung **nicht in der Gewissheit gearbeitet haben kann**, eine solche Leistung zusätzlich zum vereinbarten Arbeitsentgelt zu erhalten und er dementsprechend redlicherweise nicht seinen **Lebensstandard** unter Einbeziehung dieser Leistung als dauerhafte Leistung ausrichten konnte.[57]

Ungeachtet dieser materiell-rechtlichen Anforderungen an einen Freiwilligkeitsvorbehalt ist zu berücksichtigen, dass gem. § 307 Abs. 1 S. 2 BGB eine unangemessene Benachteiligung des Arbeitnehmers und damit Unwirksamkeit des Freiwilligkeitsvorbehaltes auch daraus folgen kann, dass dieser nicht klar und verständlich formuliert ist. Dies ist etwa anzunehmen, wenn der Freiwilligkeitsvorbehalt zu einem Widerspruch gegenüber zuvor oder gleichzeitig begründeten Rechtsansprüchen des Arbeitnehmers führt.

Beispiel
Einen solchen Widerspruch hat die Rechtsprechung etwa angenommen, wenn eine Leistung einerseits als freiwillige Leistung unter Ausschluss eines Rechtsanspruchs und andererseits als widerrufliche Leistung geregelt ist.[58]

Der Widerspruch folgt daraus, dass bei einem (wirksamen) Freiwilligkeitsvorbehalt bereits kein Rechtsanspruch auf eine Leistung entsteht. Ein Widerrufsvorbehalt betrifft hingegen die Situation, in der dem Arbeitnehmer ein Rechtsanspruch eingeräumt ist, der Arbeitgeber sich jedoch vorbehält, im Wege der Geltendmachung eines Widerrufsrechts den eingeräumten Rechtsanspruch ganz oder teilweise zu entziehen.[59] Bei einer Kombination von Freiwilligkeits- und Widerrufsvorbehalt ist die vertragliche Gestaltung für den Arbeitnehmer deshalb nicht klar und verständlich. Er bleibt im Unklaren darüber, ob der Freiwilligkeitsvorbehalt maßgebend sein soll, sodass ein Rechtsanspruch von vornherein nicht entsteht und der Widerrufsvorbehalt deshalb ins Leere geht, oder aber ein Rechtsanspruch begründet werden soll, der Freiwilligkeitsvorbehalt insoweit ins Leere geht und es bei dem Vorbehalt eines Rechts zum Widerruf der Leistung bleiben soll. Die entstehende

---

56 BAG, Urt. v. 14.9.2011 – 10 AZR 526/10 –; BAG, Urt. v. 21.4.2010 – 10 AZR 163/09 –; BAG, Urt. v. 30.7.2008 – 10 AZR 160/08 –; hier setzt sich allerding die oben unter Rn 27 ff. behandelte Fragestellung fort, ob bei Leistungen außerhalb reiner Betriebstreueleistungen laufendes Arbeitsentgelt betroffen sein kann und damit die Grenzen des Freiwilligkeitsvorbehalts überschritten werden.
57 Vgl. die Argumentation in BAG, Urt. v. 30.7.2008 – 10 AZR 606/07 –.
58 BAG, Urt. v. 14.9.2011 – 10 AZR 526/010 –; BAG, Urt. v. 8.12.2010 – 10 AZR 671/09 –.
59 BAG, Urt. v. 14.9.2011 – 10 AZR 526/010 –; BAG, Urt. v. 8.12.2010 – 10 AZR 671/09 –; zum Widerrufsvorbehalt: BAG, Urt. v. 20.4.2011 – 5 AZR 191/10 –; BAG, Urt. v. 12.1.2005 – 5 AZR 364/04 – jeweils m.w.N.

Unklarheit bewirkt, dass der Arbeitgeber sich nicht auf den Freiwilligkeitsvorbehalt berufen kann.[60]

42 Eine Widersprüchlichkeit der vertraglichen Gestaltung kann auch daraus folgen, dass der Arbeitsvertrag dem Arbeitnehmer einen Rechtsanspruch aufgrund sonstiger unklarer Formulierungen einräumt, zu denen ein Freiwilligkeitsvorbehalt in Widerspruch stehen würde.

Beispiel
Sieht ein Arbeitsvertrag vor, dass als Sonderleistung ein Urlaubs- sowie Weihnachtsgeld „gezahlt" wird[61] oder dass der Arbeitnehmer eine bestimmte Leistung „erhält"[62] und wird arbeitsvertraglich jeweils gleichzeitig für diese Leistung ein Freiwilligkeitsvorbehalt formuliert, gilt Entsprechendes: Mit Formulierungen, nach denen eine bestimmte Leistung „gezahlt" wird oder der Arbeitnehmer diese „erhält", ist von der Einräumung eines Rechtsanspruchs für den Arbeitnehmer auszugehen. Hierzu steht ein gleichzeitig vereinbarter Freiwilligkeitsvorbehalt in Widerspruch, sodass die Widersprüchlichkeit der Regelung insgesamt unter Berücksichtigung der Unklarheitenregelung des § 305c Abs. 2 BGB, nach der Zweifel bei der Auslegung Allgemeiner Geschäftsbedingungen zulasten des Arbeitgebers gehen, bewirkt, dass der Arbeitgeber sich nicht auf den Freiwilligkeitsvorbehalt berufen kann.[63]

43 Die klare und verständliche Formulierung eines Freiwilligkeitsvorbehaltes i.S.v. § 307 Abs. 1 S. 2 BGB erfordert darüber hinaus, dass der Ausschluss des Rechtsanspruchs auf zukünftige Leistungen hinreichend deutlich aus der Klausel erkennbar wird.

Beispiel
Der Ausschluss zukünftiger Rechtsansprüche wird nicht dadurch hinreichend klar und verständlich formuliert, dass der Arbeitgeber eine bestimmte Leistung als „freiwillige Leistung" bezeichnet. Mit einer solchen Formulierung gibt der Arbeitgeber allein zu erkennen, dass er nicht bereits aufgrund einer bestehenden anderen Rechtsgrundlage (Arbeitsvertrag, Gesamtzusage, Betriebsvereinbarung, Tarifvertrag etc.) verpflichtet zu sein glaubt.[64]

Praxistipp
Der Arbeitgeber muss – wie in obiger beispielhafter Formulierung – klarstellen, dass die Entstehung von Rechtsansprüchen auf künftige Leistungen ausgeschlossen sein soll.[65]

---

60 BAG, Urt. v. 14.9.2011 – 10 AZR 526/010 –; BAG, Urt. v. 8.12.2010 – 10 AZR 671/09 –.
61 So bei BAG, Urt. v. 10.12.2008 – 10 AZR 2/08 –.
62 BAG, Urt. v. 21.1.2009 – 10 AZR 221/08 –.
63 BAG, Urt. v. 10.12.2008 – 10 AZR 2/08 –; BAG, Urt. v. 21.1.2009 – 10 AZR 221/08 –.
64 BAG, Urt. v. 14.9.2011 – 10 AZR 526/10 –; BAG, Urt. v. 24.10.2007 – 10 AZR 825/06 –; BAG, Urt. v. 1.3.2006 – 5 AZR 363705 –.
65 BAG, Urt. v. 14.9.2011 – 10 AZR 526/10 –; BAG, Urt. v. 24.10.2007 – 10 AZR 825/06 –.

2. Freiwilligkeitsvorbehalt hinsichtlich des Anspruchsgrundes

Von dem Freiwilligkeitsvorbehalt hinsichtlich Anspruchsgrund und Anspruchshöhe zu trennen ist ein Freiwilligkeitsvorbehalt über den **Anspruch dem Grunde nach**. Auf den ersten Blick wird sich zwar die Frage stellen, ob bei einem Freiwilligkeitsvorbehalt dem Grunde nach nicht im Rahmen eines Erst–recht-Schlusses der Anspruch der **Höhe nach im Belieben des Arbeitgebers** stehen muss. Wenn der Arbeitgeber gänzlich von der Leistung absehen könnte, scheint eine Bindung bei der Ausgestaltung eines Anspruchs für den Fall, dass der Arbeitgeber sich zu dessen Gewährung entscheidet, fernliegend.

Nach Auffassung des BAG[66] ist der Arbeitgeber jedoch an **Vorgaben über den Leistungszweck, Rückzahlungs- oder Stichtagsregelungen gebunden**, die er für den Fall einer Leistungsgewährung aufstellt und die er im Falle einer Entscheidung für die Gewährung der Leistung zu beachten hat.

Beispiel
Sieht etwa eine vertragliche Regelung keinen Rechtsanspruch auf eine bestimmte Gratifikation vor, ist jedoch für den Fall, dass der Arbeitgeber sich zur Gewährung dieser Leistung entscheidet, eine Stichtags- und Rückzahlungsregelung bei Beendigung des Arbeitsverhältnisses vorgesehen, kann der Arbeitgeber die Leistung nicht wegen eines während einer Elternzeit lediglich ruhenden Arbeitsverhältnisses verweigern.[67]

Das BAG stellt insoweit darauf ab, dass eine **Regelung von Voraussetzungen**, die einen möglichen zukünftigen Anspruch näher ausgestaltet, **überflüssig** wäre, wenn der Arbeitgeber an die von ihm selbst aufgestellten Maßgaben nicht gebunden wäre.[68] Wegen eines gleichzeitig vereinbarten Freiwilligkeitsvorbehaltes bewirkt diese Bindung des Arbeitgebers zwar noch **keine rechtliche Verpflichtung zur Leistung**. Insoweit greift der Freiwilligkeitsvorbehalt, der die Entstehung von Rechtsansprüchen verhindert. Ein Anspruch des Arbeitnehmers folgt jedoch in solchen Fällen dem Grunde nach aus dem **arbeitsrechtlichen Gleichbehandlungsgrundsatz**, wenn der Arbeitgeber anderen Arbeitnehmern trotz Freiwilligkeitsvorbehaltes eine solche Leistung gewährt.

Nach dem arbeitsrechtlichen Gleichbehandlungsgrundsatz darf der Arbeitgeber zwar Arbeitnehmer von der Gewährung einer Leistung ausnehmen, dies jedoch nur bei Vorliegen eines sachlichen Grundes, der zu den Leistungszwecken nicht in Widerspruch stehen darf.[69] An dieser Stelle kommen die arbeitsvertraglich geregelten Modalitäten zum Zuge, indem der Arbeitgeber eine **Ungleichbehandlung** nicht

---

66 BAG, Urt. v. 10.12.2008 – 10 AZR 35/08 –; BAG, Urt. v. 10.7.1996 – 10 AZR 204/96 –.
67 BAG, Urt. v. 10.12.2008 – 10 AZR 35/08 –.
68 BAG, Urt. v. 10.12.2008 – 10 AZR 35/08 –.
69 BAG, Urt. v. 10.12.2008 – 10 AZR 35/08 –; vgl. zum arbeitsrechtlichen Gleichbehandlungsgrundsatz auch: Schaub/*Linck*, §112 Rn 19.

auf Sachgründe stützen kann, die den vertraglich geregelten **Modalitäten der Leistung widersprechen**.⁷⁰

> **Praxistipp**
> Ein Arbeitgeber sollte sehr genau überdenken, ob er **mögliche Ansprüche im Vorwege ausgestaltet**, hinsichtlich derer er dem Grunde nach frei bleiben möchte. Häufig wird bei derartigen fiktiven Ansprüchen nicht im Vorwege für die gesamte Dauer eines Arbeitsverhältnisses abzusehen sein, welche Leistungsmodalitäten aus Gründen der Steuerung der Arbeitnehmer eine Rolle spielen. Eine generelle Ausgestaltung der Leistung für die Zukunft nimmt dem Arbeitgeber **Gestaltungsspielräume**, die er sich anderenfalls offenhalten könnte.

> **Klauselmuster**
> Will der Arbeitgeber eine Leistung andeuten, sollte er sich arbeitsvertraglich deshalb auf eine zurückhaltende Formulierung beschränken, etwa wie folgt:
> „*Es besteht die Möglichkeit – nicht jedoch ein Rechtsanspruch –, dass Sonderzahlungen unter im Einzelfall festzulegenden Voraussetzungen gewährt werden. Die Entscheidung, ob und unter welchen Voraussetzungen eine Sonderzahlung gewährt wird, bleibt ebenso wie die Entscheidung über die Höhe einer solchen etwaigen Leistung dem freien Ermessen des Arbeitgebers vorbehalten.*"

> **Praxistipp**
> Hat der Arbeitgeber sich arbeitsvertraglich gebunden, etwa über die Modalitäten einer dem Grunde nach im freien Ermessen des Arbeitgebers stehenden Weihnachtsgratifikation, bleibt es dem Arbeitgeber selbstverständlich unbenommen, zu prüfen, ob er von der Gewährung einer solchen Weihnachtsgratifikation absieht und stattdessen eine andere Leistung gewährt, hinsichtlich derer er sich vertraglich nicht gebunden hat. Grenze einer solchen Gestaltung ist stets ein Scheingeschäft (§ 117 BGB), welches die Rechtsfolgen des tatsächlich gewollten Rechtsgeschäfts nach sich zieht, sodass der Arbeitgeber sich auf eine vermeintlich andere Leistung nicht berufen kann.

3. Freiwilligkeitsvorbehalt der Höhe nach

48 Weitgehender Bindung unterliegt der Arbeitgeber, wenn er einen Rechtsanspruch des Arbeitnehmers dem Grunde nach begründet, sich aber hinsichtlich der **Anspruchshöhe eine einseitige Festlegung vorbehält**. Ist der Arbeitgeber dem Grunde nach zur Leistung verpflichtet, kann er nicht mehr einseitig gänzlich von ihr absehen. Der Arbeitnehmer hat vielmehr Anspruch auf ermessensfehlerfreie Entscheidung über die Höhe der Leistung. Auch wenn ein solcher Anspruch bei ermessensfehlerfreier Entscheidung des Arbeitgebers ggf. in Höhe „Null" festzusetzen wäre, ist der Arbeitgeber in der Leistungsbestimmung jedoch nicht frei.

---

70 BAG, Urt. v. 10.12.2008 – 10 AZR 35/08 –; *Salamon*, NZA 2009, 656 ff.

B. Reichweite und Grenzen der Gestaltung freiwilliger Vergütungsbestandteile — 45

Da der Arbeitgeber dem Grunde nach zur Leistung verpflichtet ist, kann er **nicht nach freiem Ermessen** über die Höhe der Leistung entscheiden.[71] Vielmehr bestimmt § 315 BGB für eine solche einseitige Leistungsbestimmung des Arbeitgebers, dass diese im Zweifel nach **billigem Ermessen** zu treffen ist. Zwar sieht § 315 BGB für den Maßstab billigen Ermessens in Abgrenzung zu einem freien Ermessen lediglich einen Regelfall vor. Dieser prägt indessen einen wesentlichen Grundgedanken der gesetzlichen Regelung i.S.d. § 307 Abs. 2 Nr. 1 BGB, sodass eine Abweichung durch die Einräumung freien Ermessens für den Arbeitgeber gem. § 307 Abs. 2 BGB den Arbeitnehmer unangemessen benachteiligen würde und damit unwirksam ist.[72]

49

Für den hiernach anzulegenden **Maßstab billigen Ermessens** gilt, dass der Arbeitgeber für die Bemessung des Anspruchs nur solche Umstände heranziehen darf, die in **sachlichem Zusammenhang mit den Zwecken der Leistung** stehen und damit willkürfrei sind. Prozessual ist der Arbeitgeber in einem Rechtsstreit darlegungs- und ggf. beweispflichtig für die Einhaltung der Grenzen billigen Ermessens.

50

Zu beachten ist, dass auch dieser Maßstab **Entscheidungsspielräume** für den Arbeitgeber belässt.[73] Entscheidend ist, dass die Leistungsbestimmung nach **allgemeiner Verkehrsanschauung** unter Berücksichtigung der **wesentlichen Umstände des Einzelfalles** und der **beiderseitigen Interessen** angemessen erscheint.[74] Diese einzelfallorientierte Betrachtung eröffnet insbesondere bei der Ausgestaltung von Sonderzahlungen weitgehende Beurteilungsspielräume im Falle einer arbeitsgerichtlichen Überprüfung, welche Einzelfallumstände zur Wahrung der Billigkeit in die Ermessensausübung durch den Arbeitgeber einbezogen werden durften oder mussten.

51

Beispiel
Im Falle einer konkludent-individuellen Bonuszusage durch den Arbeitgeber hat das BAG[75] angenommen, dass eine über Jahre hinweg kontinuierlich steigende Bonuszahlung an die Geschäftsentwicklung des Unternehmens oder aber auch an eine Bonuszahlung an die Geschäftsführer gekoppelt sein konnte. Nachdem das BAG zur weiteren Sachverhaltsaufklärung an die Vorinstanz zurückverwiesen hatte, nahm diese aufgrund kontinuierlich ansteigender Zahlungen in der Vergangenheit an, dass nach billigem Ermessen die Bonuszahlung mindestens in der Höhe des Vorjahres zu gewähren war, weil Bonusleistungen der Vorjahre stetig überschritten wurden.[76]

Praxistipp
Da ein Freiwilligkeitsvorbehalt nur der Höhe nach bei einer dem Grunde nach feststehenden Anspruchsberechtigung des Arbeitnehmers eine Leistungsbestimmung des Arbeitgebers an den

---

71 BAG, Urt. v. 16.1.2013 – 10 AZR 26/12 –.
72 LAG München, Urt. v. 20.3.2012 – 6 Sa 999/11 –.
73 BGH, Urt. v. 24.6.1991 – II ZR 268/90 –.
74 BAG, Urt. v. 3.12.2002 – 9 AZR 457/01 –.
75 BAG, Urt. v. 21.4.2010 – 10 AZR 163/09 –; mit Anmerkung: *Salamon*, NZA 2010, 1272 ff.
76 LAG Baden-Württemberg, Urt. v. 1.12.2010 – 22 Sa 40/10 –.

Maßstab billigen Ermessens bindet, sind die sich eröffnenden Unwägbarkeiten für die Bestimmung der Grenzen einer Unbilligkeit zu vermeiden. Arbeitgeber sollten deshalb **bestimmte Kriterien** (etwa eine überdurchschnittliche Arbeitsleistung des Arbeitnehmers, ein das Vorjahresergebnis überschreitendes Betriebsergebnis des Arbeitgebers, die Bedeutung von Projekten etc.) in die Regelung einfließen lassen, um **Beweisschwierigkeiten** über diese Maßstäbe im Rahmen einer arbeitsgerichtlichen Auseinandersetzung mit dem Arbeitnehmer zu vermeiden. Ein ausschließlich auf die Höhe einer Leistung bezogener Freiwilligkeitsvorbehalt ist deshalb in der Praxis **selten hilfreich**.

VI. Erklärung des Freiwilligkeitsvorbehaltes

52 Für die Erklärung des Freiwilligkeitsvorbehaltes ist einerseits zwischen Leistungen mit kollektivem Bezug gegenüber einer Mehrheit von Arbeitnehmern und den sich daraus ergebenden möglichen Ansprüchen unter dem Gesichtspunkt einer betrieblichen Übung und andererseits einer Erklärung gegenüber einzelnen Arbeitnehmern zur Vermeidung von Ansprüchen aufgrund individueller Zusagen zu unterscheiden.[77]

1. Leistungen mit kollektivem Bezug
a) Anwendungsfall betriebliche Übung

53 Leistungen mit kollektivem Bezug sind solche, die gegenüber der **gesamten Belegschaft oder Teilen von ihr** erbracht werden. Im Falle eines gleichförmigen und wiederholten Verhaltens des Arbeitgebers gegenüber der Belegschaft oder einem Teil von ihr nimmt die Rechtsprechung eine vertragliche Bindung des Inhaltes wiederholter gleichartiger Leistungen in der Zukunft an.[78] In diesen Fällen sagt der Arbeitgeber mit der Leistung im Einzelfall gegenüber dem **Kreis der Anspruchsberechtigten** die jeweilige Einzelleistung ausdrücklich oder konkludent verbindlich zu. Die wiederholte Leistungsgewährung begründet nach der Rechtsprechung ein schutzwürdiges Vertrauen in die Annahme einer Bindung des Arbeitgebers **über die jeweiligen Einzelleistungen hinaus für die Zukunft**, wenn nicht gleichzeitig ein Vorbehalt erklärt wird.[79] Aufgrund dieses Erklärungswertes des Verhaltens des Arbeitgebers gegenüber einer Mehrheit von Arbeitnehmern sind die **Entstehung** einer betrieblichen Übung und die aus ihr konkret **Anspruchsberechtigten unabhängig voneinander** zu beurtei-

---

[77] Zu den praktischen Auswirkungen siehe unten Rn 62f.
[78] BAG, Urt. v. 15.5.2012 – 3 AZR 281/11 –; BAG, Urt. v. 14.9.2011 – 10 AZR 526/10 –; ErfK/*Preis*, § 611 BGB Rn 220; Schaub/*Koch*, § 111 Rn 1.
[79] BAG, Urt. v. 15.5.2012 – 3 AZR 281/11 –; BAG, Urt. v. 14.9.2011 – 10 AZR 526/10 –; ErfK/*Preis*, § 611 BGB Rn 220–222; Schaub/*Koch*, § 110 Rn 11.

len.⁸⁰ Daraus folgt, dass auch neu in den Betrieb eintretende Arbeitnehmer sofort Ansprüche aus einer bestehenden betrieblichen Übung geltend machen können, obwohl gegenüber ihnen zuvor das die betriebliche Übung begründende gleichförmige und wiederholende Verhalten des Arbeitgebers fehlt.⁸¹

Die Bindung der betrieblichen Übung entspricht deshalb der einer – nach Auffassung des BAG eine ausdrückliche arbeitgeberseitige Erklärung voraussetzenden – Gesamtzusage.⁸² Möglich ist darüber hinaus, dass eine **betriebliche Übung einen Anspruch neben einer bestehenden Gesamtzusage konkretisiert**, wenn etwa eine Gesamtzusage dem Grunde nach einen Anspruch vorsieht, der durch ein gleichförmiges und wiederholtes Verhalten des Arbeitgebers hinsichtlich der **Höhe des Anspruchs im Wege einer betrieblichen Übung** ausgestaltet worden ist.

54

Beispiel
Eine betriebliche Übung auf Zahlung einer Weihnachtsgratifikation in Höhe eines Bruttomonatsgehaltes entsteht, wenn der Arbeitgeber ohne Erklärung eines Freiwilligkeitsvorbehaltes gegenüber der gesamten Belegschaft in drei aufeinanderfolgenden Jahren anlässlich des Weihnachtsfestes im Dezember eines Kalenderjahres jeweils ein Bruttomonatsgehalt zahlt.

Die Rechtsfolge ist keine andere, wenn der Arbeitgeber durch Gesamtzusage die Zahlung eines Weihnachtsgeldes ausdrücklich verspricht, sich hinsichtlich der Höhe dieses Weihnachtsgeldes jeder Erklärung enthält, aber in drei aufeinanderfolgenden Jahren das Weihnachtsgeld jeweils in Höhe eines Bruttomonatsgehaltes bemisst.⁸³

---

b) Kollektiver Charakter des Freiwilligkeitsvorbehaltes

Will der Arbeitgeber die Entstehung betrieblicher Übungen verhindern, bedarf es der Erklärung eines Freiwilligkeitsvorbehaltes. Der Freiwilligkeitsvorbehalt dient der Vermeidung zukünftiger gleichgerichteter Ansprüche nach Grund und/oder Höhe.⁸⁴ Der **Freiwilligkeitsvorbehalt zur Vermeidung einer betrieblichen Übung** ist wegen des kollektiven Charakters der betrieblichen Übung ebenfalls **kollektiv zu erklären**. Ein nur im Einzelfall erklärter Freiwilligkeitsvorbehalt bei im Übrigen vorbehaltlosem Verhalten genügt nicht.⁸⁵ Der Vorbehalt ist deshalb **gegenüber al-**

55

---

80 BAG, Urt. v. 15.5.2012 – 3 AZR 281/11 –; BAG, Urt. v. 28.6.2006 – 10 AZR 385/05 –; BAG, Urt. v. 17.11.2009 – 9 AZR 765/08 –.
81 BAG, Urt. v. 15.5.2012 – 3 AZR 281/11 –.
82 BAG, Urt. v. 28.6.2006 – 10 AZR 385/05 –; BAG, Urt. v. 15.5.2012 – 3 AZR 281/11 –; BAG, Urt. v. 28.11.2003 – 9 AZR 659/02 –.
83 Vgl. Schaub/*Koch*, § 110 Rn 11.
84 Vgl. oben Rn 38 ff.
85 Vgl. BAG, Urt. v. 10.12.2008 – 10 AZR 35/08 –; *Salamon*, FA 2013, 101, 102.

len Begünstigten zu erklären, wobei ein Aushang am „**Schwarzen Brett**" oder ein Hinweis im **Intranet** genügen muss.[86]

> **Praxistipp**
> Der Arbeitgeber sollte zur Vermeidung der Entstehung betrieblicher Übungen Freiwilligkeitsvorbehalte stets gegenüber jedem einzelnen Arbeitnehmer erklären und sich den Zugang der Erklärung zwecks späterer **Nachweisbarkeit** dokumentieren lassen. Die Erklärung des Freiwilligkeitsvorbehaltes muss **zeitlich vor oder spätestens mit der Leistungserbringung** erfolgen, damit der Arbeitnehmer nicht mit der Entgegennahme der Leistung bereits ein Vertrauen in zukünftige Leistungsgewährungen entwickeln kann. Ein **zeitlich nachfolgender Freiwilligkeitsvorbehalt** – etwa im Rahmen eines Hinweises bei der Gehaltsabrechnung, die der Arbeitnehmer womöglich nicht einmal zur Kenntnis nimmt – **genügt nicht**.

56 Hat der Arbeitgeber nach dieser Maßgabe kollektiv einen Freiwilligkeitsvorbehalt erklärt, gelingt ihm der Nachweis der Erklärung des Freiwilligkeitsvorbehaltes bei einem einzelnen Arbeitnehmer jedoch nicht, kann dieser gleichwohl keinen Anspruch aus betrieblicher Übung geltend machen. Wegen des kollektiven Bezuges ist der **kollektiv „übliche" Freiwilligkeitsvorbehalt** geeignet, die Entstehung einer betrieblichen Übung zu verhindern, sodass ein fehlender Freiwilligkeitsvorbehalt gegenüber nur einem einzelnen Arbeitnehmer unschädlich wäre.[87]

c) Konkreter oder pauschaler Freiwilligkeitsvorbehalt

57 Nach bisheriger Rechtsprechung war ein Freiwilligkeitsvorbehalt sowohl **abstrakt-pauschal im Arbeitsvertrag** und damit maßgebend für die gesamte Dauer des Arbeitsverhältnisses als auch **konkret** im Zusammenhang mit jeweils einzelnen Leistungen möglich. Das BAG hatte bislang angenommen, dass ein abstrakt-pauschaler Freiwilligkeitsvorbehalt im Arbeitsvertrag geeignet sei, für die gesamte Dauer des Arbeitsverhältnisses ein Vertrauen des Arbeitnehmers in die zukünftige Gewährung von Leistungen, auf die im Übrigen ein Rechtsanspruch nicht eingeräumt worden war, auszuschließen.[88] Diese Betrachtung ist zutreffend, da von einem Arbeitnehmer erwartet werden kann, dass er einen einmalig für die gesamte Dauer eines Arbeitsverhältnisses erklärten Vorbehalt wie jede andere Vertragsbedingung während der gesamten Dauer eines Arbeitsverhältnisses beachtet.[89] Das BAG hat allerdings in einer jüngeren Entscheidung **Zweifel** daran geäußert, ob es an dieser Rechtsprechung festhalten wird.[90]

---

86 *Salamon*, FA 2013, 101, 102.
87 BAG, Urt. v. 6.12.1995 – 10 AZR 123/95 –.
88 BAG, Urt. v. 30.7.2008 – 10 AZR 606/07 –.
89 *Salamon*, FA 2013, 101, 103.
90 BAG, Urt. v. 14.9.2011 – 10 AZR 526/10 –.

So könne bei jahrzehntelanger Gewährung einer zusätzlichen Leistung ein 58
in Widerspruch zu diesem tatsächlichen Verhalten des Arbeitgebers stehender
Freiwilligkeitsvorbehalt das Vertrauen in eine vorbehaltlose Gewährung kaum
erschüttern.[91] Es bleibt abzuwarten, wie das BAG sich abschließend positioniert.

Praxistipp
Da entgegen einiger Stimmen in der Literatur[92] gute Argumente für die fortbestehende Möglichkeit eines **abstrakt-pauschalen Freiwilligkeitsvorbehaltes** bestehen[93] und das BAG sich bislang nicht abschließend positioniert hat, ist nicht ausgeschlossen, dass ein solcher Freiwilligkeitsvorbehalt bis zu einer etwaigen abschließenden Ablehnung durch das BAG **nützlich** ist, sofern der Arbeitgeber bei Leistungen mit einem kollektiven Bezug über den Einzelfall hinaus die Erklärung eines Freiwilligkeitsvorbehaltes **versäumt** oder zumindest **nicht nachweisen** kann.

Allerdings ist zu beachten, dass das BAG in seiner zweifelnden Entscheidung[94] darauf 59
hingewiesen hat, dass ein abstrakt-pauschaler Freiwilligkeitsvorbehalt unwirksam
sei, soweit er Individualabreden i.S.d. § 305b BGB umfasst.[95] Ebenfalls darf nach dem
oben[96] Gesagten **kein laufendes Arbeitsentgelt** unter einen Freiwilligkeitsvorbehalt gestellt werden. An dieser Stelle kommt wiederum das **Transparenzgebot** des
§ 307 Abs. 1 S. 2 BGB zum Tragen. Die Formulierung des Freiwilligkeitsvorbehaltes
muss hinreichend klar und verständlich sein. Für den Arbeitnehmer muss erkennbar
werden, dass der Freiwilligkeitsvorbehalt weder Ansprüche des laufenden Arbeitsentgelts noch aufgrund von Individualvereinbarungen i.S.d. § 305b BGB erfasst.[97]

Beispiel
Dem kann Rechnung getragen werden, indem die von einem Freiwilligkeitsvorbehalt erfassten **Leistungen explizit benannt** werden oder aber zumindest eine **pauschale Umschreibung** („Leistungen außerhalb des laufenden Arbeitsentgelts wie jährliche Gratifikationen, Prämien o.ä.") erfolgt und Individualabreden i.S.d. § 305b BGB explizit ausgenommen werden.

2. Individualvereinbarungen (§ 305b BGB)
a) Begriff und Abgrenzung
Besonderheiten im Zusammenhang mit der Erklärung von Freiwilligkeitsvorbehal- 60
ten gelten bei Individualvereinbarungen i.S.d. § 305b BGB. Laut § 305b BGB haben

---
91 BAG, Urt. v. 14.9.2011 – 10 AZR 526/10 –.
92 *Preis/Sagan*, NZA 2012, 697.
93 *Bauer/v. Medem*, NZA 2012, 894; *Salamon*, FA 2013, 101, 103.
94 BAG, Urt. v. 14.9.2011 – 10 AZR 526/10 –.
95 Zum Begriff der Individualabreden siehe unten Rn 60 f.
96 Siehe Rn 23.
97 Siehe Rn 23 und 63.

individuelle Vertragsabreden stets **Vorrang** vor Bestimmungen in vom Arbeitgeber vorformulierten Arbeitsbedingungen. Gegenstand einer solchen Individualabrede kann jede vertragliche Regelung sein. Für das Vorliegen einer solchen Individualabrede kommt es nicht darauf an, ob diese ausdrücklich vereinbart wird oder durch konkludentes Verhalten zustande kommt.[98]

61 Allerdings fordert das BAG für eine Individualabrede i.S.d. § 305b BGB, dass sie durch beide Parteien, d.h. **Arbeitnehmer und Arbeitgeber gemeinsam**, ausgehandelt wird.[99] Ein einseitiges **Stellen einer Vertragsbedingung** durch den Arbeitgeber genügt demgegenüber nicht. Individualabreden i.S.d. § 305b BGB liegen nach der Rechtsprechung deswegen **nicht vor**, wenn der Arbeitgeber gegenüber einzelnen Arbeitnehmern, insbesondere durch die bloße Gewährung einer Leistung, konkludent ein Angebot unterbreitet, welches vom Arbeitnehmer lediglich angenommen werden kann.[100] Damit ist das konkret-individuelle Pendant zur betrieblichen Übung nicht vom Begriff der Individualabrede des § 305b BGB umfasst, weil ein **wiederholtes und gleichförmiges Verhalten** gegenüber einem einzelnen Arbeitnehmer einseitig gestellt und damit kein Anwendungsfall des § 305b BGB ist.[101] Jede Vereinbarung kann dagegen in den Anwendungsbereich des § 305b BGB fallen.

b) Freiwilligkeitsvorbehalte bei Individualabreden

62 Die Bedeutung des Freiwilligkeitsvorbehaltes im Zusammenhang mit Individualabreden gem. § 305b BGB besteht darin, den **Erklärungswert** (vom Arbeitgeber verlautbarten Geschäftswillen) einer Individualabrede zu **begrenzen**. Ebenso wie im Zusammenhang mit der Entstehung betrieblicher Übungen aus einem wiederholten und gleichförmigen Verhalten des Arbeitgebers ein Erklärungswert hinsichtlich zukünftiger weiterer Leistungen angenommen wird, ist eine solche Auslegung des Erklärungswertes bei **gleichartigen wiederholenden Individualabreden** i.S.d. § 305b BGB möglich.

63 In der Rechtsprechung des BAG ist ein solcher Fall zwar noch nicht ersichtlich behandelt worden.[102] Jedoch hat das BAG[103] eine unangemessene Benachteiligung eines Arbeitnehmers i.S.d. § 307 BGB bei einem Freiwilligkeitsvorbehalt erwo-

---

98 BAG, Urt. v. 19.3.2009 – 6 AZR 557/07 –; BGH, Urt. v. 14.6.2006 – IV ZR 54/05 –.
99 BAG, Urt. v. 20.5.2008 – 9 AZR 382/07 –.
100 BAG, Urt. v. 20.5.2008 – 9 AZR 382/07 –.
101 BAG, Urt. v. 20.5.2008 – 9 AZR 382/07 –.
102 Das Urteil des BAG 21.4.2010 – 10 AZR 163/09 – hat einen Erklärungsgehalt durch einseitiges konkludentes Handeln des Arbeitgebers zum Gegenstand, welches nach den genannten Maßstäben nicht den Begriff der Individualabrede i.S.d. § 305b BGB erfüllt.
103 BAG, Urt. v. 14.9.2011 – 10 AZR 526/10 –.

gen, dessen Formulierung nicht ausdrücklich spätere Individualabreden i.S.v. § 305b BGB ausnahm. Auswirkungen hat diese Rechtsprechung allein bei **abstrakt-pauschalen Freiwilligkeitsvorbehalten**, die aufgrund ihrer Abstraktheit ggf. geeignet sind, auch spätere Individualabreden zu erfassen. Ein **konkreter Freiwilligkeitsvorbehalt**, der den Erklärungsgehalt der jeweiligen Leistungsgewährung auf diese begrenzt, kann dagegen **nicht** gegen § 305b BGB verstoßen. Ein solcher Freiwilligkeitsvorbehalt begrenzt den Erklärungswert der Individualabrede selbst und definiert damit ihren Anspruchsinhalt.

Praxistipp

Individualabreden gem. § 305b BGB lassen sich damit durch Freiwilligkeitsvorbehalte nicht verhindern. Freiwilligkeitsvorbehalte als Bestandteile der jeweiligen Einzelvereinbarungen sind jedoch geeignet, zu verhindern, dass Arbeitnehmer die **Reichweite der Individualabrede** im Sinne eines dauerhaften Leistungsversprechens über wiederholte zukünftige Leistungen interpretieren. In diesem Zusammenhang bedarf die Formulierung eines Freiwilligkeitsvorbehaltes **keines Hinweises auf den Vorrang des § 305b BGB**, da der Freiwilligkeitsvorbehalt Bestandteil der Individualabrede ist. Anderes gilt, wenn Arbeitgeber trotz der angedeuteten Rechtsprechungsänderung[104] **abstrakt-pauschale Freiwilligkeitsvorbehalte** beibehalten. Um eine zu weitgehende Formulierung des Freiwilligkeitsvorbehaltes auszuschließen, ist bei einem pauschal-abstrakten Freiwilligkeitsvorbehalt der Vorrang der Individualabrede klarzustellen.

---

3. Sonstige individuelle Zusageformen

Uneingeschränkte Bedeutung behalten Freiwilligkeitsvorbehalte bei sonstigen individuellen Zusagen, die **keine Individualabreden i.S.d. § 305b BGB** darstellen. Auch wenn abzuwarten bleibt, ob das BAG seine Rechtsprechung über die Begrenzung von Individualabreden i.S.d. § 305b BGB auf solche Vereinbarungen, die unter Mitwirkung des Arbeitnehmers zustande kommen, beibehält, ist nach der aktuellen Rechtsprechung jenseits der Individualabreden eine individuelle Zusage durch einseitiges konkludentes Handeln des Arbeitgebers möglich.[105]

Das BAG nimmt unter den gleichen Voraussetzungen wie für die Entstehung einer betrieblichen Übung, lediglich ohne den diese kennzeichnenden kollektiven Bezug, **konkludente individuelle Zusagen** gegenüber dem Arbeitnehmer auf dauerhafte Leistungen an, wenn der Arbeitgeber gegenüber dem Arbeitnehmer ein **wiederholtes und gleichförmiges Verhalten** zeigt, aus dem der Arbeitnehmer auf wiederholte Leistungsgewährungen schließen kann.[106] In diesem Zusammenhang hat das BAG ausdrücklich auf die **Möglichkeit und Notwendigkeit eines Freiwilligkeitsvorbehaltes** zur Vermeidung der Annahme eines Leistungsversprechens

---

104 BAG, Urt. v. 14.9.2011 – 10 AZR 526/10 –.
105 BAG, Urt. v. 21.4.2010 – 10 AZR 163/09 –.
106 BAG, Urt. v. 21.4.2010 – 10 AZR 163/09 –; näher: *Salamon*, NZA 2010, 1272 ff.

mit dem Inhalt wiederkehrender Leistungen hingewiesen.[107] Sofern es bei der Rechtsprechung bleibt, die diese individuellen Zusageformen nicht dem Begriff der Individualabrede i.S.d. § 305b BGB unterwirft und die Rechtsprechung von ihrer angedeuteten Änderung hinsichtlich abstrakt-pauschaler Freiwilligkeitsvorbehalte keinen Gebrauch macht, lassen sich solche individuellen Zusagen sowohl durch **konkret-individuelle Freiwilligkeitsvorbehalte** im Einzelfall wie auch einen im Arbeitsvertrag zugrunde gelegten **abstrakt-pauschalen Freiwilligkeitsvorbehalt** vermeiden.

C. Befristung von Entgeltbestandteilen

I. Abgrenzung zu Einmalleistungen

66 Terminologisch knüpft die Befristung einer Arbeitsbedingung daran an, dass diese nur bis zu einem bestimmten **Endtermin** (Befristungszeitpunkt) gelten soll. Nach einer Auffassung in der Literatur[108] sollen Regelungen über die Befristung von Arbeitsbedingungen bereits dann zum Tragen kommen, wenn eine einmalige Sonderzahlung auf einen individuellen und/oder Unternehmenserfolg in einem Bezugszeitraum abstellt. Das Inaussichtstellen einer einmaligen Sonderzahlung für den Bezugszeitraum soll wegen der zeitlichen Anknüpfung des Bezugszeitraums der Befristungskontrolle unterfallen.[109] Auch wenn hiernach an den Befristungsgrund niedrige Anforderungen zu stellen sein sollen,[110] überzeugt diese Betrachtung nicht, weil bei einmaligen Leistungen das **Zeitmoment** nicht den **Anspruchsinhalt** oder die **Anzahl der zu beanspruchenden Leistungen**, sondern allein den **Bezugszeitraum** als anspruchsbegründende Voraussetzung für die einmalige Leistung betrifft.

Beispiel
Wird dem Arbeitnehmer zu Beginn des Geschäftsjahres zum einen eine Sonderzahlung bei Erreichen bestimmter individual- und/oder unternehmenserfolgsbezogener Ziele in diesem Geschäftsjahr zugesagt und zum anderen auf die Einmaligkeit der Zusage unter Ausschluss von Rechtsansprüchen auf wiederholte Leistungen in weiteren zukünftigen Geschäftsjahren hingewiesen und damit die **Einmaligkeit der Sonderzahlung** sichergestellt, so handelt es sich nicht um eine Befristung der Sonderzahlung für das Geschäftsjahr.[111] Mit dem Geschäftsjahr wird zwar in zeitlicher Hinsicht der **Bezugszeitraum für die Beurteilung** bemessen, ob und in welchem Umfang der Anspruch entsteht. Die Frage, ob in weiteren Geschäftsjahren wiederholte Ansprüche entstehen, ist jedoch

---

107 BAG, Urt. v. 21.4.2010 – 10 AZR 163/09 –.
108 Preis/*Preis*, II V 70 Rn 95 ff.
109 Preis/*Preis*, II V 70 Rn 91 ff.
110 Preis/*Preis*, II V 70 Rn 94.
111 So aber: Preis/*Preis*, II V 70 Rn 95 ff.

eine solche des Freiwilligkeitsvorbehaltes, der die Einmaligkeit der Leistung sicherstellt. Die Sonderzahlung wird deshalb nicht aufgrund Zeitablaufs (wie bei einer Befristung) **zu einem bestimmten Zeitpunkt eingestellt**, sondern von vornherein **lediglich einmalig gewährt**.

II. Rechtliche Grenzen

1. Prüfungsmaßstab

Die Frage der Befristung einer Arbeitsbedingung stellt sich dagegen, wenn eine **Arbeitsbedingung infolge Zeitablaufs** zu einem bestimmten Zeitpunkt **enden** soll. Anders als die Befristung von Arbeitsverhältnissen, die nach den Regelungen des TzBfG bzw. spezialgesetzlichen Sonderregelungen zu beurteilen ist, ist die Befristung einzelner Arbeitsbedingungen nach den Grundsätzen über die **Inhaltskontrolle** vorformulierter Arbeitsbedingungen gem. §§ 305 ff. BGB (sofern ausnahmsweise keine vorformulierte Arbeitsbedingung vorliegen sollte anhand des § 242 BGB) zu kontrollieren. Die Vorschriften über die **Befristung von Arbeitsverhältnissen** spielen für die Befristung einzelner Arbeitsbedingungen **keine** (unmittelbare) **Rolle**.[112] Befristete Veränderungen der Vergütung oder der Arbeitszeit unterliegen deshalb insbesondere der Inhaltskontrolle auf eine **unangemessene Benachteiligung** des Arbeitnehmers gem. § 307 BGB. Das BAG nimmt an, dass die Befristung einer Arbeitsbedingung zulässig ist, wenn ein **sachlicher Grund** für die **zeitlich nur vorübergehende Zusage** dieser Arbeitsbedingung besteht.[113]

67

Entscheidend ist – wie stets im Rahmen der Angemessenheitskontrolle gem. § 307 Abs. 1 BGB – eine **Abwägung der Interessen** beider Vertragsteile. Nicht maßgebend sind dem gegenüber die Regelungen des TzBfG über die Befristungskontrolle – weder die für die Befristung mit Sachgrund nach § 14 Abs. 1 TzBfG noch diejenigen über die Befristung ohne Sachgrund gem. § 14 Abs. 2 TzBfG.[114] Bei der in der Rechtsprechung oftmals behandelten Frage von Arbeitszeiterhöhungen können die Maßgaben des TzBfG Hinweise geben, da eine Arbeitszeiterhöhung als „Minus" zu einer Befristung des Arbeitsverhältnisses mit Sachgrund zu verstehen sein kann und bei Vorliegen einer Sachgrundbefristung für das Arbeitsverhältnis insgesamt ein Sachgrund für eine vorübergehende Arbeitszeiterhöhung ebenfalls in der Regel gegeben sein wird.[115] Eine solche Parallele wird für die **Befristung von Entgeltbestandteilen nicht einmal als Indiz** für einen Sachgrund gem. § 307 BGB heranzuziehen sein.

68

---

112 BAG, Urt. v. 15.12.2011 – 7 AZR 394/10 –; BAG, Urt. v. 18.6.2008 – 7 AZR 245/07 –; BAG, Urt. v. 27.7.2005 – 7 AZR 486/04 –.
113 BAG, Urt. v. 18.6.2008 – 7 AZR 245/07 –.
114 BAG, Urt. v. 18.6.2008 – 7 AZR 245/07 –.
115 BAG, Urt. v. 18.6.2008 – 7 AZR 245/07 –.

69 Die diesbezüglichen Maßstäbe für die Befristung von Entgeltbestandteilen sind in der Rechtsprechung bislang ungeklärt.[116] Teilweise wird ein sachlich hinreichender Grund für die Befristung von Entgeltbestandteilen allein aus dem **Flexibilisierungsinteresse** des Arbeitgebers hergeleitet und mit der **Möglichkeit von Freiwilligkeits- und Widerrufsvorbehalten** begründet.[117] Die Parallele zu den Freiwilligkeitsvorbehalten überzeugt schon deshalb nicht, weil der Freiwilligkeitsvorbehalt den Inhalt des Leistungsversprechens auf eine einmalige Leistung begrenzt.

70 Näher liegt es, eine mögliche Parallele aus der **Widerruflichkeit von Entgeltbestandteilen** herzuleiten. So erkennt die Rechtsprechung es an, Entgeltbestandteile unter einen Widerrufsvorbehalt zu stellen, wenn nicht mehr als regelmäßig 25% der Gesamtvergütung widerruflich gestaltet werden.[118] Zu beachten ist allerdings, dass diese **rein quantitative Anknüpfung** allein den **Umfang widerruflich zu gestaltender Entgeltbestandteile** umschreibt. Darüber hinaus bedarf der Widerruf eines **sachlichen Grundes**, der im Rahmen der Ausübungskontrolle der uneingeschränkten Überprüfung auf die Einhaltung der Grenzen billigen Ermessens unterliegt.[119]

71 Insofern wird sich allein aus der quantitativen Grenze von 25% der Gesamtvergütung und dem **Flexibilisierungsinteresse** des Arbeitgebers **kein sachlicher Grund** ergeben, der die Befristung von Vergütungsbestandteilen rechtfertigen kann.[120] Eine quantitative Grenze kann bei der Befristung von Vergütungsbestandteilen deshalb nur eine Komponente sein, ein sachlicher Grund für ein konkretes Bedürfnis an Flexibilität wird im Rahmen der bei § 307 BGB vorzunehmenden Interessenabwägung zur Angemessenheitskontrolle aber hinzutreten müssen.

2. Sachliche Gründe für die Befristung von Entgeltbestandteilen

72 Welche Anforderungen an ein konkretes Flexibilisierungsinteresse des Arbeitgebers als Sachgrund für die Befristung eines Vergütungsbestandteils zu stellen sind, ist **in der Rechtsprechung ungeklärt**. In einer älteren Entscheidung aus dem Jahr 1993[121] hat das BAG einerseits auf den einseitig nur im Wege einer Änderungskündigung (§ 2 KSchG) durch den Arbeitgeber abänderbaren Bestandsschutz der Arbeitsbedingungen abgestellt und unter **Gleichstellung rein quantitativer Grenzen für ein Widerrufsrecht mit der Befristung** einer Provisionsregelung, die ca. 15% der Gesamtvergütung des Arbeitnehmers ausmachte, eine Befristung

---

116 Vgl. *Willemsen/Jansen*, RdA 2010, 1, 5 ff.
117 *Mengel*, S. 105 ff. Rn 175 ff.
118 BAG, Urt. v. 21.3.2012 – 5 AZR 651/10 –; BAG, Urt. v. 12.1.2005 – 5 AZR 364/04 –; BAG, Urt. v. 11.10.2006 – 5 AZR 721/05 –.
119 BAG, Urt. v. 21.3.2012 – 5 AZR 651/10 –.
120 A.A. *Mengel*, S. 106 ff. Rn 176.
121 BAG, Urt. v. 21.4.1993 – 7 AZR 297/92 –.

des Provisionsmodells auf ein Jahr anerkannt. Andererseits hatte die der Entscheidung zugrunde liegende Befristungsabrede vorgesehen, dass es sich um eine **Übergangsregelung** für ein Jahr handele und der Arbeitgeber sich vorbehalte, für die **Folgezeit ein anderes Vergütungssystem** einzuführen oder eine leistungsabhängige Vergütung einzustellen. Der Arbeitgeber hatte sodann von der eingeräumten Möglichkeit der Einstellung der Vergütungskomponente keinen Gebrauch gemacht, sondern ein abweichendes Provisionssystem für die Folgezeit festgelegt, welches das BAG einer Billigkeitsprüfung unterzog. Damit kann aus dieser Entscheidung kein Gleichlauf der quantitativen Grenzen des Widerrufsrechts mit einer nicht an einen bestimmten sonstigen Sachgrund gekoppelten Befristungsabrede hergeleitet werden. Dem Arbeitgeber ist deshalb zu raten, neben der Beachtung der quantitativen Grenze von 25% der Gesamtvergütung von der Befristung eines Entgeltbestandteils nur dann Gebrauch zu machen, wenn ein **sachlicher Grund** dies rechtfertigt.

Praxistipp
Während bei der Ausübungskontrolle eines Widerrufsvorbehaltes dieser sachliche Grund zum Zeitpunkt des Widerrufs vorliegen muss, erfordert die Befristung von Arbeitsbedingungen eine **Prognose für den Befristungszeitraum**.

Um die Anforderungen an einen sachlichen Grund nicht zu überspannen, wird es 73 innerhalb der quantitativen Grenzen ausreichen müssen, wenn der Arbeitgeber die Befristung von zusätzlichen Vergütungsbestandteilen an seine betriebswirtschaftlichen Planungsgrundlagen koppelt.

Beispiel
- Dauer gesicherter Betriebseinnahmen aufgrund feststehender Auftragsbeziehungen,
- Dauer begrenzter Betriebsausgaben aufgrund vertraglich gebundener Kostenfaktoren (Preisbindung etwa im Rahmen der Laufzeit von Geschäftsraummiete, gebundenen Einkaufskonditionen etc.),
- Dotierungsentscheidungen hinsichtlich der für eine Leistung insgesamt aufzubringenden Mittel mit sich daraus ergebender Befristungsdauer bis zu deren Aufzehrung.

Bei all diesen Gesichtspunkten verlagert der Arbeitgeber zwar sein **Wirtschafts- und** 74 **Prognoserisiko** auf den Arbeitnehmer, das er gem. § 615 BGB grundsätzlich trotz des arbeitsrechtlichen Bestandsschutzes der Arbeitsbedingungen zu tragen hat. Da dies jedoch wirtschaftliche Entwicklungen sind, die gleichermaßen die Ausübung eines Widerrufsrechts im Rahmen der Ausübungskontrolle rechtfertigen können, dürfte eine daran anknüpfende Befristung von Entgeltbestandteilen gleichermaßen zulässig sein.

> **Praxistipp**
> Solange dies höchstrichterlich nicht geklärt ist, sollte der Arbeitgeber vorsorglich **zusätzlich ein Widerrufsrecht** vereinbaren.[122]

75 Anders als bei der Kombination von Freiwilligkeits- und Widerrufsvorbehalt führen die Befristung einer Arbeitsbedingung und deren gleichzeitige Widerruflichkeit nicht zu einem Widerspruch. Im Gegensatz zur Ausgangslage bei einem Freiwilligkeitsvorbehalt begründet der Arbeitgeber mit der Befristung zunächst einen Rechtsanspruch. Mit dem Widerrufsvorbehalt eröffnet der Arbeitgeber allein die Möglichkeit, diesen Rechtsanspruch vor dessen Erlöschen infolge Befristungseintritts zu beseitigen. Sollte sich im Falle einer arbeitsgerichtlichen Auseinandersetzung zeigen, dass die Befristungsabrede nicht trägt, führt dies nicht zu einer Unwirksamkeit des Widerrufsvorbehaltes, der gesondert neben der Befristungsklausel zu beurteilen ist.

3. Transparenzkontrolle

76 Bei der Befristung von Entgeltbestandteilen ist wie stets bei der Vertragsgestaltung besonderes Augenmerk auf die Transparenz gem. § 307 Abs. 1 S. 2 BGB zu legen. Die **Begrenzung des Leistungszeitraums**, ohne dass zusätzliche arbeitgeberseitige Erklärungen abgegeben werden, muss sich deshalb aus der Vertragsklausel für den Arbeitnehmer **klar und verständlich** ergeben. Da das Auslaufen einer befristeten Leistung an einen Kalenderzeitpunkt (Datum) anknüpft, erfordert dies lediglich eine **Benennung des Enddatums**. Auch aus der sonstigen Vertragsgestaltung muss allerdings deutlich werden, dass es sich um eine befristete Zusage handelt.

> **Praxistipp**
> Zur Gewährleistung der Transparenz gem. § 307 Abs. 1 S. 2 BGB wie auch der Vermeidung eines Überraschungseffektes gem. § 305c Abs. 1 BGB empfiehlt es sich, derartige Besonderheiten bei der Gestaltung einer Leistung bereits in der **Überschrift der Regelung** als „befristete Sonderzahlung" o.ä. klarzustellen.

77 Damit sind Unklarheiten oder Überraschungswirkungen, die sich aus der Vertragsgestaltung durch eine Regelung an ungewöhnlicher oder versteckter Stelle oder mit einem nicht zu erwartenden Regelungsinhalt ergeben, zu vermeiden.[123]

---

[122] Zu den Anforderungen an einen Widerrufsvorbehalt siehe Rn 79 ff.
[123] BAG, Urt. v. 31.8.2005 – 5 AZR 545/04 –.

Praxistipp
Einer Begründung der Befristung – etwa durch Benennung des Sachgrundes im Vertrag – bedarf es dagegen nicht. Insoweit besteht **kein Zitiergebot**.[124] Der Arbeitgeber muss sich erst im Rahmen einer etwaigen rechtlichen Auseinandersetzung im Einzelnen zu seinen Erwägungen einlassen.

D. Änderungsvorbehalte

I. Begriff und Abgrenzung

Mit einem Änderungsvorbehalt behält sich der Arbeitgeber vor, eine von ihm vertraglich gegenüber dem Arbeitnehmer **bereits zugesagte Leistung zu modifizieren oder sogar aufzuheben**. Typischer Anwendungsfall im Arbeitsrecht ist der Widerrufsvorbehalt oder die Bezugnahme auf externe Regelungswerke. Davon zu unterscheiden ist die Ausübung des arbeitgeberseitigen **Direktionsrechts**, mit dem der Arbeitgeber nicht die von ihm zugesagte Leistung abändert, sondern die vom Arbeitnehmer zu erbringende konkrete Arbeitsleistung bestimmt, was allerdings gleichermaßen Reflexwirkungen auf die Vergütung haben kann. Sämtlichen derartigen Vorbehalten ist gemeinsam, dass zwischen der **Einräumung des Vorbehaltes** durch arbeitsvertragliche Vereinbarung (bzw. beim arbeitgeberseitigen Direktionsrecht unter Heranziehung der gesetzlichen Regelung des § 106 GewO) und der **Ausübung** des eingeräumten Rechts zu unterscheiden ist. Ersteres ist eine Frage der **Vertragsinhaltskontrolle**, insbesondere nach Maßgabe der §§ 305ff. BGB bei den in der Regel einseitig vorformulierten Arbeitsbedingungen, Letzteres eine Frage der **Ausübungskontrolle** am Maßstab billigen Ermessens gem. § 315 BGB.

78

II. Widerrufsvorbehalt

Mit einem Widerrufsvorbehalt behält sich der Arbeitgeber das Recht vor, eine bestimmte Leistung **ganz oder teilweise mit Wirkung für die Zukunft** zu widerrufen.[125] Ein Widerrufsvorbehalt stellt eine von Rechtsvorschriften abweichende Regelung dar, weil er von dem Grundsatz, dass eine Vertragspartei nicht einseitig in das Vertragsgefüge eingreifen darf, abweicht.[126] Aus diesem Grunde ist gem. § 307 Abs. 3 BGB bei vorformulierten Widerrufsvorbehalten eine **Inhaltskontrolle am**

79

---

124 BAG, Urt. v. 2.9.2009 – 7 AZR 233/08 –.
125 BAG, Urt. v. 21.3.2012 – 5 AZR 651/10 –; BAG, Urt. v. 20.4.2011 – 5 AZR 191/10 –; BAG, Urt. v. 11.4.2006 – 9 AZR 557/05 –; BAG, Urt. v. 12.1.2005 – 5 AZR 364/04 –; BAG, Urt. v. 15.8.2000 – 1 AZR 458/99 –.
126 BAG, Urt. v. 12.1.2005 – 5 AZR 364/04 –.

Maßstab der §§ 307 ff. BGB eröffnet. Als Änderungsvorbehalt unterliegt der Widerrufsvorbehalt insoweit dem Kontrollmaßstab des § 308 Nr. 4 BGB.[127] Nach § 308 Nr. 4 BGB ist die Vereinbarung eines Rechts des Arbeitgebers zur Änderung einer von ihm zugesagten Leistung nur dann wirksam, wenn die Vereinbarung der Widerruflichkeit der Leistung für den Arbeitnehmer **zumutbar** ist. Für die Beurteilung dieser Zumutbarkeit sind gem. § 310 Abs. 4 S. 2 BGB die im **Arbeitsrecht geltenden Besonderheiten** zu berücksichtigen.[128]

80 Nach der gefestigten Rechtsprechung des BAG ist ein Widerrufsvorbehalt dem Arbeitnehmer gem. § 308 Nr. 4 BGB zumutbar, wenn der **Widerruf nicht grundlos** erfolgen soll.[129] Möglicher Grund für einen Widerruf ist insbesondere eine **unsichere Entwicklung** der Verhältnisse, die den Widerrufsvorbehalt als Anpassungsinstrument rechtfertigt.[130] Bis zu seiner ersten Auseinandersetzung mit den Maßstäben der Kontrolle vorformulierter Widerrufsvorbehalte im Jahre 2005 war die Rechtsprechung insoweit recht großzügig. Ein Widerrufsvorbehalt durfte lediglich nicht in den **Kernbereich des Arbeitsverhältnisses** eingreifen.[131]

Beispiel
Der Widerruf von Leistungen in Höhe von ca. 20% des Entgelts wurde von der **früheren Rechtsprechung** mangels Eingriffs in den Kernbereich des Arbeitsverhältnisses bereits ebenso für zulässig erachtet,[132] wie der Wegfall einer Funktionszulage in Höhe von 15% der Gesamtvergütung.[133]

---

81 Diese **Rechtsprechung** hat das BAG beginnend mit dem Jahre 2005 deutlich **verschärft**. Als quantitative Grenze stellt das BAG darauf ab, dass der widerrufliche Teil des Arbeitsentgelts **maximal 25% der Gesamtvergütung** betragen und das Tarifentgelt nicht unterschritten werden darf.[134] Darüber hinaus dürfen bis zu insgesamt 30% der Gesamtvergütung betroffen sein, wenn die zu widerrufenden Entgeltbestandteile Leistungen mit Aufwendungsersatzcharakter wie Fahrtkostenzuschüsse etc. umfassen.[135]

---

127 BAG, Urt. v. 21.3.2012 – 5 AZR 651/10 –; BAG, Urt. v. 20.4.2011 – 5 AZR 191/10 –; BAG, Urt. v. 11.4.2006 – 9 AZR 557/05 –; BAG, Urt. v. 12.1.2005 – 5 AZR 364/04 –; BAG, Urt. v. 15.8.2000 – 1 AZR 458/99 –.
128 BAG, Urt. v. 12.1.2005 – 5 AZR 364/04 –.
129 BAG, Urt. v. 21.3.2012 – 5 AZR 651/10 –; BAG, Urt. v. 20.4.2011 – 5 AZR 191/10 –; BAG, Urt. v. 11.4.2006 – 9 AZR 557/05 –; BAG, Urt. v. 12.1.2005 – 5 AZR 364/04 –; BAG, Urt. v. 15.8.2000 – 1 AZR 458/99 –.
130 BAG, Urt. v. 12.1.2005 – 5 AZR 364/04 –.
131 BAG, Urt. v. 15.11.1995 – 2 AZR 521/95 –.
132 BAG, Urt. v. 13.5.1987 – 5 AZR 125/85 –.
133 BAG, Urt. v. 15.11.1995 – 2 AZR 521/95 –.
134 BAG, Urt. v. 12.1.2005 – 5 AZR 364/04 –.
135 BAG, Urt. v. 11.4.2006 – 9 AZR 557/05 –.

Weitere Voraussetzung ist, dass der Widerruf nicht ohne einen ihn rechtfertigenden Grund erfolgen darf.[136] Die Frage, ob ein solcher **Widerrufsgrund** vorliegt, der die Entziehung des Vergütungsbestandteils im Einzelfall als angemessen erscheinen lässt, ist zwar letztlich der **Ausübungskontrolle** gem. § 315 BGB zuzuordnen. Aus Gründen der **Transparenz** (§ 307 Abs. 1 S. 2 BGB) erfordert nach Auffassung des BAG eine **klare und verständliche Formulierung** des vertraglichen Widerrufsvorbehaltes aber bereits, dass der Arbeitnehmer erkennen kann, „was auf ihn zukommt".[137] Der Widerrufsvorbehalt muss deshalb zumindest die **Richtung der Gründe angeben**, die einen Widerruf begründen sollen.[138]

Das BAG nennt insoweit beispielhaft **wirtschaftliche Gründe, die Leistung oder das Verhalten** des Arbeitnehmers.[139] Allerdings ist in der Rechtsprechung bislang nicht abschließend erkennbar, mit welchem **Grad an Konkretisierung** der Widerrufsgrund im Rahmen des Widerrufsvorbehaltes bezeichnet werden muss. Während die Maßgabe einer Angabe der Richtung, aus der ein Widerruf erfolgen soll, keine sehr erhebliche Konkretisierung des Widerrufsgrundes erfordern dürfte, hat die Rechtsprechung sich bislang nicht abschließend positioniert, ob dieses allein eine **Mindestanforderung** ist oder bereits **ausreichen kann**.

Für den Fall des Widerrufs der Privatnutzung eines Dienstwagens hat das BAG[140] angenommen, dass der Grund des Widerrufs bei der vertraglichen Formulierung des Widerrufsvorbehaltes so **weitgehend konkretisiert werden muss**, dass der Arbeitnehmer die **konkreten Voraussetzungen** eines Widerrufs erkennen kann.

Beispiel
Allein die Benennung „Markt- und wirtschaftliche Gesichtspunkte" im Rahmen einer Dienstwagenüberlassungsvereinbarung soll zu unbestimmt sein.[141]

Nach Auffassung des BAG stehen arbeitsrechtliche Besonderheiten i.S.d. § 310 Abs. 4 BGB einer solchen Konkretisierung der Widerrufsgründe nicht entgegen.[142] Letztlich wird damit die Ausübungskontrolle im Falle der Erklärung des Widerrufs

---

136 BAG, Urt. v. 21.3.2012 – 5 AZR 651/10 –; BAG, Urt. v. 20.4.2011 – 5 AZR 191/10 –; BAG, Urt. v. 11.4.2006 – 9 AZR 557/05 –; BAG, Urt. v. 12.1.2005 – 5 AZR 364/04 –; BAG, Urt. v. 15.8.2000 – 1 AZR 458/99 –.
137 BAG, Urt. v. 12.1.2005 – 5 AZR 364/04 –.
138 BAG, Urt. v. 12.1.2005 – 5 AZR 364/04 –; BAG, Urt. v. 11.4.2006 – 9 AZR 557/05 –; BAG, Urt. v. 20.4.2011 – 5 AZR 191/10 –.
139 BAG, Urt. v. 12.1.2005 – 5 AZR 364/04 –; BAG, Urt. v. 11.4.2006 – 9 AZR 557/05 –; BAG, Urt. v. 20.4.2011 – 5 AZR 191/10 –.
140 BAG, Urt. v. 13.4.2010 – 9 AZR 113/09 –.
141 BAG, Urt. v. 21.3.2012 – 5 AZR 651/10 –.
142 BAG, Urt. v. 21.3.2012 – 5 AZR 651/10 –.

bereits zu einem Bestandteil der Inhaltskontrolle des vertraglich vorbehaltenen Widerrufsrechts vorverlagert.[143] Der wesentliche Unterschied besteht darin, dass die Inhaltskontrolle ungeachtet der konkreten Einzelfallumstände erfolgt, wie sie zum Zeitpunkt der Ausübung von dem Widerrufsrecht vorliegen könnten. Es gilt vielmehr ein **abstrakt-typisierender Maßstab** für die Angemessenheit einer solchen Gestaltung.

86 Dabei wird eine etwaig zu weitgehende Regelung nicht in einem Umfang aufrechterhalten, der für den Arbeitnehmer gerade noch zulässig wäre. Vielmehr gilt bei arbeitgeberseitig einseitig vorformulierten Arbeitsbedingungen ein sog. **Verbot der geltungserhaltenden Reduktion**.[144] Der Widerrufsvorbehalt ist bei teilweiser Unwirksamkeit **insgesamt unwirksam**. Lediglich bei Verträgen, die vor dem Inkrafttreten der §§ 305 ff. BGB mit dem 1.1.2002 geschlossen wurden, erkennt die Rechtsprechung aus Gründen des Vertrauensschutzes in engen Grenzen eine Aufrechterhaltung einer Klausel im Wege ergänzender Vertragsauslegung an.[145] Dies war in der bisherigen Rechtsprechung jedoch auch im Rahmen dieser **Altverträge** auf die fehlende Benennung der Widerrufsgründe begrenzt. Ein benannter, aber zu weitgehender Widerrufsgrund würde von der Rechtsprechung voraussichtlich auch in einem solchen Altvertrag nicht aufrechterhalten.

87 Solange die Maßgaben durch die Rechtsprechung nicht abschließend geklärt sind, kann Arbeitgebern lediglich empfohlen werden, **Widerrufsgründe möglichst transparent** zu gestalten – nur so ist sichergestellt, dass der Arbeitnehmer die Voraussetzungen für eine Ausübung des Widerrufsrechts durch den Arbeitgeber erkennen kann.[146] Soweit der Arbeitgeber den Widerruf auf Gründe in der **Leistung oder der Person des Arbeitnehmers** stützen will, wird insbesondere der Widerruf von Funktionszulagen betroffen sein.[147] Als Widerrufsgrund wäre in diesem Fall die **Entziehung der Funktion** zu benennen, um derentwillen der Arbeitnehmer die Funktionszulage erhalten hat.

88 Eine **Arbeitsunfähigkeit** wird ohne Hinzutreten weiterer Umstände kaum einen in der Person des Arbeitnehmers liegenden Grund begründen können, der den Widerruf eines Entgeltbestandteils rechtfertigt – dies stünde in Widerspruch zum gesetzlichen Leitbild der Bestimmungen über die Entgeltfortzahlung im Krankheitsfall und die Begrenzung einer Berücksichtigung der Arbeitsunfähigkeit bei Sondervergütungen nach § 4a EFZG. Möglich wäre allerdings der Widerruf einer Funktionszulage, wenn der Arbeitnehmer infolge **personenbedingter Leistungsdefizite zur**

---

143 *Mengel*, S. 92 f. Rn 146 f.
144 BAG, Urt. v. 12.1.2005 – 5 AZR 364/04 –.
145 BAG, Urt. v. 12.1.2005 – 5 AZR 364/04 –.
146 *Mengel*, S. 94 Rn 149.
147 Vgl. hierzu etwa aus der früheren Rechtsprechung: BAG, Urt. v. 15.11.1995 – 2 AZR 521/95 –.

Ausübung der Funktion, um derentwillen eine Zulage gewährt wird, nicht mehr in der Lage ist und ihm die Funktion dementsprechend entzogen wird.

In der Praxis werden **wirtschaftliche Gründe** regelmäßig im Fokus eines vorzubehaltenden Widerrufsrechts stehen. Im Lichte der **erheblichen formalen Anforderungen** der Rechtsprechung des BAG wird der Hinweis allein auf wirtschaftliche Gründe nicht ausreichen, da dem Arbeitnehmer aus diesem allgemeinen Hinweis die Voraussetzungen für die Ausübung eines Widerrufsrechts nicht unmittelbar erkennbar sind. Bei der Formulierung des Widerrufsvorbehaltes muss der Arbeitgeber deshalb die für ihn maßgebenden wirtschaftlichen Gründe **konkret benennen**. Kann der Arbeitnehmer **anhand der formulierten Gründe bemessen**, ob dem Arbeitgeber ein Widerrufsrecht zukommt, behält sich der Arbeitgeber keine einseitigen Spielräume vor, die die Transparenzkontrolle ihm nach Auffassung des BAG untersagen könnte.

89

Beispiel
Ein Widerrufsvorbehalt kann etwa ein Widerrufsrecht im Falle des Unterschreitens des Vorjahresergebnisses des Unternehmens, einer Steigerung der Betriebskosten gegenüber dem Vorjahr um mehr als einen bestimmten Prozentsatz oder ein Absinken des Auftragsvolumens unter eine bestimmte Größe vorsehen.

Mit der Benennung der Widerrufsgründe in einem Widerrufsvorbehalt **bindet sich der Arbeitgeber** erheblich. Treten die von ihm genannten Widerrufsgründe im Einzelfall nicht ein, besteht kein Widerrufsrecht und es bleibt bei der wirtschaftlichen Belastung durch den Entgeltbestandteil. Arbeitgeber sollten deshalb, wenn sie den Widerrufsvorbehalt als Flexibilisierungsinstrument und nicht lediglich als Existenzsicherungsinstrument in der Krise nutzen wollen, **keine zu hohen Anforderungen** an einen Widerrufsgrund vorsehen. Je geringer die wirtschaftliche Bedeutung des widerruflich gestalteten Vergütungsbestandteils für den Arbeitnehmer ist, insbesondere also, je größer der **Abstand zur Grenze des maximal widerruflichen Entgeltanteils** von 25% bzw. 30% der Gesamtvergütung ist, desto **geringere Anforderungen** sind an den Widerrufsgrund zu stellen. Insoweit besteht eine **Wechselwirkung**.

90

Praxistipp
Arbeitgeber sollten deshalb nicht davor zurückschrecken, von dem **Widerrufsrecht Gebrauch zu machen**, um einen Entgeltbestandteil zu entziehen und ggf. einen **vergleichbaren Entgeltbestandteil** unter den nunmehr maßgebenden Rahmenbedingungen für die Gestaltung eines Widerrufsvorbehaltes erneut zu vereinbaren.

Von dieser Inhaltskontrolle des vertraglich vereinbarten Widerrufsvorbehaltes ist die **Ausübungskontrolle** beim Gebrauchmachen von dem Widerrufsvorbehalt im **Einzelfall** zu unterscheiden. Die Ausübungskontrolle im Einzelfall stellt eine Leistungsbestimmung durch den Arbeitgeber gem. § 315 Abs. 1 BGB dar, sodass der Wi-

91

derruf im Einzelfall **billigem Ermessen** entsprechen muss.[148] Aufgrund der strengen formalen Anforderungen der Rechtsprechung an die Formulierung des Widerrufsvorbehaltes wird eine Ausübungskontrolle nur noch selten zur Unwirksamkeit des Widerrufs führen. In der Praxis wird insbesondere eine **Ankündigungsfrist** eine Rolle spielen. Da nicht der Bestand des Arbeitsverhältnisses in Rede steht, sind **Kündigungsfristen insoweit nicht maßgebend**.

> **Praxistipp**
> Umgekehrt wird allerdings eine Ausübungsfrist, die selbst den Anforderungen an die Kündigungsfrist für den gesamten Bestand des Arbeitsverhältnisses genügen würde, nicht zur Unangemessenheit führen können.

92 Bei Leistungen, die der **pauschalen Versteuerung auf Monatsbasis** (typischerweise der private Nutzungsvorteil eines Dienstwagens) unterliegen, kann jedenfalls ein Widerruf unbillig sein, wenn der Widerruf dem Arbeitnehmer den Gebrauchsvorteil aus der Sachleistung zu einem Zeitpunkt entzieht, über den hinaus er die steuerliche Belastung weiterhin zu gewähren hat.[149] Unabhängig von dieser steuerlichen Betrachtung wird in der Praxis eine Ankündigungsfrist – in Abhängigkeit vom Volumen des zu widerrufenden Entgeltbestandteils – von **ein bis drei Monaten genügen** müssen.

III. Bezugnahme auf externe Regelungswerke

1. Dynamische Bezugnahme auf Tarifverträge

93 Die Bezugnahme auf Tarifverträge ist in der Regel rechtlich unproblematisch. Jedenfalls bei Bezugnahme auf die für den Arbeitgeber einschlägigen Tarifverträge sind **angemessene Arbeitsbedingungen** aufgrund der **Tarifsetzung durch die Tarifvertragsparteien**, d.h. unter Mitwirkung einer Gewerkschaft zur Repräsentation der Interessen der Arbeitnehmer, sichergestellt.[150] Gerade diesem Umstand ist allerdings geschuldet, dass für den Arbeitgeber die Tarifbezugnahme regelmäßig kein zielführender Weg zur Entgeltflexibilisierung sein wird.

2. Dynamische Bezugnahme auf einseitige Regelungswerke des Arbeitgebers

94 Diesem Flexibilisierungsinteresse würde der Arbeitgeber gerecht, wenn ein von ihm einseitig aufgestelltes Regelungswerk maßgebend sein könnte. Nimmt der Arbeits-

---

148 BAG, Urt. v. 21.3.2012 – 5 AZR 651/10 –; BAG, Urt. v. 20.4.2011 – 5 AZR 191/10 –.
149 BAG, Urt. v. 21.3.2012 – 5 AZR 651/10 –.
150 BAG, Urt. v. 15.4.2008 – 9 AZR 159/07 –.

vertrag Bezug auf ein solches Regelungswerk, ist die zeitliche Dynamik der Maßgabe einer jeweils geltenden Fassung aber **in der Regel unwirksam**.[151] Prüfungsmaßstab ist – wie bei einem Widerrufsvorbehalt – ein einseitiger Änderungsvorbehalt zugunsten des Arbeitgebers, der gem. § 308 Nr. 4 BGB allein bei **Vorliegen und Benennung tragfähiger Gründe** für die Ausübung des Änderungsvorbehaltes eine Änderung von Arbeitsbedingungen rechtfertigen kann. Allein das Flexibilisierungsinteresse des Arbeitgebers genügt nicht.

Dies zeigt eine Parallele zur **Widerruflichkeit von Entgeltbestandteilen**. Selbst die von der Rechtsprechung für Widerrufsvorbehalte gezogene Grenze bei regelmäßig 25% der Gesamtvergütung rechtfertigt einen einseitigen Eingriff des Arbeitgebers in das Entgeltgefüge allein nicht, sondern es bedarf eines **sachlichen Grundes** für den Widerruf. Deshalb können allein eine quantitative Grenze und ein **Flexibilisierungsinteresse** des Arbeitgebers nicht ausreichen, um einen einseitigen Eingriff des Arbeitgebers in das Entgeltgefüge zu rechtfertigen. Diese Wertung zu Widerrufsvorbehalten ist auf einseitige Regelungswerke des Arbeitgebers ohne Weiteres übertragbar, sodass die dynamische Bezugnahme auf ein vom Arbeitgeber einseitig aufgestelltes Regelungswerk als Flexibilisierungsinstrument gleichermaßen ausscheidet.

95

Praxistipp
Arbeitgeber sollten jedoch prüfen, ob tatsächlich **Arbeitsentgelt** betroffen ist, das nicht einseitig abänderbar ist, beispielsweise bei einer Reisekostenrichtlinie. Regelungen etwa zu erstattungsfähigen Verkehrsmitteln bei Dienstreisen (Wagenklasse der Deutschen Bahn, Tarife bei Flugreisen etc.) sind häufig noch vom arbeitgeberseitigen **Direktionsrecht** gedeckt und nehmen an dem aufgezeigten Bestandsschutz nicht teil. Gleiches gilt grundsätzlich für reinen **Aufwendungsersatz** etwa für die Bewertung der Nutzung des Privatfahrzeugs für Dienstfahrten. Insoweit können (und müssen) einseitige Regelungswerke des Arbeitgebers abänderbar gestaltet werden.

---

3. Dynamische Bezugnahme von Betriebsvereinbarungen

Da Betriebsvereinbarungen ebenso wie Tarifverträge wegen § 310 Abs. 4 S. 1 BGB inhaltlich einer Kontrolle am Maßstab gem. §§ 305 ff. BGB entzogen sind, ist eine arbeitsvertragliche dynamische Bezugnahme der für den Betrieb einschlägigen Betriebsvereinbarungen in jeweils geltender Fassung **rechtlich unproblematisch**. Eine solche Bezugnahme ist allerdings **in der Regel überflüssig**, da die Betriebsvereinbarung ohnehin gem. § 77 Abs. 4 BetrVG in jeweils geltender Fassung unmittelbar für das Arbeitsverhältnis Anwendung findet.[152] Zu beachten ist, dass eine Flexibilisierung durch Betriebsvereinbarung nur möglich ist, soweit der Arbeitsvertrag keine für den Arbeitnehmer günstigere Regelung enthält. Wegen des im Verhältnis zwischen Arbeitsvertrag und Betriebsvereinbarung geltenden **Günstigkeitsprin-**

96

---

151 BAG, Urt. v. 11.2.2009 – 10 AZR 222/08 –.
152 Zur Geltung von Betriebsvereinbarungen im Einzelnen Kap. 5 Rn 73 ff.

zips kann eine – als Flexibilisierungsinstrument durchaus den Arbeitgeberinteressen dienende – Betriebsvereinbarung sich nicht gegenüber einer günstigeren arbeitsvertraglichen Regelung durchsetzen.

97 Eine Flexibilisierung durch Betriebsvereinbarung setzt dementsprechend eine Ausschaltung des Günstigkeitsvergleichs voraus, indem der **Arbeitsvertrag „betriebsvereinbarungsoffen"** gestaltet wird. Diese Betriebsvereinbarungsoffenheit des Arbeitsvertrages gewährleistet einen Gleichlauf zwischen Arbeitsvertrag und Betriebsvereinbarung. Die Rechtsprechung hat die Möglichkeit einer betriebsvereinbarungsoffenen Arbeitsvertragsgestaltung **bislang anerkannt**.[153] Maßgebend ist hiernach, dass im Arbeitsvertrag klargestellt ist, dass sich – soweit der Arbeitsvertrag keine entgegenstehenden Regelungen enthält – der Inhalt des Arbeitsvertrages nach jeweils geltenden Betriebsvereinbarungen richtet.

98 Die zu dieser Frage ergangene Rechtsprechung ist allerdings weitgehend **vor Inkrafttreten des Schuldrechtsmodernisierungsgesetzes** und damit der strengen Kontrollvorschriften für vorformulierte Arbeitsbedingungen gem. §§ 305ff. BGB ergangen. Eine jüngere Entscheidung des BAG befasst sich allein mit der Möglichkeit einer Ablösung allgemeiner Arbeitsbedingungen durch eine Regelung in einer Betriebsvereinbarung.[154] Noch nicht entschieden ist damit, ob die Rechtsprechung eine betriebsvereinbarungsoffene Arbeitsvertragsgestaltung im Lichte der **Angemessenheits- und Transparenzkontrolle gem. § 307 Abs. 1 BGB** generell anerkennt. Einen Hinweis auf die weiterhin bestehende Möglichkeit einer generell betriebsvereinbarungsoffenen Arbeitsvertragsgestaltung lässt sich jedoch einer **Entscheidung des BAG für den öffentlichen Dienst** entnehmen.[155] In jener Entscheidung nahm der Arbeitsvertrag eines Arbeitnehmers im öffentlichen Dienst für die Dauer der Arbeitszeit auf die für Beamte jeweils geltende Arbeitszeit Bezug. Da diese durch den Gesetz- und Verordnungsgeber und damit eine vom Arbeitgeber unabhängige Stelle bestimmt wird, hat das BAG darin keine unangemessene Vertragsgestaltung gesehen. Diese Bewertung lässt sich auf eine Betriebsvereinbarung übertragen, die infolge der **Mitwirkung des Betriebsrates** ebenfalls **Schutz vor einer einseitigen Gestaltung des Arbeitgebers** bietet. Aus diesem Grunde nimmt § 310 Abs. 4 BGB Betriebsvereinbarungen und Tarifverträge aus den strengen Kontrollinstrumenten der §§ 305ff. BGB ausdrücklich aus.

99 Eine betriebsvereinbarungsoffene Gestaltung des Arbeitsvertrages ist **klar und verständlich zu formulieren**, um dem Transparenzgebot des § 307 Abs. 1 S. 2 BGB zu genügen.

---

[153] BAG, Urt. v. 17.7.2012 – 1 AZR 476/11 –; BAG, Urt. v. 24.8.2004 – 1 AZR 419/03 –; BAG, Urt. v. 20.2.2001 – 1 AZR 322/00 –.
[154] BAG, Urt. v. 17.7.2012 – 1 AZR 476/11 –.
[155] BAG, Urt. v. 14.3.2007 – 5 AZR 630/06 –.

Beispiel

Dies erfordert, dass die unter den Vorbehalt auch ungünstigerer Betriebsvereinbarungen zu stellenden **Regelungskomplexe im Arbeitsvertrag nicht abschließend geregelt** werden dürfen. Da diesbezügliche Unklarheiten gem. § 305c Abs. 1 BGB zulasten des Arbeitgebers gehen, sollten die unter den Vorbehalt zukünftig abweichender Betriebsvereinbarungen zu stellenden Entgeltbestandteile im Arbeitsvertrag als solche unter einer aussagekräftigen Überschrift, etwa „**Vorbehalt auch ungünstigerer zukünftiger Betriebsvereinbarungen**", gestellt werden.

Klauselmuster

Inhaltlich erfolgt der Vorbehalt durch eine Formulierung wie:

„*Der Arbeitnehmer erhält als Weihnachtsgratifikation mit der Auszahlung des November-Gehaltes eine zusätzliche Zahlung in Höhe von einem Bruttomonatsgehalt, solange und soweit nicht durch Betriebsvereinbarung eine Regelung über die Gewährung, Abänderung oder auch Aufhebung einer Weihnachtsgratifikation getroffen ist. Der Anspruch bemisst sich im Falle des Inkrafttretens einer solchen Betriebsvereinbarung allein nach dieser, ebenso wie bei deren etwaiger späterer Beendigung allein die für Betriebsvereinbarungen geltenden Grundsätze zur Anwendung kommen, ohne dass aus diesem Arbeitsvertrag darüber hinausgehende Ansprüche hergeleitet werden können.*"

Während die **frühere Rechtsprechung** zur betriebsvereinbarungsoffenen Arbeitsvertragsgestaltung Fragen der Dauer der Arbeitszeit (mit entsprechender Auswirkung auf die Höhe der Vergütung) betraf, sind bei einer betriebsvereinbarungsoffenen Gestaltung von **Entgeltbestandteilen rechtliche Risiken** für den Arbeitgeber wegen der bei freiwilligen Sozialleistungen nur **teilmitbestimmten Betriebsvereinbarungen** zu erwägen. Dies wird im Schlusssatz der beispielhaft genannten Regelung deutlich, wonach der zunächst im Arbeitsvertrag eingeräumte Anspruch einer – auch verschlechternden – Modifikation durch die Betriebsvereinbarung während deren Laufzeit zugänglich ist, jedoch im Falle der Beendigung der Betriebsvereinbarung auch der arbeitsvertragliche Anspruch nicht wieder aufleben soll.

Für die Laufzeit der Betriebsvereinbarung gilt zwar grundsätzlich deren Angemessenheitsvermutung, um eine Abweichung vom Günstigkeitsprinzip zu rechtfertigen. Bereits dies kann allerdings zweifelhaft sein, weil der Arbeitgeber im Rahmen seiner **mitbestimmungsfreien möglichen Dotierungsentscheidung** das Finanzierungsvolumen für eine Betriebsvereinbarung vorgibt und damit die **Höhe der Leistungen**, die durch die Betriebsvereinbarung lediglich noch verteilt werden, **einseitig festlegt**. Insoweit kann also bereits eine Angemessenheitsvermutung nur begrenzt – namentlich zur Frage der Verteilung der Mittel – aus der Regelung per Betriebsvereinbarung hergeleitet werden. Im Falle der Einstellung der Leistung, etwa durch **Kündigung der Betriebsvereinbarung** durch den Arbeitgeber ohne Zurverfügungstellung eines Dotierungsvolumens für die Folgezeit, hat der Arbeitgeber es einseitig in der Hand, den zunächst durch Arbeitsvertrag eingeräumten und später durch Betriebsvereinbarung geregelten **Anspruch gänzlich zu entziehen**. Für die Ablösung allgemeiner Arbeitsbedingungen durch eine Betriebsvereinbarung ist diese Möglichkeit der Entziehung des Anspruchs insgesamt vom BAG zwischenzeitlich bestätigt worden.[156]

102 Auch wenn die generelle Entziehung ursprünglich vertraglich eingeräumter Entgeltbestandteile noch nicht Gegenstand der höchstrichterlichen Rechtsprechung war, ist eine solche Gestaltung **gleichwohl anzuerkennen**. Der Arbeitsvertrag sieht von vornherein nur eine **vorübergehende Einräumung eines Rechtsanspruchs** bis zum Inkrafttreten einer Betriebsvereinbarung vor.[157] Bei befristeten oder widerruflichen Arbeitsbedingungen bedarf die Abweichung von einer dauerhaften Zusage eines sachlichen Grundes. Da bei Vorliegen eines sachlichen Grundes innerhalb einer quantitativen Grenze von bis zu 25% der Gesamtvergütung eine Abweichung aber zulässig ist, kann für die Ablösung durch Betriebsvereinbarung nichts anderes gelten.

103 Der **sachliche Grund** für die vorübergehende Einräumung eines Rechtsanspruchs liegt in der möglichen **Neugestaltung der Leistung durch Betriebsvereinbarung**.[158] Die Betriebsvereinbarung wird dem mit ihr ausgeübten Mitbestimmungsrecht des Betriebsrates über die Verteilung der Mittel nur gerecht, wenn die mitbestimmte Regelung sich durchsetzt. Kommt die mitbestimmte Regelung über die Verteilung der Mittel wegen einer Vielzahl günstigerer arbeitsvertraglicher Regelungen nicht zum Tragen, läuft das ausgeübte Mitbestimmungsrecht zumindest teilweise leer. Der sachliche Grund für eine betriebsvereinbarungsoffene Arbeitsvertragsgestaltung liegt deshalb im Mitbestimmungsrecht des Betriebsrates und der rechtlichen Möglichkeit, dieses in Gestalt einer Betriebsvereinbarung auszuüben.[159]

104 Vorsorglich sollte der Arbeitgeber darüber hinaus eine **quantitative Grenze** von 25% der Gesamtvergütung für betriebsvereinbarungsoffene Entgeltansprüche beachten, um auch insoweit einen Gleichlauf mit den Grundsätzen für sonstige Flexibilisierungsinstrumente sicherzustellen.

IV. Direktionsrecht

105 Im Zusammenhang mit der Variabilisierung von Entgeltbestandteilen kommt dem arbeitsvertraglichen Direktionsrecht nur **mittelbare Bedeutung** zu. Mit seinem Direktionsrecht bestimmt der Arbeitgeber Art, Ort sowie Inhalt der Arbeitsleistung (§ 106 GewO). Die Entgeltgestaltung ist davon nicht betroffen. Allerdings kann die Ausübung des arbeitgeberseitigen Direktionsrechts **Auswirkungen auf das Arbeitsentgelt** haben. Zwar ist nach der Rechtsprechung des BAG Voraussetzung für

---

156 BAG, Urt. v. 17.7.2012 – 1 AZR 476/11 –.
157 So für allgemeine Arbeitsbedingungen: BAG, Urt. v. 17.7.2012 – 1 AZR 476/11 –.
158 BAG, Urt. v. 17.7.2012 – 1 AZR 476/11 –.
159 BAG, Urt. v. 17.7.2012 – 1 AZR 476/11 –.

die Ausübung des Direktionsrechts hinsichtlich der Tätigkeit, dass dem Arbeitnehmer ein **gleichwertiger anderer Arbeitsplatz** zugewiesen wird.[160] Eine höher- oder unterwertige Tätigkeit kann dementsprechend grundsätzlich nicht Gegenstand des arbeitsvertraglichen Direktionsrechts sein.

In der Rechtsprechung ist **noch nicht abschließend geklärt**, ob die Maßgabe einer gleichwertigen Tätigkeit einer Ausübung des Direktionsrechts entgegensteht, wenn die künftige Tätigkeit als solche, d.h. ihre Werthaltigkeit nach der vom Arbeitnehmer für die Aufgabenerledigung bereitzuhaltenden Gewissenhaftigkeit und Qualifikation, vergleichbar ist, die bisherige Tätigkeit des Arbeitnehmers jedoch durch eine allein an diese anknüpfende **Funktionszulage** zusätzlich honoriert worden ist.[161] Eine Ausübung des Direktionsrechts, die zum Verlust einer Funktionszulage führt, wird aber zulässig sein. Die Ausübung des Direktionsrechts über den Inhalt der Tätigkeit knüpft an den Beschäftigungsanspruch des Arbeitnehmers auf Zuweisung einer **vertragsgerechten Tätigkeit nach dem Aufgabenbereich**. Das Arbeitsentgelt ist allein dessen Reflex. Ist eine andere Tätigkeit nach dem Aufgabenbereich vertragsgerecht, kommt es nicht darauf an, ob eine mit der bisherigen Tätigkeit verbundene Funktionszulage entfällt.

Für diese Betrachtung spricht eine jüngere Entscheidung des BAG,[162] wonach der Arbeitgeber an einer **Umstrukturierung von Vertriebsgebieten** nicht dadurch gehindert wird, dass Arbeitnehmer eine erfolgsabhängige Provisionsleistung erhalten und die **Änderung des Vertriebsgebietes** die **Einkunftsmöglichkeiten aus der Provisionsabrede** beeinflusst. Zwar behandelt diese Entscheidung schwerpunktmäßig die unternehmerische Freiheit des Arbeitgebers zur **Steuerung seiner Arbeits- und Betriebsorganisation**. Das BAG hat in dieser Entscheidung indessen deutlich gemacht, dass der Arbeitgeber nicht daran gehindert ist, für das Arbeitsentgelt relevante Arbeitsumstände zu beeinflussen.

Es sprechen deshalb gute Argumente dafür, die Maßgabe einer Ausübung des Direktionsrechts auf der Ebene gleichwertiger Tätigkeiten **nicht an das konkrete Arbeitsentgelt**, sondern an die **abstrakte Bewertung der Werthaltigkeit** einer Tätigkeit zu knüpfen. In der Regel wird bei gleichartiger Werthaltigkeit der Tätigkeit zwar kein Eingriff in das Arbeitsentgelt möglich sein. Bei bestimmten **Funktionszulagen** ist dies jedoch gut vorstellbar. Erst recht gilt dies selbstverständlich bei **Erschwerniszulagen**, die an besondere Belastungen im Zusammenhang mit der Erbringung einer bestimmten Arbeitsleistung anknüpfen und die ggf. bei einer Änderung des Arbeitsplatzes nicht mehr zum Tragen kommen.

---

160 BAG, Urt. v. 11.4.2006 – 9 AZR 575/05 –; BAG, Urt. v. 9.5.2006 – 9 AZR 424/05 –.
161 Zu diesbezüglichen Sachverhalten, allerdings nach Maßgabe spezieller tarifvertraglicher Regelungen etwa: BAG, Urt. v. 8.7.2009 – 10 AZR 523/08 –; BAG, Urt. v. 16.11.2005 – 10 AZR 108/05 –.
162 BAG, Urt. v. 16.2.2012 – 8 AZR 842/11 –.

> **Praxistipp**
> Der Arbeitnehmer kann dann versuchen, mit der Behauptung einer ungleichwertigen Tätigkeit gegen die Versetzung vorzugehen. Fügt er sich dieser jedoch und geht der geänderten Tätigkeit nach, bleibt kein Raum mehr für die fortdauernde Gewährung der Funktionszulage. Diesbezüglich hat das BAG festgestellt, dass der Arbeitnehmer an eine **Weisung des Arbeitgebers** solange **gebunden** ist, wie nicht durch rechtskräftiges Urteil festgestellt ist, dass die Leistungsbestimmung durch den Arbeitgeber nicht billigem Ermessen entsprochen hat.[163] Der Arbeitgeber kann also zunächst Fakten setzen.

---

[163] BAG, Urt. v. 22.2.2012 – 5 AZR 249/11 –.

Kapitel 4
Bestands- und erfolgsabhängige Entgeltgestaltung im Individualarbeitsrecht

A. Betriebstreueleistungen

I. Begriff

1. Abgrenzung und Leistungszweck

Betriebstreueleistungen gewährt der Arbeitgeber zur **Bindung des Arbeitnehmers** **an das Unternehmen**. Dabei sind zwei Bezugspunkte denkbar: Der Arbeitgeber kann eine Betriebstreueleistung an bereits **zurückgelegte Betriebstreue** knüpfen, er kann aber auch zusätzlich oder anstelle der bisherigen Betriebstreue **zukünftige Betriebstreue** honorieren.

Betriebstreueleistungen dienen einer **Begrenzung der Fluktuation**. Damit wird dem arbeitgeberseitigen Interesse an einer Kontinuität in der Belegschaft Rechnung getragen. Aus Sicht des Arbeitgebers kann dies sinnvoll und notwendig sein, um gezielt einzelne **Know-how-Träger** im Unternehmen zu halten. Über diese gezielte Ansprache einzelner Arbeitnehmer in wichtigen Schlüsselpositionen hinaus kann eine Kontinuität in der Belegschaft **Einarbeitungsnotwendigkeiten** im Zuge anderenfalls notwendig werdender Neueinstellungen begrenzen und deshalb als Personalführungsinstrument gegenüber der gesamten Belegschaft sinnvoll sein.

2. Bedeutung der formulierten Anspruchsvoraussetzungen

Die Anknüpfung des **Leistungszwecks** einer Gratifikationszahlung an die Betriebstreue ist über die Bezeichnung der Leistung hinaus **aus den geregelten Anspruchsvoraussetzungen** herzuleiten. So kann eine Gratifikation zusätzliches Arbeitsentgelt im Sinne einer weiteren Honorierung bereits erbrachter Arbeitsleistungen darstellen, zukunftsbezogen Betriebstreue honorieren oder vergangenheits- und zukunftsbezogene Elemente miteinander verknüpfen.[1] An diesen Leistungszwecken sind die Rechtmäßigkeitsanforderungen zu messen. Über die Bezeichnung einer Gratifikation hinaus ermittelt die Rechtsprechung anhand festgelegter Anspruchsvoraussetzungen sowie vorgesehener Ausschluss- und Kürzungsmöglichkeiten, welche Leistungszwecke eine Gratifikation verfolgt.[2]

---

1 BAG, Urt. v. 10.12.2008 – 10 AZR 35/08 –; BAG, Urt. v. 28.3.2007 – 10 AZR 261/06 –.
2 BAG, Urt. v. 10.12.2008 – 10 AZR 35/08 –; BAG, Urt. v. 28.3.2007 – 10 AZR 261/06 –.

> **Beispiel**
> - Sieht die Vereinbarung über eine Weihnachtsgratifikation vor, dass diese bei **unterjährigem Beginn oder Ende des Arbeitsverhältnisses anteilig** gezahlt wird, fehlen jedoch weitere Regelungen zu Anspruchsvoraussetzungen oder Ausschlusstatbeständen, wird in der Regel allein **vergangene Betriebstreue** honoriert.[3]
> - Sieht die oben genannte Gratifikationsregelung anstelle der anteiligen Leistung bei unterjährigem Bestand des Arbeitsverhältnisses vor, dass das Arbeitsverhältnis zum Auszahlungsstichtag in **ungekündigtem Zustand** bestehen muss, bindet dies den Arbeitnehmer über den Auszahlungszeitpunkt hinaus für die Dauer einer erst noch durch nachfolgende Kündigung auszulösenden Kündigungsfrist, sodass **zukünftige Betriebstreue** maßgebend ist.[4]
> - Möglich ist darüber hinaus eine **Kombination der Leistungszwecke**, wenn die Gratifikationsklausel eine anteilige Leistung bei unterjährigem Bestand des Arbeitsverhältnisses im vergangenen Kalenderjahr unter gleichzeitiger Auszahlungsvoraussetzung eines ungekündigten Bestands des Arbeitsverhältnisses zum Auszahlungszeitpunkt vorsieht.

4 Zu beachten ist, dass der Arbeitgeber sich bei der Aufstellung der **Anspruchsvoraussetzungen nebst Ausschluss- und Kürzungstatbeständen festlegt**.[5] Knüpft eine Klausel etwa allein an den Bestand des Arbeitsverhältnisses an, kann der Arbeitgeber sich über diesen Charakter als Betriebstreueleistung nicht hinwegsetzen, indem er ein ruhendes Arbeitsverhältnis während einer Elternzeit wegen fehlender Erbringung einer Arbeitsleistung anspruchsausschließend berücksichtigt.[6]

> **Praxistipp**
> Insbesondere bei Betriebstreueleistungen sollte der Arbeitgeber **sehr genau überlegen**, nach welchen Voraussetzungen er die Leistung in Entstehung und Umfang bewerten will. In der Praxis ist vielfach festzustellen, dass insbesondere die Situation **ruhender Arbeitsverhältnisse** übersehen wird und zum einen wirtschaftliche Belastungen begründet, ggf. aber auch fehlerhafte Signale gesetzt werden.

> **Beispiel**
> Die Frage kann sich beispielhaft in folgenden Konstellationen stellen:
> - Elternzeit außerhalb der Mutterschutzfristen,
> - Pflegezeiten nach dem Pflegezeitengesetz,
> - Wehr- oder Ersatzdienst nach dem Arbeitsplatzschutzgesetz,
> - Arbeitsunfähigkeit.

5 In diesem Zusammenhang sind **gesetzliche Grenzen** der anspruchsausschließenden oder -kürzenden Wirkung von Ruhenstatbeständen zu berücksichtigen. Während beim Ruhen des Arbeitsverhältnisses für die Dauer einer **Elternzeit** (au-

---

3 BAG, Urt. v. 10.12.2008 – 10 AZR 35/08 –.
4 BAG, Urt. v. 18.1.2012 – 10 AZR 667/10 –.
5 BAG, Urt. v. 10.12.2008 – 10 AZR 35/08 –; BAG, Urt. v. 10.7.1996 – 10 AZR 204/96 –.
6 BAG, Urt. v. 10.12.2008 – 10 AZR 35/08 –.

ßerhalb der Mutterschutzfristen), einer **Pflegezeit** oder nach dem **Arbeitsplatzschutzgesetz keine zwingenden Bestimmungen über die Fortzahlung von Entgeltbestandteilen** bestehen, gilt in der Praxis insbesondere nach dem **Mutterschutzgesetz** sowie dem **Entgeltfortzahlungsgesetz** anderes. So ist gem. § 14 MuSchG Müttern während der allgemeinen Schutzfristen (sechs Wochen vor sowie acht Wochen nach der Entbindung, vgl. im Einzelnen §§ 3 Abs. 1, 6 MuSchG) als Zuschuss zum Mutterschaftsgeld eine Verdienstsicherung nach Maßgabe der letzten drei abgerechneten Kalendermonate zu gewähren. Einmalzahlungen sind zwar gem. § 14 Abs. 1 S. 4 MuSchG lediglich im Rahmen des § 23a SGB IV zu berücksichtigen. Allerdings hat das BAG[7] entschieden, dass die Mutterschutzfristen nicht anspruchsmindernd wirken dürfen, da diese wegen der allein das weibliche Geschlecht betreffenden Schwangerschaft zum Tragen kommen und der Grundsatz der **Entgeltgleichheit für Männer und Frauen** aus dem Recht der Europäischen Union (Art. 157 AEUV) dementsprechend zur Vermeidung einer Diskriminierung wegen des Geschlechtes verlange, Mutterschutzfristen den Beschäftigungszeiten gleichzustellen. Für die Arbeitsunfähigkeit ist **§ 4a EFZG** zu beachten.[8]

3. Leistungen mit Mischcharakter

Über die bereits dargestellte Kombination der Anknüpfung an vergangene mit zukünftiger Betriebstreue hinaus kann eine andersartige Koppelung daraus entstehen, dass der Arbeitgeber mit einer Leistung über die – vergangene und/oder künftige – Betriebstreue hinaus einen besonderen Arbeitserfolg honorieren will. Nach der bisherigen Rechtsprechung des BAG konnte eine Gratifikation **neben der Betriebstreue erbrachte Arbeitsleistungen** honorieren.[9] Solche Leistungen zeichneten sich dadurch aus, dass sie **neben im Bezugszeitraum erbrachten Arbeitsleistungen** im Wege einer Bindungsklausel auf den **Bestand des Arbeitsverhältnisses** zu einem Stichtag, ggf. durch die Maßgabe eines **ungekündigten Arbeitsverhältnisses** an dem Stichtag auch über diesen hinaus, abstellen.[10]

6

Diese Rechtsprechung hat das BAG deutlich eingeschränkt. Eine Sonderzahlung mit **Mischcharakter kann nicht** mehr neben der Vergütung bereits erbrachter Arbeitsleistungen den **Bestand des Arbeitsverhältnisses zu einem Zeitpunkt außerhalb des Bezugszeitraums** als Voraussetzung aufstellen.[11] Will der Arbeitgeber eine

7

---

7 BAG, Urt. v. 15.4.2003 – 9 AZR 137/02 –; BAG, Urt. v. 4.12.2002 – 10 AZR 138/02 –.
8 Zu § 4a EFZG im Einzelnen Rn 130 ff.
9 BAG, Urt. v. 28.3.2007 – 10 AZR 261/06 –; BAG, Urt. v. 25.4.1991 – 6 AZR 532/89 –; BAG, Urt. v. 24.10.1990 – 6 AZR 156/89 –.
10 ErfK/*Preis*, § 611 BGB Rn 534; HWK/*Thüsing*, § 611 BGB Rn 110; im Einzelnen: *Salamon*, NZA 2011, 1328 ff.
11 BAG, Urt. v. 18.1.2012 – 10 AZR 612/10 –; bereits angedeutet durch: BAG, Urt. v. 12.4.2011 – 1 AZR 412/09 –; a.A. *Salamon*, NZA 2011, 1328 ff.; *Salamon*, NZA 2013, 590, 593 f.

zukünftige Bindung des Arbeitnehmers über den Auszahlungszeitpunkt hinaus begründen, muss er nach der Rechtsprechung des BAG deshalb nunmehr jedwede Verknüpfung mit der zusätzlichen Honorierung von Arbeitsleistungen vermeiden und diesen **ausschließlichen Leistungszweck der Honorierung von Betriebstreue** in der Klausel deutlich machen.[12] Die Maßgabe der Betriebstreue muss zumindest im **Wege der Auslegung** als Anspruchsvoraussetzung erkennbar sein.[13] Eine anteilige Bemessung der Leistung im Eintrittsjahr begründet noch keinen den reinen Betriebstreuecharakter ausschließenden Charakter durch einen Bezug zur Arbeitsleistung, da diese Bemessung lediglich eine Relation zur Dauer des Arbeitsverhältnisses herstellt.[14]

8   Allerdings nehmen Stimmen in der Literatur bereits an, dass eine Leistung **nicht mehr ausschließlich auf die Betriebstreue** abstellt, wenn sie Arbeitnehmer in Elternzeit, Arbeitsunfähigkeit oder aus sonstigen Gründen **ruhenden Arbeitsverhältnissen** von der Leistung ausnimmt bzw. diese Zeiten anspruchsmindernd berücksichtigt.[15] Die oben aufgezeigten Überlegungen zur Herausnahme dieser Arbeitnehmergruppen aus Leistungen, die **zukünftige** Betriebstreue honorieren sollen, sind deshalb bis zu einer höchstrichterlichen Klärung durch das BAG für den Arbeitgeber **risikobehaftet**. Der Arbeitgeber muss einerseits die wirtschaftliche Belastung und ggf. fehlerhafte Signalwirkung im Blick haben, die mit der Leistungsgewährung an solche Arbeitnehmergruppen einhergeht. Andererseits würde für den Fall, dass das BAG der genannten Literaturauffassung folgt, bereits aus der **vertraglichen Formulierung**, nach der solche Arbeitnehmergruppen keinen oder einen geringeren Anspruch auf die Leistung haben, eine **reine Betriebstreueleistung abgelehnt**. Folglich dürfte die Leistung unabhängig von der Zugehörigkeit eines anspruchstellenden Arbeitnehmers zu einer der genannten Arbeitnehmergruppen insgesamt nicht mehr auf zukünftige Betriebstreue abstellen und die **Bindung für die Zukunft gegenüber allen Arbeitnehmern wäre unwirksam**.

! Praxistipp
Diese Rechtsprechung bezieht sich nur auf Leistungen mit Mischcharakter, die auf **zukünftige Betriebstreue** über den Bezugszeitraum der zusätzlich maßgebenden erbrachten Arbeitsleistungen hinaus abstellen. Eine Verknüpfung erbrachter Arbeitsleistungen mit **vergangener Betriebstreue** bleibt dagegen möglich, sodass beispielsweise Tantiemen für die Dauer eines ruhenden Arbeitsverhältnisses anteilig gekürzt werden dürfen. Arbeitgeber sollten bei einer Anknüpfung an **zukünftige Betriebstreue** prüfen, ob sie im Falle einer anspruchsausschließenden oder anspruchskürzenden Berücksichtigung ruhender Arbeitsverhältnisse und damit einhergehenden Gefährdung des reinen Betriebstreuecharakters **vorsorglich einen Widerrufsvorbehalt** vereinbaren.[16]

---

12   BAG, Urt. v. 18.1.2012 – 10 AZR 667/10 –; hierzu *Salamon*, NZA 2013, 590, 595 f.
13   BAG, Urt. v. 18.1.2012 – 10 AZR 667/10 –.
14   BAG, Urt. v. 18.1.2012 – 10 AZR 667/10 –.
15   ErfK/*Preis*, § 611 BGB Rn 534a.
16   Vgl. dazu Kap. 3 Rn 79 ff.

II. Regelungsschranken

1. Höhe des Anspruchs

Während der Arbeitgeber bei der Honorierung **bereits erbrachter Betriebstreue** frei darin ist, in welchem Umfang er diese (nachträglich) honorieren will und deshalb **keine rechtlichen Grenzen** bestehen, hat das BAG für die Anknüpfung der Leistung an künftige Betriebstreue und die damit einhergehende **Bindung des Arbeitnehmers für die Zukunft** eine **quantitative Grenze** angedeutet. So soll sich eine solche Leistung im Rahmen üblicher Treueleistungen bewegen müssen und keinen wesentlichen Anteil an der Gesamtvergütung des Arbeitnehmers ausmachen dürfen.[17] Eine konkrete Grenze hat das BAG allerdings nicht benannt. Im konkreten Fall[18] hat das BAG als zulässige Betriebstreueleistung eine Weihnachtsgratifikation in **Höhe eines Bruttomonatsgehaltes** anerkannt. Zahlungen in dieser Größenordnung werden deshalb regelmäßig unproblematisch sein.

9

Darüber hinaus wird – wenn auch noch nicht höchstrichterlich bestätigt – für zulässige Treueleistungen unter künftiger Bindung des Mitarbeiters eine Mindestgrenze von **25% des Gesamtentgeltes** gelten. Diese quantitative Grenze ermöglicht bei Widerrufsvorbehalten sogar einen einseitigen Eingriff des Arbeitgebers in das laufende Arbeitsentgelt durch Ausübung eines Widerrufsrechts. Für eine einmalig wirkende Stichtagsregelung anlässlich der Beendigung des Arbeitsverhältnisses können keine engeren Vorgaben maßgebend sein.[19]

10

2. Variabilisierungsmöglichkeiten

Da Betriebstreueleistungen allein an den Bestand des Arbeitsverhältnisses und damit nicht an einen individuellen oder unternehmerischen Erfolg anknüpfen, stellt sich die Frage nach Flexibilisierungsmöglichkeiten. Grundsätzlich ist es zwar denkbar, die Leistung dem Grunde nach in ihrer Entstehung allein an vergangene und/oder künftige Betriebstreue zu knüpfen, den **Anspruch der Höhe nach** jedoch an den **wirtschaftlichen Erfolg des Unternehmens** zu koppeln. So ist es durchaus gut begründbar, den Wert der Betriebstreue mit dem Wert des unternehmerischen Handelns zu synchronisieren und – wie bei einer Tantieme – in Abhängigkeit des Umsatzes oder Ertrags auch die Honorierung von Betriebstreue zu bemessen. Damit ist weder ein individuelles noch kollektives erfolgsabhängiges Kriterium Voraussetzung für die Entstehung des Anspruchs. Allein die Höhe des Anspruchs orientiert sich am Erfolg des Unternehmens.

11

---

17 BAG, Urt. v. 18.1.2012 – 10 AZR 667/10 –.
18 BAG, Urt. v. 18.1.2012 – 10 AZR 667/10 –.
19 Zu dieser Größe neigend: BAG, Urt. v. 24.10.2007 – 10 AZR 825/06 –; *Salamon*, NZA 2013, 590, 592f.

> **Achtung!**
> Das **BAG** verfolgt demgegenüber eine formale Betrachtung, nach der ein Erfolgsbezug der Leistung einen **Bezug zu erbrachten Arbeitsleistungen** herstelle.[20] In diesen Entscheidungen nimmt das BAG jeweils an, dass eine Verbindung mit erbrachten Arbeitsleistungen des Arbeitnehmers nicht nur dann anzunehmen ist, wenn eine Leistung vom Erreichen persönlicher Ziele abhängig ist, sondern **ebenfalls bei einer Abhängigkeit vom Unternehmenserfolg**, an dem der Arbeitnehmer mitwirke. Dabei stellt das BAG für die Herstellung einer Beziehung zur Arbeitsleistung des Arbeitnehmers explizit darauf ab, dass eine Abhängigkeit der Höhe eines Entgelts vom Unternehmensergebnis ausreicht.[21] Dies stellt eine Differenzierung zwischen einer rein betriebstreueabhängigen Anspruchsentstehung einerseits und einer unternehmenserfolgsabhängigen Bemessung der sich ergebenden Betriebstreueleistung andererseits infrage.

12 Aus diesem Grunde ist es ebenfalls zweifelhaft, ob beispielhaft die Bemessung des Anspruchs in Höhe von z.B. einem Bruttomonatsgehalt zzgl. eines **Steigerungsfaktors in Abhängigkeit vom unternehmerischen Erfolg** gestaltet werden kann. Zwar ist der Anspruch in diesem Falle in seinem Umfang durch die vom BAG anerkannte Höhe eines Bruttomonatsgehaltes gekennzeichnet, jedoch wird bei Zugrundelegung der vom BAG vorgenommenen unternehmensbezogenen Verknüpfung zur Arbeitsleistung auch durch einen solchen „Erfolgsfaktor" der reine Betriebstreuecharakter infrage zu stellen sein.

13 Will der Arbeitgeber auf der sicheren Seite stehen, wird er deshalb die vom BAG anerkannte Bemessung in **Höhe eines Bruttomonatsentgelts bei reinen Betriebstreueleistungen** zugrunde legen. Überzeugend ist diese Rechtsprechung allerdings nicht. So steht auch die Bemessung in Höhe eines Bruttomonatsentgelts nicht außerhalb eines Bezugs zur Arbeitsleistung des Arbeitnehmers – ist die Bruttomonatsvergütung doch gerade das Entgelt, das der Arbeitnehmer im Bezugszeitraum eines Kalendermonats als regelmäßiges Arbeitsentgelt im Austauschverhältnis zu seiner Arbeitsleistung erhält.

14 Dem BAG ist allerdings zuzugeben, dass eine erfolgsabhängige Verklammerung eine Leistungssteigerung des Arbeitnehmers bewirken kann. Wenn man das BAG so versteht, dass bereits diese Motivation zu einer Leistungssteigerung dazu führt, dass eine Verknüpfung zu erbrachten Arbeitsleistungen anzunehmen ist, scheidet jedwede erfolgsabhängige Anknüpfung bei reinen Betriebstreueleistungen aus.

---

20 BAG, Urt. v. 12.4.2011 – 1 AZR 412/09 –; BAG, Urt. v. 7.6.2011 – 1 AZR 807/09 –; BAG, Urt. v. 5.7.2011 – 1 AZR 94/10 –; BAG, Urt. v. 18.1.2012 – 10 AZR 612/10 –.
21 BAG, Urt. v. 12.4.2011 – 1 AZR 412/09 –.

Beispiel
Nach der Rechtsprechung des BAG ist die Anerkennung einer Betriebstreueleistung in folgenden Fällen **nicht möglich bzw. zweifelhaft**:
- Staffelung des Anspruchs nach Quantität und Qualität erreichter individueller Ziele,[22]
- Bemessung des Anspruchs in Abhängigkeit vom Unternehmensergebnis,[23]
- Bemessung des Anspruchs in Bruttomonatsgehältern, jedoch mit einem unternehmenserfolgsabhängigen Steigerungsfaktor.

Eine **zulässige Gestaltung** der Höhe der Betriebstreueleistung kann dagegen wie folgt aussehen:
- Bemessung des Anspruchs in Höhe eines Bruttomonatsgehaltes,[24]
- Bemessung des Anspruchs in Höhe eines feststehenden Betrages.

3. Grenzen von Bindungsklauseln

Bei den Bindungsklauseln ist danach zu unterscheiden, ob es sich um sog. Stichtags- oder Rückzahlungsklauseln handelt.

a) Rückzahlungsklauseln

Rückzahlungsklauseln sehen vor, dass der Arbeitnehmer eine **bereits erhaltene Leistung zurückzuzahlen** hat, wenn er aus dem Arbeitsverhältnis vor oder bis zu einem bestimmten Stichtag ausscheidet.[25] Die mögliche wirtschaftliche Belastung mit der Rückzahlung schränkt die Berufswahlfreiheit des Arbeitnehmers zugunsten eines Arbeitsverhältnisses mit einem anderen Arbeitgeber ein und erschwert ihm damit eine **Eigenkündigung**.

Im Rahmen vorformulierter Arbeitsbedingungen ist deshalb die Berufswahlfreiheit des Arbeitnehmers in eine **Angemessenheitskontrolle** gem. § 307 Abs. 1 BGB einzustellen. Die Rechtsprechung hat hierzu eine **Staffelung** quantitativer Grenzen mit jeweiligen Bindungszeiträumen entwickelt. Danach kann eine Gratifikation in Höhe von bis zu 100,00 € den Arbeitnehmer überhaupt nicht binden. Eine am Jahresende zu zahlende Gratifikation, die 100,00 € überschreitet, ein Monatsgehalt jedoch nicht erreicht, kann den Arbeitnehmer bis zum Ablauf des 31.3. des Folgejahres binden. Beträgt die Zahlung ein Bruttomonatsgehalt, erreicht sie jedoch nicht zwei Bruttomonatsgehälter, ist eine Bindung des Arbeitnehmers bis zum 30.6. des Folgejahres zulässig.[26] Sobald zwei Bruttomonatsgehälter erreicht werden, ist eine Bindung über den 30.6. des Folgejahres hinaus möglich.

---

22 BAG, Urt. v. 12.4.2011 – 1 AZR 412/09 –; BAG, Urt. v. 7.6.2011 – 1 AZR 807/09 –; BAG, Urt. v. 5.7.2011 – 1 AZR 94/10 –; BAG, Urt. v. 18.1.2012 – 10 AZR 612/10 –.
23 BAG, Urt. v. 12.4.2011 – 1 AZR 412/09 –.
24 BAG, Urt. v. 18.1.2012 – 10 AZR 667/10 –.
25 HWK/*Thüsing*, § 611 BGB Rn 111.
26 BAG, Urt. v. 21.5.2003 – 10 AZR 390/02 –; BAG, Urt. v. 9.6.1993 – 10 AZR 529/92 –.

18 Die **Transparenzkontrolle** (§ 307 Abs. 1 S. 2 BGB) erfordert, dass die hiernach angemessenen Rückzahlungsgrenzen aus der Vertragsgestaltung selbst heraus klar und verständlich für den Arbeitnehmer erkennbar werden.

> **Achtung!**
> In der Praxis scheitern Rückzahlungsklauseln nicht selten daran, dass die vom BAG vorgegebenen **Staffelungen fehlerhaft umgesetzt werden**. Ist etwa eine Bindung des Arbeitnehmers bis zum Ablauf des 31.3. des Folgejahres zulässig, darf eine Rückzahlungsklausel nicht regeln, dass die Rückzahlungspflicht besteht, wenn der Arbeitnehmer „bis zum" 31.3. des Folgejahres ausscheidet. Vielmehr hat der Arbeitnehmer in diesem Falle bis zum 31.3. des Folgejahres seine Betriebstreue erbracht und damit die Voraussetzungen für das Behalten der Leistung erfüllt. Eine solche Bindungsklausel ist **um einen Tag überhöht und nach der Rechtsprechung insgesamt unwirksam**. Die Rückzahlungsverpflichtung darf lediglich daran anknüpfen, dass eine Bindung bis zum 31.3. des Folgejahres nicht gelungen ist, weil der Arbeitnehmer „vor dem" 31.3. des Folgejahres ausscheidet. Deshalb muss die Rückzahlungsklausel auf ein Ausscheiden des Arbeitnehmers „vor dem" 31.3. des Folgejahres abstellen, um eine Rückzahlungsverpflichtung auszulösen.

19 Neben einer Begrenzung des Bindungszeitraums stellt sich im Rahmen der Angemessenheitskontrolle nach § 307 BGB die Frage nach **zulässigen Beendigungstatbeständen**, etwa nach einer Begrenzung auf solche in der Sphäre des Arbeitnehmers, insbesondere auf eine Eigenkündigung oder eine vom Arbeitnehmer verschuldete Arbeitgeberkündigung. Eine solche **Begrenzung des Beendigungsgrundes ist nach der Rechtsprechung indessen nicht geboten**. Eine Rückzahlungsverpflichtung kann auch für den Fall geregelt werden, dass der Grund für die Beendigung des Arbeitsverhältnisses nicht im Verantwortungsbereich des Arbeitnehmers liegt, insbesondere im Falle einer **betriebsbedingten Arbeitgeberkündigung**.[27] Die Rechtsprechung stellt zu Recht auf den Leistungszweck ab: Dient die Leistung der Belohnung künftiger Betriebstreue, wird dieser Zweck bei alsbald ausscheidenden Arbeitnehmern nicht erreicht.[28] Die Bestimmung des Leistungszwecks als solcher ist frei und unterliegt keiner Angemessenheitskontrolle gem. § 307 BGB. Diese Zweckbestimmung des Arbeitgebers ist als feststehender Maßstab für die Angemessenheitskontrolle hinzunehmen.

Beispiel
Der Arbeitgeber kann eine Rückzahlungsverpflichtung deshalb für folgende Fälle begründen:
- Eigenkündigung durch den Arbeitnehmer,
- außerordentlich fristlose Kündigung durch den Arbeitgeber,
- ordentliche verhaltensbedingte Arbeitgeberkündigung,
- ordentliche personenbedingte Arbeitgeberkündigung,
- ordentliche betriebsbedingte Arbeitgeberkündigung,
- Aufhebungsvereinbarung mit oder ohne arbeitgeberseitige Veranlassung,
- Auslaufen einer Befristung.

---

27 BAG, Urt. v. 28.3.2007 – 10 AZR 261/06 –.
28 BAG, Urt. v. 24.10.2007 – 10 AZR 825/06 –; BAG, Urt. v. 28.3.2007 – 10 AZR 261/06 –.

b) Stichtagsklauseln

Während bei einer Rückzahlungsklausel der Anspruch zunächst entsteht, jedoch ggf. rückabzuwickeln ist, knüpfen Stichtagsregelungen bereits für die **Entstehung des Anspruchs** an den Bestand des Arbeitsverhältnisses an.[29] Eine Stichtagsregelung beinhaltet deshalb, dass der Anspruch auf die Leistung nur unter der Voraussetzung entsteht, dass das Arbeitsverhältnis zu einem bestimmten Stichtag – häufig zum Auszahlungszeitpunkt – **rechtlich besteht oder sich in ungekündigtem Zustand** befindet.[30] Eine allein an den rechtlichen Bestand des Arbeitsverhältnisses anknüpfende Stichtagsregelung honoriert **Betriebstreue im Bezugszeitraum**, da sie den rechtlichen Bestand des Arbeitsverhältnisses bis zum Auszahlungszeitpunkt voraussetzt. Eine an den **ungekündigten Bestand** des Arbeitsverhältnisses zum Auszahlungszeitpunkt anknüpfende Stichtagsregelung knüpft dagegen darüber hinaus an **zukünftige Betriebstreue** an, zumindest für den Lauf einer noch gesondert auszulösenden Kündigungsfrist.[31]

Zwischenzeitlich neigte das BAG[32] mit beachtlichen Argumenten dazu, die Rechtmäßigkeitsanforderungen von Stichtags- und Rückzahlungsregelungen anzugleichen, da die Bindungswirkung für den Arbeitnehmer vergleichbar war. Das BAG sah einen **Wertungswiderspruch** darin, dass die Staffelung der Bindungsdauern in Abhängigkeit von der Höhe der Leistung bei Rückzahlungsklauseln klare Grenzen für die Bindungswirkung einer Leistung setzte, diese durch Stichtagsregelungen bei langen Kündigungsfristen jedoch erheblich übertroffen werden konnten. In einer **jüngeren Entscheidung** hat das BAG[33] aber – ohne seine Kasuistik zur zulässigen Staffelung der Bindungsdauern bei Rückzahlungsklauseln auch nur zu erwähnen – recht großzügig die Bindung im Wege der Maßgabe eines **ungekündigten Arbeitsverhältnisses** bei reinen Betriebstreueleistungen von üblichem Umfang **gebilligt**.

Die ggf. über zulässige Bindungsdauern bei Rückzahlungsklauseln hinausgehende **Bindungswirkung im Falle langer Kündigungsfristen** wurde vom BAG nicht weitergehender problematisiert. Die Thematisierung vergleichbarer Bindungswirkungen in der Entscheidung aus dem Jahr 2007[34] ist damit nicht aufgegriffen worden. Aufgrund der Eindeutigkeit, mit der das BAG die Zulässigkeit einer Anknüpfung an den ungekündigten Bestand des Arbeitsverhältnisses bei solchen Betriebstreueleistungen angenommen hat, dürfte daran nicht mehr zu zweifeln sein.[35]

---

29 *Mengel*, S. 134 Rn 230.
30 BAG, Urt. v. 18.1.2012 – 10 AZR 612/10 –; BAG, Urt. v. 24.10.2007 – 10 AZR 825/06 –; BAG Urt. v. 28.3.2007 – 10 AZR 261/06 –.
31 BAG, Urt. v. 18.1.2012 – 10 AZR 612/10 –; BAG, Urt. v. 24.10.2007 – 10 AZR 825/06 –.
32 BAG, Urt. v. 24.10.2007 – 10 AZR 825/06 –; hierzu im Einzelnen: *Salamon*, NZA 2010, 314, 316 ff.
33 BAG, Urt. v. 18.1.2012 – 10 AZR 667/10 –.
34 BAG, Urt. v. 24.10.2007 – 10 AZR 825/06 –.
35 Vgl. *Salamon*, NZA 2013, 590, 592.

23 Wie lang ein **maximal zulässiger Bindungszeitraum** sein darf, ist – anders als bei der zu Rückzahlungsklauseln entwickelten Kasuistik– für Stichtagsregelungen bislang nicht höchstrichterlich entschieden. Im Regelfall dürfte die in der Praxis verbreitete Vereinbarung einer **Kündigungsfrist für den Arbeitnehmer, wie sie kraft Gesetzes für den Arbeitgeber gelten würde**, nicht zu beanstanden sein. Die gesetzliche Wertung des § 622 BGB gilt zwar nur für eine einseitige Beendigung des Arbeitsverhältnisses durch den Arbeitgeber. Eine Gleichstellung der Veränderung von Kündigungsfristen für den Arbeitnehmer mit der jeweils für den Arbeitgeber geltenden gesetzlichen Mindestkündigungsfrist stellt jedoch nach der Rechtsprechung des BAG[36] in der Regel **keine unangemessene Benachteiligung** dar. Ist eine verlängerte gesetzliche Kündigungsfrist demnach im Rahmen der Bindung des Arbeitnehmers an das Unternehmen für den Fall des Ausspruchs einer Eigenkündigung angemessen, kann letztlich nichts anderes für die Beurteilung einer zusätzlichen Bindungswirkung im Rahmen einer Betriebstreueleistung gelten.

24 Allerdings lässt die Staffelung der Kündigungsfristen gem. § 622 BGB erst nach längerer Dauer des Arbeitsverhältnisses eine spürbare Bindungswirkung zu. Noch nicht abschließend entschieden ist die Frage, inwieweit die **bereits zu Beginn des Arbeitsverhältnisses** bzw. nach Ablauf der Probezeit maßgebende **Grundkündigungsfrist** für den Arbeitnehmer der Regelungsfreiheit des Arbeitgebers unterliegt. Während es bei der Frage der **vom Arbeitgeber einzuhaltenden Kündigungsfrist** um eine zusätzliche **Absicherung des Bestandsschutzes** durch einen Schutz vor kurzfristiger Beendigung des Arbeitsverhältnisses geht, steht diese Frage bei einer **Arbeitnehmerkündigung nicht** im Raum.

25 Im Ausgangspunkt für die **Frage nach einer noch angemessenen Grundkündigungsfrist** für den Arbeitnehmer kann typisierend unterstellt werden, dass ein Arbeitnehmer mit langer Kündigungsfrist auf dem Arbeitsmarkt bei der Eingehung eines neuen Arbeitsverhältnisses weniger flexibel ist. Dies wirkt sich ungeachtet einer zusätzlichen Bindung durch finanzielle Betriebstreueanreize als Beschränkung der Berufswahlfreiheit und Erschwerung einer Eigenkündigung aus. Aus diesem Grunde ist **Vorsicht geboten**, von vornherein als Grundkündigungsfrist die Dauer der nach § 622 BGB **maximal vorgesehenen Kündigungsfrist von sieben Monaten zum Monatsende** vorzusehen.

26 Unschädlich dürfte dagegen eine in der **Praxis verbreitete Grundkündigungsfrist von drei Monaten zum Monatsende** sein, die in der Regel dem Arbeitgeber eine gebotene Vorlaufzeit für die Neubesetzung der Stelle von der Ausschreibung über die Sichtung der Bewerbungsunterlagen, die Führung von Bewerbungsgesprächen bis hin zum abschließenden Auswahlprozess eröffnet. Je nach **Spezialisierungsgrad des Arbeitnehmers** wird eine demgegenüber längere Grundkün-

---

[36] BAG, Urt. v. 28.5.2009 – 8 AZR 806/07 –.

digungsfrist denkbar sein, wenn geeignete Bewerber am Arbeitsmarkt mit dem entsprechenden Anforderungsprofil schwer auffindbar sind. Im Rahmen der vorzunehmenden Interessenabwägung zwischen der Berufswahlfreiheit des Arbeitnehmers und dem Bindungsinteresse des Arbeitgebers dürfte insoweit für die Frage der zulässigen Kündigungsfrist und der Bindung im Rahmen einer Betriebstreueleistung ein vergleichbarer Maßstab anzulegen sein.

Praxistipp
Arbeitgeber dürften auf der sicheren Seite sein, wenn sie eine Grundkündigungsfrist von drei Monaten zum Monatsende und im Falle einer für den Arbeitgeber darüber hinausgehenden gesetzlichen Kündigungsfrist deren Einhaltung auch durch den Arbeitnehmer regeln. Für weitergehende Kündigungsfristen können ggf. in der Branche übliche tarifliche Regelungen einen Anhaltspunkt für angemessene Zeitspannen liefern, auch wenn der Tarifvertrag mangels Tarifbindung oder Bezugnahme auf das Arbeitsverhältnis nicht anwendbar ist.

Wie bei Rückzahlungsklauseln kommt es auf den **Beendigungstatbestand** bei der Mitarbeiterbindung durch eine Stichtagsregelung bei einer reinen Betriebstreueleistung nicht an. Während das BAG in einer älteren Entscheidung[37] noch angenommen hatte, dass zukünftige Betriebstreue nicht davon abhängig gemacht werden durfte, ob der Arbeitnehmer ggf. betriebsbedingt das Arbeitsverhältnis kündigt, ist die Rechtsprechung bereits seit geraumer Zeit[38] wie bei Rückzahlungsklauseln großzügig. Dementsprechend erfüllt der Arbeitgeber die Bindungsvoraussetzungen bei jedweder Beendigung des Arbeitsverhältnisses nicht, gleich aus wessen Sphäre der Anlass der Beendigung stammt.

27

Beispiel
Der Arbeitgeber kann einen Ausschluss der Leistung deshalb für folgende Fälle begründen:
- Eigenkündigung durch den Arbeitnehmer,
- außerordentlich fristlose Kündigung durch den Arbeitgeber,
- ordentliche verhaltensbedingte Arbeitgeberkündigung,
- ordentliche personenbedingte Arbeitgeberkündigung,
- ordentliche betriebsbedingte Arbeitgeberkündigung,
- Aufhebungsvereinbarung mit oder ohne arbeitgeberseitige Veranlassung,
- Auslaufen einer Befristung.

---

4. Transparenzkontrolle

Wie bei sämtlichen vorformulierten Arbeitsbedingungen kann eine Unangemessenheit einer Betriebstreueleistung daraus folgen, dass deren vertragliche Gestaltung

28

---

37 BAG, Urt. v. 25.4.1991 – 6 AZR 532/89 –.
38 BAG, Urt. v. 8.3.1995 – 10 AZR 208/94 –; BAG, Urt. v. 4.5.1999 – 10 AZR 417/98 –; BAG, Urt. v. 28.3.2007 – 10 AZR 261/06 –; sowie jüngst: BAG, Urt. v. 18.1.2012 – 10 AZR 667/10 –.

nicht klar und verständlich und sie damit insgesamt nicht hinreichend transparent ist (§ 307 Abs. 1 S. 2 BGB). Bei der Gestaltung der Leistung ist deshalb auf eine Formulierung zu achten, die sämtlichen in diesem Abschnitt genannten Anforderungen gerecht wird.

Checkliste
Die Regelung muss insbesondere klare Formulierungen zu folgenden Gesichtspunkten vorsehen, damit der Arbeitgeber sich auf diese berufen kann:
- **Klarstellung des Leistungszwecks**: Der Charakter als (reine) Betriebstreueleistung muss eindeutig feststehen. Die Zahlung darf also nicht etwa an besondere Erfolge o.ä. anknüpfen. Dies ist bereits bei der Bezeichnung der Leistung zu beachten.
- Hinsichtlich der **Höhe des Anspruchs** muss entweder ein bestimmter oder bestimmbarer (z.B. Orientierung an der Bruttomonatsvergütung) Betrag zum Ausdruck kommen.
- Will der Arbeitgeber bei der konkreten **Höhe der Leistung einen Flexibilisierungsspielraum** behalten, muss er dies klar und verständlich regeln durch einen Hinweis auf die Festsetzung der Höhe des Anspruchs im Einzelfall durch den Arbeitgeber.
- Auf den **Prüfungsmaßstab billigen Ermessens** ist hinzuweisen, da dies typisches gesetzliches Leitbild einer einseitigen Leistungsbestimmung durch den Arbeitgeber ist, von dem grundsätzlich gem. § 307 Abs. 2 Nr. 1 BGB nicht abgewichen werden darf.
- Um Unklarheiten über die mögliche Höhe des Anspruchs zu vermeiden, sollte eine **Referenzgröße** (z.B. ein Bruttomonatsgehalt) genannt werden, sinnvollerweise zusätzlich im Rahmen einer oberen Anspruchsbegrenzung.
- Um späteren Streit über die Ausfüllung der im Rahmen des billigen Ermessens maßgebenden Kriterien zu vermeiden, ist es hilfreich, die **relevanten Kriterien zumindest nach ihrer Richtung** zu bestimmen; erfolgsbezogene Faktoren dürfen hierbei nicht benannt werden, da dies den reinen Betriebstreuecharakter infrage stellen würde.
- Es bedarf einer klaren Regelung, ob die Bindungsklausel für die Entstehung des Anspruchs (dann **Stichtagsklausel**) oder für die etwaige Rückabwicklung eines bereits entstandenen Anspruchs (dann **Rückzahlungsklausel**) maßgebend sein soll, da sich hiernach die anzulegenden Rechtmäßigkeitsanforderungen unterscheiden.
- Bei einer **Stichtagsklausel** bedarf es lediglich einer Klarstellung, wann das Arbeitsverhältnis – ggf. in ungekündigtem Zustand – bestehen muss, damit der Anspruch entsteht.
- Bei einer **Rückzahlungsklausel** muss nach der bisherigen Rechtsprechung die Staffelung der Bindungsdauer in Abhängigkeit von der Höhe der Leistung zum Ausdruck kommen. Hohe Gestaltungsanforderungen wirft dies auf, wenn der Anspruch etwa in seiner Höhe flexibel gestaltet werden soll, da sodann die gesamte Staffelung möglicher Bindungsdauern in Abhängigkeit von der jeweils möglichen Anspruchshöhe vorgesehen werden muss.

B. Erfolgsabhängige Leistungen

I. Erscheinungsformen

1. Tantiemen

Die Tantieme stellt eine Gewinnbeteiligung dar. Mit ihr partizipiert der Arbeitnehmer unmittelbar am wirtschaftlichen Erfolg des Arbeitgebers.[39] Die **Anknüpfungspunkte für die Bemessung** des Tantiemeanspruchs sind zur Vermeidung von Unklarheiten in einer Vereinbarung festzuhalten. Dies gilt bereits für die Frage, ob der wirtschaftliche Erfolg des Arbeitgebers am **Umsatz** (Partizipation an der Auftragssituation und dem jeweiligen Marktwert der Aufträge) oder am **Ertrag** des Unternehmens (Partizipation zusätzlich an den Betriebsausgaben) zu bemessen ist. Bei Tantiemevereinbarungen wird in der Praxis regelmäßig auf ohnehin durch das Unternehmen zu erstellende **Jahresabschlüsse**, etwa die Handelsbilanz, abgestellt. Zwingend ist dies allerdings nicht. So kann eine Tantiemeregelung ebenso an den wirtschaftlichen Erfolg einer bestimmten **Sparte des Unternehmens oder des Konzerns** anknüpfen.

Insbesondere bei unternehmensübergreifenden Tantiemeregelungen bedarf es jedoch einer **exakten vertraglichen Fixierung**, wie die Ergebnisermittlung erfolgen soll. Während im Rahmen einer Betrachtung des gesamten Konzerns ggf. der **Konzernabschluss** Grundlage der Tantiemebemessung sein kann, können tatsächliche Unklarheiten, aber auch ein erheblicher administrativer Aufwand, bei **abweichenden Bemessungsfaktoren** entstehen. Dies gilt insbesondere, wenn Konzernunternehmen untereinander Dienstleistungsbeziehungen erbringen und sich die Frage stellt, wie die jeweiligen **Verrechnungssätze** zu bewerten sind – insbesondere wenn diese über den Bezugspunkt der Tantiemebemessung hinaus etwa bei einer spartenbezogenen Betrachtung spartenübergreifend bemessen sind und sodann eine Quotelung vorzunehmen ist.

Die hierzu zu treffenden Regelungen können einen **hohen Grad an Komplexität** erreichen. Tantiemen können bei einer Anknüpfung an die Ertragslage unterschiedlich danach bemessen werden, ob etwa die Feststellung des Ergebnisses nach HGB oder IFRS erfolgt. In der Regel wird die **Ergebnisfeststellung vor Steuern** erfolgen, wobei eine Differenzierung nach Körperschafts- und Gewerbesteuer erfolgen kann. Gegenstand einer Tantiemevereinbarung muss zudem – wenn der Arbeitgeber sich hierauf bei der Ergebnisfeststellung berufen will – die **Berücksichtigung von Verlustvorträgen** aus Vorjahren sein.[40]

Darüber hinaus sind bei einem Abstellen auf das Ergebnis **außerordentliche Erträge oder Verluste** zu berücksichtigen, wenn die Parteien keine abweichende

---

39 Schaub/*Vogelsang*, § 76 Rn 1.
40 LAG Düsseldorf, Urt. v. 13.10.1960 – 8 Sa 171/60 –; *Mengel*, S. 175 Rn 302 m.w.N.; Schaub/*Vogelsang*, § 76 Rn 4.

Regelung getroffen haben. Eine derartige Regelung wird jedenfalls für die Berücksichtigung außerordentlicher Erträge sinnvoll sein, da Steigerungen des Ergebnisses auf dieser Grundlage nicht dem gewöhnlichen Verlauf des operativen Erfolgs entsprechen. Anderes mag gelten, wenn die Tantiemeregelung für eine Mitarbeitergruppe gelten soll, die gerade bei der Steuerung derartiger Einflussfaktoren einen erheblichen Anteil ihrer Arbeitskraft einsetzt. Entsprechendes gilt für die Behandlung von **Beteiligungsergebnissen**.

33 Keine eigentliche Tantieme ist eine **Garantietantieme**, die der Arbeitnehmer als feststehenden Betrag unabhängig vom geschäftlichen Erfolg des Arbeitgebers erhält und den Arbeitnehmer entsprechend nicht an den unternehmerischen Chancen und Risiken partizipieren lässt.[41] Einige Tantiemeregelungen sehen allerdings vor, dass die Tantieme einen **Mindestbetrag** („Garantietantieme") nicht oder nur unter bestimmten Voraussetzungen unterschreiten darf.

34 Die **Auszahlung von Tantiemen** erfolgt in der Regel in gehörigem Abstand zur Feststellung des maßgebenden Jahresergebnisses. Die Rechtsprechung behandelt Tantiemen als Erfolgsvergütung, die als **zusätzliche Arbeitsvergütung für erbrachte Arbeitsleistungen** gezahlt wird.[42] Aus diesem Grund nimmt die Rechtsprechung an, dass im Falle des **Ruhens des Arbeitsverhältnisses** mangels Beitrags zum wirtschaftlichen Erfolg des Unternehmens für den Arbeitnehmer kein Tantiemeanspruch entsteht.[43] Dies gilt nicht nur dann, wenn der Arbeitnehmer während des gesamten Geschäftsjahres[44] wegen **Langzeiterkrankung** an der Erbringung der Arbeitsleistung verhindert war, sondern auch dann, wenn dies einen **erheblichen Teil des Geschäftsjahres** – mehr als sechs Monate – betrifft.[45]

Checkliste
Da vorstehende Regelungskomplexe, wenn auch nicht immer ausdrücklich regelungsbedürftig, doch eine Frage der Auslegung der Tantiemevereinbarung sind, sollten Arbeitgeber die mit der durch ein Gericht vorzunehmenden Auslegung verbundenen rechtlichen Unsicherheiten vermeiden. Eine Tantiemevereinbarung sollte deshalb Regelungen zu folgenden Themenkomplexen enthalten:
- Bemessung am Umsatz oder Ertrag sowie Klarstellung des maßgebenden Verfahrens zur Ermittlung (HGB, IFRS etc.),
- Bemessung des Tantiemeanspruchs unter Fortschreibung von Verlusten des Vorjahres,
- Bemessung am Ergebnis vor oder nach Steuern, ggf. differenziert nach Besteuerungsarten,
- Auswirkungen außerordentlicher Verluste oder Erträge bzw. Beteiligungsergebnisse,

---

41 *Mengel*, S. 27 Rn 19.
42 BAG, Urt. v. 8.9.1998 – 9 AZR 273/97 –.
43 BAG, Urt. v. 8.9.1998 – 9 AZR 273/97 –; LAG Rheinland-Pfalz, Urt. v. 27.8.2009 – 2 Sa 303/09 –.
44 Hierzu: BAG, Urt. v. 8.9.1998 – 9 AZR 273/97 –.
45 LAG Rheinland-Pfalz, Urt. v. 27.8.2009 – 2 Sa 303/09 –.

- Bemessung des Tantiemeanspruchs bei unterjährigem Bestand des Arbeitsverhältnisses,
- Bemessung des Tantiemeanspruchs beim Ruhen des Arbeitsverhältnisses,
- ggf. Regelung eines Sockelbetrages als Garantietantieme,
- ggf. Regelung einer Tantiemeobergrenze („Deckelung").

2. Bonus-, Prämien- und sonstige Sonderzahlungen

Sonstige leistungs- oder erfolgsabhängige Einmalzahlungen knüpfen an unterschiedlichste Gesichtspunkte, teilweise auch mehrere zugleich, an. 35

Beispiel
- Koppelung an individual, gruppen-, unternehmens- oder konzernerfolgsbezogene Komponenten,
- Koppelung an die Anwesenheit,
- Koppelung an den Abschluss bestimmter Projekte,
- Koppelung an die Generierung von Kosteneinsparungen.

Wegen des **Motivations- und Anreizcharakters** derartiger Leistungen sind die 36 vielfältigsten Zielrichtungen denkbar. In der Regel ist es dem Arbeitgeber nicht verwehrt, nach **freiem Ermessen solche Leistungszwecke festzulegen**. Grenzen bestehen regelmäßig dort, wo die Zielrichtung einer Leistung zwingendes Arbeitnehmerschutzrecht unterlaufen würde – so ist etwa bei Anwesenheitsprämien die **Grenze des § 4a EFZG** oder das **Verbot der Diskriminierung von Schwangeren** zu berücksichtigen.[46]

In der Praxis bestehen hier jedoch sehr **weitgehende Spielräume für den** 37 **Arbeitgeber**, in welcher Art und in welchem Umfang er Leistungsanreize setzen möchte. Beachtet der Arbeitgeber die maßgebenden „Spielregeln" etwa im Zusammenhang mit Freiwilligkeits- oder Widerrufsvorbehalten, so kann er die bestehenden Gestaltungsspielräume durchaus ohne langjährige Bindung ausnutzen und damit flexibel auf Marktentwicklungen reagieren.

II. Anknüpfungspunkte der Erfolgskomponente

Die Anknüpfungspunkte erfolgsabhängiger Leistungen sind durch den Arbeitgeber 38 sehr weitgehend frei gestaltbar. Entscheidend ist die Zielrichtung des Arbeitgebers bei der Verwendung einer Erfolgskomponente als Personalführungsinstrument. Eine unmittelbar messbare Anreizfunktion bei dem einzelnen Arbeitnehmer besteht bei

---

46 Vgl. *Mengel*, S. 109 Rn 183; ErfK/*Dörner/Reinhard*, § 4a EFZG Rn 8.

Zielen, die an den **individuellen Erfolg** des Arbeitnehmers anknüpfen (etwa die Quantität, Qualität oder Rechtzeitigkeit der gewöhnlichen Arbeitsabläufe oder -ergebnisse, Sonderaufgaben oder -projekte). Gruppenerfolgsbezogene Ziele sind dagegen ein gezieltes Steuerungsinstrument, um über den einzelnen Arbeitnehmer hinaus die **Gruppendynamik** (etwa unter dem Gesichtspunkt der indirekten Ansteuerung von leistungsschwachen oder vermeintlich arbeitsunfähigen Arbeitnehmern über die Gruppenmitglieder) anzusprechen.

39 Wie Tantiemen können auch sonstige Sonderzahlungen an den **Erfolg des Unternehmens, Konzerns oder einer Sparte** anknüpfen, um den Arbeitnehmer an den Chancen und Risiken unternehmerischen Handelns zu beteiligen. Da der individuell-konkrete Beitrag des einzelnen Arbeitnehmers in der Regel in der Abstraktion der ganzheitlichen unternehmens-, konzern- oder spartenbezogenen Betrachtung eine kaum noch messbare Rolle spielt, wird hierdurch regelmäßig kein unmittelbarer Leistungsanreiz oder eine Gruppendynamik angesprochen. In der Praxis verbreitet sind **Mischformen**, die die einzelnen Anreizfaktoren miteinander verknüpfen, um die individuelle Leistung neben der Gruppendynamik anzusteuern und die Zahlung an der wirtschaftlichen Leistungsfähigkeit des Arbeitgebers zu orientieren.

III. Rechtliche Grenzen

1. Unerheblichkeit der Möglichkeit einer Einflussnahme

40 In der Praxis werden individualerfolgsbezogene Vorgaben überschreitende Ziele gelegentlich deshalb infrage gestellt, weil der Arbeitnehmer als Teil eines Kollektivs **nicht alleine hinreichend Einfluss auf die Zielerreichung** nehmen könne. Diese Frage stellt sich nicht nur bei unternehmens- bzw. konzernerfolgsbezogenen Zielen, sondern gleichermaßen bei gruppen- oder projektabhängigen Zielkomponenten. Diesen ist gemeinsam, dass über den individuellen Arbeitnehmer hinaus eine **Mehrzahl von Arbeitnehmern** bis zur gesamten Belegschaft des Unternehmens oder gar Konzerns mit ihrer jeweiligen Arbeitsleistung den Beitrag zur Zielerreichung leistet.

41 Einzelne Arbeitnehmer mögen dann zwar – ggf. sogar überobligatorische – Arbeitsleistungen erbringen, allgemeine Durchschnittsleistungen oder Minderleistungen führen insoweit jedoch zur **Saldierung positiv herausragender Arbeitsleistungen**. Wie die generelle Zulässigkeit von Tantiemen zeigt, ist die individuelle Möglichkeit der Einflussnahme auf die Zielerreichung jedoch **keine Rechtmäßigkeitsvoraussetzung** für die Aufstellung eines Ziels für eine erfolgsabhängige Entgeltkomponente. Das ist im Ergebnis für einzelne Arbeitnehmer zwar misslich, wenn diese durch ihre Beiträge an sich eine Motivation und ein Arbeitsergebnis aufzeigen, welches eine Honorierung verdiente, diese Erfolge bei kollektiver Betrachtung jedoch keine Ansprüche begründen.

42 Bei Zielen, die die Dimension der individuellen Arbeitsleistung des Arbeitnehmers überschreiten, verfolgt der Arbeitgeber gerade den Zweck, auf **Erfolge einer**

übergeordneten Einheit, beispielsweise bei einem Projektteam, einer sonstigen Gruppe, einem Unternehmen, einem Konzern oder einer Sparte, abzustellen und diese Erfolge wirtschaftlich zu honorieren. Bis zur **Grenze der Willkür** sind diese Zwecksetzungen zulässig. Rechtsprechung zu den Grenzen einer solchen übergeordneten Gruppenbildung ist nicht ersichtlich. Maßgebend wird sein, ob eine Gruppenbildung darauf zielt, **einzelne Arbeitnehmer beispielsweise aus dem Betrieb zu drängen**, indem deren unterschiedliche Arbeitsleistung zum Anlass genommen wird, faktisch eine Druckausübung innerhalb der Gruppe durch Arbeitnehmer, die eine leistungsgerechte Honorierung erwarten, auszulösen.

Ein solcher Fall wird **in der Praxis kaum feststellbar**, geschweige denn durch einen Arbeitnehmer nachweisbar sein, wenn der Arbeitgeber als Zielkomponente auf einen bestimmten Erfolg eines bestimmten Teils der Belegschaft abstellt. Ein solcher Erfolg kann vielfältiger Art sein, von der Entwicklung und/oder Vermarktung eines Produktes, dem fristgerechten und erfolgreichen Abschluss eines Projektes bis zum Unternehmens- oder Konzernerfolg. Bei Letzterem ist eine Willkür stets ausgeschlossen, da der Erfolg bei dem Unternehmen oder dem Konzern gleichermaßen im Rahmen der **gesetzlich vorgesehenen Abschlüsse eine anerkannte Kenngröße** darstellt. Soweit untergeordnete Einheiten maßgebend sein sollen, wird eine **Überschneidung der Arbeitsabläufe des betroffenen Belegschaftsteils untereinander** in der Regel geeignet sein, eine Gruppenbildung für die Bemessung eines wirtschaftlich zu honorierenden Erfolges vorzunehmen. In der Praxis dürfte die Frage der fehlenden Möglichkeit einer abschließenden individuellen Einflussnahme auf die Zielerreichung deshalb weiterhin keine erhebliche Rolle einnehmen. 43

2. Grenzen des Bezugszeitraums und Bindungswirkung
a) Zielsetzung und Bezugszeitraum

Grundsätzlich **entscheidet das vom Arbeitgeber gegebene Ziel über den Bezugszeitraum**. Bezugszeitraum in diesem Sinne ist der Zeitraum, in dem der Arbeitnehmer durch die Erbringung von Arbeitsleistungen an der Zielerreichung mitwirkt. Er beginnt grundsätzlich mit der Aufstellung der Ziele bzw. einem bei der Festlegung der Ziele **vereinbarten Anlaufzeitpunkt** z.B. einem „Kick Off"-Termin. Das maßgebende Ziel entscheidet sodann, ob der Bezugszeitraum beispielhaft bis zum vollständigen Abschluss des Projektes oder aber in Anknüpfung an einzelne Projektabschnitte bemessen ist. 44

Insoweit kann ein Projekt in mehrere, jeweils für sich zu bemessende **zielerreichungsmaßgebende Abschnitte** aufgeteilt werden. Dem Arbeitgeber steht es aber ebenso frei, nur den **Gesamterfolg** eines Projektes wirtschaftlich zu honorieren, sodass selbst ein hervorragender Abschluss anfänglicher Projektabschlüsse durch nachfolgende Verzögerungen oder Misserfolge aufgehoben werden und damit eine Zielerreichung ausscheiden kann. Insoweit ist es vorstellbar, dass Bezugszeiträume 45 sehr unterschiedliche Dauern aufweisen können – von wenigen Wochen bis zu mehreren Jahren.

b) Arbeitnehmerbindung für den Bezugszeitraum und Stichtagsregelungen

46 Für den Arbeitnehmer kann die zeitliche Dimension des Bezugszeitraums erhebliche Bedeutung haben. Für ihn steht die Frage im Raum, ob eine berufliche Neuorientierung unter Beendigung des Arbeitsverhältnisses zum Arbeitgeber dazu führt, dass sein **Beitrag zur Zielerreichung voll, anteilig oder überhaupt nicht honoriert** wird. Je kürzer ein jeweiliger Bezugszeitraum ist, desto geringer ist die durch ihn ausgehende **Bindung des Arbeitnehmers**, will er nicht ggf. ohne Honorierung des von ihm bereits geleisteten Beitrags ausgehen, wenn das Arbeitsverhältnis endet.

47 Insbesondere bei langjährigen Projekten stellt sich indessen die Frage nach einem Bezugszeitraum, der den Arbeitnehmer ggf. in seiner Freiheit zum Wechsel des Arbeitgebers und damit der **Berufswahlfreiheit erheblich beeinträchtigen** kann. Für unternehmensbezogene Ziele ist der Bezugszeitraum des **Geschäftsjahres** in der Rechtsprechung anerkannt.[47] Das BAG hat klargestellt, dass die Zwecksetzung zu beachten ist, ein unternehmensbezogenes Ziel nach dem Jahresergebnis, nicht aber einem Tages-, Wochen- oder Monatsergebnis zu bestimmen.[48]

48 Nicht entschieden ist dem gegenüber, ob über einen **Jahreszeitraum hinausgehende Zielsetzungen** zulässig sind, wie dies gerade bei größeren Projekten häufig der Fall sein wird. Da das BAG bislang stets davon ausgegangen ist, dass der Arbeitgeber, soweit er darin frei ist, eine zusätzliche Leistung überhaupt zu gewähren, auch deren **Zweckbestimmung nach freiem Ermessen** festlegen darf, wird insoweit auch eine Zwecksetzung, ein Ziel über mehrere Jahre hinweg zu erreichen und dementsprechend einen korrespondierenden mehrjährigen Bezugszeitraum vorzusehen, zu beachten sein.

49 Nach der Rechtsprechung des BAG darf der Arbeitgeber zwar nicht durch eine **Bindungsklausel bereits verdientes Arbeitsentgelt** entziehen.[49] Diese Rechtsprechung knüpft für die Frage, ob Arbeitsentgelt bereits verdient ist, jedoch an den Bezugszeitraum an. Nur **eine Bindung über den Bezugszeitraum hinaus ist unzulässig**.[50]

50 Für die Zulässigkeit **mehrjähriger Zielsetzungen** spricht zudem ein **rechtspolitisches Element**. In den vergangenen Jahren war nicht selten zu beobachten, dass

---

47 BAG, Urt. v. 6.5.2009 – 10 AZR 443/08 –; bestätigt durch: BAG, Urt. v. 18.1.2012 – 10 AZR 612/10 –.
48 BAG, Urt. v. 6.5.2009 – 10 AZR 443/08 –.
49 BAG, Urt. v. 18.1.2012 – 10 AZR 612/10 –.
50 BAG, Urt. v. 18.1.2012 – 10 AZR 612/10 –.

erfolgsabhängige Entgelte in erheblichem Umfange ohne Blick auf die **Nachhaltigkeit der Unternehmensentwicklung** geflossen sind. Der Gesetzgeber hat jedenfalls für börsennotierte Aktiengesellschaften mit der **Neuregelung des § 87 Abs. 1 S. 3 AktG** vorgesehen, dass variable Entgelte auf Vorstandsebene eine mehrjährige Bemessungsgrundlage haben sollen.[51] Auch wenn bei Aktiengesellschaften ggf. im Interesse des Anlegerschutzes die Nachhaltigkeit mehr als in der rein bipolaren Rechtsbeziehung zwischen Arbeitgeber und Belegschaft zum Ausdruck kommt und die **Bindungswirkung für ein Organmitglied** ggf. weitergehend sein darf, ist der Gedanke der Nachhaltigkeit kein anderer.

Eine Nachhaltigkeit, die bei einem Vorstand gesetzlich vorgesehen ist, kann rechtspolitisch **bei einem Arbeitnehmer nicht generell unzulässig** sein. Für die Branchen der Banken und Versicherungen kommt der Gedanke der Nachhaltigkeit zudem in den auf Arbeitnehmer anwendbaren Regelungen der **Institutsvergütungsverordnung** bzw. der **Versicherungsvergütungsverordnung** zum Ausdruck. Das Gesetz zwingt den Arbeitgeber im Übrigen lediglich nicht zu einer solchen Entgeltgestaltung. Die von einer solchen Gestaltung ausgehende Bindungswirkung findet ihre Rechtfertigung in einem auf die Nachhaltigkeit gerichteten Ziel. Dem Arbeitgeber kann es nicht verwehrt werden, langfristige unternehmerische Erfolge wirtschaftlich zu honorieren, um die Existenz des Unternehmens am Markt zu sichern, damit Arbeitsplätze zu erhalten und Systeme der sozialen Sicherung zu entlasten. Eine nachhaltige Unternehmenspolitik liegt im Interesse einer **Stabilisierung der Wirtschaftsmärkte und damit einhergehender Sicherung der wirtschaftlichen Handlungsfähigkeit der Sozialsysteme** im Allgemeininteresse.

51

Von der Frage der Bindungswirkung mittel- und langfristiger Zielkomponenten zu trennen ist die Frage der **rechtlichen Auswirkungen unterjährigen Ausscheidens**. Bei einem nach **Zeitabschnitten bemessenen Entgelt** stellt sich diese Frage nicht, da das Entgelt sich automatisch **zeitlich-ratierlich** bis zum Ausscheidenszeitpunkt bemisst. Rechtlich nicht anders zu behandeln sind Entgeltleistungen in Gestalt eines 13. oder 14. Monatsgehaltes, die zeitlich ratierlich erarbeitet, jedoch abweichend von der monatlichen Vergütungszahlung zu einem abweichenden Zeitpunkt, etwa anlässlich des Urlaubs oder des Weihnachtsfestes, fällig werden.[52] Nachdem die Rechtsprechung neuerdings[53] **sämtliche Leistungen**, die nicht explizit als reine Betriebstreueleistungen gestaltet sind, als **synallagmatisches Arbeitsentgelt** behandelt, wird bei diesen im Zweifel Gleiches wie für die genannten exemplarischen 13. bzw. 14. Monatsentgelte gelten. Die sich daraus ergebende Konsequenz für den Fall unterjährigen Ausscheidens wäre eine anteilige Berechnung,

52

---

51 BT-Drucks. 16/13433, S. 10.
52 Schaub/*Linck*, § 78 Rn 4.
53 Erstmals in dieser Deutlichkeit: BAG, Urt. v. 18.1.2012 – 10 AZR 612/10 –; BAG, Urt. v. 18.1.2012 – 10 AZR 667/10 –.

weil der Arbeitnehmer für den Zeitraum **bis zu seinem Ausscheiden anteilig an der Zielerreichung mitgewirkt** hat.⁵⁴

Praxistipp
Der Arbeitgeber sollte eine diesbezüglich **klare Regelung** treffen. Entweder entscheidet er sich für eine anteilige Vergütung – dann sollte für den Fall von unterjährigem Beginn bzw. Ende des Arbeitsverhältnisses sowie etwaiger Ruhenszeiträume ausdrücklich eine **anteilige Gewährung der Leistung** entsprechend dem tatsächlichen Bestand des Arbeitsverhältnisses zur möglichen Dauer des Arbeitsverhältnisses im Bezugszeitraum geregelt werden. Entscheidet sich der Arbeitgeber gegen eine solche anteilige Leistung, ist es ihm **nach der Rechtsprechung nicht verwehrt**, den Anspruch auf eine erfolgsabhängige Entgeltkomponente insgesamt von dem **Bestand des Arbeitsverhältnisses während des gesamten Bezugszeitraums** abhängig zu machen.⁵⁵

53 Wichtig ist, dass eine solche Regelung an den Bestand des Arbeitsverhältnisses **nicht über den Bezugszeitraum hinaus** anknüpft. Eine über den Bestand des Bezugszeitraums hinausgehende Bindung des Arbeitnehmers ist nach der Rechtsprechung unzulässig.⁵⁶ Da das BAG⁵⁷ ausdrücklich zwischen Betriebstreue während des Bezugszeitraums einerseits oder über den Bezugszeitraum hinaus andererseits differenziert, bleibt eine **Bindung für die gesamte Dauer des Bezugszeitraums zulässig**, solange nur eine darüber hinausgehende Bindung ausgeschlossen ist.⁵⁸

Beispiel/Klauselmuster
Knüpft eine Sonderzahlung an individuelle Ziele sowie das Geschäftsjahresergebnis an, ist eine Bindung des Arbeitnehmers während des Geschäftsjahres als Bezugszeitraum möglich. Eine entsprechende Stichtagsklausel kann deshalb etwa lauten:
„Der Anspruch auf die Sonderzahlung entsteht nur, wenn das Arbeitsverhältnis bis zum Schluss des Geschäftsjahres, für das die Sonderzahlung gewährt wird, besteht."
Unwirksam wäre dagegen eine Klausel, die den Arbeitnehmer über die Dauer des Geschäftsjahres hinaus bindet, etwa indem sie auf den „ungekündigten Bestand" des Arbeitsverhältnisses am Schluss des Geschäftsjahres abstellt.

54 Eine solche **Bindung für die gesamte Dauer des Bezugszeitraums** ist **nicht** davon abhängig, ob der in Rede stehende Entgeltbestandteil eine gewisse **quantitative Bedeutung** nicht übersteigt. Zwar hatte das BAG in einer Entscheidung aus dem

---

54 BAG, Urt. v. 14.11.2012 – 10 AZR 793/11 –.
55 BAG, Urt. v. 18.1.2012 – 10 AZR 612/10 –; BAG, Urt. v. 6.5.2009 – 10 AZR 443/08 –.
56 BAG, Urt. v. 18.1.2012 – 10 AZR 612/10 –; offengelassen von: BAG, Urt. v. 6.5.2009 – 10 AZR 443/08 –; a.A.: *Salamon*, NZA 2013, 590, 594 f.
57 BAG, Urt. v. 18.1.2012 – 10 AZR 612/10 –.
58 Für eine engere Interpretation der BAG-Rechtsprechung dagegen: *Baeck/Winzer*, NZG 2012, 657, 659; *Heiden*, RdA 2012, 225, 229; Erfk/*Preis*, § 611 BGB Rn 534a; unter Hinweis auf die klare Differenzierung in den Entscheidungsgründen dagegen: *Dzida/Klopp*, ArbRB 2013, 49, 51; *Simon/Hidalgo/Koschker*, NZA 2012, 1071, 1074; *Salamon*, NZA 2013, 590, 593.

Jahre 2007[59] noch erwogen, eine quantitative Grenze für Bindungsklauseln bei 25% der Gesamtvergütung anzunehmen. In einer nachfolgenden Entscheidung[60] wurde dagegen eine **Bindung für den gesamten Zeitraum eines Geschäftsjahres** bei einer weitaus höheren Dimensionierung einer Leistung anerkannt, sodass sich diese Begrenzung nicht wiederfindet.

Die Rechtsprechung setzt zudem **keine Grenzen** für den Beendigungstatbestand. So kommt ein Ausschluss des Anspruchs im Falle des Ausscheidens während des Bezugszeitraums unabhängig davon in Betracht, ob das Arbeitsverhältnis infolge Eigenkündigung, außerordentlicher oder ordentlicher Kündigung, verhaltens-, personen- oder betriebsbedingter Kündigung oder Auslaufens einer Befristung endet.[61]

Beispiel
Der Arbeitgeber kann einen Ausschluss der Leistung deshalb für folgende Fälle begründen:
- Eigenkündigung durch den Arbeitnehmer,
- außerordentlich fristlose Kündigung durch den Arbeitgeber,
- ordentliche verhaltensbedingte Arbeitgeberkündigung,
- ordentliche personenbedingte Arbeitgeberkündigung,
- ordentliche betriebsbedingte Arbeitgeberkündigung,
- Aufhebungsvereinbarung mit oder ohne arbeitgeberseitige Veranlassung,
- Auslaufen einer Befristung.

Damit ist der Arbeitgeber grundsätzlich frei darin, über den **Inhalt der von ihm zu bestimmenden Ziele** den hierfür maßgebenden **Bezugszeitraum mittelbar festzulegen** und über eine **Stichtagsregelung** den Bestand des Arbeitsverhältnisses während des gesamten Bezugszeitraums als Anspruchsvoraussetzung zu deklarieren. Auf diesem Wege kommt der erfolgsabhängigen Entgeltkomponente gleichzeitig ein Charakter als Betriebstreueleistung zu, allerdings begrenzt auf den Bezugszeitraum.

Praxistipp
Nach der Rechtsprechung[62] ist eine Bindung für die gesamte Dauer des Bezugszeitraums eines Geschäftsjahres auch dann möglich, wenn eine Sonderzahlung nicht nur an den Unternehmenserfolg eines Geschäftsjahres, sondern zudem an weitere, insbesondere individuelle Ziele anknüpft. Auch wenn die Zielerreichung dieser **weiteren Ziele einen kürzeren Bezugszeitraum** umfassen sollte, schließt dies nach der Rechtsprechung des BAG einen Anspruchsverlust insgesamt nicht aus, wenn

---

59 BAG, Urt. v. 24.10.2007 – 10 AZR 825/06 –.
60 BAG, Urt. v. 6.5.2009 – 10 AZR 443/08 –.
61 *Salamon*, NZA 2013, 590, 593; unter Bezugnahme auf: BAG, Urt. v. 6.5.2009 – 10 AZR 443/08 –; auch in jener Entscheidung hatte das BAG nicht nach dem Beendigungstatbestand differenziert und eine auf den Bezugszeitraum begrenzte Bindungsklausel für wirksam erachtet.
62 BAG, Urt. v. 6.5.2009 – 10 AZR 443/08 –.

die **weitere Voraussetzung bezogen auf das Geschäftsjahresergebnis nicht erfüllt** ist. Arbeitgeber können deshalb bei der Gestaltung von Zielen im Rahmen einer im Ergebnis einheitlich zu gewährenden Leistung den Bezugszeitraum mit entsprechender **Bindungsklausel an dem Ziel** ausrichten, welches den **längsten Bezugszeitraum** für die Leistung ausmacht.

3. Rahmen- und ausfüllende Einzelregelungen

57 Die Gestaltung erfolgsabhängiger Entgeltbestandteile kann einmalig für einen bestimmten Bezugszeitraum, aber auch dauerhaft im Rahmen eines feststehenden Leistungssystems erfolgen. Die **einmalige Zusage** bietet – wenn sie mit einem geeigneten Freiwilligkeitsvorbehalt eine Bindung für die Zukunft ausschließt[63] – **höchstmögliche Flexibilität** bei der Gestaltung des Anspruchs nach Grund sowie Höhe und damit in Koppelung zu den jeweiligen Marktbedingungen des unternehmerischen Handelns. Nachteilig ist zum einen der damit einhergehende **administrative Aufwand**, um im Rahmen dokumentierter und nachweislich zugegangener Freiwilligkeitsvorbehalte eine Bindung für die Zukunft zu vermeiden. Insbesondere darf der Arbeitgeber aber zum anderen **keine Zusage auf dauerhafte Leistungen**, etwa im Arbeitsvertrag, erklären.

58 Die Möglichkeit einer Flexibilisierung durch einmalige Leistungen kommt deshalb nur um den Preis des **strikten Enthaltens konkreter Zusagen** über solche zusätzlichen Leistungen in Betracht. Gerade im **Recruiting-Prozess** werden Hinweise auf eine Gesamtvergütung unter Einbeziehung erfolgsabhängiger Entgeltkomponenten aber für die Gewinnung geeigneter Arbeitskräfte eine nicht unerhebliche Rolle spielen. So flexibel ein System sein mag, das sich auf einmalige Leistungen begrenzt, wird es die **Gewinnung geeigneter Fachkräfte erschweren**, wenn nicht die zugesagte Grundvergütung bereits einen erheblichen Umfang einnimmt – gerade diese wollen Arbeitgeber aber bei der Entgeltvariabilisierung begrenzen.

59 Umgekehrt nimmt ein **arbeitsvertraglich festgeschriebenes Leistungssystem** dem Arbeitgeber Möglichkeiten einer Anpassung an die jeweiligen Marktbedingungen des unternehmerischen Handelns, wenn der Arbeitnehmer nicht zu einer Änderung der arbeitsvertraglichen Parameter bereit ist. Zudem wird es **in der Praxis kaum möglich** sein, für die gesamte Dauer eines Arbeitsverhältnisses **im Vorhinein** etwa individuell maßgebende Ziele, Gruppenziele oder feststehende Unternehmensergebnisse mit sich daran anknüpfenden Auswirkungen auf einen erfolgsabhängigen Entgeltbestandteil festzuschreiben.

60 In der Praxis verbreitet sind deshalb **dauerhafte Leistungssysteme**, bei denen eine **Rahmenregelung** die maßgebenden Parameter festlegt, während durch jeweils **ausfüllende Einzelregelungen** die exakten Kenngrößen für den einzelnen Bezugszeitraum gesondert festgeschrieben werden müssen. In der Praxis geschieht dies

---

[63] Siehe Kap. 3 Rn 18 ff.

durch eine Öffnungsklausel in dem dauerhaften Leistungssystem einer Rahmenvereinbarung, nach der entweder mit dem Arbeitnehmer die jeweils maßgebenden Ziele einvernehmlich vereinbart oder durch den Arbeitgeber einseitig vorgegeben werden.

Achtung!
Durch ein dauerhaftes Leistungssystem in Gestalt einer Rahmenvereinbarung bindet der Arbeitgeber sich hinsichtlich zu gewährender Leistungen zumindest **dem Grunde nach**. Ausfüllende Einzelregelungen im Rahmen einer mit dem Arbeitnehmer einvernehmlich zu treffenden **Zielvereinbarung** können die für die Bemessung des Anspruchs im jeweiligen Bezugszeitraum festzulegenden Parameter sodann zwar in jeder Hinsicht unabhängig von der vertraglichen Rahmenregelung bestimmen. Dies setzt allerdings das **Einvernehmen des Arbeitnehmers** voraus. Ist der Arbeitnehmer nicht einverstanden, weil etwa die zugrunde liegenden Zielkomponenten aus seiner Sicht nicht angemessen erscheinen, kann in der Praxis das Zustandekommen einer einvernehmlichen Zielvereinbarung scheitern.[64]

Um diesbezügliche Meinungsverschiedenheiten mit dem Arbeitnehmer zu vermeiden, kann als einseitiges Regelungsinstrument zur Ausfüllung der Rahmenregelung über die jeweiligen Zielkomponenten für den einzelnen Bezugszeitraum die **einseitige Zielvorgabe** dienen. Die Zielvorgabe unterliegt allerdings – da sie nicht im Rahmen der Vertragsfreiheit mit dem Arbeitnehmer einvernehmlich zustande kommt – der **gerichtlichen Billigkeitskontrolle**, ob die Grenzen billigen Ermessens (§ 315 BGB) bei der Vorgabe der Ziele eingehalten sind.[65]

61

Praxistipp
Kommt eine Zielvereinbarung mit dem Arbeitnehmer nicht zustande, sind die **Rechtsfolgen dieser fehlenden Zielvereinbarung** davon abhängig, ob der Arbeitgeber dem Arbeitnehmer angemessene Ziele angeboten hat, die der Arbeitnehmer redlicherweise hätte akzeptieren müssen.[66] Dies ist letztlich eine Frage, die sich bei der Zielvorgabe für die Einhaltung der Grenzen billigen Ermessens gem. § 315 BGB in vergleichbarer Form stellt.[67] Um diesbezügliches Streitpotenzial zu begrenzen, sollten Arbeitgeber in einem dauerhaften Leistungssystem bereits mittels einer Rahmenvereinbarung die den jeweiligen Einzelvereinbarungen zugrunde liegenden **Richtungen der jeweils zu vereinbarenden Ziele** definieren. Diese können etwa danach ausgestaltet werden, ob individualerfolgsbezogene Zielsetzungen mit Bezug auf den Arbeitsplatz des Arbeitnehmers, seine Mitwirkung in Projekten, der Erfolg einer Abteilung und/oder eine umsatz- bzw. konzernbezogene Zielsetzung erfolgt. Damit **bindet sich der Arbeitgeber zwar langfristig** hinsichtlich der Anknüpfungspunkte der zu vereinbarenden Ziele. Er kann jedoch – beispielhaft in Gestalt eines **Widerrufsvorbehaltes** – die Bindungen aus der Rahmenvereinbarung zu einem späteren Zeitpunkt aufheben, wenn etwa die Marktlage zeigt, dass die vereinbarten Zielrichtungen den wirtschaftlichen Gegebenheiten nicht mehr entsprechen.

---

64 Vgl. BAG, Urt. v. 12.12.2007 – 10 AZR 97/07 –; BAG, Urt. v. 27.7.2005 – 7 AZR 486/04 –.
65 BAG, Urt. v. 12.12.2007 – 10 AZR 97/07 –.
66 BAG, Urt. v. 12.12.2007 – 10 AZR 97/07 –.
67 Vgl. BAG, Urt. v. 27.7.2005 – 7 AZR 486/04 –.

62 Daneben sollte die Rahmenvereinbarung eine **Zielgröße für die Bemessung der erfolgsabhängigen Entgeltkomponente** benennen, damit nicht allein die tatsächliche Entwicklung der gezahlten Leistungen in gleichbleibender oder stetig ansteigender Höhe die Annahme rechtfertigt, der Arbeitgeber wollte sich etwa im Rahmen einer Mindesthöhe binden.[68]

4. Erreichbarkeit der Ziele
a) Zielvereinbarungen
aa) Grundsätze der freien Entgeltvereinbarung

63 Zielvereinbarungen werden von Arbeitgeber und Arbeitnehmer einvernehmlich festgelegt. Aufgrund dieser einvernehmlichen Regelung bedarf der Arbeitnehmer **keines Schutzes durch eine gerichtliche Überprüfung der Angemessenheit der Ziele**.[69] Kommen diese nur mit seinem Einvernehmen zustande, kann er auf deren Inhalt Einfluss nehmen. Da die so zustande gekommenen Zielkomponenten der Leistung als Anreiz gegenüberstehen, handelt es sich bei einer Zielvereinbarung um die **Festlegung des arbeitnehmerseitigen Leistungsversprechens**.[70] Der Motivationszweck der Sonderzahlung steht den vereinbarten Zielen als Gegenleistung gegenüber.

64 Zielvereinbarungen sind deshalb zwar – sofern sie nicht individuell ausgehandelt worden sind – der **Klauselkontrolle vorformulierter Arbeitsbedingungen gem. §§ 305 ff. BGB** zu unterwerfen.[71] Auch steht diesem Kontrollmaßstab für vorformulierte Arbeitsbedingungen nicht entgegen, dass eine Zielvereinbarung ggf. auf einen **konkreten Arbeitsplatz eines Arbeitnehmers** individuell zugeschnitten ist. So wird der Arbeitnehmer als Verbraucher behandelt und es kommt deshalb **gem. § 310 Abs. 3 BGB nicht darauf an**, ob die jeweilige Zielvereinbarung für eine **Mehrzahl von Verträgen** vorformuliert ist.[72]

---

68 Vgl. BAG, Urt. v. 21.4.2010 – 10 AZR 163/09 – (für einen Jahresbonus ohne ausdrücklich zugrunde liegender Vereinbarung); LAG Baden-Württemberg, Urt. v. 1.12.2010 – 22 Sa 40/10 –.
69 *Mengel*, S.163 Rn 288.
70 Eine andere Frage ist es, ob die Sonderzahlung als zusätzliches Entgelt für die erreichten Ziele oder nicht vielmehr als Anreiz für eine Motivation des Arbeitnehmers zur Leistungserbringung zu verstehen ist. Diese Frage hat indessen allein Bedeutung für die Einbindung einer Sonderzahlung in das vertragliche Gegenseitigkeitsverhältnis von Leistung und Gegenleistung, vgl.: *Salamon*, NZA 2013, 590, 594 f.; auch wenn hiernach die Sonderzahlung allein Instrument zur Motivation des Arbeitnehmers, nicht jedoch zur zusätzlichen Vergütung ist, handelt es sich bei einvernehmlich festgelegten Zielen im Verhältnis zur motivierenden Zahlung um das Austauschverhältnis von Leistung und Gegenleistung.
71 ErfK/*Preis*, § 611 BGB Rn 505 m.w.N.
72 BAG, Urt. v. 25.9.2008 – 8 AZR 717/07 –.

Gleichwohl sind die in einer Zielvereinbarung festgelegten Zielkomponen- 65
ten **keiner Inhalts- oder Billigkeitskontrolle** gem. § 307 Abs. 1 BGB zu unterwerfen.[73] Die Inhalts- oder Billigkeitskontrolle gem. § 307 Abs. 1 BGB findet gem.
§ 307 Abs. 3 BGB nur Anwendung für Regelungen, die **von Rechtsvorschriften abweichen** – dies trifft auf den Inhalt eines ausgehandelten Leistungsversprechens nicht zu. Insoweit gelten vielmehr die Grundsätze über die **freie Entgeltvereinbarung**.[74]

Das bedeutet für den Arbeitgeber, dass einvernehmlich festgelegte Ziele bis zur 66
Grenze der Sittenwidrigkeit im Falle einer rechtlichen Auseinandersetzung von einem Gericht hinzunehmen sind. Es unterliegt keiner arbeitsgerichtlichen Überprüfung, ob die „richtigen" Ziele oder ein „angemessener" Grad der Zielerreichung gegeben sind.

Gegenstand der grundsätzlich freien Zielvereinbarung ist neben dem Inhalt der 67
Ziele, d.h. der jeweiligen Zielkomponente, die Frage der **Gewichtung der Ziele** zueinander. In der Praxis erfolgt häufig eine Gewichtung nach einem Punktesystem oder nach Prozentpunkten, sodass eine volle Zielerreichung der Gesamtheit der Ziele 100% der Sonderzahlung entsprechen. Notwendig ist dies allerdings nicht. So kann etwa auch eine **gestaffelte Zielvereinbarung** danach erfolgen, dass etwa ein Anspruch auf die Sonderzahlung nur bei Erreichung eines in der Zielvereinbarung festzulegenden Unternehmensergebnisses entsteht. Wird das Unternehmensergebnis nicht erreicht, bewirkt dies bereits den „Ausstieg" aus der Sonderzahlung. Sonstige Ziele kommen vielmehr erst dann zum Tragen, wenn mit der Erreichung des Unternehmensergebnisses **die wirtschaftliche Grundlage für die Auskehrung einer Sonderzahlung** erreicht wird.

Während die vorstehenden Gesichtspunkte nach den Grundsätzen über die freie 68
Entgeltvereinbarung kontrollfrei sind, gilt dies nicht für die sich am Ende des Bezugszeitraums stellende **Frage der Zielerreichung**. Der **vollen gerichtlichen Überprüfung** unterliegt dementsprechend, ob eine solche Zielvereinbarung zustande gekommen ist und ob und in welchem Umfang der Arbeitnehmer die Ziele anschließend erreicht.

bb) Transparenzkontrolle

Die anwendbaren Grundsätze der freien Entgeltvereinbarung schließen gem. § 307 69
Abs. 3 S. 2 BGB jedoch die **Transparenzkontrolle nach § 307 Abs. 1 S. 2 BGB** nicht aus. Kontrollmaßstab einer Zielvereinbarung ist deshalb, ob die **Ziele klar und ver-**

---

73 BAG, Urt. v. 12.12.2007 – 10 AZR 97/07 –; *Bauer/Diller/Göpfert*, BB 2002, 882, 884; *Salamon*, NZA 2010, 314, 316.
74 BAG, Urt. v. 12.12.2007 – 10 AZR 97/07 –; *Bauer/Diller/Göpfert*, BB 2002, 882, 884; *Salamon*, NZA 2010, 314, 316.

ständlich formuliert sind.[75] Für den Arbeitgeber dürfen sich keine ungerechtfertigten Beurteilungsspielräume ergeben. Nach § 305c Abs. 2 BGB gehen im Übrigen Zweifel zulasten des Arbeitgebers.

Praxistipp
Dies schließt die Vereinbarung „**weicher Ziele**" wie Kunden- oder Mitarbeiterzufriedenheit, Motivationsfähigkeit oder Führungsfähigkeit nicht aus. Da die tatsächliche Zielerreichung jedoch der vollen gerichtlichen Kontrolle unterliegt, wird bei solchen „weichen Zielen" häufig die **Messbarkeit des Grades der Zielerreichung** auf Schwierigkeiten stoßen, sodass der Arbeitgeber diesen Zielen für die Bemessung der Sonderzahlung nur eine untergeordnete Rolle einräumen sollte.

---

70 Gegenstand der grundsätzlich freien Zielvereinbarung bei gleichzeitig eröffneter Transparenzkontrolle ist die Frage der Gewichtung der Ziele. Im Zweifel wird von einer **Gleichrangigkeit aller Ziele** auszugehen sein. Eine unterschiedliche Gewichtung bedarf deshalb einer eindeutigen Regelung. Dies gilt insbesondere für ein **Stufenverhältnis**, nach dem die Nichterreichung eines Ziels trotz ggf. voller Erreichung anderer Ziele den Anspruch insgesamt ausschließt. Ein solches Stufenverhältnis der Ziele zueinander ist eindeutig klarzustellen.

Klauselmuster
Dies kann eine Formulierung sicherstellen wie etwa:
„*Wird das Ziel Nr. 1 (d.h. das unternehmensbezogene Ziel) nicht erreicht, entsteht kein Anspruch auf eine Sonderzahlung für dieses Geschäftsjahr. Dies gilt unabhängig davon, ob und in welchem Umfang die Ziele X, Y erreicht sind.*"

---

71 Da die Grundsätze über die freie Entgeltfindung uneingeschränkt Anwendung finden, unterliegt ein solches **Stufenverhältnis keiner Inhalts- oder Billigkeits-, sondern allein der Transparenzkontrolle**. Der Arbeitnehmer mag dann zwar ggf. auf die Erreichung sonstiger Ziele hin Arbeitsleistungen erbracht haben. Ist wegen Verfehlung der unternehmensbezogenen Zielkomponente jedoch der Anspruch ausgeschlossen, zwingt dies den Arbeitgeber nicht zur Gewährung der Sonderzahlung.

Praxistipp
Da Arbeitgeber in solchen Situationen den **Motivationszweck für Folgejahre** nicht verfehlen wollen, entscheiden sie sich häufig **trotz Verfehlung** einer solchen Zielkomponente für die Gewährung einer – ggf. geringer dotierten – Sonderzahlung. Arbeitgeber sollten dies zur **Vermeidung betrieblicher Übungen** auf solche Sonderzahlungen neben der auf einer Zielvereinbarung basierenden (verfehlten) Sonderzahlung jedoch klarstellen und durch einen **Freiwilligkeitsvorbehalt** untermauern. Anderenfalls können sich Ansprüche unabhängig von einem Zielvereinbarungssystem aus betrieblicher Übung oder individuellen Leistungszusagen ergeben.

---

75 BAG, Urt. v. 12.12.2007 – 10 AZR 97/07 –; *Salamon*, NZA 2010, 314, 316.

Wegen der anwendbaren Grundsätze über freie Entgeltvereinbarungen spielt es insoweit **keine Rolle, ob die vereinbarten Ziele für den Arbeitnehmer individuell erreichbar** sind. Gegenteilige Hinweise finden sich zwar auch bei Zielvereinbarungen in der Rechtsprechung,[76] wonach der Arbeitgeber bei einer zu treffenden Zielvereinbarung gehalten ist, dem Arbeitnehmer nur solche Ziele vorzuschlagen, die der Arbeitnehmer voraussichtlich erreichen kann. Dies stellt indessen **keine inhaltliche Grenze einer Zielvereinbarung** dar, sondern betrifft allein die Rechtsfolgen in dem Falle, dass der Arbeitnehmer ein solches Angebot auf Abschluss einer Zielvereinbarung nicht annimmt.[77] Kommt eine Zielvereinbarung demgegenüber zustande, ist wegen des eingeschränkten Prüfungsmaßstabes für deren Wirksamkeit weder maßgebend, ob der Arbeitnehmer die vereinbarten Ziele realistischerweise erreichen kann, noch ob diese dem Arbeitnehmer etwa im Wege des **arbeitgeberseitigen Direktionsrechts** hätten zugewiesen werden dürfen. Wegen des einvernehmlichen Leistungsversprechens des Arbeitnehmers, die Ziele wie vereinbart zu erreichen, um wirtschaftlich an der Motivationswirkung der Sonderzahlung zu partizipieren, ist all dies der gerichtlichen Kontrolle entzogen. 72

Praxistipp
Arbeitgeber sollten gleichwohl sehr genau prüfen, ob sie dem Arbeitnehmer **über die Grenzen des Direktionsrechts hinaus Ziele** setzen. Betrifft dies etwa Arbeitsinhalte von Arbeitsplätzen, die dem Arbeitnehmer vertraglich an sich nicht zugewiesen werden dürften, stellt sich die Frage, ob bei einer solchen Zielvereinbarung gleichzeitig das **arbeitsvertragliche Direktionsrecht generell erweitert** worden ist. Dies kann für die Vergleichsgruppenbildung im Falle der Sozialauswahl bei einer etwaigen späteren betriebsbedingten Kündigung eine erhebliche Rolle spielen.

---

b) Zielvorgaben
aa) Billigkeitskontrolle bei einseitigem Leistungsbestimmungsrecht

Anders als Zielvereinbarungen kommen Zielvorgaben durch **einseitige Festlegung** seitens des Arbeitgebers zustande.[78] Ein Einverständnis des Arbeitnehmers ist rechtlich nicht Voraussetzung – wegen der Motivationswirkung faktisch jedoch in der Praxis nicht zu unterschätzen. Aufgrund der einseitigen Festsetzung durch den Arbeitgeber kommen die Grundsätze der freien Entgeltvereinbarung mit nur **eingeschränkter gerichtlicher Überprüfung nicht zum Tragen**. 73

Soweit in einer ggf. bestehenden Rahmenvereinbarung nichts Abweichendes geregelt ist, liegt grundsätzlich eine Grenze der festzulegenden Ziele in der **Erreichbarkeit der Ziele** für den Arbeitnehmer. Es dürfen keine Ziele vorgege- 74

---

[76] Etwa: BAG, Urt. v. 10.12.2008 – 10 AZR 889/07 –.
[77] Etwa: BAG, Urt. v. 10.12.2008 – 10 AZR 889/07 –.
[78] Schaub/*Linck*, § 77 Rn 3–5; Küttner/*Griese*, Zielvereinbarung, Rn 3.

ben werden, bei denen mit einer Erreichbarkeit nicht zu rechnen ist. Der Arbeitgeber hat zum **Zeitpunkt der Aufstellung der Ziele insoweit eine Prognose** anzustellen, bei der ihm ein Beurteilungsspielraum einzuräumen ist.[79] Eine Überprüfung erfolgt insbesondere auf **Beurteilungsfehler wie sachfremde Erwägungen, die Einhaltung des Gleichbehandlungsgrundsatzes**[80] **oder eine Missachtung allgemeingültiger Erfahrungsgrundsätze.**

75 Insbesondere Erfahrungsgrundsätze sind die Grenze für die arbeitgeberseitige Prognose über die Entwicklung etwa des Unternehmens bzw. Konzerns oder bei individualerfolgsbezogenen Zielkomponenten über die Berücksichtigung der **Leistungsfähigkeit des Arbeitnehmers.**[81] Die **Leistungswilligkeit** des Arbeitnehmers spielt demgegenüber keine Rolle. Der Arbeitnehmer ist arbeitsvertraglich verpflichtet, seine Leistungsfähigkeit angemessen auszuschöpfen.

> **Praxistipp**
> Um zu **dokumentieren**, dass der Beurteilungsspielraum des Arbeitgebers bei der anzustellenden Prognose nicht überschritten ist, sollten **Leistungsbewertungen der letzten drei Jahre** für den jeweiligen Arbeitnehmer, aber auch Arbeitnehmer auf vergleichbaren Arbeitsplätzen vorgehalten werden. Ein Zeitraum von drei Jahren wird regelmäßig eine tragfähige Prognose für den jeweils folgenden Bezugszeitraum begründen können.

bb) Grenzen des Direktionsrechts bei tätigkeitsbezogenen Zielen

76 Die einseitige Zielvorgabe steuert das **Arbeitsverhalten des Arbeitnehmers**, soweit sie sich nicht auf Vorgaben zum wirtschaftlichen Erfolg etwa des Unternehmens oder Konzerns beschränkt. Betrifft eine Zielvorgabe **Arbeitserfolge des Arbeitnehmers an seinem Arbeitsplatz, in einer Gruppe oder in einem Projekt**, setzt dies voraus, dass der Arbeitgeber den Arbeitnehmer überhaupt zur Erbringung solcher Arbeitsleistungen **einseitig anweisen darf**. Anderenfalls würde über die Konkretisierung von Zielen die **Grenze des arbeitgeberseitigen Direktionsrechts umgangen** – der Maßstab billigen Ermessens gem. § 315 BGB wäre in diesem Falle auch für die Zielvorgabe nicht mehr zu wahren. Der Arbeitgeber kann die Zielerreichung nicht einseitig von solchen Leistungen abhängig machen, zu denen der Arbeitnehmer arbeitsvertraglich überhaupt nicht verpflichtet ist.

77 Grenzen des hiernach maßgebenden **Direktionsrechts** ergeben sich aus dem Arbeitsvertrag sowie ggf. aus Betriebsvereinbarungen oder Tarifverträgen (§ 106 GewO). Ausgangspunkt ist der **Arbeitsplatz des Arbeitnehmers**. Innerhalb des **Berufsbildes** für die auf diesem Arbeitsplatz typischen Tätigkeiten sind grundsätz-

---

79 Vgl. *Mengel*, S. 162 f. Rn 287.
80 *Bauer/Diller/Göpfert*, BB 2002, 882, 884.
81 LAG Hamm, Urt. v. 24.11.2004 – 3 Sa 1325/04 –.

lich sämtliche damit zusammenhängenden Arbeitsaufgaben möglicher Gegenstand des arbeitgeberseitigen Direktionsrechts.

Über den **jeweiligen Arbeitsplatz hinaus** gilt dies, soweit damit einhergehende Aufgaben und Funktionen in der Praxis insbesondere durch den Arbeitsvertrag nicht ausgeschlossen sind. Arbeitsvertragliche Grenzen können etwa darin liegen, dass der Arbeitsplatz des Arbeitnehmers konkret benannt und kein darüber hinausgehendes **Versetzungsrecht auf andere Arbeitsplätze** vorbehalten ist.[82] Ist im Arbeitsvertrag ein konkreter Arbeitsplatz benannt, betrachtet die jüngere Rechtsprechung des BAG[83] dies regelmäßig als vertragliche Konkretisierung des Arbeitsinhaltes, die nur durch einen vertraglich zu vereinbarenden (wirksamen) Versetzungsvorbehalt wieder eröffnet werden kann.[84] Innerhalb dieser Grenzen steht es dem Arbeitgeber jedoch frei, Zielkomponenten im Wege der einseitigen Zielvorgabe festzulegen. 78

cc) Bedeutung des Direktionsrechts bei wirtschaftlichen Zielen

Bei der Festsetzung unternehmens-, konzern- oder spartenbezogener wirtschaftlicher Ziele spielt das **Direktionsrecht keine Rolle**. Als Teil der Belegschaft wird der einzelne Arbeitnehmer in der Regel keine oder allenfalls eine untergeordnete Rolle bei der Erreichung eines bestimmten wirtschaftlichen Ergebnisses einnehmen. Der Arbeitgeber kann den Arbeitnehmer deshalb nicht dazu im Wege des Direktionsrechts anhalten, ein bestimmtes wirtschaftliches Ergebnis zu erreichen. 79

Das **Leistungsbestimmungsrecht bei einer Zielvorgabe** ist jedoch nicht dadurch zu begrenzen, dass der Arbeitgeber den Arbeitnehmer (positiv) im Wege des Direktionsrechts anweisen können muss, ein bestimmtes Ziel zu realisieren. Die Grenze des Weisungsrechts bezweckt vielmehr (negativ) den **Ausschluss von Zielen**, die den Arbeitnehmer zu einer von ihm **nicht geschuldeten Arbeitsleistung** bewegen sollen. Da letztlich jede (sinnvolle) Arbeitsleistung zum wirtschaftlichen Ergebnis beiträgt, ist bei solchen die Belegschaft insgesamt betreffenden Zielkomponenten die Grenze des Direktionsrechts nicht von Bedeutung. 80

dd) Erreichbarkeit der Ziele

Im Bereich der Zielvorgaben ist die Erreichbarkeit der Ziele für den Arbeitnehmer von erheblicher Bedeutung. Der Arbeitgeber darf dem Arbeitnehmer nur solche Ziele vorgeben, die vom **Arbeitnehmer unter Berücksichtigung seiner Leistungsfä-** 81

---

82 Vgl. *Salamon/Fuhlrott*, NZA 2011, 839, 841.
83 BAG, Urt. v. 9.5.2006 – 9 AZR 424/05 –; BAG, Urt. v. 11.4.2006 – 9 AZR 557/05 –.
84 Zum Ganzen: *Salamon/Fuhlrott*, NZA 2011, 839 ff.

higkeit typischerweise zu erreichen sind.[85] Rechtsprechung zu dieser Frage ist nur vereinzelt ergangen. Diese stellt darauf ab, ob etwa der konkrete Arbeitnehmer bei einem gewöhnlichen Verlauf der Dinge ein aufgestelltes Ziel würde erreichen können.[86] Eine exakte Grenzziehung steht allerdings aus.[87] Das BAG[88] hat insoweit auf „realistischerweise erreichbare Ziele" abgestellt, ohne jedoch einen anzulegenden Maßstab aufzuzeigen.

Praxistipp

Richtigerweise müssen **Ziele ehrgeizig** sein, um ihren **Motivationszweck** zu erfüllen.[89] Gleichzeitig wird dieser Motivationszweck allerdings nur erreicht, wenn sich das Ziel auch aus Sicht des Arbeitnehmers **nicht als unerreichbar darstellt**. In diesem Falle wird der Arbeitnehmer voraussichtlich von vornherein nicht mit einer Zielerreichung rechnen und dementsprechend nicht motiviert werden können. Da der Arbeitgeber im Streitfalle die Wahrung der Grenzen billigen Ermessens darlegen und ggf. beweisen muss, sollte er insbesondere bei von der individuellen Leistungsfähigkeit des Arbeitnehmers abhängigen Zielen einen ggf. dokumentierbaren Maßstab anlegen. Insbesondere **Erfahrungsgrundsätze** sind maßgebend für die arbeitgeberseitige Prognose über die Erreichbarkeit individualerfolgsbezogener Zielkomponenten unter Berücksichtigung der **Leistungsfähigkeit des Arbeitnehmers**.[90] Die **Leistungswilligkeit** des Arbeitnehmers spielt demgegenüber keine Rolle. Der Arbeitnehmer ist arbeitsvertraglich verpflichtet, seine Leistungsfähigkeit angemessen auszuschöpfen.

Beispiele
- Bei dem **wirtschaftlichen Ergebnis** des Unternehmens, Konzerns oder einer Sparte wird in der Regel die **wirtschaftliche Entwicklung in der Vergangenheit** eine Prognose für die zukünftige Entwicklung bieten. Wie weit der Arbeitgeber den Blick in die Vergangenheit richten muss, ist in der Rechtsprechung ungeklärt. Für das Betriebsrentenrecht ist allerdings anerkannt, dass der Arbeitgeber sogar eine Rentenanpassung nach § 16 Abs. 1 BetrAVG ablehnen kann, wenn die wirtschaftliche Lage des Unternehmens diese nicht zulässt. Insoweit hält das BAG einen Zeitraum von mindestens drei Jahren für repräsentativ.[91] Für die Billigkeitskontrolle gem. § 315 BGB bei einem Zielvereinbarungssystem können keine strengeren Regeln gelten, sodass die **wirtschaftliche Entwicklung der vergangenen drei Jahre ausreichender Prognosezeitraum** sein muss.
- Bei **projektbezogenen Zielen** wird der Arbeitgeber in der Regel seine Zielkomponenten an **bereits durchgeführten Projekten** messen. Gehen die Anforderungen des Arbeitgebers im Rahmen von Zielvorgaben über diese hinaus, wird der Arbeitgeber darzustellen haben, welche ggf. bestehenden Fehlentwicklungen in der Vergangenheit nunmehr auszuschließen sind, und

---

85 BAG, Urt. v. 12.12.2007 – 10 AZR 97/07 –.
86 LAG Hamm, Urt. v. 24.11.2004 – 3 Sa 1325/04 –.
87 *Bauer/Diller/Göpfert*, BB 2002, 882, 884; *Horcher*, BB 2007, 2065, 2066: „objektiv erreichbar"; *Brors*, RdA 2004, 273, 280: „Einflussnahmemöglichkeit maßgebend".
88 BAG, Urt. v. 12.12.2007 – 10 AZR 97/07 –.
89 So auch: *Mengel*, S. 163 Rn 288.
90 LAG Hamm, Urt. v. 24.11.2004 – 3 Sa 1325/04 –.
91 BAG, Urt. v. 31.7.2007 – 3 AZR 810/05 –; BAG, Urt. v. 17.4.1996 – 3 AZR 56/95 –.

dass die vorgegebenen Ziele deshalb einer realistischen Prognose entsprechen. Entsprechendes gilt bei sonstigen **gruppenerfolgsbezogenen Zielen**.
- Bei **individualerfolgsbezogenen Zielen** wird darüber hinaus eine Rolle spielen, dass die Zielkomponenten der tatsächlichen Ausübung des Direktionsrechts gegenüber dem Arbeitnehmer korrespondieren. Dies bedeutet insbesondere, dass dem Arbeitnehmer nicht schwerpunktmäßig während der Zielerfüllungsperiode andere Arbeitsaufgaben zugewiesen werden dürfen, die ihn an der **Erfüllung vorgegebener Ziele auf seinem Arbeitsplatz abhalten**. Dies ist bereits Gegenstand der Prognose zum Zeitpunkt der Vorgabe der Ziele durch den Arbeitgeber.
- Darüber hinaus ist bei **individualerfolgsbezogenen Zielen** die Leistungsfähigkeit des Arbeitnehmers maßgebend. Um eine Angemessenheit zu dokumentieren, sollten **Leistungsbewertungen der letzten drei Jahre** für den jeweiligen Arbeitnehmer, aber auch Arbeitnehmer auf vergleichbaren Arbeitsplätzen vorgehalten werden. Ein Zeitraum von drei Jahren wird regelmäßig eine tragfähige Prognose für den jeweils folgenden Bezugszeitraum begründen.

ee) Gewichtung der Ziele

Aufgrund der Billigkeitskontrolle am **Maßstab des § 315 BGB** gelten die Grenzen billigen Ermessens nicht allein für die Auswahl und Quantifizierung der Zielkomponenten, sondern darüber hinaus für deren Gewichtung zueinander. Insbesondere Stufenverhältnisse einzelner Ziele – etwa die Vorgabe der Erreichung eines unternehmensbezogenen Ziels als Voraussetzung, dass überhaupt ein Anspruch auf Sonderzahlung entsteht – hat diesem Kontrollmaßstab zu entsprechen. 82

Sofern im Rahmen einer ggf. bestehenden Rahmenregelung diesbezüglich keine Regelungen getroffen sind, ist der Arbeitgeber grundsätzlich im Rahmen des ihm gem. § 315 BGB zustehenden billigen Ermessens ebenso frei in der Gewichtung, wie ein **Arbeitsgericht** im Streitfalle darin frei ist, im Rahmen **tatrichterlichen Ermessens** festzustellen, dass der Arbeitgeber sein Ermessen fehlerhaft ausgeübt hat. Im Zweifel wird es bei einer Mehrheit von Zielen, etwa nach Maßgabe des Unternehmenserfolgs, eines Projekterfolgs sowie eines individuellen Erfolgs der Billigkeit entsprechen, diese **gleichmäßig nebeneinander zu gewichten**. Im Rahmen individualerfolgsbezogener Ziele wird deren Gewichtung untereinander im Zweifel nicht der **Möglichkeit des Arbeitnehmers** widersprechen dürfen, die Verfolgung dieser Ziele neben seinen anderen Arbeitsaufgaben am Arbeitsplatz zu verfolgen. Diesbezüglich sind **mannigfaltige Anknüpfungspunkte** denkbar, die für oder gegen eine starr gleichmäßige Gewichtung der Ziele sprechen. Dies birgt **erhebliches Streitpotenzial** für die Praxis, auch wenn diesbezügliche rechtliche Auseinandersetzungen – jedenfalls im noch laufenden Arbeitsverhältnis – die Ausnahme darstellen. 83

Praxistipp
Auch wenn zu diesen Fragen kaum Rechtsprechung veröffentlicht ist und dementsprechend rechtliche Auseinandersetzungen im laufenden Arbeitsverhältnis die Ausnahme sein werden, sollten Arbeitgeber vorsorgen. Es empfiehlt sich eine **Rahmenregelung**, die beispielhaft ein **Stufenverhältnis der Ziele zueinander** – insbesondere die Abhängigkeit jedweder Zahlung von der Erreichung eines bestimmten wirtschaftlichen Erfolges – ermöglicht.

5. Zeitpunkt der Festlegung der Ziele

84 In der Regel werden die maßgebenden Ziele im Wege einer Zielvereinbarung oder einer Zielvorgabe zum **Beginn des Bezugszeitraums** festzulegen sein. Nur so ist es dem Arbeitnehmer grundsätzlich möglich, durch **Ausrichtung seiner Arbeitsleistung auf die maßgebenden Zielkomponenten** in Richtung einer Zielerreichung hinzuwirken.[92]

85 Einzelheiten sind in der bislang ergangenen Rechtsprechung noch nicht geklärt. Richtigerweise kann aber zu differenzieren sein:

86 Soweit eine **einvernehmliche Zielvereinbarung** zustande kommt, gelten die Grundsätze über die freie Entgeltvereinbarung. Damit findet eine Inhalts- oder Billigkeitskontrolle der Ziele nicht statt.[93] Daraus folgt zugleich, dass der **Zeitpunkt der einvernehmlichen Festlegung der Ziele keiner gerichtlichen Kontrolle unterliegt**, sofern der Arbeitnehmer durch sein Einvernehmen bei der Zielfestlegung mit der Maßgabe dieser Ziele trotz ggf. erst im Laufe des Bezugszeitraums zustande gekommener Zielvereinbarung deren Angemessenheit zu erkennen gibt.

Beispiel

Ist der Bezugszeitraum das Geschäftsjahr und knüpft eine Zielvereinbarung u.a. an ein **individualerfolgsbezogenes Ziel** wie den Abschluss einer Datenmigration in ein neu integriertes Softwaresystem bis zum Ende des Geschäftsjahres an, hat der Arbeitnehmer die Möglichkeit, während des gesamten Bezugszeitraums des Geschäftsjahres **seine Arbeitsleistung so einzurichten**, dass die Datenmigration erfolgreich abgeschlossen werden kann. Kommt dagegen die Zielvereinbarung, aus welchen Gründen auch immer, erst in der zweiten Hälfte des Geschäftsjahres zustande, steht dem Arbeitnehmer weniger als die Hälfte des Bezugszeitraums für die Zielerreichung zur Verfügung. Dies ist jedoch unschädlich, da die zustande gekommene Zielvereinbarung keiner Inhalts- oder Billigkeitskontrolle unterliegt, sondern der **Arbeitnehmer mit seinem Einvernehmen** trotz Zustandekommens in der zweiten Hälfte des Bezugszeitraums zu erkennen gibt, dass die Zielerreichung in der verbleibenden Zeit aus seiner Sicht angemessen ist.

Praxistipp

Der Arbeitnehmer wird in aller Regel jedoch **nicht verpflichtet sein, sich auf eine Zielvereinbarung im späteren Laufe des Bezugszeitraums einzulassen**, wenn dies die Erreichbarkeit der Ziele infrage stellen kann. Der Arbeitgeber sollte deshalb auch bei einem einvernehmlichen Zielvereinbarungssystem zu **Beginn des Bezugszeitraums auf das Zustandekommen einer Zielvereinbarung hinwirken**. Anderenfalls droht Streit über die Angemessenheit der vom Arbeitgeber angetragenen Ziele, wenn diese aus Sicht des Arbeitnehmers infolge des bereits angelaufenen Bezugszeitraums nicht mehr realistisch sind.

---

87 Bei **einseitigen Zielvorgaben** finden die Grundsätze über die freie Entgeltvereinbarung dagegen keine Anwendung. Die im Rahmen des § 315 BGB durchzuführende

---

92 BAG, Urt. v. 10.12.2008 – 10 AZR 889/07 –; BAG, Urt. v. 12.12.2007 – 10 AZR 97/07 –.
93 Siehe Rn 63 ff.

Billigkeitskontrolle der einseitig vom Arbeitgeber vorgegebenen Ziele umfasst deren **realistischerweise zu erwartende Erreichbarkeit** für den Arbeitnehmer. Diese Frage kann in der Regel **nicht losgelöst vom Bezugszeitraum und damit der für die Zielerreichung maßgebenden Zeitspanne** beurteilt werden. Bei einseitigen Zielvorgaben ist deshalb besonderes Augenmerk darauf zu legen, dass diese bereits zu Beginn des Bezugszeitraums erfolgen oder aber sich aus den festzulegenden Zielkomponenten ergibt, dass eine Zielerreichung lediglich einen Bruchteil des Bezugszeitraums erfordert.

Beispiel
- Unbillig wäre etwa eine erst nach Ablauf des ersten Quartals eines Bezugszeitraums erfolgende Zielvorgabe über vier gleichmäßig quartalsweise im Bezugszeitraum abzuschließende Projektabschnitte. Für das bereits abgelaufene Quartal wäre der Arbeitnehmer nicht in der Lage, auf Grundlage einer bestehenden Zielvorgabe sein Arbeitsverhalten auf die Zielerreichung einzustellen.
- Knüpft eine Zielvorgabe dagegen beispielsweise lediglich an eine erst mit Beginn des 4. Quartals des Bezugszeitraums umsetzbare Zielkomponente, wird der Arbeitnehmer in den ersten drei Quartalen des Bezugszeitraums seine Arbeitsleistung auf diese Zielerreichung kaum ausrichten können. Dies gilt jedenfalls dann, wenn der Arbeitnehmer nicht zur Schaffung von Freiräumen für eine solche Zielkomponente andere Arbeitsleistungen zeitlich vorziehen könnte. Besteht für den Arbeitnehmer eine solche Möglichkeit oder Notwendigkeit der Schaffung von Freiräumen nicht, kann eine zeitlich später erfolgende Zielvorgabe keine unbilligen Auswirkungen haben, solange sie nur rechtzeitig vor Beginn des 4. Quartals erfolgt.
- Knüpft eine Zielvorgabe an den erfolgreichen Abschluss einer Datenmigration als Sonderaufgabe über den Zeitraum eines gesamten Geschäftsjahres nach Implementierung eines neuen Softwaresystems, wird dem Arbeitnehmer im Zweifel für eine solche Sonderaufgabe das gesamte Geschäftsjahr als Bezugszeitraum zur Verfügung zu stellen sein. Anderenfalls stellt sich die Frage, wie der Arbeitnehmer bei realistischer Erwartung während des Bezugszeitraums neben seinen gewöhnlichen Arbeitsinhalten diese Sonderaufgabe bewältigen können sollte, die der Arbeitgeber selbst mit einer zwölfmonatigen Dauer veranschlagt. Eine erst im Laufe des Bezugszeitraums erfolgende Zielvorgabe wäre in diesem Falle unbillig.

---

6. Anpassung bestehender Zielvereinbarungen oder -vorgaben im laufenden Bezugszeitraum
a) Interessenlage
Insbesondere bei längeren Bezugszeiträumen, etwa bezogen auf das gesamte Geschäftsjahr, können sich die **tatsächlichen Rahmenbedingungen verändern**, die für die Entscheidung zugunsten oder zulasten bestimmter Zielkomponenten oder zugrunde gelegter Grade der Zielerreichung von Bedeutung waren. Dies kann auf **unvorhergesehenen externen Faktoren**, aber auch auf **unternehmerischen Entscheidungen** beruhen, die auf die Bedeutung bestimmter Zielkomponenten für das Unternehmen oder die Möglichkeit der Zielerreichung Wirkungen entfalten.

> **Beispiele**
> – Ein individualerfolgsbezogenes Ziel knüpft an den Abschluss eines Projektes mit dem Inhalt der Implementierung eines Softwaresystems im Betrieb eines Kunden an. Der Kunde gerät in Zahlungsschwierigkeiten und meldet Insolvenz an. Der Arbeitgeber stellt das Projekt mit sofortiger Wirkung ein.
> – Der Arbeitnehmer gehört in einem Call-Center einem Team für sog. Inbound-Telefonie (eingehende Telefonate) an und erhält eine Sonderzahlung nach Maßgabe der Anzahl angenommener Inbound-Telefonate. Während des Bezugszeitraums wird der Arbeitnehmer in dem Call-Center in das Team Outbound-Telefonie (ausgehende Telefonate) versetzt, um dort infolge Fluktuation entstandene Personalbedarfe aufzufangen. Er nimmt kein einziges Telefonat mehr entgegen.
> – Ein individualerfolgsbezogenes Ziel stellt auf den Abschluss einer Datenmigration im Zuge der Implementierung einer neuen Software ab. Der Arbeitgeber entscheidet, von der Einführung der neuen Software abzusehen, sodass eine Datenmigration nicht mehr erforderlich ist.
> – Der Arbeitnehmer erhält eine Sonderzahlung für den Abschluss einer manuell durchzuführenden Datenmigration. Während des Bezugszeitraums stellt der IT-Dienstleister eine Prozedur zur Verfügung, mit der die Datenmigration „auf Knopfdruck" automatisiert vollzogen wird.

89 Die Beispiele zeigen, dass Änderungen der tatsächlichen Rahmenbedingungen eines Ziels **in unterschiedlichem Ausmaß der freien Entscheidung des Arbeitgebers** unterliegen und sowohl zugunsten wie auch zulasten der Zielerreichung und damit der Entstehung bzw. Bemessung eines Anspruchs auf eine Sonderzahlung wirken können. Den Beispielen ist gemeinsam, dass die tatsächlichen Gegebenheiten sich **während des Bezugszeitraums abweichend von den Vorstellungen der Parteien entwickelt** haben.

b) Anpassungsansprüche

90 Sowohl die einseitige Zielvorgabe wie auch die einvernehmliche Zielvereinbarung sind **grundsätzlich bindend**.[94] Für den Bezugszeitraum ist hinsichtlich der für den Arbeitnehmer maßgebenden Ziele eine Bestimmung getroffen, die **Entstehung und Umfang der Sonderzahlung abschließend bestimmt**. Arbeitgebern und Arbeitnehmern bleibt es selbstverständlich unbenommen, eine bestehende einvernehmliche Zielvereinbarung oder einseitige Zielvorgabe abzuändern. **Einseitig** ist dies aber grundsätzlich nicht möglich.[95] Sowohl die einvernehmliche Zielvereinbarung als auch das einmal im Wege der einseitigen Zielvorgabe ausgeübte Leistungsbestimmungsrecht stehen **nicht zur einseitigen Disposition des Arbeitgebers**. Für die einseitige Zielvorgabe gilt dies, weil sie nach Ausübung des

---

94 BAG, Urt. v. 29.8.2012 – 10 AZR 385/11 –.
95 BAG, Urt. v. 29.8.2012 – 10 AZR 385/11 –.

Leistungsbestimmungsrechts beide Parteien rechtlich bindet, solange nicht gerichtlich die Unverbindlichkeit der Leistungsbestimmung festgestellt ist.[96]

Praxistipp
Sofern zum Zeitpunkt der Festlegung der Ziele bereits eine **Änderung der tatsächlichen Rahmenbedingungen absehbar**, jedoch noch ungewiss ist, sollte dem bei der Festlegung der Ziele bereits Rechnung getragen werden. Beispielsweise kann eine Zielvereinbarung oder -vorgabe beinhalten, dass im Falle des Eintritts eines bestimmten Umstandes bis zu einem bestimmten Stichtag ein anderes, bereits in der **Zielvereinbarung bzw. -vorgabe als Alternative** vorgesehenes Ziel gelten soll. Bei einem solchen „vorsorglichen" weiteren Ziel ist darauf zu achten, dass dem Arbeitnehmer für dessen Erreichung nach Feststellung der Maßgeblichkeit dieses Ziels **noch eine ausreichende Zeitspanne zur Verfügung steht** und die Alternativität der Ziele transparent formuliert ist.

Diese Bindungswirkung tritt zwar nur für die Leistungsbestimmung selbst ein, nicht 91 dagegen für einzelne **Elemente oder Vorfragen der Leistungsbestimmung.**[97] Bedeutung hat dies etwa für die Festlegung von Bonuspools, mit denen der Arbeitgeber sein Gesamtvolumen für sämtliche Bonuszahlungen festlegt. Da mit der Festlegung eines Bonuspools die Höhe oder Anspruchsvoraussetzungen einer Leistung im Einzelfall nicht festgelegt werden, handelt es sich noch **nicht um eine Leistungsbestimmung i.S.d. § 315 BGB.**[98] Gleichwohl ist der Arbeitgeber auch an eine solche Festlegung gebunden, da er sich hinsichtlich eines in die nach § 315 BGB zu treffende **Leistungsbestimmung einfließenden Kriteriums verpflichtet** hat und hiervon nur bei Hinzutreten besonderer Umstände abweichen darf.[99]

aa) Anpassung von Zielvorgaben

Auch wenn einseitige Zielvorgaben nach Ausübung des Leistungsbestimmungs- 92 rechts gem. § 315 BGB für Arbeitnehmer wie Arbeitgeber verbindlich sind und grundsätzlich nicht einseitig abgeändert werden können, gilt dies nicht uneingeschränkt. Soll das ausgeübte Leistungsbestimmungsrecht für einen **längeren Zeitraum maßgebend sein und ändern sich während diesem die tatsächlichen Umstände**, kann das **Vertrauen des Arbeitnehmers in den Bestand** des ausgeübten Leistungsbestimmungsrechts **entfallen.**[100]

Zwar wird der Arbeitnehmer auf die bestehenbleibenden Maßgaben eines ein- 93 mal ausgeübten Leistungsbestimmungsrechts bei der einseitigen Zielvorgabe regelmäßig vertrauen. Ein solches Vertrauen des Arbeitnehmers kann aber nur soweit

---

96 BAG, Urt. v. 29.8.2012 – 10 AZR 385/11 –; BAG, Urt. v. 22.2.2012 – 5 AZR 249/11 –.
97 BAG, Urt. v. 12.10.2011 – 10 AZR 746/10 –.
98 BAG, Urt. v. 12.10.2011 – 10 AZR 746/10 –.
99 BAG, Urt. v. 12.10.2011 – 10 AZR 746/10 –.
100 BAG, Urt. v. 21.6.1971 – 3 AZR 24/71 –.

gehen, wie auch aus seiner Sicht **die tatsächlichen Rahmenbedingungen zum Zeitpunkt der Festlegung der Zielkomponente deren Erreichbarkeit** beeinflussen. Ein **schutzwürdiges Vertrauen in eine nicht vorhersehbare Entwicklung** der tatsächlichen Rahmenbedingungen ist demgegenüber **nicht anzuerkennen**. In der Rechtsprechung nicht abschließend behandelt ist allerdings die Frage, **welchen Grad eine Veränderung** der tatsächlichen Rahmenbedingungen erreichen muss, um die Verbindlichkeit einer bereits einmal aufgestellten einseitigen Zielvorgabe für den verbleibenden Bezugszeitraum aufzuheben.

94 Änderungen im **Bagatellbereich** werden nicht genügen.[101] Sinnvoll scheint eine **Harmonisierung** mit den Voraussetzungen für den **Wegfall der Geschäftsgrundlage oder einen Änderungsvorbehalt**, wie sie sogleich für die Anpassung einvernehmlicher Zielvereinbarungen darzustellen sind.

bb) Anpassung von Zielvereinbarungen

95 Einvernehmliche Zielvereinbarungen kommen durch Einigung zwischen Arbeitgeber und Arbeitnehmer zustande und haben dementsprechend **vertraglichen Charakter**. Bei veränderten Rahmenbedingungen wird eine Anpassung einvernehmlicher Zielvereinbarungen nach herrschender Ansicht über das Institut eines **Wegfalls bzw. einer Störung der Geschäftsgrundlage** hergeleitet.[102] Nach § 313 BGB besteht ein Anspruch auf Anpassung einer vertraglichen Regelung im Falle einer nach Vertragsschluss **erfolgenden schwerwiegenden Veränderung der Geschäftsgrundlage**, wenn die Parteien die vertragliche Regelung bei **Kenntnis der veränderten Umstände nicht oder mit anderem Inhalt getroffen hätten** und unter Berücksichtigung aller Einzelfallumstände einschließlich **vertraglicher bzw. gesetzlicher Risikoverteilung** ein Festhalten am unveränderten Vertrag für einen Teil unzumutbar ist. Es muss sich jedenfalls bei **rein wirtschaftlichen Veränderungen** der Lage des Unternehmens um besonders gewichtige (in der Regel existenzbedrohende), außergewöhnliche Umstände handeln, die nicht bereits durch die Zielvereinbarung abgedeckt waren.[103]

96 Von praktischer Bedeutung ist neben solchen Extremfällen der wirtschaftlichen Situation insbesondere der Aspekt der gesetzlichen Risikoverteilung. Als Wertungsmodelle kommen insoweit das Verzugs- und Wirtschaftsrisiko des Arbeitgebers gem. § 615 BGB sowie die Grundsätze der Unmöglichkeit gem. § 275 BGB in Betracht.

---

101 BAG, Urt. v. 29.8.2012 – 10 AZR 385/11 –.
102 *Annuß*, NZA 2007, 290, 292; *Lischka*, BB 2007, 552, 555; *Risenhuber/v. Steinau-Steinrück*, NZA 2005, 785, 792; *Bauer/Diller/Göpfert*, BB 2002, 882, 884; *Mauer*, NZA 2002, 540, 546.
103 BAG, Urt. v. 29.8.2012 – 10 AZR 385/11 – (für die Notwendigkeit von Staatsnothilfen zur Existenzsicherung).

Eine **Unmöglichkeit** i.S.d. § 275 BGB würde – so sie denn bestünde – mit dem 97
Wegfall der Möglichkeit einer Zielerreichung gleichzeitig gem. § 326 BGB den Wegfall
der Gegenleistung bedeuten. Insoweit ist jedoch zu beachten, dass der Arbeitnehmer
gem. § 611 BGB lediglich zur **Leistung von Diensten** verpflichtet ist, nicht jedoch einen bestimmten **Erfolg herbeizuführen** hat. Auch wenn eine erfolgs- und leistungsabhängige Entgeltgestaltung mit gesetzten Zielen den Eintritt eines Erfolgs zum Inhalt hat und damit die Leistungspflicht des Arbeitnehmers über den Tätigkeitsbezug
hinaus mit einem gewissen Erfolgsbezug versieht, **hindert der arbeitsvertragliche
Charakter** gleichwohl einen **unmöglichkeitsbegründenden Erfolgsbezug**. Die
leistungs- und erfolgsabhängige Entgeltkomponente soll den Arbeitnehmer zur Zielerreichung motivieren – sie kann ihn hierzu jedoch nicht verbindlich verpflichten.

So wenig wie der Arbeitgeber auf Grundlage einer Zielvereinbarung den Arbeit- 98
nehmer zur Herstellung des Ziels gerichtlich verpflichten könnte, kann eine solche
Leistungspflicht unmöglich werden. Das Leistungsversprechen des Arbeitnehmers
beschränkt sich weiterhin auf die Erbringung einer **Arbeitsleistung**, nicht jedoch
auf die Herstellung eines Erfolges. Ändern sich tatsächliche Rahmenbedingungen
mit der Folge, dass ein als Zielkomponente zugrunde gelegter **Erfolg nicht mehr
eintreten** kann, **bleibt der Arbeitnehmer zur Arbeitsleistung verpflichtet**. Welchen Inhalt eine sodann noch sinnvolle Arbeitsleistung hat und ob der Arbeitgeber
diese entgegennehmen kann, ist dann eine Frage des **Annahmeverzugs** gem. § 615
BGB und des durch den Arbeitgeber in der Regel zu tragenden **Wirtschaftsrisikos**.

Damit bleibt als entscheidendes gesetzliches Wertungsmodell, welches eine Ri- 99
sikozuweisung i.S.d. § 313 BGB enthält, das **Annahmeverzugs- und Wirtschaftsrisiko** gem. § 615 BGB. Nimmt der Arbeitgeber Arbeitsleistungen des Arbeitnehmers
bezogen auf die Erreichung bestimmter Ziele nicht (mehr) entgegen, wird dies **regelmäßig** einen **Annahmeverzug** begründen. In der Praxis wird das häufig der
Anpassung bereits festgelegter Zielkomponenten nach den Grundsätzen über die
Störung bzw. den Wegfall der Geschäftsgrundlage entgegenstehen.

Beispiele
Für die oben genannten Beispiele ergibt sich daraus Folgendes:
- Da der Arbeitgeber gem. § 615 BGB das Wirtschaftsrisiko trägt, fällt die Einstellung eines Projektes wegen Insolvenz des Vertragspartners ebenso in seine Risikosphäre wie die Notwendigkeit der Versetzung eines Arbeitnehmers aufgrund von Personalbedarfen oder unternehmerischen Entscheidungen bzw. technologischen Entwicklungen. Auch wenn einzelne Arbeitsleistungen ggf. undurchführbar werden, ist die **Wertung des § 295 BGB** zu berücksichtigen. Nach dieser kann der Arbeitgeber auch dann in Annahmeverzug geraten, wenn der Arbeitnehmer die zu erbringende Arbeitsleistung nicht erbringen kann, weil eine **Mitwirkungshandlung des Arbeitgebers** – etwa das Vorhalten eines Arbeitsplatzes im Kundenbetrieb oder einer bestimmten Technologie – erforderlich ist, die der Arbeitgeber jedoch nicht vornimmt.
- Umgekehrt hindert ein erfolgsabhängiges Entgeltsystem den Arbeitgeber nicht in der Ausübung seiner unternehmerischen Freiheit zur **Gestaltung der Betriebsorganisation**. Ist ein Arbeitnehmer etwa mit der Betreuung eines bestimmten Vertriebsgebietes befasst und erhält er einen nicht unerheblichen Teil seines Entgelts auf Provisionsbasis für die in seinem Vertriebsgebiet

zustande gekommene Geschäfte, hindert dies den Arbeitgeber nicht an einer Umorganisation seiner Vertriebsgebiete, auch wenn dies zur Folge hat, dass der Arbeitnehmer wegen eines veränderten Vertriebsgebietes zukünftig ein deutlich geringeres Provisionsaufkommen hat.[104] Insoweit greift die **Risikozuweisung des § 615 BGB** nicht, da der Arbeitnehmer weiterhin seine Arbeitsleistung erbringt und aus ihr erfolgsabhängige Entgelte erzielen kann – wenn auch in geringerem Ausmaße. Andererseits trägt der Arbeitgeber das Wirtschaftsrisiko, sodass seine unternehmerische Freiheit zur Gestaltung der Betriebsorganisation bis auf **eine Willkür- und Missbrauchskontrolle** unangetastet bleibt.[105] Das Risiko wirtschaftlicher Auswirkungen einer Veränderung der Betriebsorganisation trägt insoweit der Arbeitnehmer als Annex, da gleichermaßen der von diesem Arbeitnehmer für den Arbeitgeber „eingespielte" Erfolg abnimmt.

100 In der Praxis wenig Beachtung findet die, gegenüber einer Vertragsanpassung nach den Grundsätzen über die Störung oder den Wegfall der Geschäftsgrundlage vorrangige, **ergänzende Vertragsauslegung**.[106] Bei der ergänzenden Vertragsauslegung handelt es sich um ein Instrument der Vertragsergänzung, das auf Ausgleichung der beiderseitigen Interessen angelegt ist.[107] Sie spiegelt das Ergebnis der beabsichtigten Regelung der Vertragsparteien wider. Grenze der ergänzenden Vertragsauslegung ist der in der vertraglichen Regelung zum Ausdruck gekommene **Parteiwille**, der nicht überdehnt werden darf.

101 Allerdings wird es bei bereits festgelegten Zielkomponenten bezogen auf diese Ziele selbst regelmäßig an einer im Wege ergänzender Vertragsauslegung zu schließenden Vertragslücke fehlen. Zu denken wäre allerdings an eine **planwidrige Regelungslücke** dergestalt, dass es an einem in der Zielvereinbarung eingeräumten Anspruch auf Anpassung der Ziele bei Veränderung der tatsächlichen Rahmenbedingungen fehlt.[108] Eine dahingehende ergänzende Vertragsauslegung wird in der Literatur sogar für die **einseitige Zielvorgabe** erwogen, da diese als Willenserklärung einer erweiternden Auslegung zugänglich sei.[109]

102 Diese Betrachtung scheint interessengerecht. Sie ermöglicht einen flexiblen Umgang mit sich ändernden tatsächlichen Rahmenbedingungen im Bezugszeitraum. Allerdings ist Arbeitgebern davon **abzuraten**, sich auf die Möglichkeit einer solchen Anpassung festgelegter Zielkomponenten während des Bezugszeitraums zu verlassen. So kann gegenläufig argumentiert werden, dass ein solcher Änderungsvorbehalt ausdrücklich in die Zielvereinbarung bzw. Zielvorgabe geflossen wäre, wenn er dem Parteiwillen entsprochen hätte. Gerade die weitgehende Tragung des Wirtschaftsrisikos durch den Arbeitgeber beinhaltet eine **gesetzliche Konzeption über eine Risi-**

---

104 BAG, Urt. v. 16.2.2012 – 8 AZR 242/11 –.
105 BAG, Urt. v. 16.2.2012 – 8 AZR 242/11 –.
106 *Riesenhuber*, BB 2004, 2697, 2701f.
107 *Willemsen/Grau*, RdA 2003, 321, 325.
108 *Weber*, S. 212.
109 *Weber*, S. 212.

koverteilung, die in der Regel eher dem Arbeitgeber als dem Arbeitnehmer die Notwendigkeit der Vereinbarung eines Änderungsvorbehaltes zuweist.

Praxistipp
Diese Bedenken gelten für die Möglichkeit einer ergänzenden Vertragsauslegung, um zu einer solchen – nicht vereinbarten – Regelung zu gelangen. Eine solche Regelung kann und sollte demgegenüber **Gegenstand des Zielvereinbarungssystems** sein. Auch wenn diesbezügliche Rechtsprechung zu den Grenzen einer solchen Regelung nicht ersichtlich ist und die Bestimmtheit (Transparenz, § 307 I S. 2 BGB) unvorhergesehener Änderungen der tatsächlichen Rahmenbedingungen konträr entgegensteht, wird eine solche Klausel insbesondere in der Rahmenvereinbarung zulässig sein, solange sie nicht einseitig ist.

Klauselmuster
„Die Parteien verpflichten sich zu einer Anpassung der maßgebenden Ziele für den Bezugszeitraum, wenn und soweit sich die zum Zeitpunkt der erstmaligen Festlegung der Ziele für deren Erreichbarkeit durch den Arbeitnehmer oder deren wirtschaftliche Bedeutung für den Arbeitgeber zugrunde liegenden Annahmen grundlegend verändert haben. Bis zu einer solchen Anpassung der Ziele entsteht kein Anspruch auf die Sonderzahlung."

---

7. Exkurs: Rechtsfolgen unterbliebener bzw. fehlerhafter Zielvereinbarung oder -vorgaben
a) Fehlen einer Zielvorgabe oder Zielvereinbarung
aa) Grundsatz und Ausnahmefall

Besteht hinsichtlich einer Sonderzahlung eine Rahmenvereinbarung, kraft derer für den jeweiligen Bezugszeitraum Ziele im Wege der einseitigen Zielvorgabe oder einvernehmlichen Zielvereinbarung festzulegen sind, hängt die **Entstehung und der Umfang des Anspruchs** auf die jeweilige Sonderzahlung von den festzusetzenden Zielen und dem Grad ihrer Erreichung ab. Unterbleibt die Festlegung von Zielen, sei es aufgrund fehlender Zielvorgabe oder fehlender Einigung über die maßgebenden Ziele, stehen die **maßgebenden Zielkomponenten als Bezugspunkt** für die Frage einer Zielerreichung bereits nicht fest.

In der Praxis stellt sich sodann die Frage, **ob und ggf. in welchem Umfang** der Arbeitnehmer einen Anspruch gegen den Arbeitgeber hat. Insoweit besteht in Rechtsprechung und Literatur jedenfalls Einigkeit darüber, dass das Unterbleiben einer Zielvorgabe oder Zielvereinbarung jedenfalls dann **nicht zum Verlust jeglicher Ansprüche des** Arbeitnehmers **führt**, wenn nicht der Arbeitnehmer das Unterbleiben der Festlegung der Ziele zu vertreten hat.[110]

---

110 BAG, Urt. v. 10.12.2008 – 10 AZR 889/07 –; BAG, Urt. v. 12.12.2007 – 10 AZR 97/07 –; *Mauer*, NZA 2002, 540, 547; *Bauer/Diller/Göpfert*, BB 2002, 882, 883; *Schmiedl*, BB 2004, 329, 330.

> **Praxistipp**
> Das BAG[111] hält es – wenn auch auf **seltene Ausnahmefälle** begrenzt – für möglich, dass das Nichtzustandekommen einer Zielvereinbarung gleichzeitig durch schlüssiges Verhalten eine **Rahmenvereinbarung über das Zielvereinbarungssystem insgesamt aufhebt** und damit Ansprüche auf Sonderzahlung dauerhaft ausgeschlossen werden. Dies soll etwa in Betracht kommen, wenn eine Sonderzahlung im Verhältnis zum sonstigen Entgelt nur **geringes Gewicht** einnimmt und der Arbeitnehmer während **vergangener Zielperioden die vereinbarten Ziele bereits deutlich verfehlt** hat. Eine Aufhebung der Rahmenvereinbarung über das Zielvereinbarungssystem insgesamt könne in einer solchen Situation im Interesse des Arbeitnehmers liegen, weil Zielverfehlungen auf eine Minderleistung des Arbeitnehmers schließen lassen, die den Bestand des Arbeitsverhältnisses gefährden. In einer solchen Situation könne auf ein **bewusstes Absehen von der Festlegung von Zielen** und damit eine **Aufhebung des gesamten Zielvereinbarungssystems** über die Sonderzahlung geschlossen werden.[112] Arbeitgeber sollten in einem Streitfalle stets prüfen, ob ein solcher Sachverhalt ggf. in Betracht kommt.

bb) Fehlende Zielvorgabe

105 Unterbleibt die Festlegung von Zielen durch einseitige Zielvorgaben des Arbeitgebers, hat nach herrschender Meinung eine **Festlegung der Ziele gem. § 315 Abs. 3 BGB durch das Arbeitsgericht** zu erfolgen. Umstritten ist allerdings, ob eine solche gerichtliche Bestimmung auch nach Ablauf des Bezugszeitraums erfolgen kann. Für einseitige Zielvorgaben hat das BAG[113] diese Frage ausdrücklich offengelassen. Die instanzgerichtliche Rechtsprechung[114] lässt eine solche Leistungsbestimmung auch nach Ablauf des Bezugszeitraums noch zu. Für **unternehmenserfolgsbezogene Tantiemen** bestätigt dies ein Blick auf die zivilrechtliche Parallele zur Rechtsprechung bei Geschäftsführern. So lässt der BGH[115] bei einer einem Geschäftsführer zugesagten Tantieme eine Festsetzung der Tantieme insgesamt gem. § 315 BGB auch nach Ablauf des Bezugszeitraums zu.

106 Allerdings sagt dies über konkret festzulegende Ziele und den Zeitpunkt von deren noch möglicher Bestimmung **außerhalb unternehmenserfolgsbezogener Ziele** nichts aus. Für einvernehmliche Zielvereinbarungen hat das BAG ausdrücklich auf den **Motivationsgedanken** abgestellt, der im Falle einer nachträglichen Festsetzung bei **während des Bezugszeitraums unterbliebener Zielvereinbarung nicht mehr erreicht** werden könne.[116]

107 Insoweit dürfte kein relevanter Unterschied zum **Motivationsgedanken bei einer Zielvorgabe** bestehen. Sowohl die einvernehmliche Zielvereinbarung als auch

---

111 BAG, Urt. v. 12.12.2007 – 10 AZR 97/07 –.
112 BAG, Urt. v. 12.12.2007 – 10 AZR 97/07 –.
113 BAG, Urt. v. 12.12.2007 – 10 AZR 97/07 –.
114 LAG Düsseldorf, Urt. v. 29.10.2003 – 12 Sa 900/03 –; ebenso: *Annuß*, NZA 2007, 290, 295.
115 BGH, Urt. v. 9.5.1994 – II ZR 128/93 –.
116 BAG, Urt. v. 12.12.2007 – 10 AZR 97/07 –.

die einseitige Zielvorgabe verfolgen einen Motivationszweck für den Arbeitnehmer, die festgelegten Ziele zu erreichen und sich **bei der Erbringung seiner Arbeitsleistung hierauf einzustellen**. Kommt bei Zielvereinbarungen deshalb nicht in entsprechender Anwendung des § 315 Abs. 3 BGB die nachträgliche Festlegung der Ziele durch gerichtliches Urteil in Betracht,[117] wird bei einer zweckorientierten Betrachtung keine andere Entwicklung der Rechtsprechung für einseitige Zielvorgaben anzunehmen sein. Auch bei diesen könnte eine nachträgliche Leistungsbestimmung durch arbeitsgerichtliches Urteil **nicht mehr dem Motivationszweck** gerecht werden, sondern allein einer **Bemessung der Anspruchshöhe** dienen. Da Letzteres vom BAG bei einvernehmlichen Zielvereinbarungen aber gleichermaßen nicht zugrunde gelegt worden ist, kann für einseitige Zielvorgaben im Ergebnis nichts anderes gelten. Fehlt es an einer Zielvorgabe, kann diese deshalb nach Ablauf des Bezugszeitraums nicht mehr nachträglich festgesetzt werden.

cc) Fehlen einer Zielvereinbarung

Bei Unterbleiben einer einvernehmlichen Zielvereinbarung ist diese Frage durch das BAG dahingehend geklärt, dass **keine Festsetzung von Zielen nach Ablauf des Bezugszeitraums durch das Gericht** erfolgt.[118] Entgegen früherer instanzgerichtlicher Rechtsprechung[119] hat das BAG auch eine **ergänzende Vertragsauslegung der Rahmenvereinbarung** hinsichtlich der nach dem redlichen Parteiwillen mutmaßlich zu vereinbarenden Ziele **abgelehnt**.[120] Nach Auffassung des BAG kommt eine solche ergänzende Vertragsauslegung der Rahmenregelung schon deshalb nicht in Betracht, weil nach dem Parteiwillen ausdrücklich **zwischen der Rahmenregelung und der einvernehmlichen Zielvereinbarung** differenziert wird und eine ergänzende Vertragsauslegung mutmaßliche Ziele als Bestandteil der Rahmenregelung anerkennen müsste, was die Parteien bei einer Differenzierung zwischen Rahmen- und ausfüllender Einzelregelung gerade nicht beabsichtigten.

108

Eine Vertragslücke ist nicht in der Rahmenregelung zu suchen, die Gegenstand einer ergänzenden Vertragsauslegung wäre, sondern allenfalls in der **fehlenden einvernehmlichen Zielvereinbarung**. Fehlt es insoweit jedoch an einer Vereinbarung, kann diese mangels rechtlicher Existenz nicht „ergänzend" ausgelegt werden.

109

Gleiches gilt für eine etwaig für einen früheren Bezugszeitraum zustande gekommene Zielvereinbarung, die nicht ergänzend dahingehend ausgelegt werden soll, dass sie auch für **zukünftige Bezugszeiträume maßgebend** bleibt, d.h., die

110

---

117 BAG, Urt. v. 12.12.2007 – 10 AZR 97/07 –.
118 BAG, Urt. v. 12.12.2007 – 10 AZR 97/07 –.
119 LAG Köln, Urt. v. 14.3.2006 – 9 Sa 1152/05 –; LAG Hamm, Urt. v. 24.11.2004 – 3 Sa 1325/04 –; LAG Köln, Urt. v. 23.5.2002 – 7 Sa 71/02 –.
120 BAG, Urt. v. 12.12.2007 – 10 AZR 97/07 –.

früheren Ziele auch auf zukünftige Bezugszeiträume übertragen werden, solange keine abweichende Zielvereinbarung getroffen wird.[121] Die Zielvereinbarung ist auf den **jeweiligen Bezugszeitraum zugeschnitten** und begrenzt. Eine ergänzende Vertragsauslegung, die abgelaufene Zielvereinbarung nach Ablauf des Bezugszeitraums erneut für weitere Bezugszeiträume anzuwenden, läuft dem Parteiwillen deshalb zuwider und kann nicht Ergebnis einer ergänzenden Vertragsauslegung sein. Fehlt es an einer erforderlichen einvernehmlichen Zielvereinbarung, bleibt es also dabei, dass Ziele für den betroffenen Bezugszeitraum nicht feststehen.

dd) Schadensersatzanspruch bei fehlenden Zielen

111 Damit entsteht sowohl bei fehlender Zielvorgabe wie bei dem Fehlen einer einvernehmlichen Zielvereinbarung **kein Erfüllungsanspruch des Arbeitnehmers auf eine Sonderzahlung**. Daraus folgt allerdings lediglich, dass der vertragliche Anspruch auf die Leistung entfällt. Die Frage verschiebt sich in das Schadensersatzrecht. Dem Arbeitnehmer kann ein **Anspruch auf Schadensersatz wegen der mangels feststehender Ziele nicht zu bemessenden Sonderzahlung** zustehen.

112 Für den Fall der **unterbliebenen einvernehmlichen Zielvereinbarung** hat das BAG einen solchen Schadensersatzanspruch bereits mehrfach für möglich gehalten.[122] Lehnt man wegen der **Verfehlung des Motivationszwecks** bei unterbliebener Festlegung von Zielen, **auch bei einseitigen Zielvorgaben,** deren nachträgliche gerichtliche Festsetzung entsprechend § 315 BGB ab, kann insoweit nichts anderes gelten.[123]

113 Nach **§§ 280 Abs. 1, 3, 283 BGB** kann der Arbeitnehmer Schadensersatz vom Arbeitgeber verlangen, wenn der **Arbeitgeber eine Verpflichtung aus dem Arbeitsvertrag verletzt** und infolge dieser Pflichtverletzung eine **Leistung unmöglich** wird. Jedenfalls bei einer **einseitigen Zielvorgabe** trifft den Arbeitgeber die alleinige Verpflichtung zur Aufstellung der Ziele, worin eine arbeitsvertragliche Nebenpflicht (§ 241 Abs. 2 BGB) liegt. Aber auch bei der Notwendigkeit einer einvernehmlichen Zielvereinbarung kann eine Nebenpflichtverletzung des Arbeitgebers darin liegen, dass er etwa die Initiative zu einem Gespräch über eine einvernehmliche Zielvereinbarung nicht ergreift.[124] Selbst wenn der Arbeitgeber insoweit keine Initiativpflicht hat, nimmt die Rechtsprechung eine arbeitsvertragliche Nebenpflichtverletzung an, wenn der Arbeitgeber einer arbeitnehmerseitigen Aufforderung zum Abschluss einer Zielvereinbarung nicht nachkommt.[125]

---

121 BAG, Urt. v. 12.12.2007 – 10 AZR 97/07 –.
122 BAG, Urt. v. 10.12.2008 – 10 AZR 889/07 –; BAG, Urt. v. 12.12.2007 – 10 AZR 97/07 –.
123 Siehe Rn 92ff.
124 BAG, Urt. v. 10.12.2008 – 10 AZR 889/07 –; BAG, Urt. v. 12.12.2007 – 10 AZR 97/07 –; *Riesenhuber/v. Steinau-Steinrück*, NZA 2005, 785, 792; *Lischka*, BB 2007, 552, 554.
125 BAG, Urt. v. 10.12.2008 – 10 AZR 889/07 –; BAG, Urt. v. 12.12.2007 – 10 AZR 97/07 –.

Ist mit Ablauf des Bezugszeitraums der mit den festzulegenden Zielen zu erreichende Motivationszweck nicht mehr zu erzielen, leitet das BAG hieraus eine **Unmöglichkeit i.S.d. § 283 BGB** ab, weil nach dem Motivationsgedanken eine Anreizfunktion nur in einem Zeitraum erfüllt werden kann, in dem der Arbeitnehmer bereits **bei Erbringung seiner Arbeitsleistung die für ihn maßgebenden persönlichen bzw. unternehmensbezogenen Ziele kennt**.[126] Fehlt es an einer Regelung über die maßgebenden Ziele, tritt dementsprechend mit Fortgang des Bezugszeitraums Unmöglichkeit der Zielverfolgung und damit Zielerreichung ein, bis am Ende des Bezugszeitraums insgesamt Unmöglichkeit eintritt.

Der Anspruch des Arbeitnehmers gegen den Arbeitgeber auf Schadensersatz besteht allerdings gem. **§ 280 Abs. 1 S. 2 BGB** nicht, wenn der Arbeitgeber die fehlende Festlegung der Ziele **nicht zu vertreten** hat. Zu vertreten hat der Arbeitgeber Vorsatz und jede Form der Fahrlässigkeit. Eine Entlastung für die fehlende Festlegung von Zielen gelingt dem Arbeitgeber deshalb nur dann, wenn ihm insoweit **nicht einmal ein Fahrlässigkeitsvorwurf** zu machen ist.

Für eine solche Entlastung kann (und muss) der Arbeitgeber im Falle der **einseitigen Zielvorgabe** darlegen und im Streitfalle beweisen, dass er dem Arbeitnehmer für den maßgebenden Bezugszeitraum **rechtzeitig geeignete Ziele vorgegeben** hat. Wegen der einseitigen Vorgabe der Ziele kann der Arbeitgeber sich nicht mit der Begründung entlasten, der Arbeitnehmer hätte sich mit den Zielen ohnehin nicht einverstanden erklärt, oder gar, der Arbeitnehmer habe keine Ziele abgefordert.

Im Falle der **einvernehmlichen Zielvereinbarung** hat der Arbeitgeber für seine Entlastung in der Regel darzulegen, dass er dem Arbeitnehmer **rechtzeitig zu vereinbarende Ziele vorgeschlagen** hat, die vom Arbeitnehmer bei realistischer Prognose hätten erreicht werden können.[127] Dies gilt jedenfalls bei einer Initiativpflicht des Arbeitgebers für das Zustandebringen der Zielvereinbarung. Dabei hat sich die Rechtsprechung noch nicht abschließend positioniert, ob und unter welchen Voraussetzungen den Arbeitgeber eine solche Initiativpflicht trifft. Dies ist letztlich eine Frage der Auslegung der Rahmenvereinbarung über das Zielvereinbarungssystem.

Da der **Arbeitgeber die betrieblichen Abläufe steuert** und auf **sämtliche maßgebenden Kenngrößen Zugriff** hat, wird es in der Regel schwerfallen, den Arbeitnehmer für verpflichtet zu halten, dem Arbeitgeber konkrete Ziele vorzuschlagen. Eine Initiativpflicht kann aber bei Arbeitnehmern anzunehmen sein, deren **Arbeitsaufgabe gerade in innovativen Entwicklungen** liegt und deren Ziele nach der Rahmenvereinbarung ausschließlich daran zu bemessen sind.

---

126 BAG, Urt. v. 12.12.2007 – 10 AZR 97/07 –.
127 BAG, Urt. v. 10.12.2008 – 10 AZR 889/07 –.

119 Für die Entlastung des Arbeitgebers bei bestehender Initiativpflicht fordert das BAG, dass der Arbeitgeber dem Arbeitnehmer **realistischerweise erreichbare Ziele angeboten** haben muss.[128] Der mögliche Vorteil einer einvernehmlichen Zielvereinbarung, dass nämlich anders als bei einseitigen Zielvorgaben eine Inhalts- und Billigkeitskontrolle vereinbarter Ziele wegen der anwendbaren **Grundsätze über freie Entgeltvereinbarungen** ausscheidet, kommt bei Fehlen einer einvernehmlichen Zielvereinbarung für die Frage des Schadensersatzes nicht zum Tragen. Solange ein Einvernehmen mit dem Arbeitnehmer nicht erzielt ist, stellt sich für den Schadensersatzanspruch die Frage, ob die vom Arbeitgeber dem Arbeitnehmer angebotenen Ziele redlicherweise vom Arbeitnehmer hätten akzeptiert werden müssen. Nur in diesem Falle hat der Arbeitgeber seine arbeitsvertragliche Nebenpflicht zur Mitwirkung am Zustandekommen der einvernehmlichen Zielvereinbarung erfüllt und ist deren Verletzung als Grundlage eines Schadensersatzanspruchs ausgeschlossen.

> **! Praxistipp**
> Arbeitgeber sollten daher – auch wenn im Falle des Zustandekommens einer Zielvereinbarung deren inhaltliche Überprüfung rechtlich begrenzt ist – auch bei einvernehmlichen Zielvereinbarungen **nur realistischerweise erreichbare Ziele vorschlagen**. Entsprechendes gilt für die Grenzen des Direktionsrechts: Nach Auffassung des BAG hat der Arbeitgeber eine fehlende Festlegung von Zielen zu vertreten, die nicht dem Inhalt der geschuldeten Arbeitsleistung entsprechen, sondern eine **Änderung des Arbeitsvertrages** voraussetzen würden.[129]

120 Selbst wenn der Arbeitgeber insoweit aber ggf. keine Initiativpflicht hat, nimmt die Rechtsprechung eine arbeitsvertragliche Nebenpflichtverletzung gleichwohl an, wenn der **Arbeitgeber einer arbeitnehmerseitigen Aufforderung zum Abschluss einer Zielvereinbarung** nicht nachkommt.[130] Insoweit sind bei Bestehen einer Initiativpflicht des Arbeitgebers vielfältige **Abstufungen bei den einzelnen Schritten des Zustandekommens einer einvernehmlichen Zielvereinbarung** denkbar. In Betracht kommen als Schritte die bloße Aufforderung (Einladung) zu einem Gespräch, die Mitteilung vorzuschlagender Ziele, die Einräumung einer Reaktionsfrist (Bedenkzeit) für die jeweils andere Seite, die Initiative zum Folgegespräch und die abschließende Einigung über die Ziele.

> **! Praxistipp**
> Die Festlegung einvernehmlich zu vereinbarender Ziele setzt unabhängig vom Bestehen einer Initiativpflicht eine **Mitwirkung des Arbeitnehmers** voraus. Auch der Arbeitnehmer verletzt deshalb eine arbeitsvertragliche Nebenpflicht, wenn er das Nichtzustandekommen einer Zielvereinbarung zu vertreten hat, weil er etwa der Aufforderung des Arbeitgebers zu einem diesbezüglichen Gespräch

---

[128] BAG, Urt. v. 10.12.2008 – 10 AZR 889/07 –.
[129] BAG, Urt. v. 10.12.2008 – 10 AZR 889/07 –.
[130] BAG, Urt. v. 10.12.2008 – 10 AZR 889/07 –; BAG, Urt. v. 12.12.2007 – 10 AZR 97/07 –.

nicht nachkommt.¹³¹ Trifft **sowohl den Arbeitgeber wie den Arbeitnehmer ein Verschulden am Nichtzustandekommen** einer Zielvereinbarung, ist dies zulasten des Arbeitnehmers anspruchsmindernd als **Mitverschulden gem. § 254 BGB** zu berücksichtigen.¹³² Werden Arbeitgeber wegen fehlender Festlegung von Zielen in Anspruch genommen, sollten sie deshalb etwaig fehlende Mitwirkungshandlungen der Arbeitnehmer genau prüfen, um Ansprüche zumindest begrenzen zu können.

Im Übrigen richtet sich der **Umfang des Schadensersatzes gem. §§ 249, 252 BGB** 121 unter dem Gesichtspunkt entgangenen Gewinns des Arbeitnehmers danach, ob **nach dem gewöhnlichen Lauf der Dinge**, nach den maßgebenden Einzelfallumständen und in welchem Umfang mit **hinreichender Wahrscheinlichkeit eine Sonderzahlung** erfolgt wäre, wären Ziele festgelegt worden. Für den Arbeitnehmer kommt prozessual insoweit eine Beweiserleichterung zum Tragen. Der Arbeitnehmer hat gem. **§ 287 ZPO** lediglich Umstände darzulegen und ggf. zu beweisen, aus denen sich eine hinreichende Wahrscheinlichkeit für eine Sonderzahlung in bestimmter Höhe ergibt. Eine Gewissheit ist demgegenüber nicht erforderlich.

Achtung!
Diese Beweiserleichterung für den Arbeitnehmer zeigt einmal mehr, dass Arbeitgeber die Erfüllung sämtlicher Mitwirkungspflichten beim Zustandekommen einer Zielvereinbarung beachten sollten. Während für die Geltendmachung von **Schadensersatz durch den Arbeitnehmer eine hinreichende Wahrscheinlichkeit** der Entstehung eines Anspruchs auf Sonderzahlung in bestimmter Höhe genügt, müsste der Arbeitnehmer im Falle feststehender Ziele deren Erreichung in einem Rechtsstreit **darlegen und beweisen** und es gingen Zweifel zu seinen Lasten – eine bloße Wahrscheinlichkeit der Zielerreichung würde demgegenüber nicht genügen.

Diese Erleichterung der Darlegungs- und Beweislast für den Arbeitnehmer entbindet 122 das Arbeitsgericht zwar nicht davon, über streitige Ausgangs- oder Anknüpfungstatsachen ggf. **Beweis** zu erheben,¹³³ jedoch ist hinsichtlich der Frage des Grades der Zielerreichung und der damit einhergehenden Höhe der entgangenen Sonderzahlung als Schaden eine **Schätzung des Gerichts** auf Grundlage solcher Ausgangs- bzw. Anknüpfungstatsachen eröffnet. Nach Auffassung des BAG ist bei der Ermittlung eines Schadens nach § 287 Abs. 1 ZPO grundsätzlich davon auszugehen, dass der Arbeitnehmer vereinbarte Ziele erreicht hätte, wenn nicht besondere Umstände diese Annahme ausschließen.¹³⁴

---

131 BAG, Urt. v. 12.12.2007 – 10 AZR 97/07 –.
132 BAG, Urt. v. 12.12.2007 – 10 AZR 97/07 –.
133 BAG, Urt. v. 12.12.2007 – 10 AZR 97/07 –.
134 BAG, Urt. v. 10.12.2008 – 10 AZR 889/07 –.

> **Achtung!**
> Damit ist die Beweiserleichterung des § 287 ZPO **für den Arbeitgeber doppelt misslich**. Einerseits geht die Rechtsprechung davon aus, dass der Arbeitgeber dem Arbeitnehmer **nur realistischerweise zu erreichende Ziele** einseitig im Wege der Zielvorgabe festsetzen oder dem Arbeitnehmer zum Zwecke einer einvernehmlichen Zielvereinbarung anbieten darf. Andererseits geht die Rechtsprechung davon aus, dass der **Arbeitnehmer in der Regel die Ziele erreicht**, wenn nicht konkrete Umstände gegen diese Annahme sprechen. Für solche Umstände ist der Arbeitgeber darlegungs- und beweispflichtig.[135]
>
> Der Schadensersatzanspruch des Arbeitnehmers gegen den Arbeitgeber wegen fehlender einseitiger Zielvorgaben oder einvernehmlicher Zielvereinbarung führt damit im **Ergebnis zu einer vollständigen Umkehr der Darlegungs- und Beweislast** zulasten des Arbeitgebers.

b) Fehlerhafte Zielvorgaben oder -vereinbarungen

123 Fehlerhafte Zielvorgaben oder -vereinbarungen stehen im Raum, wenn zwar Ziele festgelegt sind, jedoch Streit über deren Rechtmäßigkeit entsteht. Bei einer **einvernehmlichen Zielvereinbarung** wird sich die Frage fehlerhafter Ziele **in der Praxis** wegen der anwendbaren Grundsätze über freie Entgeltvereinbarungen und der damit selten einhergehenden materiellen Fehlerhaftigkeit wegen **Unangemessenheit der Ziele kaum vorstellen** lassen. Denkbar ist bei einvernehmlichen Zielvereinbarungen jedoch eine **Intransparenz** (§ 307 Abs. 1 S. 2 BGB) mangels klarer und verständlicher Formulierung der Ziele mit der Folge der (ganzen oder teilweisen) Unwirksamkeit der einvernehmlichen Zielvereinbarung. Darüber hinaus ist die Frage fehlerhafter Ziele bei **einseitigen Zielvorgaben von erheblicher praktischer Relevanz**, wenn etwa über die Frage der realistisch zu erwartenden Erreichbarkeit der Ziele durch den Arbeitnehmer gestritten wird.

124 Überschreiten **einseitig vom Arbeitgeber festgelegte Zielvorgaben** die Grenzen billigen Ermessens gem. § 315 BGB, erfolgt die Bestimmung der Ziele nach der **gesetzlichen Konzeption des § 315 Abs. 3 S. 2 BGB durch Urteil**. Allerdings wird diese Bestimmung durch Urteil – man denke an einen Rechtsstreit über zwei, ggf. sogar drei Instanzen – in der Regel erst nach Ablauf des Bezugszeitraums erfolgen. Die gerichtliche Leistungsbestimmung dürfte mit den bei den Grundsätzen fehlender Zielvorgaben aufgezeigten Motivationszwecken deshalb in der Praxis nicht zu vereinbaren sein. Auch für **einvernehmliche Zielvereinbarungen** ist insoweit rechtlich ungeklärt, wie der vom BAG angenommene Motivationscharakter mit einer Korrektur festgelegter Ziele nach Ablauf des Bezugszeitraums zu vereinbaren ist.[136]

---

135 BAG, Urt. v. 10.12.2008 – 10 AZR 889/07 –.
136 BAG, Urt. v. 12.12.2007 – 10 AZR 97/07 –; BAG, Urt. v. 10.12.2008 – 10 AZR 889/07 –.

Zutreffend wird zu differenzieren sein:

- Steht die **Wirksamkeit der Ziele selbst** im Streit – etwa die Erreichbarkeit durch den Arbeitnehmer oder die Grenze des Direktionsrechts – ist eine **entsprechende Anwendung der Grundsätze über die fehlende Zielvorgabe bzw. -vereinbarung** geboten, sobald der Bezugszeitraum abgelaufen ist. Ist mit Ablauf des Bezugszeitraums der mit den (neu) festzulegenden Zielen zu erreichende **Motivationszweck nicht mehr zu erzielen**, kann die Anreizfunktion im Bezugszeitraum nicht mehr erreicht werden und es tritt Unmöglichkeit ein. Ebenso wie bei fehlenden Zielen kann eine gerichtliche **Korrektur der Ziele selbst keine Steuerung des Arbeitsverhaltens** mehr herbeiführen. Eine Klage auf Festlegung der Ziele wird bei konsequenter Fortsetzung des Motivationszwecks regelmäßig erfolglos bzw. vom Arbeitnehmer auf Schadensersatz statt der Leistung mit den Beweiserleichterungen nach § 287 ZPO umzustellen sein.
- Beschränkt sich die vom Arbeitnehmer geltend gemachte Fehlerhaftigkeit der Ziele dagegen auf deren **graduelle Bemessung oder Gewichtung zueinander**, bleibt es grundsätzlich bei den festgelegten Zielen, sodass der Arbeitnehmer diese während des Bezugszeitraums verfolgen konnte und der Motivationszweck nicht zur Unmöglichkeit führt. Derartige Fehler können auch **nachträglich korrigiert** werden, ohne dass eine Unmöglichkeit entgegensteht. Nach allgemeinen zivilprozessualen Grundsätzen verfolgt der Arbeitnehmer in diesem Falle einen **Erfüllungsanspruch, für den die Beweiserleichterungen nach § 287 ZPO nicht eröffnet** sind.

Praxistipp
Will der Arbeitgeber vermeiden, dass dem Arbeitnehmer die Beweiserleichterung des § 287 ZPO zugutekommt, ist er nur bei einer **zustande gekommenen einvernehmlichen Zielvereinbarung** auf der weitgehend sicheren Seite. Solange diese klar und verständlich (§ 307 Abs. 1 S. 2 BGB) formuliert ist, findet eine Inhalts- oder Billigkeitskontrolle der vereinbarten Ziele nicht statt. Dieser eingeschränkte Prüfungsmaßstab kommt dem Arbeitgeber bei einseitig vorgegebenen Zielen nicht zugute. Der Arbeitgeber hat bei einem einvernehmlichen Zielvereinbarungsmodell lediglich das Risiko zu kalkulieren, dass eine einvernehmliche Zielvereinbarung **nicht zustande kommt**. Dieses Risiko bleibt für ihn folgenlos, wenn er einen **ordnungsgemäßen Prozess des (versuchten) Zustandekommens von Zielvereinbarungen dokumentiert**.

IV. Arbeitsunfähigkeit und sonstige Fehlzeiten

1. Gestaltungsmöglichkeiten

Knüpft die vertragliche Gestaltung die Bemessung einer Sonderzahlung zumindest teilweise an die **aktive Erbringung einer Arbeitsleistung** an, kommt der Sonderzahlung (auch) eine Anreizfunktion für die Anwesenheit am Arbeitsplatz zu. Bei solchen Gestaltungen sind **gesetzliche Bestimmungen** zu beachten, die die Kürzung von Sonderzahlungen bei bestimmten Anlässen einer Verhinderung an der Arbeitsleistung begrenzen.

a) Grenzen der Berücksichtigung von Anwesenheitszeiten

127 Eine laufend gezahlte Leistung des Arbeitgebers mit Blick auf die Anwesenheit des Arbeitnehmers ist wegen der zwingenden Bestimmungen der §§ 3, 4 EFZG für die **Arbeitsunfähigkeit**, des § 11 BUrlG für die Dauer eines **Erholungsurlaubs** oder gem. §§ 3, 6 MuSchG für die **Mutterschutzfristen** trotz Abwesenheit in diesen geregelten Fällen fortzuzahlen. Auch wenn der Arbeitgeber eine **laufende Leistung** ausdrücklich an die aktive Mitarbeit des Arbeitnehmers durch Anwesenheit am Arbeitsplatz knüpft, kommt dieser Leistungszweck wegen der genannten zwingenden gesetzlichen Bestimmungen im Ergebnis in deren Rahmen nicht zum Tragen.[137]

128 Auch laufendes Arbeitsentgelt ist jedoch bei **Abwesenheiten ohne zwingenden gesetzlichen Entgeltfortzahlungsanspruch**, etwa bei Arbeitsunfähigkeit über den Entgeltfortzahlungszeitraum hinaus, während einer Elternzeit, eines Wehr-/Ersatzdienstes, einer Pflegezeit o.ä. nicht zu zahlen. Insoweit gilt der allgemeine Grundsatz des § 323 BGB, wonach ohne Erbringung einer Arbeitsleistung seitens des Arbeitnehmers keine Arbeitsentgeltzahlung durch den Arbeitgeber geschuldet ist („**kein Lohn ohne Arbeit**"). Dies gilt über die genannten Tatbestände berechtigter Abwesenheiten hinaus, selbstverständlich erst recht im Falle unberechtigter Abwesenheit des Arbeitnehmers vom Arbeitsplatz.

129 Weitergehende Kürzungsmöglichkeiten bestehen bei **Sonderzahlungen, die nicht Bestandteil des laufenden Arbeitsentgelts sind**. Soweit **selbst bei laufenden Leistungen eine Kürzung mit Blick auf Fehlzeiten** des Arbeitnehmers zulässig wäre, etwa für die Dauer einer Elternzeit, des Wehr-/Ersatzdienstes, einer Pflegezeit oder bei unberechtigter Abwesenheit vom Arbeitsplatz, besteht eine – zumindest proportionale – **Kürzungsmöglichkeit auch für Sonderzahlungen**. Soweit gesetzliche Bestimmungen dagegen eine Fortzahlung des Arbeitsentgelts trotz Fehlzeiten des Arbeitnehmers vorsehen, bleibt die **Rechtslage für Sonderzahlungen unübersichtlich**.

b) Arbeitsunfähigkeit
aa) Entwicklung der Rechtsprechung, Regelung des § 4a EFZG

130 Für Fehlzeiten wegen Arbeitsunfähigkeit hatte eine frühere Rechtsprechung eine **Kürzung auch für Zeiten der Arbeitsunfähigkeit mit Entgeltfortzahlung** zugelassen.[138] In späteren Entscheidungen wurde dagegen nur eine begrenzte Kürzung

---

[137] ErfK/*Dörner/Reinhard*, § 4a EFZG Rn 8; BAG, Urt. v. 23.5.1984 – 5 AZR 500/81 –.
[138] BAG, Urt. v. 9.11.1972 – 5 AZR 144/72 –.

anerkannt.¹³⁹ Die Rechsprechung hat insoweit **eine Grenze für die Kürzung von Sonderzahlungen bei 1/60 bzw. 1/30 pro Fehltag** angenommen.¹⁴⁰

Diese Rechtsprechung ist zwischenzeitlich durch die **Bestimmung des § 4a EFZG** überholt. Nach § 4a EFZG ist bei einer Leistung des Arbeitgebers außerhalb des laufenden Arbeitsentgelts eine Kürzung für Zeiten der Arbeitsunfähigkeit zulässig, die für jeden Tag der Arbeitsunfähigkeit 1/4 des im Jahresdurchschnitt auf einen Arbeitstag entfallenden Arbeitsentgelts nicht überschreiten darf. Entscheidend für die Kürzungsmöglichkeit ist damit zunächst, dass es sich um eine Leistung des Arbeitgebers handelt, die **außerhalb des laufenden Arbeitsentgelts** gezahlt wird. Für die Abgrenzung solcher Leistungen bestehen in der Praxis vergleichbare Schwierigkeiten, wie im Zusammenhang mit dem Freiwilligkeitsvorbehalt. Für den Begriff der Sondervergütung in § 4a EFZG ist es aber herrschende Auffassung, dass **leistungsabhängige Entgelte** auch dann zum Arbeitsentgelt zählen, wenn sie jährlich nur einmalig gezahlt werden.¹⁴¹ Die **Abgrenzung erfolgt allein über den Austauschgedanken**: Knüpft der Leistungszweck zumindest auch an eine Arbeitsleistung, soll es sich um laufendes Arbeitsentgelt handeln, auf das § 4a EFZG von vornherein nicht anwendbar ist. Dies trifft auf alle erfolgsabhängigen Entgeltkomponenten zu. Nach überwiegender Auffassung sind deshalb **sämtliche erfolgsabhängigen Sonderzahlungen** in Bezug auf erbrachte Arbeitsleistungen des Arbeitnehmers zu betrachten und damit von der **Kürzungsmöglichkeit des § 4a EFZG** ausgenommen.¹⁴²

131

Bedeutung für den Arbeitgeber
Soweit eine erfolgsabhängige Sondervergütung dem laufenden Arbeitsentgelt zuzuordnen ist, kommt eine Kürzungsmöglichkeit nach dieser überwiegenden Auffassung aufgrund des § 4a EFZG mit Blick auf die arbeitsunfähigkeitsbedingten Fehlzeiten nicht in Betracht. Insbesondere bei **individualerfolgsbezogenen Zielen** wird jedenfalls bei erheblichen Arbeitsunfähigkeitszeiten die **Zielerreichung wegen der Fehlzeiten** des Arbeitnehmers infrage stehen. In diesen Fällen ist es ungeklärt, ob der Arbeitnehmer zumindest für die Dauer des Entgeltfortzahlungszeitraums von sechs Wochen gem. §§ 3, 4 EFZG auch **hinsichtlich der Zielerreichung (fiktiv) so zu stellen** ist, als habe er gearbeitet.¹⁴³ Jedenfalls für einen darüber hinausgehenden Zeitraum wäre die fehlende Zielerreichung jedoch uneingeschränkt negativ berücksichtigungsfähig.

Bei individualerfolgsbezogenen Zielen mag dies noch zu vertretbaren Ergebnissen führen. Die Rechtsprechung geht jedoch davon aus, dass auch **unternehmenserfolgsbezogene Ziele** (mittelbar)

---

139 BAG, Urt. v. 23.5.1984 – 5 AZR 500/81 –; BAG, Urt. v. 15.2.1990 – 6 AZR 381/88 –; BAG, Urt. v. 19.4.1995 – 10 AZR 136/94 –; BAG, Urt. v. 6.12.1995 – 10 AZR 123/95 –.
140 BAG, Urt. v. 23.5.1984 – 5 AZR 500/81 –; BAG, Urt. v. 15.2.1990 – 6 AZR 381/88 –; BAG, Urt. v. 19.4.1995 – 10 AZR 136/94 –; BAG, Urt. v. 6.12.1985 – 10 AZR 123/95 –.
141 BAG, Urt. v. 21.1.2009 – 10 AZR 216/08 –; ErfK/*Dörner/Reinhard*, § 4a EFZG Rn 5; *Feichtinger/Malkmus*, § 4a EFZG Rn 25 ff.; *Schmitt*, § 4a EFZG Rn 20.
142 ErfK/*Dörner/Reinhard*, § 4a EFZG Rn 8; *Annuß*, NZA 2007, 290, 293; *Riesenhuber/v. Steinau-Steinrück*, NZA 2005, 785, 790.
143 *Riesenhuber/v. Steinau-Steinrück*, NZA 2005, 785, 790.

an die Arbeitsleistung des einzelnen Arbeitnehmers anknüpfen. Nimmt man solche Entgelte mit der überwiegenden Literatur von einer Kürzungsmöglichkeit gem. § 4a EFZG aus, wird sich die fehlende Arbeitsleistung des einzelnen Arbeitnehmers selbst im Falle einer **Dauererkrankung auf die Bemessung des Anspruchs nicht auswirken**. Dies zeigt, dass die Herausnahme aus der Kürzungsmöglichkeit nicht interessengerecht ist.

132 Sollen sämtliche erfolgsabhängigen Entgeltbestandteile aus dem Anwendungsbereich des § 4a EFZG ausgenommen werden, müssen sie dem **generellen Entgeltfortzahlungsregime der §§ 3, 4 EFZG** unterstellt werden, sodass gerade wegen des angenommenen Bezugs zur Arbeitsleistung bei Dauererkrankungen **unabhängig von der Erreichung etwa wirtschaftlicher Ziele keinerlei Leistung** erfolgt. Bei vorübergehender Erkrankung während des Bezugszeitraums wäre die Sonderzahlung entsprechend anteilig der Dauer der Arbeitsleistung zu bemessen.

> **Achtung!**
> Diese Betrachtung wäre aus Sicht der überwiegenden Literatur konsequent, wird aber nicht (ausdrücklich) gezogen. Nach dieser Auffassung scheint es selbst bei Dauerkranken bei einer uneingeschränkten Leistungspflicht des Arbeitgebers zu bleiben, die nicht einmal nach § 4a EFZG zu mindern ist.[144]

> **Praxistipp**
> In der Regel wird die Bemessung anhand des **§ 4a EFZG für den Arbeitgeber günstiger** sein. Allerdings läuft er bis zu einer höchstrichterlichen Klärung Gefahr, dass eine vereinbarte Kürzung nach § 4a EFZG wegen des Erfolgsbezuges unwirksam ist und sodann überhaupt keine Kürzungsmöglichkeit verbleibt. Solange die Rechtsprechung nicht abschließend geklärt hat, ob und in welchem Umfang sich eine Arbeitsunfähigkeit auf eine erfolgsabhängige Sonderzahlung auswirkt, sollten Arbeitgeber bei erfolgsabhängigen Sonderzahlungen prüfen, ob sie eine **Kürzung sowohl anhand des § 4a EFZG** (25% des Durchschnittsentgelts je Arbeitsunfähigkeitstag), **als auch anhand der §§ 3, 4 EFZG** (100% je Arbeitsunfähigkeitstag ohne Entgeltfortzahlung) **berechnen** und die **tatsächliche Kürzung sich nach der für den Arbeitnehmer günstigeren Berechnung** richtet. Eine solche Betrachtung genügt dem Schutzzweck des § 4a EFZG wie dem des allgemeinen Entgeltfortzahlungsregimes. Die Kürzung ist **nicht intransparent**, weil dem Arbeitgeber aufgrund des Günstigkeitsvergleichs keine einseitigen Spielräume verbleiben.

bb) Bemessung der Kürzung nach § 4a EFZG

133 Im Falle des Anwendbarkeit des § 4a EFZG trifft dieser für die Kürzung Vorgaben. Die Grenze der Kürzung beträgt **für jeden Tag der Arbeitsunfähigkeit 1/4 des im Jahresdurchschnitt auf einen Arbeitstag entfallenden Arbeitsentgelts**. Das Gesetz regelt nicht ausdrücklich, ob diese Kürzungsmöglichkeit sich auf den Zeitraum der **Arbeitsunfähigkeit mit Entgeltfortzahlung** beschränkt, sodass **weitergehen-**

---

144 ErfK/*Dörner/Reinhard*, § 4a EFZG Rn 8; *Annuß*, NZA 2007, 290, 293; *Riesenhuber/v. Steinau-Steinrück*, NZA 2005, 785, 790.

de Arbeitsunfähigkeitszeiträume, in denen der Arbeitnehmer keinerlei Entgeltfortzahlung erhält, über die Grenze des § 4a EFZG hinaus anspruchsmindernd berücksichtigt werden können.

In der höchstrichterlichen Rechtsprechung ist dies **noch nicht abschließend geklärt**. Vereinzelt wird eine weitergehende Kürzungsmöglichkeit außerhalb des Entgeltfortzahlungszeitraums zwar angenommen, da der **Regelungsgehalt des Entgeltfortzahlungsgesetzes sich auf den Entgeltfortzahlungszeitraum beschränke** und dementsprechend ebenfalls § 4a EFZG allein für diese Dauer der Fehlzeiten eine Begrenzung der Kürzungsmöglichkeit vorsähe.[145] Die wohl **überwiegende Literatur**[146] stellt dagegen auf die **Gesetzesbegründung** ab, nach der § 4a EFZG bestehende Unklarheiten der bisherigen Rechtsprechung aufheben sollte.[147]

Die vormalige Rechtsprechung des BAG, von der § 4a EFZG erheblich abweicht, wird zwar nur eingeschränkt herangezogen werden können. Allerdings hatte das BAG[148] bei seiner Rechtsprechung zur Begrenzung der Kürzung von Sonderzahlungen eine solche **Differenzierung nach Fehltagen mit oder ohne Entgeltfortzahlungspflicht nicht vorgenommen**. An seinen generellen Anknüpfungspunkten zum Begriff der Sonderzahlung hat das BAG auch nach Inkrafttreten des § 4a EZFG festgehalten, ohne allerdings die Einzelheiten über die Bemessung bislang abschließend zu klären.[149] Das BAG hat lediglich an seinen **Begriff der Sonderzahlung** angeknüpft, auf den der Arbeitnehmer im Gegensatz zum laufenden Arbeitsengelt seinen **generellen Lebensstandard** nicht eingerichtet habe, sodass eine Kürzung zulässig sei.[150]

Geht man mit dieser Rechtsprechung davon aus, dass Sonderzahlungen außerhalb des laufenden Arbeitsentgelts stehen und das laufende Arbeitsentgelt über die allgemeine Entgeltfortzahlung nach §§ 3, 4 EFZG abgebildet wird, regelt das Entgeltfortzahlungsgesetz in § 4a EFGZ durchaus Sonderzahlungen außerhalb der eigentlichen Entgeltfortzahlung. Ein **auf die Entgeltfortzahlung begrenzter Anwendungsbereich** lässt sich dem Gesetz gerade wegen seiner Bestimmung in § 4a EFZG **nicht mehr entnehmen**, sodass daraus keine Grenze herzuleiten ist. Die Kürzungsmöglichkeit ist deshalb **auch für Fehltage, an denen keine Entgeltfortzahlung zu leisten ist, auf 1/4 des im Jahresdurchschnitt auf einen Arbeitstag entfallenden Arbeitsentgelts begrenzt**.[151]

134

135

136

---

145 *Mengel*, S. 117 Rn 194.
146 *Bauer/Lingemann*, BB 1996, 8 ff.; *Feichtinger/Malkmus*, § 4a EFZG Rn 34.
147 BT-Drucks. 13/4612.
148 BAG, Urt. v. 23.5.1984 – 5 AZR 459/82 –; BAG, Urt. v. 15.2.1990 – 6 AZR 381/88 –; BAG, Urt. v. 19.4.1995 – 10 AZR 136/94 –; BAG, Urt. v. 6.12.1995 – 10 AZR 123/95 –.
149 BAG, Urt. v. 7.8.2002 – 10 AZR 709/01 –.
150 BAG, Urt. v. 7.8.2002 – 10 AZR 709/01 –.
151 *Bauer/Lingemann*, BB 1996, 8; *Feichtinger/Malkmus*, § 4a EFZG Rn 34.

137 Die hiernach mögliche Kürzung errechnet sich **für jeden Tag der Arbeitsunfähigkeit** anhand des im **Jahresdurchschnitt auf einen Arbeitstag entfallenden Arbeitsentgelts**, welches zu **25%** angesetzt werden kann. Für den Jahresdurchschnitt ist ungeklärt, ob es sich hierbei um eine statische Betrachtung des **jeweiligen Kalenderjahres** oder eine **jeweils rollierende Betrachtung des vergangenen Zwölf-Monats-Zeitraums** handelt. Nach wohl herrschender Auffassung ist eine taggenaue Betrachtung des vergangenen Zwölf-Monats-Zeitraums vorzunehmen.[152] Für diese Betrachtung eines **rollierenden Zwölf-Monats-Zeitraums** spricht – anders als etwa im Urlaubsrecht – der fehlende Hinweis auf das Kalenderjahr.[153]

138 Bei der Bemessung des in diesen Jahresdurchschnitt einzubeziehenden Arbeitsentgelts sind **sämtliche Engeltkomponenten** einzubeziehen. Auch die **zu kürzende Sondervergütung selbst** fließt dementsprechend in die Bemessung ein. Dies folgt aus der Differenzierung in § 4a EFZG zwischen laufendem Arbeitsengelt und Sondervergütung im Tatbestand einerseits und andererseits aus der Anknüpfung des **Kürzungsbetrages an das „Arbeitsentgelt" als Rechtsfolge**.

 Beispiel
Erhielt der Arbeitnehmer im vergangenen Zwölf-Monats-Zeitraum als laufendes Arbeitsentgelt eine monatliche Bruttovergütung in Höhe von 4.500,00 € sowie eine Leistungszulage in Höhe von monatlich 500,00 € und eine Sonderzahlung in Höhe von 10.000,00 € brutto, beträgt das für die Kürzung heranzuziehende Arbeitsentgelt im Zwölf-Monats-Zeitraum 70.000,00 € brutto (laufendes Arbeitsentgelt in Höhe von 60.000,00 € brutto, Sonderzahlung in Höhe von 10.000,00 € brutto). Bei 260 Arbeitstagen (zur Berücksichtigung von Urlaubstagen sogleich) ergibt dies einen arbeitstäglichen Durchschnittsverdienst in Höhe von 269,23 € brutto, von dem 25% (67,31 € brutto) für jeden Tag der Arbeitsunfähigkeit bei der künftigen Sonderzahlung in Abzug gebracht werden dürfen.

---

139 Bei der Ermittlung des Kürzungsbetrages sind **Urlaubstage als Arbeitstage** zu behandeln.[154] Urlaubstage müssen schon deshalb in die Betrachtung mit einbezogen werden, da das während des Urlaubszeitraums gewährte Urlaubsentgelt ebenfalls als Entgeltbestandteil in die Bemessung des Arbeitsverdienstes einfließt und anderenfalls Verzerrungen auftreten würden.

c) Elternzeit, Pflegezeit, Wehrdienst

140 Ein Anspruchsausschluss für Fehlzeiten während des Ruhens eines Arbeitsverhältnisses infolge einer **Elternzeit** ist grundsätzlich möglich. Während der Elternzeit

---

152 ErfK/*Dörner/Reinhard*, § 4a EFZG Rn 12 m.w.N.; *Bauer/Lingemann*, BB 1996, 8, 15.
153 ErfK/*Dörner/Reinhard*, § 4a EFZG Rn 12.
154 ErfK/*Dörner/Reinhard*, § 4a EFZG Rn 14; *Feichtinger/Malkmus*, § 4a EFZG Rn 42; a.A. *Bauer/Lingemann*, BB 1996, 8 ff.

ruhen die beiderseitigen Hauptleistungspflichten – so wie der Arbeitnehmer nicht zur Erbringung einer Arbeitsleistung verpflichtet ist, entfällt für den Arbeitgeber die Verpflichtung zur Zahlung des Arbeitsentgelts. Auch wenn ggf. bei empirischer Betrachtung überproportional Frauen den Anspruch auf Elternzeit geltend machen werden, verstößt eine entsprechend dem Ruhenszeitraum bemessene Kürzung der Sonderzahlung nicht gegen das **Gebot der Gleichbehandlung von Männern und Frauen**.[155] Allein der Umstand, dass infolge des Ruhens des Arbeitsverhältnisses beidseitig keine Leistungspflichten entstehen, stellt einen so gravierenden Gesichtspunkt dar, dass dies auch die Tatsache der ggf. überwiegenden Betroffenheit von Frauen rechtfertigt.[156]

Praxistipp
Eine **proportional anteilige Kürzung** des Anspruchs auf die Sonderzahlung für Zeiten, in denen das Arbeitsverhältnis kraft Vereinbarung oder Gesetzes ruht, sollte bei der **Gestaltung der Sonderzahlung ausdrücklich** geregelt werden. Nur bei Leistungen mit **reinem Entgeltcharakter** ergibt sich dies bereits aus dem **Leistungszweck** selbst.[157] Da die Rechtsprechung die Anerkennung von Leistungen mit **Mischcharakter** allein hinsichtlich der Maßgabe zukünftiger Betriebstreue aufgegeben hat,[158] kommt ein solcher **Mischcharakter der Honorierung von Arbeitsleistungen nebst der im Bezugszeitraum zu erbringenden Betriebstreue** weiterhin in Betracht. Ohne ausdrückliche Vereinbarung eines Kürzungsvorbehalts wirkt daher im ruhenden Arbeitsverhältnis u.U. nach Maßgabe der Unklarheitenregelung des § 305c Abs. 2 BGB ein Zweifel am reinen Entgeltcharakter zulasten des Arbeitgebers und findet eine Kürzung für die Dauer einer Elternzeit nicht statt.[159]

Eine **überproportionale Kürzung**, d.h. über das Verhältnis der Abwesenheit infolge Elternzeit zur aktiven Durchführung des Arbeitsverhältnisses hinaus, ist nach der Rechtsprechung des BAG auf **in der Regel 1/60 des Arbeitsentgelts je Fehltag** begrenzt.[160] 141

Entsprechende Grundsätze wie zum Ruhen des Arbeitsverhältnisses während einer Elternzeit gelten für die Dauer einer **Pflegezeit** nach Maßgabe des Pflegezeitgesetzes, des **Wehrdienstes** nach Maßgabe des Arbeitsplatzschutzgesetzes oder eines **sonstigen Ruhens** des Arbeitsverhältnisses ohne gesetzlich vorgesehene Fortzahlung des Arbeitsentgelts. Diesen Tatbeständen ist gemeinsam, dass infolge der suspendierten Hauptleistungspflichten beider Arbeitsvertragsparteien in der Regel keine 142

---

155 BAG, Urt. v. 6.12.1995 – 10 AZR 198/95 –; BAG, Urt. v. 24.5.1995 – 10 AZR 619/94 –.
156 BAG, Urt. v. 24.5.1995 – 10 AZR 619/04 –.
157 BAG, Urt. v. 19.4.1995 – 10 AZR 49/94 – NZA 1995, 1098, 1099; ErfK/*Preis*, § 611 BGB Rn 544 m.w.N.
158 BAG, Urt. v. 18.1.2012 – 10 AZR 612/10 –.
159 Vgl. BAG, Urt. v. 10.12.2008 – 10 AZR 35/08 – zur Differenzierung zwischen dem Bestand des Arbeitsverhältnisses und dessen aktiver Durchführung.
160 BAG, Urt. v. 15.2.1990 – 6 AZR 381/88 –; BAG, Urt. v. 19.4.1995 – 10 AZR 136/94 – AP Nr. 172 zu § 611 BGB Gratifikation; BAG, Urt. v. 6.12.1985 – 10 AZR 123/94 –.

an die (Nicht-) Erbringung der Arbeitsleistung anknüpfenden Entgeltkomponenten geschuldet sind. Eine Ausnahme gilt für **Arbeitnehmer des öffentlichen Dienstes**, die an Wehrübungen teilnehmen – gem. § 1 Abs. 2 ArbPlSchG ist während einer Wehrübung Arbeitsentgelt wie bei einem Erholungsurlaub fortzuzahlen.

> **Praxistipp**
> Wie bei der Elternzeit gilt auch hier, dass zur Vermeidung der Annahme einer Leistung mit Mischcharakter in der Gestaltung der Sonderzahlung sichergestellt werden sollte, dass Ansprüche für die Dauer eines solchen Ruhens des Arbeitsverhältnisses nicht entstehen.

d) Mutterschutz

143 Bei Schwangeren und Müttern ist gem. § 14 MuSchG während der **allgemeinen Schutzfristfristen** (sechs Wochen vor sowie acht Wochen nach der Entbindung) eine Verdienstsicherung als Zuschuss zum Mutterschaftsgeld zu gewähren. Anders als im Falle von Elternzeiten dürfen die Mutterschutzfristen auch bei Einmalzahlungen nicht anspruchsmindernd wirken, da diese infolge der Schwangerschaft allein Frauen betreffen und der **unionsrechtliche Grundsatz der Entgeltgleichheit für Frauen und Männer** es verlangt, die **Mutterschutzfristen den Beschäftigungszeiten** gleichzustellen.[161]

e) Erholungsurlaub

144 Für die Dauer des Erholungsurlaubs sieht § 11 BUrlG für das **Urlaubsentgelt** vor, dass sich dieses nach dem vom Arbeitnehmer in den **letzten 13 Wochen vor Beginn des Urlaubs erhaltenen Arbeitsverdienstes** bemisst. In diese Betrachtung sind sämtliche Entgeltbestandteile einzubeziehen, die der Arbeitnehmer in diesem Zeitraum als Gegenleistung für erbrachte Arbeit erhalten hat.[162] Hierzu können auch Sonderzahlungen (Prämien) zählen, die besondere Leistungen in dem maßgebenden Zeitraum abgelten.[163] **Einmalige Sonderzahlungen**, die **nicht an Arbeitsleistungen im Zeitraum des § 11 BUrlG** anknüpfen und in diesem geleistet werden, bleiben demgegenüber außer Betracht. Für die **Bemessung der Sonderzahlung** selbst **bleibt der Erholungsurlaub** indessen außer Betracht.

---

161 BAG, Urt. v. 4.12.2002 – 10 AZR 138/02 –.
162 BAG, Urt. v. 20.6.2000 – 9 AZR 437/99 –.
163 Vgl. BAG, Urt. v. 24.11.1992 – 9 AZR 564/91 –; BAG, Urt. v. 23.4.1996 – 9 AZR 856/94 –.

f) Kurzarbeit

Im Falle der „Kurzarbeit Null" gilt Entsprechendes wie für das **Ruhen des Arbeits-** 145
verhältnisses. Mit der Kurzarbeit wird die Arbeitsverpflichtung des Arbeitnehmers für die Dauer der Kurzarbeitsphase bis hin zur „Kurzarbeit Null" reduziert. Mit dem Beschäftigungsanspruch des Arbeitnehmers entfällt gem. § 323 BGB der Vergütungsanspruch. Ansprüche des Arbeitnehmers, die zumindest auch an die Erbringung der Arbeitsleistung anknüpfen, können für solche Zeiten ausgeschlossen werden.

2. Fehlende Gestaltung

Eine Kürzung nach § 4a EFZG setzt ebenso wie eine solche mit Blick auf das Ruhen 146
des Arbeitsverhältnisses eine **ausdrückliche oder zumindest konkludente Kürzungsvereinbarung** voraus. Von diesem Grundsatz kann nur dann eine Ausnahme erfolgen, wenn der **Zweck einer Sonderzahlung ausschließlich die Vergütung erbrachter Arbeitsleistungen** zum Inhalt hat, sodass bei Fehlen der zu erbringenden Arbeitsleistung ohne bestehende gesetzliche Entgeltfortzahlungspflicht der Anspruch auf Vergütung erlischt und hiervon auch eine Sonderzahlung erfasst ist.

Knüpft eine Leistung dagegen (auch) an **erbrachte Betriebstreue im Bezugs-** 147
zeitraum an, kommt eine Kürzung bei einem Ruhen des Arbeitsverhältnisses ohne diesbezügliche Vereinbarung nicht in Betracht.[164] Ob ein solcher **Mischcharakter der Honorierung von Arbeitsleistungen neben der im Bezugszeitraum zu erbringenden Betriebstreue** Zweck der Leistung ist, richtet sich nach einer Auslegung. Nach Maßgabe der Unklarheitenregelung des § 305c Abs. 2 BGB wirken Zweifel am reinen Entgeltcharakter zulasten des Arbeitgebers und es findet eine Kürzung für die Dauer des Arbeitsverhältnisses ohne Entgeltzahlung nicht statt.

Ohne ausdrückliche Vereinbarung haben Zeiten des Arbeitsverhältnisses ohne 148
Entgeltfortzahlung daher allenfalls **Bedeutung für die Zielerreichung**, falls **individualerfolgsbezogene Ziele** mangels Arbeitsleistung nicht erreicht werden. Bereits bei **gruppenerfolgsbezogenen Zielen** wird dies indessen häufig durch die Gruppe aufgefangen und bei **wirtschaftlichen Zielen** wird häufig keinerlei messbare Auswirkung mehr feststellbar sein.

Praxistipp
Arbeitgeber sollten Gestaltungen für die aus ihrer Sicht relevanten Arbeitsverhinderungen **ausdrücklich in die Regelung der Sonderzahlung aufnehmen**. Insbesondere bei Sonderzahlungen, deren Entstehung vom **Bestand des Arbeitsverhältnisses im gesamten Bezugszeitraum** abhängt, wird in der Regel ein Mischcharakter zwischen Zielerreichung und Betriebstreue im gesamten Bezugszeitraum anzunehmen sein, sodass bereits die **vergangene Betriebstreue** den reinen Entgeltcharakter als Voraussetzung einer Kürzung ohne diesbezügliche Vereinbarung ausschließt.

---

[164] Vgl. BAG, Urt. v. 10.12.2008 – 10 AZR 35/08 –.

C. Wertungsmodelle des VorstAG

149 Das Gesetz zur Angemessenheit der Vorstandsvergütung (VorstAG) war eine **Reaktion des Gesetzgebers auf die Finanzkrise**.[165] Anlass des Tätigwerdens des Gesetzgebers war das Verhältnis der Vorstandsbezüge, insbesondere an **kurzzeitigen Erfolgen bemessene Tantiemen oder sonstige Sonderzahlungen** – ohne Gewährleistung einer Nachhaltigkeit.

150 Mit dem VorstAG sind gesetzliche Bestimmungen über die **Vergütung von Vorständen von – insbesondere börsennotierten – Aktiengesellschaften** geschaffen worden, die sich zwar auf die Vergütung von Vorstandsmitgliedern als Organe von Aktiengesellschaften beschränken und damit für **Arbeitsverhältnisse mit Arbeitnehmern keine Geltung** beanspruchen. Allerdings hat das BAG etwa für Aktienoptionen[166] in Einzelfällen eine Übertragung aktienrechtlicher Grundsätze auf das Arbeitsverhältnis anerkannt, sodass die **Wertungsmodelle des VorstAG** eine Betrachtung mit sich anschließender Überprüfung der Übertragbarkeit auf das Arbeitsverhältnis jedenfalls wert sind.

I. Wertungsmodelle

151 Wesentliches Element des VorstAG ist die **Neuregelung über die Begrenzung der Vorstandsvergütung** in § 87 AktG. Während bislang vorgesehen war, dass das Entgelt des Vorstandsmitglieds in angemessenem Verhältnis zu dessen Aufgaben und zur Lage der Gesellschaft zu stehen hatte, ist die Vergütung nunmehr nach § 87 Abs. 1 S. 1 AktG im Verhältnis zur Leistung des Vorstandsmitglieds zu bemessen. § 87 Abs. 2 AktG zwingt den Aufsichtsrat dazu, die **Vergütung des Vorstandsmitglieds abzusenken**, wenn die Weitergewährung der bisherigen Vergütung wegen **nachträglicher Verschlechterung der Lage der Gesellschaft** unbillig wäre.

152 Nach § 87 Abs. 1 S. 2 AktG ist die Vergütungsstruktur bei börsennotierten Gesellschaften auf **eine nachhaltige Unternehmensentwicklung** auszurichten.[167] Der Nachhaltigkeitsgedanke soll auch bei nichtbörsennotierten Aktiengesellschaften berücksichtigt werden; hier hat der Gesetzgeber von einer ausdrücklichen Regelung abgesehen.[168] Die einzubeziehenden Leistungen des Vorstandsmitglieds verpflichten den Aufsichtsrat aber **nicht zu einer ausschließlich variablen Entgeltgestaltung** des Vorstands. Im Gegenteil: Auch eine reine Fixvergütung bleibt nach wohl

---

165 BT-Drucks. 16/12278.
166 Siehe Kap. 2 Rn 58; BAG, Urt. v. 16.1.2008 – 7 AZR 887/06 –.
167 Eine Verpflichtung zur Ausrichtung auf eine nachhaltige Unternehmensentwicklung enthält auch Ziff. 4.2.3 Abs. 2 S. 1 des Deutschen Corporate Governance Kodex.
168 Vgl. Beschlussempfehlung des Rechtsausschusses, BT-Drucks. 16/13433, S. 10.

herrschender Ansicht zulässig.[169] Eine variable Entgeltgestaltung mag zwar eine Leistungsgerechtigkeit sicherstellen, birgt jedoch das **Risiko von Fehlanreizen**. Nach § 87 Abs. 1 S. 3 AktG sollen variable Entgeltbestandteile eine mehrjährige Bemessungsgrundlage haben und für außerordentliche Entwicklungen eine Begrenzungsmöglichkeit vorsehen. Weitere konkrete Vorgaben für die Leistungsabhängigkeit der Entgeltgestaltung sieht das Gesetz nicht vor, sodass dem Aufsichtsrat ein Ermessen verbleibt.

Bei der Ausübung dieses Ermessens ist insbesondere die gesetzgeberische Wertung von Bedeutung, dass die **Entgeltstruktur auf eine nachhaltige Unternehmensentwicklung auszurichten** ist. Von einer näheren Bestimmung des Nachhaltigkeitsbegriffs hat der Gesetzgeber indessen abgesehen. Ausdrücken wollte er wohl, dass unternehmerische „Strohfeuer", die alsbald wieder erlöschen, verhindert werden sollen.[170] Ein konkretes Unternehmensziel – etwa kontinuierlich fortlaufende Gewinnsteigerungen in Abgrenzung zu etwa den Gewinn zunächst schmälernden strategischen Investitionen – lässt sich dem nicht entnehmen. Die **Unternehmensziele** sind **weiterhin von den für ihre Festsetzung zuständigen Unternehmensorganen vorzugeben** und das Vorstandsmitglied hat lediglich auf deren **nachhaltige Verfolgung** hinzuwirken. 153

Der Nachhaltigkeitsbegriff des Gesetzes ist inhaltsleer. Ob ein Unternehmensziel inhaltlich **lang-, mittel- oder kurzfristige Wirkungen** zeigt, ist keine Frage der Nachhaltigkeit, sondern des – vom Gesetz nicht geregelten – Unternehmensziels. Selbst eine Gewinnsteigerung durch fortlaufende Produktion mit veralteten Produktionsanlagen kann bis zu deren Zerstörung als Unternehmensziel nachhaltig verfolgt werden. Dieses Extrembeispiel zeigt, dass mit der Neuregelung nicht ohne Weiteres – auch wenn dies gesellschafts- und sozialpolitisch ggf. wünschenswert sein mag – ein langfristiger Erhalt des Unternehmens verbunden sein muss.[171] 154

Allerdings wird ein langfristiger Erhalt des Unternehmens in der Regel zumindest ein **ungeschriebenes Unternehmensziel** sein, auf das der Vorstand hinzuwirken hat und an dem die Entgeltstruktur auszurichten ist. Schwierigkeiten können entstehen, wenn das Kriterium der Nachhaltigkeit **wirtschaftlich sinnvolle Entscheidungen** bremst, um die mit jeder Entscheidung einhergehenden Risiken zu vermeiden. Da der Gesetzgeber sich insoweit jedweder Definition enthalten hat, werden diese Fragen in den kommenden Jahren durch die Rechtsprechung zu klären sein. 155

Das Nachhaltigkeitsgebot ist jedenfalls synchron zu den zu verfolgenden Zielen zu verstehen. Ein **langfristiges Unternehmensziel** ist dementsprechend an **lang-** 156

---

169 Nachweise zum Meinungsstand bei *Kocher/Bednarz*, Der Konzern 2011, 77, 79. Bei börsennotierten Gesellschaften soll die Vergütung nach Ziff. 4.2.3 Abs. 2 S. 2 des Deutschen Corporate Governance Kodex indes fixe und variable Bestandteile enthalten.
170 *Fleischer*, NZG 2009, 801, 802f.
171 So aber: *Seibert*, WM 2009, 1489, 1490.

fristige Entgeltanreize zu koppeln, während für mittel- oder kurzfristige Unternehmensziele zeitlich entsprechend kurzfristigere Anreize vorgesehen werden können. Kurzfristige variable Entgeltbestandteile bleiben zulässig, solange insgesamt ein nachhaltiger Verhaltensanreiz gesetzt wird.[172] Gleichwohl sollten **langfristige Unternehmensziele nicht durch die Honorierung kurzfristiger Erfolge infrage gestellt** werden. § 87 Abs. 1 S. 3 AktG regelt insoweit, dass nachhaltige Vergütungsbestandteile eine **mehrjährige Bemessungsgrundlage** haben sollen. Begrifflich setzt dies einen Bezugszeitraum von mindestens **zwei Jahren** für langfristige Vergütungsanreize voraus. Noch **offen** ist, ob darüber hinaus ein mehrjähriger Bezugszeitraum der Wartefrist von **vier Jahren entsprechend § 193 Abs. 1 Nr. 4 AktG als Regelfall** anzulehnen ist.[173] Letztlich wird dies aber eine Frage der umzusetzenden Unternehmensziele und weniger eine solche des Begriffs der Nachhaltigkeit sein.

II. Übertragbarkeit auf Arbeitsverhältnisse

157 All diese Regelungen gelten nur für Vorstandsmitglieder und zum Teil auch nur für solche von börsennotierten Aktiengesellschaften. Bereits die Übertragbarkeit auf andere Rechtsformen, wie etwa die GmbH, ist zweifelhaft.[174] Die Regelungen **verpflichten jedenfalls nicht**, zur Gewährleistung einer Nachhaltigkeit diese Grundsätze bei der **Aufstellung der Entgeltstrukturen für sämtliche Hierarchieebenen in der Belegschaft** umzusetzen. Eine **unmittelbare Konsequenz für die Variabilisierung von Entgeltbestandteilen** in Arbeitsverhältnissen lässt sich der Neufassung des § 87 AktG durch das VorstAG deswegen **nicht entnehmen**.

158 Eine andere Frage ist es indessen, ob insbesondere der **Nachhaltigkeitsgedanke** bei mittel- und langfristigen Unternehmenszielen auch für Zielkomponenten und damit deren Bezugszeiträume in Arbeitsverhältnissen eine über **das Geschäftsjahr hinausgehende** Anknüpfung zulässt. Der Zweck mehrjähriger Bemessungsgrundlagen liegt – auch wenn im VorstAG nur rudimentär geregelt – darin, **fehlerhafte Entgeltanreize durch kurzfristige Erfolge** bei nur kurzfristigen Zielkomponenten zu vermeiden, beispielhaft beim Unterbleiben von langfristig das Unternehmen am Markt sichernden Investitionen zur Ertragsmaximierung im laufenden Geschäftsjahr. Dieser Gedanke trifft sicherlich **nicht allein auf Zielsetzungen für Organmitglieder** zu.

---

172 *Fleischer*, NZG 2009, 801, 803; *Kocher/Bednarz*, Der Konzern 2011, 77, 80.
173 In diese Richtung die Entwurfsbegründung: BT-Drucks. 16/12278, S. 5. Ausführlich zu dieser Fragestellung: *Kocher/Bednarz*, Der Konzern 2011, 77 ff.
174 Nach der Beschlussempfehlung des Rechtsausschusses soll die Neuregelung ausdrücklich nicht für Personengesellschaften und die GmbH (auch nicht für die mitbestimmte GmbH) gelten, BT-Drucks. 16/13433, S. 10; ausführlich zu den Auswirkungen des VorstAG auf die GmbH: *Mohr*, GmbHR 2011, 402 ff.

Jedenfalls auf **Führungspositionen mit erheblichen eigenverantwortlichen** 159
strategischen Funktionen ist eine **entsprechende Bewertung** geboten. Dieser
Gedanke lässt sich allerdings nicht abstrakt auf bestimmte hierarchische Funktionen verallgemeinernd ausdehnen. Je geringer die einem Arbeitsplatz zugeordnete strategische Verantwortung ist, desto geringer wird der Gesichtspunkt der Nachhaltigkeit auf die Unternehmensentwicklung Einfluss haben. Einmalige Investitionsentscheidungen eines **Produktionsleiters** für neue Maschinen oder eines **Entwicklungsleiters** für die Entwicklung eines innovativen Produkts entscheiden für längere Zeitspannen über die Unternehmensentwicklung. Wird dagegen etwa ein **Sachbearbeiter** individualerfolgsabhängig danach im Rahmen einer Sonderzahlung vergütet, welche Fehlerquote seine Sachbearbeitung aufweist, dient eine langfristig geringe Fehlerquote sicherlich der Erhaltung des Unternehmens am Markt, jedoch ist dies nur das **kumulierte Ergebnis einer Vielzahl von Einzelleistungen**.

Darin dürfte letztlich das **entscheidende Abgrenzungskriterium** liegen: So- 160
weit ein Arbeitnehmer über **Entscheidungsspielräume** verfügt, bei denen er **Weichen hinsichtlich der künftigen Entwicklung stellt**, wird eine diese Entwicklung über einen mehrjährigen Zeitraum einbeziehende Entgeltstruktur zulässig sein. Der Gedanke der Nachhaltigkeit, wie er in § 87 AktG für Vorstandsmitglieder börsennotierter Aktiengesellschaften vorgesehen ist, kommt hier im Interesse des Arbeitgebers ebenfalls zum Tragen. Dies ist zwar für Arbeitsverhältnisse keine Frage der Anwendbarkeit des § 87 AktG. Der § 87 AktG bringt jedoch eine **gesetzgeberische Wertentscheidung** zum Ausdruck, dass die von einer solchen Gestaltung ausgehende Bindungswirkung ihre Rechtfertigung in einem auf die Nachhaltigkeit gerichteten Ziel findet. **Langfristige unternehmerische Erfolge sollen wirtschaftlich honoriert werden**, um die Existenz des Unternehmens am Markt zu sichern und damit Arbeitsplätze zu erhalten sowie Systeme der sozialen Sicherung zu entlasten.

Über diese grundsätzliche Wertentscheidung hinaus ist dem § 87 AktG jedoch 161
für Arbeitsverhältnisse nichts zu entnehmen, da letztlich allein eine **Interessenabwägung zwischen dem Interesse einer nachhaltigen Ausfüllung von Entscheidungsspielräumen gegenüber der Berufswahlfreiheit des Arbeitnehmers** zu treffen ist. Der Organstellung des Vorstands ist diese strategische Funktion immanent, sodass die Mehrjährigkeit stets angemessen ist. Bei Arbeitsverhältnissen wird eine **einzelfallorientierte Betrachtung** maßgebend sein.

D. Besonderheiten für Banken und Versicherungen

I. Institutsvergütungsverordnung

Für **Kredit- und Finanzdienstleistungsinstitute** gelten auch auf Arbeitsverhält- 162
nisse anwendbare **rechtliche Vorgaben für die Entgeltgestaltung**. Mit dem im Juli 2010 in Kraft getretenen Gesetz über die aufsichtsrechtlichen Anforderungen an die

Vergütungssysteme von Instituten und Versicherungsunternehmen[175] wurde das KWG (Kreditwesengesetz) ergänzt. Nach § 25a KWG hat das Risikomanagement als Bestandteil einer ordnungsgemäßen Geschäftsorganisation auch **angemessene, transparente und auf eine nachhaltige Entwicklung des Instituts ausgerichtete Entgeltsysteme für Geschäftsleiter und Arbeitnehmer** zu umfassen.

163 § 25a Abs. 5 KWG beinhaltet insoweit eine Ermächtigung, nähere Bestimmungen über die Ausgestaltung der Entgeltsysteme zu regeln, einschließlich Entscheidungsprozessen und Verantwortlichkeit, Zusammensetzung der Vergütung, Ausgestaltung positiver und negativer Entgeltparameter, Leistungszeiträume sowie Berücksichtigung der Geschäftsstrategie, der Ziele, Werte und langfristigen Interessen des Instituts durch Rechtsverordnung.

164 Hiervon hat das Bundesministerium der Finanzen in Gestalt der **Institutsvergütungsverordnung** (InstitutsVergV) Gebrauch gemacht. Laut § 1 Nr. 1 InstitutsVergV gelten deren Regelungen für sämtliche **Kredit- oder Finanzdienstleistungsinstitute i.S.d. § 1b KWG**, d.h. sämtliche inländischen Institute, deren ausländische Tochtergesellschaften und Niederlassungen sowie inländische Zweigstellen von Unternehmen mit Sitz im Ausland.

165 Nach § 3 InstitutsVergV ist die Geschäftsleitung für die angemessene Ausgestaltung der Entgeltsysteme der Arbeitnehmer verantwortlich, während für die Ausgestaltung der Entgeltsysteme der Geschäftsleitung das Aufsichtsorgan zuständig ist. Entgeltsysteme müssen gem. § 1 Abs. 2 InstitutsVergV auf die **Erreichung der in den Strategien des Instituts niedergelegten Ziele ausgerichtet** sein und im Falle von Strategieänderungen die Ausgestaltung der Vergütungssysteme überprüfen und erforderlichenfalls anpassen.

166 Entgeltsysteme sind gem. § 3 Abs. 3 InstitutsVergV angemessen ausgestaltet, wenn **Anreize zur Eingehung unverhältnismäßiger Risiken vermieden** werden. Solche Anreize zur Eingehung unverhältnismäßig hoher Risiken sind gem. § 3 Abs. 4 InstitutsVergV insbesondere gegeben bei einer **signifikanten Abhängigkeit der Arbeitnehmer von variablem Entgelt** oder arbeitsvertraglich begründeten Ansprüchen auf **Leistungen für den Fall der Beendigung der Tätigkeit, wenn trotz individuell negativer Erfolgsbeiträge ein der Höhe nach unveränderter Anspruch** besteht.

167 Während Letzteres insbesondere Ausscheidenszahlungen wie Abfindungen meint, knüpft der zunächst genannte Tatbestand an die von variablem Entgelt ausgehenden Anreize an. § 2 Ziff. 3 InstitutsVergV definiert insoweit den **Begriff des variablen Entgelts** als den Teil des Entgelts, dessen Gewährung oder Höhe im Ermessen des Instituts steht oder vom Eintritt vereinbarter Bedingungen (Ziele) abhängt. Laut § 3 Abs. 7 InstitutsVergV ist ein **garantiertes variables Entgelt** nur im Rahmen der Aufnahme eines Arbeitsverhältnisses und längstens für ein Jahr zulässig.

---

175 BGBl. I 2010, S. 950.

Die nach § 3 Abs. 4 InstitutsVergV unzulässige **signifikante Abhängigkeit** 168
von variablem Entgelt ist nach der auf den Internetseiten der BaFin unter
http://www.bafin.de abrufbaren Begründung der InstitutsVergV dann gegeben,
wenn die **Höhe der fixen Vergütung nicht ausreicht**, damit das Institut eine
in jeder Hinsicht **flexible Entgeltpolitik betreiben** kann, einschließlich eines
vollständigen Abschmelzens des variablen Entgelts. Entscheidend ist damit, ob
das Grundentgelt selbst bei vollständigem Entfallen eines zusätzlichen variablen
Entgelts ausreichend ist, um den **Lebensstandard des Arbeitnehmers ausreichend abzusichern**. Eine allgemeingültige prozentuale Grenze wird diesbezüglich
kaum aufzustellen sein, weil der jeweilige Lebensstandard der einzelnen Arbeitnehmer unterschiedlich ist und in **niedrigeren Einkommenssegmenten** ein größerer Anteil der Vergütung zur Abdeckung des **gewöhnlichen Lebensstandards**
aufgewendet werden wird als im **hohen Einkommenssegment**, bei dem der Gesichtspunkt der **Vermögensbildung** eine zunehmende Rolle spielen wird. Einen
vorsichtigen Maßstab mag im Bereich der in die tariflichen Bestimmungen fallenden Arbeitnehmer das **tarifliche Entgelt** bilden und im Bereich außertariflicher
Arbeitsverhältnisse ggf. die **Beitragsbemessungsgrenze in der gesetzlichen Rentenversicherung**, die das BAG beispielsweite als Anknüpfungspunkt für eine Vergütungserwartung im Zusammenhang mit der Abgeltung von Überstunden heranzieht.[176]

Unabhängig von dieser Gewichtung des variablen Entgelts ist gem. § 3 Abs. 3 169
InstitutsVergV generell sicherzustellen, dass **kein Anreiz zur Eingehung unverhältnismäßig hoher Risiken oder zur Vermeidung der Überwachungsfunktion von Kontrolleinheiten** ausgelöst wird. Insbesondere die erste Voraussetzung ist im Zusammenhang mit der in § 3 Abs. 1 InstitutsVergV genannten
Maßgabe zu sehen, dass **Entgeltsysteme auf die Erreichung der in den Strategien des Instituts niedergelegten Ziele ausgerichtet** sein müssen. Nach § 3
Abs. 4 S. 3 InstitutsVergV sollen variable Entgelte eine mehrjährige Bemessungsgrundlage haben.

Strengere Maßgaben gelten gem. §§ 5 f. InstitutsVergV für **Entgeltsysteme** 170
bedeutender Institute. Bedeutende Institute sind gem. § 1 Abs. 2 InstitutsVergV
solche, deren Bilanzsumme im Durchschnitt der drei vergangenen Geschäftsjahre
10 Mrd. € erreicht und die im Rahmen einer Risikoanalyse eigenverantwortlich festzulegen haben, ob sie bedeutend sind. Nähere Vorgaben für diese Prüfung
sieht § 1 Abs. 2 InstitutsVergV vor. In solchen Instituten gelten gem. § 5 InstitutsVergV **besondere Regelungen für die Entgeltsysteme der Geschäftsleiter und
solcher Arbeitnehmer, deren Tätigkeit wesentlichen Einfluss auf das Gesamt-**

---

176 BAG, Urt. v. 22.2.2012 – 5 AZR 765/10 –.

risikoprofil hat. § 5 Abs. 2 InstitutsVergV sieht für deren variables Entgelt vor, dass

- neben dem Gesamterfolg des Instituts bzw. der Gruppe und dem Erfolgsbeitrag der Organisationseinheit auch der individuelle Erfolgsbeitrag in der Regel zu berücksichtigen ist,
- der individuelle Erfolgsbeitrag auch anhand nicht-finanzieller Parameter, z.B. der Beachtung institutsinterner Regelwerke und Strategien, Kundenzufriedenheit und erlangter Qualifikationen, zu bestimmen ist,
- für die Ermittlung des Gesamterfolgs des Instituts, des Erfolgsbeitrags der jeweiligen Organisationseinheit und des individuellen Erfolgsbeitrags, insbesondere solche Entgeltparameter anzulegen sind, die dem Ziel des nachhaltigen Erfolges Rechnung tragen und hierbei eingegangene Risiken, deren Dauer sowie Kosten zu berücksichtigen sind,
- mindestens 40% der variablen Vergütung über einen Zurückbehaltungszeitraum von mindestens drei bis fünf Jahren gestreckt werden, wobei dies von Stellung, Aufgaben und Höhe des variablen Entgelts sowie den ggf. durch den Arbeitnehmer begründeten Risiken abhängt,
- mindestens 50% des zurückzubehaltenden sowie mindestens 50% des nicht zurückzubehaltenden variablen Entgelts von einer nachhaltigen Wertentwicklung des Instituts abhängen und mit einer Bindungsfrist versehen werden, nach deren Verstreichen erst eine Vergütung des Arbeitnehmers über diese Leistungen möglich sein darf,
- negative Erfolgsbeiträge des Arbeitnehmers, seiner Organisationseinheit oder des Instituts die variable Vergütung verringern müssen.

171 Daneben gilt für sämtliche Mitarbeitergruppen, dass das **variable Entgelt** gem. § 3 Abs. 3 Hs. 2 InstitutsVergV **nicht der Überwachungsfunktion von Kontrolleinheiten zuwiderlaufen** darf. Nach § 2 Nr. 9 InstitutsVergV betrifft dies die institutsinternen Organisationseinheiten, die die geschäftsinitiierenden Organisationseinheiten, insbesondere die Bereiche Markt und Handel, überwachen, wozu vor allem die Bereiche Marktfolge, Risikocontrolling und Compliance sowie interne Revision zählen. **Für diese Kontrollinstanzen darf kein Interessenkonflikt im Wege einer variablen Entgeltstruktur** geschaffen werden, indem sich deren Leistungen nach denselben Grundsätzen richten, wie die der zu kontrollierenden geschäftsinitiierenden Arbeitnehmer. Dies könnte einen Anreiz setzen, der **Kontrollfunktion nicht nachzukommen**, um von einer risikobehafteten Entwicklung der gleichermaßen für sie geltenden Leistungsfaktoren zu profitieren. Geeignetes Instrument kann insoweit eine **Leistungsorientierung an langfristigen Erfolgen des Unternehmens** sein.

172 Sämtliche Institute haben gem. § 7 InstitutsVergV zumindest **auf ihren Internetseiten die Ausgestaltung der Entgeltsysteme** nach Geschäftsbereichen unterteilt **offenzulegen**. Insbesondere haben sie die maßgeblichen Entgeltparameter sowie die Zusammensetzung der Entgelte und die Art und Weise der Gewährung

sowie den Gesamtbetrag aller Leistungen nach fixem und variablem Entgelt unterteilt und die Anzahl der Begünstigten eines variablen Entgelts darzustellen. Diese Angaben sind einmal jährlich zu aktualisieren. Für bedeutende Institute gelten nach § 8 InstitutsVergV weitergehende Offenlegungspflichten.

Sämtliche Regelungen der InstitutsVergV **gelten nur für individualarbeitsvertragliche Entgeltsysteme**. Auf Entgelte, die durch Tarifvertrag oder aufgrund eines Tarifvertrages in einer Betriebsvereinbarung vereinbart sind, sind die Bestimmungen gem. § 1 Abs. 3 InstitutsVergV nicht anwendbar. 173

Keine Regelungen enthält die InstitutsVergV bzw. das KWG zur Frage von **Übergangsbestimmungen** hinsichtlich abweichender, insbesondere vertraglicher Gestaltungen, die bereits vor Inkrafttreten der Regularien im Jahre 2010 bestanden. Da der Arbeitgeber grundsätzlich nicht einseitig in bestehende Verträge eingreifen kann, setzt dies ein Einvernehmen der Arbeitnehmer voraus. Nach § 45 KWG besteht ein Eingriffsrecht der BaFin. Bei unzureichenden Eigenmitteln besteht die **Möglichkeit für die BaFin, die Auszahlung auf nicht tariflichen Regelungen bestehenden variablen Entgeltbestandteilen zu untersagen oder auf einen bestimmten Anteil des Jahresergebnisses zu beschränken**. § 45 KWG verpflichtet insoweit die Institute, in vertraglichen Vereinbarungen diesem Eingriffsrecht der BaFin Rechnung zu tragen. 174

II. Versicherungsvergütungsverordnung

Ebenfalls im Zuge der Finanzmarktkrise ist im Jahre 2010 auf Grundlage von § 64b VAG die **Versicherungsvergütungsverordnung** (VersVergV) in Kraft getreten. Ziel ist ebenfalls eine nachhaltige Unternehmensentwicklung durch gesetzlich geregelte Anforderungen an das Risikomanagement von Versicherungsunternehmen. Sie gilt für **Versicherungsunternehmen** (vgl. im Einzelnen § 1 VersVergV). § 3 VersVergV sieht für die Ausgestaltung von Entgeltsystemen **ähnliche Restriktionen vor, wie im Bereich der Institutsvergütungsverordnung**. Entgeltsysteme müssen so ausgestaltet sein (§ 3 Abs. 1 VersVergV), dass 175
- sie eine **Ausrichtung auf die Erreichung der in den Strategien des Unternehmens niedergelegten Ziele** vorsehen und im Falle von Strategieänderungen zu überprüfen und erforderlichenfalls anzupassen sind,
- **negative Anreize vermieden werden**, insbesondere Interessenkonflikte und die Eingehung unverhältnismäßiger Risiken vermieden und die Überwachungsfunktion der Kontrolleinheiten nicht infrage gestellt werden,
- bei Geschäftsleitern ein variabler Entgeltanteil eine **Vergütung in Anknüpfung an nachhaltige Unternehmenserfolge** sicherstellt,
- wesentliche Risiken und deren Zeithorizont einfließen,
- neben einzelnen Organisationseinheiten auch der **Erfolg des Gesamtunternehmens** einfließt und
- eine **angemessene Personalausstattung** nicht infrage gestellt wird.

176 Die sich daraus ergebenden Angemessenheitsanforderungen eines Entgeltsystems sind mindestens einmal jährlich zu überprüfen und bei Bedarf anzupassen.

177 Nach § 4 VersVergV gelten wiederum **besondere Anforderungen bei bedeutenden Unternehmen für solche Arbeitnehmer dieser Unternehmen, deren Tätigkeiten wesentlichen Einfluss auf das Gesamtrisikoprofil haben**. Bedeutende Unternehmen sind in § 1 Abs. 2 VersVergV dadurch gekennzeichnet, dass ihre Bilanzsumme mindestens 45 Mrd. € beträgt oder sie einer Versicherungsgruppe mit einer solchen Bilanzsumme angehören und ihre Bedeutsamkeit auf Grundlage einer Risikoanalyse nach den näheren Vorgaben des § 1 Abs. 2 VersVergV feststellen. Für solche Arbeitnehmer gilt gem. § 4 Abs. 2 VersVergV, dass deren **fixes und variables Entgelt in einem angemessenen Verhältnis** zueinanderstehen müssen, sodass einerseits keine signifikante Abhängigkeit von dem variablen Entgelt entsteht, andererseits das variable Entgelt jedoch wirksame Verhaltensanreize setzen kann. Ein garantiertes variables Entgelt ist für diese Arbeitnehmer regelmäßig nur im Rahmen der Arbeitsaufnahme und bis zu maximal einem Jahr möglich. Im Übrigen gilt für das variable Entgelt gem. § 4 Abs. 3 VersVergV, dass neben dem **Gesamterfolg des Unternehmens bzw. der Gruppe** und dem **Erfolgsbeitrag der Organisationseinheit** auch der **individuelle Erfolgsbeitrag** zu berücksichtigen ist, wobei auch nicht finanzielle Parameter wie die Beachtung unternehmensinterner Regelwerke und Strategien, Kundenzufriedenheit und erlangte Qualifikation Berücksichtigung finden können. Weiter sind für die Ermittlung des Erfolges insbesondere solche Anknüpfungspunkte zu verwenden, die unter Berücksichtigung eingegangener Risiken und Kapitalkosten der **Nachhaltigkeit des Erfolges** Rechnung tragen. Von dem variablen Entgelt dürfen **mindestens 40% nicht vor Ablauf eines angemessenen Zurückbehaltungszeitraums von in der Regel drei Jahren** ausgezahlt werden. Insgesamt soll ein **Anteil von mindestens 50% des zurückbehaltenen Betrages von einer nachhaltigen Wertentwicklung des Unternehmens abhängen** und **negative Erfolge können diesen Anspruch verringern**. Weitere Maßgaben für bedeutende Unternehmen, etwa zur Risikoorientierung der Vergütung und Compliance-Strukturen, sind in § 4 VersVergV vorgesehen.

178 Nach § 1 Abs. 3 VersVergV gelten deren Regelungen nicht für Entgelte, die durch Tarifvertrag oder aufgrund eines Tarifvertrages in einer Betriebsvereinbarung geregelt sind. Bei arbeitsvertraglichen Vereinbarungen haben die Unternehmen gem. § 6 VersVergV darauf hinzuwirken, dass ggf. abweichende bestehende Vereinbarungen angepasst werden. Auch hier gilt, dass der Arbeitgeber grundsätzlich nicht einseitig in bestehende Verträge eingreifen kann, sodass dies ein Einvernehmen der Arbeitnehmer voraussetzt.

Kapitel 5
Die betriebsverfassungsrechtliche Bedeutung

A. Mitbestimmungsrechte des Betriebsrates

I. Überblick

Amtiert ein Betriebsrat, sind dessen Beteiligungsrechte zu beachten. Das Betriebsverfassungsgesetz differenziert bei den Beteiligungsrechten danach, ob der Betriebsrat lediglich zu unterrichten (**Informationsrechte**), mit ihm zu beraten (**Beratungsrechte**) oder durch ihn mitzuentscheiden (**Mitbestimmungsrechte**) ist.

Bei Fragen der Entgeltgestaltung wird in der Regel das Beteiligungsrecht des Betriebsrates aus **§ 87 Abs. 1 Nr. 10 BetrVG** im Mittelpunkt stehen. Nach § 87 Abs. 1 Nr. 10 BetrVG hat der Betriebsrat bei Fragen der **betrieblichen Lohngestaltung**, insbesondere der **Aufstellung von Entlohnungsgrundsätzen** sowie der **Einführung und Anwendung von neuen Entlohnungsmethoden** und deren Änderung mitzubestimmen.

Das Beteiligungsrecht des Betriebsrates nach § 87 Abs. 1 Nr. 10 BetrVG kann flankierend durch ein weiteres aus **§ 87 Abs. 1 Nr. 1 BetrVG** über Fragen des **Verhaltens der Arbeitnehmer im Betrieb** begleitet sein, wenn etwa im Zusammenhang mit einvernehmlich festzulegenden Zielvereinbarungen **formalisierte Mitarbeitergespräche** ein- und durchgeführt werden sollen.

Als weiteres Beteiligungsrecht aus § 87 BetrVG kommt das Mitbestimmungsrecht bei der **Einführung und Anwendung von technischen Einrichtungen, die zur Überwachung des Verhaltens oder der Leistung der Arbeitnehmer bestimmt sind**, in Betracht (**§ 87 Abs. 1 Nr. 6 BetrVG**), wenn etwa zum Zwecke der Feststellung einer Zielerreichung eine EDV-Auswertung erfolgen soll. Diese in § 87 BetrVG geregelten Beteiligungsrechte des Betriebsrates stellen echte Mitbestimmungsrechte dar. Der Arbeitgeber darf die Maßnahme ohne Vorliegen der Zustimmung des Betriebsrates nicht umsetzen.

Beteiligungsrechte des Betriebsrates im Zusammenhang mit variablen Entgeltsystemen können allerdings unter weiteren Gesichtspunkten entstehen. Stellt etwa der Arbeitgeber zum Zwecke der Feststellung der Zielerreichung **allgemeine Beurteilungsgrundsätze** auf, bedarf dies gem. **§ 94 Abs. 2 BetrVG** der Zustimmung des Betriebsrates. Auch insoweit besteht ein echtes Mitbestimmungsrecht des Betriebsrates. In der Diskussion stehen kann darüber hinaus bei der erfolgsabhängigen Entgeltgestaltung, ob etwa die **Motivationswirkung eines Ziels** das Arbeitsverhalten mit Auswirkungen auf die **Planung von Arbeitsverfahren und Arbeitsabläufen i.S.d. § 90 BetrVG (Informations- und Beratungsrecht)** berührt oder sich Folgefragen zum Schutze vor Überbeanspruchung unter dem Gesichtspunkt des **Arbeits- und Gesundheitsschutzes (§ 87 Abs. 1 Nr. 7 BetrVG)** ergeben.

6   Schließlich können Fragen der **Berufsbildung** i.S.d. **§§ 96 ff. BetrVG** im Raum stehen, wenn etwa eine Zielkomponente im erfolgreichen Abschluss einer bestimmten Bildungsmaßnahme liegt oder eine solche Voraussetzung für die Qualifikation zur Bearbeitung einer Zielkomponente ist.

II. Mitbestimmung bei Fragen der betrieblichen Entgeltgestaltung

1. Inhalt des Mitbestimmungsrechts

7   Im Mittelpunkt bei variablen Entgeltsystemen wird regelmäßig das Mitbestimmungsrecht des Betriebsrates aus **§ 87 Abs. 1 Nr. 10, ggf. auch Nr. 11 BetrVG** stehen. Hiernach hat der Betriebsrat bei **Fragen der betrieblichen Entgeltgestaltung** mitzubestimmen, insbesondere bei der Aufstellung von **Entlohnungsgrundsätzen** und der Einführung und Anwendung von neuen **Entlohnungsmethoden,** sowie der Festsetzung von Akkord- und Prämiensätzen und vergleichbarer leistungsbezogener Entgelte einschließlich der Geldfaktoren.

8   Zweck des Mitbestimmungsrechts ist eine **Beteiligung des Betriebsrates an Entscheidungen des Arbeitgebers über das Arbeitsentgelt**, um Arbeitnehmer vor einseitig an dem Interesse des Arbeitgebers orientierten oder willkürlichen Entgeltgestaltungen zu schützen. Das Mitbestimmungsrecht dient damit einer **transparenten Gestaltung des betrieblichen Entgeltgefüges** und der Sicherstellung **innerbetrieblicher Verteilungsgerechtigkeit**.[1]

2. Entgeltgrundsätze

9   Mitbestimmungspflichtig ist hiernach generell die Aufstellung oder Änderung von Entgeltgrundsätzen. Dabei handelt es sich um **abstrakte Kriterien, nach denen der Arbeitgeber Arbeitsleistungen und/oder Betriebstreue vergütet**.[2] Gegenstand der Mitbestimmung ist damit das **System, nach welchem die Bestimmung des Arbeitsentgeltes erfolgt**.[3]

10   Wie jedes Mitbestimmungsrecht aus § 87 Abs. 1 BetrVG setzt auch die Mitbestimmung bei Entgeltgrundsätzen einen sog. **kollektiven Tatbestand** voraus.[4] Das Mitbestimmungsrecht besteht **nicht bei individuellen Entgeltvereinbarungen**,

---

1   BAG, Urt. v. 2.3.2004 – 1 AZR 271/03 –; BAG, Urt. v. 11.6.2002 – 1 AZR 390/02 –; *Fitting*, § 87 Rn 407; GK-BetrVG/*Wiese*, § 87 BetrVG Rn 805.
2   BAG, Beschl. v. 28.3.2006 – 1 ABR 59/04 –; BAG, Beschl. v. 29.2.2000 – 1 ABR 4/99 –; *Fitting*, § 87 Rn 417 m.w.N.
3   BAG, Beschl. v. 18.10.2011 – 1 ABR 25/10 –; BAG, Urt. v. 10.11.2009 – 1 AZR 511/08 –; BAG, Urt. v. 26.8.2008 – 1 AZR 354/07 –; *Fitting*, § 87 Rn 417 m.w.N.; ErfK/*Kania*, § 87 BetrVG Rn 99 ff.
4   *Löwisch/Kaiser*, § 87 Rn 1.

die mit Blick auf die Umstände des einzelnen Arbeitnehmers getroffen werden, sodass bei ihnen **kein Zusammenhang zur Leistung anderer Arbeitnehmer** besteht.[5] Ein (mitbestimmungspflichtiger) kollektiver Tatbestand liegt dagegen vor, wenn **allgemeine Merkmale für die Entgeltfindung** zum Tragen kommen und der Arbeitgeber **nicht lediglich individuell** auf die Situation bei einem konkreten Arbeitnehmer reagiert.[6]

Typischerweise betreffen Entgeltgrundsätze ein System unter der Bildung von Entgeltgruppen nach **abstrakten Kriterien** einschließlich der abstrakten Wertunterschiede zwischen den einzelnen Entgeltgruppen in Prozent- oder anderen Bezugsgrößen.[7] Mit einem solchen Entgeltschema wird die Zuordnung der Arbeitnehmer zu einer bestimmten Entgeltgruppe nach abstrakt-generellen Merkmalen ermöglicht, sodass die **Abstufung zwischen den Entgeltgruppen die Wertunterschiede zwischen den eingereihten Arbeitsplätze**n zum Ausdruck bringt und damit die vom Mitbestimmungsrecht behandelte Frage der **Verteilungsgerechtigkeit** betrifft.[8]

11

Beispiel
Entgeltgrundsätze ermöglichen und erfordern die Eingruppierung von Arbeitnehmern, wenn sie mindestens zwei Entgeltgruppen vorsehen. In der Regel wird entsprechend den unterschiedlichen Arbeitsaufgaben auf den einzelnen Arbeitsplätzen eine größere Anzahl von Entgeltgruppen vorgesehen. Mit den Entgeltgruppen und deren Abstand zueinander wird zugleich die Verteilung des Arbeitsentgelts anhand der Wertunterunterschiede der Tätigkeiten auf den einzelnen Arbeitsplätzen festgelegt.

Gegenstand von Entgeltgrundsätzen kann neben oder anstelle der Einreihung von Arbeitsplätzen in ein Entgeltschema aber auch die generelle Frage sein, **ob und ggf. für welche Arbeitnehmergruppen sich die Vergütung aus unterschiedlichen Komponenten (Grundvergütung, Zulagen, Einmalzahlungen etc.) zusammensetzt.**[9] Ein solcher Entgeltgrundsatz erstreckt sich nach der Rechtsprechung des BAG auf die Gesamtheit sämtlicher Entgeltkomponenten eines Arbeitnehmers oder einer Arbeitnehmergruppe als **Gesamtvergütung**.[10]

12

---

5 BAG, Urt. v. 3.12.1991 – GS 2/90 –; *Fitting*, § 87 Rn 420; Richardi/*Richardi*, § 87 Rn 751.
6 BAG, Beschl. v. 27.10.1992 – 1 ABR 17/92 –; *Fitting*, § 87 Rn 422 ff.
7 BAG, Beschl. v. 18.10.2011 – 1 ABR 25/10 – NZA 2012, 392; *Fitting*, § 87 Rn 417 m.w.N.; ErfK/*Kania*, § 87 BetrVG Rn 99 ff.
8 BAG, Beschl. v. 18.10.2011 – 1 ABR 25/10 – NZA 2012, 392; *Fitting*, § 87 Rn 417 m.w.N; ErfK/*Kania*, § 87 BetrVG Rn 99 ff.
9 BAG, Urt. v. 26.8.2008 – 1 AZR 354/07 –.
10 BAG, Urt. v. 26.8.2008 – 1 AZR 354/07 –; *Salamon*, NZA 2010, 745, 747 f.

Beispiel
Entgeltgrundsätze können neben den Entgeltgruppen für die Bemessung der Grundvergütung vorsehen, dass Arbeitnehmer eine Weihnachtsgratifikation als Betriebstreueleistung, eine Sonderzahlung nach einem Zielvereinbarungsmodell und vermögenswirksame Leistungen erhalten. Der Entgeltgrundsatz umfasst sämtliche dieser Entgeltkomponenten als Gesamtvergütung.

13 Das Mitbestimmungsrecht dient dem Gesichtspunkt der Verteilungsgerechtigkeit allein unter dem Gesichtspunkt des Leistungsplans über den Abstand der Leistungen der einzelnen Arbeitnehmer zueinander. Die **absolute Höhe der Vergütung** ist dagegen nicht vom Mitbestimmungsrecht des Betriebsrates umfasst.[11]

Beispiel
Entgeltgrundsätze über ein System von Entgeltgruppen zur Eingruppierung von Arbeitnehmern legen allein die abstrakten Eingruppierungskriterien und die Abstände der Entgeltgruppen zueinander – etwa in Prozentpunkten – fest. Solange der Arbeitgeber diese Abstände der Entgeltgruppen beachtet, kann er die absoluten Geldbeträge für das Grundentgelt mitbestimmungsfrei festlegen.

3. Einmalzahlungen

14 Das Mitbestimmungsrecht aus § 87 Abs. 1 Nr. 10 BetrVG umfasst unter dem Gesichtspunkt einer Beteiligung des Betriebsrates zur Sicherstellung einer Verteilungsgerechtigkeit **sämtliche arbeitgeberseitigen Entgeltbestandteile und damit auch Einmalzahlungen**.[12] Da der Betriebsrat kein Mitbestimmungsrecht hinsichtlich der konkreten Höhe des Arbeitsentgelts hat, kann er die **Einführung von Einmalzahlungen nicht erzwingen**, die nicht durch Arbeitsvertrag, Tarifvertrag oder Gesetz vorgeschrieben sind.[13] Mitbestimmungsfrei ist hiernach stets die Frage des **„Ob" und der Höhe** der insgesamt vom Arbeitgeber für die Leistung zur Verfügung gestellten Mittel, des Zwecks der Einmalzahlung sowie des begünstigten Personenkreises einer freiwilligen Einmalleistung.[14] Mitbestimmungspflichtig ist dagegen die Aufstellung des Leistungsplans, d.h. wiederum die **Aufstellung der Kriterien für die Bemessung der Leistung im Verhältnis der Arbeitnehmer untereinander**.[15]

---

11 BAG, Beschl. v. 18.10.2011 – 1 ABR 25/10 – NZA 2012, 392; BAG, Urt. v. 26.8.2008 – 1 AZR 354/07 –; *Fitting*, § 87 Rn 419 m.w.N.; ErfK/*Kania*, § 87 BetrVG Rn 103.
12 DKKW/*Klebe*, § 87 Rn 300 f.
13 BAG, Urt. v. 18.11.2003 – 1 AZR 604/02 –; BAG, Beschl. v. 21.8.1990 – 1 ABR 73/89 –.
14 *Löwisch/Kaiser*, § 87 Rn 240 ff.; BAG, Urt. v. 18.11.2003 – 1 AZR 604/02 –; BAG, Beschl. v. 21.8.1990 – 1 ABR 73/89 –.
15 BAG, Urt. v. 18.11.2003 – 1 AZR 604/02 –; BAG, Beschl. v. 21.8.1990 – 1 ABR 73/89 –.

Beispiel
Der Arbeitgeber kann nach freiem Ermessen darüber entscheiden, ob er beispielsweise eine Weihnachtsgratifikation einführt („Ob" der Leistung), ob er mit dieser vergangene Betriebstreue (Leistungszweck: ununterbrochener Bestand des Arbeitsverhältnisses im Auszahlungsjahr als anspruchsbegründende Voraussetzung) und/oder künftige Betriebstreue (Leistungszweck: ungekündigter Bestand des Arbeitsverhältnisses zum Auszahlungszeitpunkt) honorieren möchte, welche wirtschaftlichen Mittel er insgesamt für die Leistung zur Verfügung stellt und ob er die Leistung nur einmalig oder dauerhaft gewähren will. Mitbestimmungspflichtig ist dagegen die Frage, ob beispielsweise unterschiedliche Arbeitnehmergruppen die Weihnachtsgratifikation in unterschiedlicher Höhe erhalten.

Praxistipp
Ist der Arbeitgeber in der Gewährung einer Leistung frei, wird das Mitbestimmungsrecht des Betriebsrates häufig nur formal bestehen. Der Arbeitgeber hat es in der Hand, einen **Leistungsplan nach seinen Vorstellungen durchzusetzen oder von der Leistung gänzlich abzusehen**. Für einen Betriebsrat wird es betriebsintern schwer vermittelbar sein, wenn Arbeitnehmer eine zusätzliche Leistung nicht erhalten, weil eine Auseinandersetzung bei der Ausübung des Mitbestimmungsrechts den Arbeitgeber dazu bewogen hat, von der Leistung gänzlich abzusehen.

Mitbestimmungsfrei ist dementsprechend die Entscheidung des Arbeitgebers, ob 15 und welche variablen Entgeltbestandteile er mit welcher Zwecksetzung und welchem Umfang der Gesamtleistung einführt. Der **Betriebsrat kann damit nicht verhindern**, dass der Arbeitgeber eine Einmalzahlung etwa nicht an die Honorierung von Betriebstreue (bloßer Bestand des Arbeitsverhältnisses ohne Notwendigkeit aktiver Arbeitsleistung), sondern an **wirtschaftlich für das Unternehmen messbare Erfolge** anknüpft. Hierzu zählt auch die Freiheit, mitbestimmungsfrei darüber zu entscheiden, **welcher Art** diese Erfolge sein sollen, ob etwa eine rein wirtschaftliche Betrachtung des Unternehmensergebnisses, individual- oder projekterfolgsbezogene Komponenten maßgebend sein sollen.

Das Mitbestimmungsrecht des Betriebsrates greift ein, sobald der Arbeitgeber 16 eine **Dotierungsentscheidung** über die Einführung einer Leistung trifft. Der Betriebsrat hat dann über die nähere Ausgestaltung im Verhältnis der einzelnen Arbeitnehmer zueinander mitzubestimmen.

Beispiel
Mitbestimmungspflichtig ist etwa die Frage, ob der Arbeitgeber die Leistungsgewährung auf eine bestimmte Gruppe von Arbeitnehmern begrenzen und innerhalb dieser eine Abstufung der Leistung vornehmen darf.

4. Mitbestimmung bei Einführung und Änderung
a) Mitbestimmung bei der Einführung

Das Mitbestimmungsrecht des Betriebsrates aus § 87 Abs. 1 Nr. 10 BetrVG besteht 17 zunächst dann, wenn der Arbeitgeber sich entschließt, einen mitbestimmungspflichtigen **Entgeltgrundsatz bzw. eine zusätzliche Entgeltkomponente** einzuführen.[16] Ist der Arbeitgeber – etwa aufgrund eines **Arbeitsvertrages** oder **tariflicher Regelung** – dem Grunde nach zur Gewährung einer Leistung verpflichtet oder trifft er eine (freiwillige) **Dotierungsentscheidung** zur Einführung einer Leistung, zu der er bislang nicht verpflichtet war, greift das Mitbestimmungsrecht ein.

18 Eine **Ausnahme** gilt nach dem Einleitungssatz des § 87 Abs. 1 BetrVG dann, wenn bereits **eine gesetzliche oder tarifliche Regelung besteht**. Soweit kraft Gesetzes oder Tarifvertrages Vorgaben über die Leistung bestehen, bleibt dem Arbeitgeber **kein Gestaltungsspielraum** und besteht deswegen **kein Bedürfnis für eine Beteiligung des Betriebsrates** bei einem bloßen Vollzug gesetzlicher oder tariflicher Regelungen durch den Arbeitgeber.

19 **Gesetzliche Regelungen**, die Entgeltbestandteile abschließend regeln, sind in der Praxis die **Ausnahme**. In der Regel – so etwa bei den auf Grundlage des KWG bzw. VAG ergangenen Bestimmungen durch die Institutsvergütungsverordnung (InstitutsVergV)[17] oder Versicherungsvergütungsverordnung (VersVergV) – werden **lediglich rechtliche Rahmenbedingungen** aufgestellt, die jedoch **Gestaltungsspielräume für den Arbeitgeber** über die Ausgestaltung des Leistungsplans im Einzelnen belassen. Solche Regelungen stellen Vorgaben für den Arbeitgeber bei der Gestaltung seiner Vergütung auf, die zugleich die **Ausübung der Mitbestimmung des Betriebsrates begrenzen**. Infolge der verbleibenden Gestaltungsmöglichkeiten des Arbeitgebers ist das **Beteiligungsrecht des Betriebsrates jedoch nicht ausgeschlossen**.

Beispiel
Nach § 3 InstitutsVergV sind bestimmte Maßgaben bei den Zielsetzungen über fehlerhafte Anreizwirkungen oder die Verfolgung der Unternehmensziele zu beachten. Wegen dieser rechtlich zwingenden Bestimmungen kann der Betriebsrat bei der Ausübung des Mitbestimmungsrechts keine Regelung erzwingen, die dem zuwiderliefe. Welche Arbeitnehmergruppen in welchem Umfang an variablen Entgeltsystemen teilnehmen, ist dagegen beispielhaft nicht durch die InstitutsVergV vorgegeben, sodass keine i.S.d. § 87 Abs. 1 BetrVG abschließende gesetzliche Regelung Gestaltungsmöglichkeiten des Arbeitgebers ausschließt und damit dem Mitbestimmungsrecht des Betriebsrates den Boden entziehen könnte.

---

20 Gesetzliche Bestimmungen schließen das Mitbestimmungsrecht des Betriebsrates bei Entgeltfragen i.S.d. § 87 Abs. 1 Nr. 10 BetrVG deshalb regelmäßig nicht aus, sondern stellen allenfalls **Grenzen** für eine mitzubestimmende Regelung auf.

21 In der Praxis größerer Bedeutung kommt dem **Vorbehalt einer tariflichen Regelung** zu, die gleichermaßen das Mitbestimmungsrecht des Betriebsrates aus-

---

16 *Löwisch/Kaiser*, § 87 Rn 225.
17 Siehe dazu: *Fitting*, § 87 Rn 435.

schließt. Bedeutsam ist in diesem Zusammenhang, dass das Mitbestimmungsrecht des Betriebsrates aus § 87 Abs. 1 BetrVG bereits dann ausgeschlossen ist, wenn eine **tarifliche Regelung wegen Tarifbindung des Arbeitgebers** – sei es durch Mitgliedschaft in einem Arbeitgeberverband oder als Partei eines Haustarifvertrages – gegeben ist. Einer **Gewerkschaftszugehörigkeit des Arbeitnehmers**, wie sie gem. §§ 3, 4 TVG Voraussetzung für die Anwendbarkeit der tariflichen Regelungen für ein Arbeitsverhältnis ist, ist **nicht erforderlich**.[18] Eine **arbeitsvertragliche Bezugnahme** von Tarifverträgen genügt demgegenüber bei fehlender Tarifbindung des Arbeitgebers nicht.

In jüngerer Zeit nimmt das BAG[19] an, dass der Ausschluss des Mitbestimmungsrechts des Betriebsrates bei **lediglich arbeitgeberseitiger Tarifbindung zu betriebsverfassungsrechtlichen Schutzlücken** bei Arbeitnehmern ohne Gewerkschaftszugehörigkeit führt. Bei solchen Arbeitnehmern kommt weder die **Vermutung einer ausgewogenen Regelung** wegen Beteiligung einer Gewerkschaft als Partei eines Tarifvertrages noch eines Betriebsrates im Rahmen einer betrieblich mitbestimmten Regelung in Betracht.[20] Daraus folgert das BAG nunmehr, dass das Mitbestimmungsrecht des Betriebsrates aus § 87 Abs. 1 Nr. 10 BetrVG wegen des Tarifvorbehaltes zwar weiterhin allein in Anknüpfung an die Tarifbindung des Arbeitgebers ausgeschlossen bleibt, jedoch **der Arbeitgeber verpflichtet ist, die tariflichen Entgeltgrundsätze einheitlich für Arbeitnehmer des gesamten Betriebes und ungeachtet deren Tarifbindung anzuwenden**, als handele es sich um betriebsverfassungsrechtlich mitbestimmte Entgeltgrundsätze i.S.d. § 87 Abs. 1 Nr. 10 BetrVG.[21]

22

Bedeutung für den Arbeitgeber
Diese Rechtsprechung ist zwar abzulehnen, weil sie **Grundrechte nicht gewerkschaftsangehöriger Arbeitnehmer verletzt,** tariflichen Arbeitsbedingungen fernzubleiben.[22] Es wäre naheliegender, zu überdenken, ob der Tarifvorbehalt des § 87 Abs. 1 BetrVG das Mitbestimmungsrecht des Betriebsrates nur dann ausschließt, wenn eine tarifliche Regelung kraft Tarifbindung auch des Arbeitnehmers im Arbeitsverhältnis tatsächlich Anwendung findet.[23] Die Praxis wird mit der Rechtsprechung des BAG allerdings zunächst leben müssen. **Tarifgebundene Arbeitgeber** haben deshalb bei der Aufstellung von Entgeltgrundsätzen die Einreihung in tarifliche Entgeltgruppen und bei der Höhe des Arbeitsentgeltes den Abstand der einzelnen Entgeltgruppen zueinander zu beachten. Dies **zwingt den Arbeitgeber allerdings nicht, die tarifliche Entgelthöhe zu übernehmen**, solange er nur die Wertunterschiede der Entgeltgruppen zueinander beachtet.[24]

---

18 *Fitting*, § 87 Rn 410; ErfK/*Kania*, § 87 BetrVG Rn 15, Richardi/*Richardi*, § 87 Rn 155 m.w.N.
19 BAG, Beschl. v. 18.10.2011 – 1 ABR 25/10 –; BAG, Beschl. v. 4.5.2011 – 7 ABR 10/10 –.
20 BAG, Beschl. v. 18.10.2011 – 1 ABR 25/10 –; BAG, Beschl. v. 4.5.2011 – 7 ABR 10/10 –.
21 BAG, Beschl. v. 18.10.2011 – 1 ABR 25/10 –.
22 *Salamon*, NZA 2012, 899, 900 ff.
23 *Salamon*, NZA 2012, 899.
24 BAG, Beschl. v. 18.10.2011 – 1 ABR 25/10 – NZA 2012, 392.

Beispiel
- Tarifverträge sehen regelmäßig in Gestalt von Entgelttarifverträgen die Einreihung von Arbeitnehmern in Entgeltgruppen nach bestimmten Eingruppierungsmerkmalen und im Rahmen einer auf diese Bezug nehmenden Entgelttabelle das entsprechend zugeordnete Entgelt vor. Darin liegt regelmäßig eine abschließende Regelung über die Grundvergütung, die Gestaltungsspielräume des Arbeitgebers und damit ein Mitbestimmungsrecht des Betriebsrates ausschließt.
- Entsprechendes gilt außerhalb der Entgeltgruppen für in der Praxis in tariflichen Regelungen häufig vorgesehene Zulagen oder Zuschläge, etwa bezogen auf bestimmte Schichtsysteme, Nachtarbeit, Schmutzzulagen etc. Auch dies sind zwingende tarifliche Bestimmungen, die das Mitbestimmungsrecht des Betriebsrates gem. § 87 Abs. 1 BetrVG ausschließen.
- Unregelmäßige Sonderzahlungen finden sich in Tarifverträgen häufig in Gestalt von Gratifikationen, etwa in Gestalt eines Weihnachts- oder Urlaubsgeldes.
- Variable, insbesondere erfolgsabhängige Komponenten sind in der Praxis in tariflichen Regelungen weiterhin die Ausnahme. Ein erster Schritt wurde beispielhaft in der Metallbranche mit den ERA-Vergütungssystemen eingeleitet, die in der Praxis jedoch einen nicht unerheblichen administrativen Aufwand verursachen.

23 Der **Ausschluss des Mitbestimmungsrechts** aus § 87 Abs. 1 BetrVG durch tarifliche oder – praktisch selten – gesetzliche Regelung **reicht nur soweit, wie eine abschließende Vorgabe besteht**. Dem Arbeitgeber bleibt es unbenommen, über tarifliche oder ggf. gesetzliche Regelungen hinaus **weitere Entgeltkomponenten** einzuführen. Für solche, **durch gesetzliche oder tarifliche Vorgaben nicht mehr geregelte**, Leistungen besteht das **Mitbestimmungsrecht** des Betriebsrates aus § 87 Abs. 1 Nr. 10 BetrVG **uneingeschränkt**.

Beispiel
Sieht ein Tarifvertrag allein die Bemessung der Grundvergütung nach Maßgabe eines Entgeltgruppenkatalogs mit Entgelttabelle und die Gewährung eines Weihnachtsgeldes vor, besteht keine tarifliche Regelung für ein Urlaubsgeld. Entschließt sich der Arbeitgeber zu dessen Einführung, steht dem Betriebsrat das Mitbestimmungsrecht aus § 87 Abs. 1 Nr. 10 BetrVG für die Ausgestaltung innerhalb der vom Arbeitgeber zur Verfügung gestellten Mittel und der von ihm festgesetzten Zweckbindung zu.

b) Mitbestimmung bei der Änderung

24 Mitbestimmungspflichtig ist nicht nur die **Einführung** von Entgeltgrundsätzen oder von diese ergänzenden sonstigen Entgeltleistungen, sondern auch deren **Änderung**.[25] Das Mitbestimmungsrecht des § 87 Abs. 1 Nr. 10 BetrVG kommt deshalb auch dann zum Tragen, wenn der Arbeitgeber von einer aufgestellten Regelung abweicht. Die Änderung von Entgeltleistungen unterfällt allerdings wiederum nur soweit dem

---

25 *Löwisch/Kaiser*, § 87 Rn 227.

Mitbestimmungsrecht, wie Entgeltgrundsätze bzw. der Leistungsplan über die Verteilung der Leistung innerhalb der Belegschaft oder einer Gruppe von Arbeitnehmern, also wiederum das **Kollektiv**, betroffen sind.

Praxistipp
Nicht dem Mitbestimmungsrecht des Betriebsrates aus § 87 Abs. 1 Nr. 10 BetrVG unterfällt deshalb eine entgeltrelevante Regelung, soweit diese **allein den individuellen Bedürfnissen eines Arbeitnehmers** Rechnung trägt. In der Praxis werden solche Situationen allerdings selten sein, da der Arbeitgeber bereits unter dem Gesichtspunkt der Verpflichtung zur Beachtung des **arbeitsrechtlichen Gleichbehandlungsgrundsatzes** in der Regel generalisierende Überlegungen auftellen wird, die den **vermeintlichen Einzelfall lediglich als erstmaligen Anwendungsfall** einer im Übrigen allgemeingültigen Regelung erscheinen lassen. Wollen Arbeitgeber sich auf eine Einzelfallsituation berufen, sollten sie deshalb die **individuellen Wünsche des Arbeitnehmers** als Anknüpfungspunkt für eine ansonsten mitbestimmungspflichtige Entscheidung dokumentieren.

Die **fehlende Mitbestimmungspflichtigkeit über die Entgelthöhe** selbst bei der Einführung einer Leistung setzt sich bei deren Änderung fort. Der Betriebsrat hat nicht über die Höhe einer Leistung mitzubestimmen, sondern allein über die Verteilung der Leistung auf die einzelnen Arbeitnehmer untereinander unter dem Aspekt der Verteilungsgerechtigkeit. Beschränkt der Arbeitgeber eine Veränderung der Leistung darauf, dass er die **Höhe der Leistung bei allen begünstigten Arbeitnehmern gleichmäßig erhöht oder absenkt**, berührt dies den Verteilungsplan nicht. Die relativen Abstände der Leistungen unter den einzelnen Arbeitnehmern und damit der **Leistungsplan bleiben dann unberührt und ein Mitbestimmungsrecht des Betriebsrates scheidet aus**.[26]

25

Diese Mitbestimmungsfreiheit bei einer gleichmäßigen Anpassung der Leistungen ist **Ausfluss der Dotierungsfreiheit des Arbeitgebers**. Ebenso wie der Arbeitgeber frei darin ist, ohne Mitbestimmung des Betriebsrates über die Einführung der Leistung und die dafür zur Verfügung gestellten Mittel zu entscheiden, kann er **mitbestimmungsfrei** die Höhe der zur Verfügung gestellten Mittel nach oben oder unten anpassen, solange er nur die sich daraus ergebende Verteilung auf die einzelnen Arbeitnehmer nicht berührt.[27] Mitbestimmungsfrei ist deshalb insbesondere auch die **vollständige Einstellung** der Leistung, wenn der Arbeitgeber seine Dotierungsentscheidung aufhebt und damit einem fortbestehenden Leistungsplan den Boden entzieht.[28]

26

---

26 BAG, Urt. v. 10.11.2009 – 1 AZR 511/08 –; BAG, Urt. v. 26.8.2008 – 1 AZR 354/07 –; BAG, Beschl. v. 5.10.2010 – 1 ABR 20/09 –.
27 *Löwisch/Kaiser*, § 87 Rn 240 ff.; *Fitting*, § 87 Rn 411 m.w.N.
28 BAG, Urt. v. 10.11.2009 – 1 AZR 511/08 –; BAG, Urt. v. 26.8.2008 – 1 AZR 354/07 –; BAG, Beschl. v. 5.10.2010 – 1 ABR 20/09 –; *Fitting*, § 87 Rn 411 m.w.N.

27 In jüngerer Zeit ist die diesbezügliche **Rechtsprechung** allerdings hinsichtlich ihres Bezugspunktes der Dotierungsentscheidung **nicht einheitlich**. Seit 2008 modifizierte das BAG seine Abgrenzung zwischen einer vollständigen Aufhebung einer Dotierungsentscheidung gegenüber einer bloßen Reduzierung des Dotierungsrahmens. Das BAG bezog bei der Frage, ob **eine Einstellung oder bloße Reduzierung freiwilliger Leistungen** erfolgt und wie sich dies auf die **Verteilung auf die einzelnen Arbeitnehmer auswirkt, sämtliche nicht durch Gesetz oder Tarifvertrag zwingend vorgegebene Entgeltbestandteile** ein.[29] Diese Gesamtbetrachtung knüpfte an den Ausschluss des Mitbestimmungsrechts gem. § 87 Abs. 1 BetrVG für gesetzlich oder tariflich geregelte Leistungen an. Sämtliche der Gestaltung des Arbeitgebers und der Mitbestimmung des Betriebsrates unterliegenden Entgeltbestandteile werden hiernach als sog. **betriebsverfassungsrechtlich freiwillige Gesamtvergütung** betrachtet.[30]

28 Innerhalb dieser betriebsverfassungsrechtlich freiwilligen Gesamtvergütung besteht nach dieser Rechtsprechung ein **unselbstständiges Nebeneinander der einzelnen Entgeltbestandteile** wie Gratifikationen, Zulagen, vermögenswirksamer Leistungen oder sonstiger Zahlungen, zu deren Gewährung der Arbeitgeber nicht aufgrund Gesetzes oder Tarifvertrages verpflichtet ist.[31] Die Verteilung dieser Gesamtheit der einzelnen Entgeltbestandteile betrachtet das BAG als **einheitlichen, den einzelnen Entgeltbestandteil übergreifenden Leistungsplan**.[32] In den Fokus rückte damit die **Begrenzung der mitbestimmungsfreien Dotierungsentscheidung** des Arbeitgebers auf die Gesamtheit der nicht durch Tarif oder Gesetz vorgegebenen Leistungen.[33]

29 Diese Betrachtung der Rechtsprechung **beschränkt die Möglichkeit einer mitbestimmungsfreien Änderung der Dotierung für den Arbeitgeber erheblich**. Entschließt sich der Arbeitgeber zur Einstellung etwa der Zahlung eines Weihnachtsgeldes, unterliegt dies **nur dann nicht der Mitbestimmung des Betriebsrates, wenn sich der Abstand der verbleibenden Entgeltbestandteile** dieser betriebsverfassungsrechtlich freiwilligen Gesamtvergütung zueinander hierdurch **nicht verändert**.

---

29 BAG, Urt. v. 10.11.2009 – 1 AZR 511/08 –; BAG, Urt. v. 26.8.2008 – 1 AZR 354/07 –; BAG, Beschl. v. 5.10.2010 – 1 ABR 20/09 –; dazu: *Salamon*, NZA 2010, 745, 747 ff.
30 BAG, Urt. v. 10.11.2009 – 1 AZR 511/08 –; BAG, Urt. v. 26.8.2008 – 1 AZR 354/07 –; BAG, Beschl. v. 5.10.2010 – 1 ABR 20/09 –; dazu: *Salamon*, NZA 2010, 745, 747 ff.
31 BAG, Urt. v. 10.11.2009 – 1 AZR 511/08 –; BAG, Urt. v. 26.8.2008 – 1 AZR 354/07 –; BAG, Beschl. v. 5.10.2010 – 1 ABR 20/09 –; dazu: *Salamon*, NZA 2010, 745, 747 ff.
32 BAG, Urt. v. 15.4.2008 – 1 AZR 69/07 –.
33 *Salamon*, NZA 2010, 745, 747 ff.

Beispiel
- Nach Auffassung des BAG zahlt der nicht tarifgebundene Arbeitgeber auch die **Grundvergütung bei betriebsverfassungsrechtlicher Betrachtung freiwillig**. Gewährt er neben der Grundvergütung eine **Weihnachtsgratifikation in Höhe eine Bruttomonatsgehaltes**, ist deren ersatzlose Einstellung mitbestimmungsfrei möglich, da sich für alle Arbeitnehmer die Vergütung proportional von 13 auf 12 Gehaltszahlungen reduziert.
- Zahlt der Arbeitgeber im genannten Beispiel über das Grundgehalt und das Weihnachtsgeld hinaus **vermögenswirksame Leistungen unabhängig von der Höhe der Vergütung des Arbeitnehmers im Umfang eines feststehenden Betrages**, verändert die Herausnahme eines Bruttomonatsgehaltes mit der Einstellung des Weihnachtsgeldes das **Verhältnis der verbleibenden Zahlungen zu den feststehenden vermögenswirksamen Leistungen**. Auch wenn sich diese Modifikation im Bagatellbereich bewegen mag, ist formal der Leistungsplan bei einer solchen Betrachtung berührt, weil sich die Abstände der Vergütungen der einzelnen Arbeitnehmer zueinander (minimal) verändern. Die Einstellung der Weihnachtsgeldzahlung bedarf daher der Zustimmung des Betriebsrates.

Auch wenn das **BAG bis heute nicht ausdrücklich von dieser Betrachtung abgerückt** ist, hat es in einer **Entscheidung aus dem Jahre 2010**[34] **die Notwendigkeit erkannt**, dass ein Arbeitgeber, der über die Einführung freiwilliger Sozialleistungen mitbestimmungsfrei entscheiden kann, auch die **Möglichkeit zur vollständigen Beseitigung solcher Leistungen** ohne Beteiligung des Betriebsrates haben muss.

Achtung!
Das BAG stellt in seiner Entscheidung für die mitbestimmungsfreie Möglichkeit der vollständigen Beseitigung einer freiwilligen Sozialleistung **folgende Maßgaben auf, die Arbeitgeber strikt beachten** sollten:
- Der Arbeitgeber darf nicht auf einer vertraglichen oder sonstigen Rechtsgrundlage verpflichtet sein, den in Rede stehenden Entgeltbestandteil weiterhin zu erbringen. Besteht eine solche Verpflichtung, kann der Arbeitgeber nicht frei über das „Ob" der Leistung entscheiden, sodass für die Ausgestaltung ein das Mitbestimmungsrecht eröffnender Gestaltungsspielraum des Arbeitgebers verbleibt.
- Der in Rede stehende einzustellende Entgeltbestandteil darf kein Bestandteil eines im Übrigen mitbestimmungspflichtigen Entgeltsystems sein. Das BAG macht dies davon abhängig, ob eine Einheit von Entgeltbestandteilen gleichzeitig – etwa im Rahmen einer Betriebsvereinbarung – mit solchen Entgeltbestandteilen besteht, für die eine vertragliche oder gesetzliche Vergütungspflicht des Arbeitgebers und damit eine verbleibende Mitbestimmungsnotwendigkeit besteht. Ist die einzustellende Entgeltkomponente dagegen gesondert – etwa im Rahmen einer eigenständigen Betriebsvereinbarung – geregelt, ist ihre Dotierungsentscheidung getrennt von weiteren Entgeltbestandteilen zu betrachten.
- Weitere Voraussetzung ist, dass der Arbeitgeber die Dotierung der in Rede stehenden Leistung vollständig einstellt und dies – etwa im Rahmen einer Erklärung gegenüber Betriebsrat oder Belegschaft – verlautbart.

---

34 BAG, Beschl. v. 5.10.2010 – 1 ABR 20/09 –.

> **Praxistipp**
> Eine abschließende Positionierung des BAG steht noch aus. Der Praxis kann solange nur empfohlen werden, die Maßgaben der Entscheidung aus dem Jahre 2010 zu beachten durch
> – Regelungen gänzlich freiwilliger Leistungen in jeweils gesonderten Betriebsvereinbarungen und
> – im Falle der Einstellung der Leistung diesbezüglich eindeutiger (nachweisbarer) Verlautbarungen hierüber.

31 Diese Rechtsprechung bezieht sich lediglich auf die **vollständige Einstellung einer solchen Leistung**. Bei einer **Herabsetzung der Dotierung unter Beibehaltung des Leistungsplans wird jedoch Entsprechendes gelten** müssen. In diesem Falle wäre Gegenstand der unternehmerischen Entscheidung zur Abänderung der Dotierung und der diesbezüglich erforderlichen Verlautbarung gegenüber Betriebsrat und/oder Belegschaft, **in welchem Umfang das Dotierungsvolumen reduziert werden soll und dass dies auf die Bemessung der Leistungen im Verhältnis der Arbeitnehmer untereinander keinen Einfluss haben soll**.

32 Für das Mitbestimmungsrecht des Betriebsrates spielt es keine Rolle, auf welcher **rechtlichen Grundlage** eine Änderung der Entgeltleistung erfolgen soll.[35] Die Frage des Eingreifens des Mitbestimmungsrechts stellt sich damit unabhängig davon, ob etwa eine bestehende Betriebsvereinbarung gekündigt oder angepasst wird, einvernehmliche Arbeitsvertragsänderungen mit den Arbeitnehmern über Entgeltleistungen erfolgen oder Arbeitgeber von einem arbeitsvertraglich vorbehaltenen Widerrufsvorbehalt Gebrauch machen.

5. Rechtsfolgen fehlender Beteiligung des Betriebsrates

33 Das Mitbestimmungsrecht des Betriebsrates wird allein durch gesetzliche oder tarifliche, **nicht jedoch arbeitsvertragliche Regelungen ausgeschlossen**. Nach der sog. **Theorie der Wirksamkeitsvoraussetzung**[36] kann der Arbeitgeber sich bei Nichtbeachtung des Mitbestimmungsrechts aus § 87 BetrVG nicht auf eine von ihm aufgestellte Regelung **zum Nachteil des Arbeitnehmers** berufen. **Begünstigt eine Maßnahme** des Arbeitgebers den Arbeitnehmer dagegen unter Nichtbeachtung des Mitbestimmungsrechts, können **Arbeitnehmer sich auf die begünstigende Regelung** – etwa die Zusage eines Entgeltbestandteils – gleichwohl **berufen**.[37]

34 In der Praxis bedeutet dies, dass das **Mitbestimmungsrecht des Betriebsrates bestehen bleibt**. Der Betriebsrat kann – ggf. über die Einigungsstelle – eine Durchführung des Mitbestimmungsverfahrens erzwingen. Bei der **Ausübung dieses Mitbestimmungsrechts ist der Betriebsrat nicht an ggf. mit Arbeitnehmern bereits

---

35 BAG, Urt. v. 23.6.2009 – 1 AZR 214/08 –.
36 BAG, Urt. v. 27.3.2003 – 2 AZR 51/02 –; *Fitting*, § 87 Rn 599.
37 *v. Hoyningen-Huene*, DB 1987, 1462; *Fitting*, § 87 Rn 604 m.w.N.

getroffene Vereinbarungen gebunden. Vielmehr bleibt es der Ausübung des Mitbestimmungsrechts vorbehalten, wie die vom Arbeitgeber zur Verfügung gestellten Mittel letztlich verteilt werden. **Grenzen** für die Ausübung des Mitbestimmungsrechts des Betriebsrates sind insoweit neben sachlichen Gesichtspunkten der Verteilungsgerechtigkeit allein das **vom Arbeitgeber zur Verfügung gestellte Dotierungsvolumen und die Zwecksetzung des Arbeitgebers.**

Wenngleich dies in der Praxis selten zutreffen wird, so kann die fehlende Beteiligung des Betriebsrates jedoch dazu führen, dass die **Verteilung der Leistungen im Rahmen des Mitbestimmungsverfahrens diametral umgekehrt gegenüber vom Arbeitgeber bereits getroffenen Vereinbarungen** mit den Arbeitnehmern erfolgt. Arbeitgeber riskieren bei einer Nichtbeachtung des Mitbestimmungsrechts deshalb, dass ihr **geplantes Dotierungsvolumen um bis zu 100% überschritten** wird, weil günstigere Vereinbarungen mit den Arbeitnehmern wirksam bleiben und ggf. bereits geflossene Leistungen nicht rückabzuwickeln sind.

6. Zuständigkeit der Einigungsstelle

Kommt eine Einigung zwischen Arbeitgeber und Betriebsrat nicht zustande, entscheidet gem. § 87 Abs. 2 BetrVG die Einigungsstelle. Wegen der in § 87 Abs. 2 BetrVG vorgesehenen Zuständigkeit der Einigungsstelle bedarf es für deren Einsetzung als solche **keiner Einigung zwischen Arbeitgeber und Betriebsrat**. Vielmehr kann gem. § 76 Abs. 5 BetrVG sowohl der Arbeitgeber als auch der Betriebsrat die Einigungsstelle anrufen.

Die Einigungsstelle besteht gem. § 76 Abs. 2 BetrVG aus einer **gleichen Anzahl von Beisitzern**, die vom Arbeitgeber und vom Betriebsrat benannt werden, sowie einem **unparteiischen Vorsitzenden**.[38] In der Praxis übernehmen meist Richter aus der Arbeitsgerichtsbarkeit den Vorsitz, zwingend ist dies jedoch nicht. **Auf die Person des Vorsitzenden müssen sich beide Seiten einigen**, sodass hierüber im Rahmen der Anrufung der Einigungsstelle **in der Praxis häufig Streit entsteht**. Dieses Streitpotenzial erklärt sich daraus, dass in der Einigungsstelle zwar zunächst eine einvernehmliche Regelung versucht wird, bei fehlender Einigung von Arbeitgeber und Betriebsrat jedoch ein sog. **Spruch der Einigungsstelle** ergehen kann, der mit Stimmenmehrheit zustande kommt. Die **Stimme des Vorsitzenden der Einigungsstelle gibt damit regelmäßig den Ausschlag**.

Einigen sich Arbeitgeber und Betriebsrat nicht über die Person des Vorsitzenden oder die Anzahl der von jeder Seite zu benennenden Beisitzer, sieht § 98 ArbGG hierfür ein **spezielles gerichtliches Verfahren** vor.[39] Um ein nach den allgemeinen Verfahrensgrundsätzen ggf. sich über Jahre hinziehendes arbeitsgerichtliches Ver-

---
38 HaKo-BetrVG/*Krasshoefer*, § 76 Rn 12.
39 GK-BetrVG/*Kreutz*, § 76 Rn 58.

fahren zu vermeiden, sieht § 98 ArbGG **abgekürzte Einlassungs- und Ladungsfristen von 48 Stunden, eine Entscheidung des Vorsitzenden allein** und eine **Absetzung der Entscheidung binnen zwei Wochen** sowie ein **entsprechend beschleunigtes Rechtsmittelverfahren vor dem LAG** vor, gegen dessen Entscheidung **kein weiteres Rechtsmittel zum BAG** mehr eröffnet ist.

> **Praxistipp**
> In der Praxis sollten Arbeitgeber im Falle einer Auseinandersetzung mit dem Betriebsrat über die Besetzung der Einigungsstelle von einer **Verfahrensdauer vor dem Arbeitsgericht und LAG von insgesamt zwei bis vier, mitunter auch sechs Monaten** ausgehen. Trotz abgekürzter Einlassungs- und Ladungsfristen ist eine weitere Abkürzung der Verfahrensdauer in der Praxis die Ausnahme.

39 Um ein möglichst rasches Tätigwerden der Einigungsstelle zu gewährleisten, sieht § 98 ArbGG als **materiellen Prüfungsmaßstab des Arbeitsgerichtes** allein die Frage vor, ob die **Einigungsstelle offensichtlich unzuständig** ist. Dies ist in entgeltrelevanten Fragen regelmäßig nicht der Fall und kommt allenfalls dann in Betracht, wenn etwa **zweifelsfrei eine abschließende tarifliche Regelung besteht** oder aber es **an jedweder Dotierungsentscheidung des Arbeitgebers über zu verteilende Mittel fehlt**. Der Offensichtlichkeitsmaßstab ist erst dann erfüllt, wenn es der Angelegenheit gewissermaßen „auf der Stirn steht", dass **auf den ersten Blick erkennbar kein Beteiligungsrecht des Betriebsrates** in Betracht kommt.

40 Anders verhält es sich mit der **Person des Vorsitzenden**. Hier hat das Gericht einen **Ermessensspielraum** und ist insbesondere nicht an den im Antrag benannten Vorsitzenden gebunden.[40] Allerdings wird es **Anhaltspunkten** bedürfen, aus welchen Gründen ein benannter Vorsitzender **nicht zum Vorsitzenden der Einigungsstelle bestellt werden soll**. Gerade bei der Benennung eines Richters der Arbeitsgerichtsbarkeit werden **fehlende Rechtskenntnisse** oder eine **Besorgnis der Parteilichkeit** in der Praxis kaum eine Rolle spielen. Neuerdings neigen einige Arbeitsgerichte dazu, **bewusst von der Einsetzung des Vorsitzenden abzusehen, der in der Antragsschrift benannt ist**, damit mangels sachlicher Anhaltspunkte gegen dessen Vorsitz nicht derjenige über die Person des Einigungsstellenvorsitzenden abschließend entscheidet, der den Antrag zuerst stellt (sog. **Windhundprinzip**).[41]

---

40 HaKo-BetrVG/*Krasshoefer*, § 76 Rn 16.
41 LAG Berlin-Brandenburg, Beschl. v. 3.6.2010 – 10 TaBV 1058/10 –.

III. Flankierende Mitbestimmungsrechte

1. Verhalten der Arbeitnehmer im Betrieb

Nach **§ 87 Abs. 1 Nr. 1 BetrVG** hat der Betriebsrat mitzubestimmen bei Fragen des **Verhaltens der Arbeitnehmer im Betrieb**. Das Mitbestimmungsrecht kommt immer dann zum Tragen, wenn der Arbeitgeber **Verhaltensregeln aufstellt, die nicht in der Erbringung der Arbeitsleistung selbst bestehen**. Die Rechtsprechung entscheidet insoweit zwischen **mitbestimmungspflichtigem Ordnungsverhalten** und **mitbestimmungsfreiem Arbeitsverhalten**.[42] Das mitbestimmungsfreie Arbeitsverhalten ist gekennzeichnet durch die Konkretisierung der Arbeitspflicht sowie die Kontrolle der Arbeitsleistung.[43]

41

Beispiel
Mitbestimmungsfreies Arbeitsverhalten ist etwa:
- die Erbringung der Arbeitsleistung selbst, z.B. Sachbearbeitung;
- bei Führungskräften die Anfertigung von Aufzeichnungen über Anwesenheiten oder Leistungen der unterstellten Mitarbeiter.

Mitbestimmungspflichtiges Ordnungsverhalten sind demgegenüber z.B.
- Verpflichtung zur Teilnahme an der elektronischen Zeiterfassung durch Bedienung von Stempeluhren o.ä.;
- die Verpflichtung zum Tragen von Dienstkleidung;
- die Führung formalisierter Krankengespräche.[44]

Die Frage nach einer Mitbestimmungspflichtigkeit kann sich bei **erfolgsabhängigen Zielen** stellen, und zwar unter zwei Gesichtspunkten: Ein Mitbestimmungsrecht kann im Raum stehen bei dem **Inhalt der Zielkomponente** sowie generell bei dem **Verfahren der einseitigen oder einvernehmlichen Festlegung der Ziele sowie Feststellung der Zielerreichung**, wenn **Mitwirkungspflichten** des Arbeitnehmers bestehen.

42

Beispiel
Der Arbeitgeber möchte mit seinen Führungskräften ein individualerfolgsbezogenes Ziel mit dem Inhalt der lückenlosen Dokumentation des Arbeitsbeginns sowie Arbeitsendes der unterstellten Mitarbeiter vereinbaren, um durch Abgleich mit dem elektronischen Zeiterfassungssystem einen Arbeitszeitbetrug zu bekämpfen.

Bei **Führungskräften** ist die **Kontrolle der unterstellten Mitarbeiter Teil der Arbeitsleistung**. Dementsprechend handelt es sich bei der Verpflichtung zur ma-

43

---

[42] BAG, Beschl. v. 11.6.2002 – 1 ABR 46/02 –.
[43] BAG, Beschl. v. 11.6.2002 – 1 ABR 46/02 –; *Fitting*, § 87 Rn 65 f.
[44] BAG, Beschl. v. 8.11.1994 – 1 ABR 22/94 –.

nuellen Aufzeichnung von Anwesenheitsdaten der unterstellten Mitarbeiter **nicht um eine Verhaltensanweisung** über das Miteinander im Betrieb, sondern um eine **Konkretisierung des Arbeitsinhalts** der Führungskräfte. Der Betriebsrat hat dementsprechend **kein Mitbestimmungsrecht** nach § 87 Abs. 1 Nr. 1 BetrVG.

Beispiel
Die Mitarbeiterkontrolle wird regelmäßig Bestandteil der Führungsaufgabe sein, nicht jedoch im Rahmen einer **Selbstkontrolle** der Erbringung der Arbeitsleistung operativ tätiger Mitarbeiter. Dementsprechend wäre die **Verhaltensverpflichtung zur Selbstaufzeichnung** der Arbeitsbeginn- sowie Arbeitsendezeiten **Ordnungsverhalten** i.S.d. § 87 Abs. 1 Nr. 1 BetrVG, das der **Mitbestimmung des Betriebsrates** unterfällt.

---

44 Ziele, die an die **Herstellung eines bestimmten Arbeitsergebnisses** anknüpfen, fallen **nicht unter das mitbestimmungspflichtige Ordnungsverhalten** gem. § 87 Abs. 1 Nr. 1 BetrVG.[45] Die Aufstellung von Zielen, die Bestandteil der Arbeitsaufgabe des Arbeitnehmers sind, ist deshalb niemals nach § 87 Abs. 1 Nr. 1 BetrVG mitbestimmungspflichtig.

45 Flankierend kommt das Mitbestimmungsrecht aus § 87 Abs. 1 Nr. 1 BetrVG jedoch stets dann in Betracht, wenn Arbeitnehmer **anlässlich von Verfahrensregelungen** im Zusammenhang mit variablen Entgeltsystemen **Mitwirkungspflichten** unterworfen werden. Mitwirkungspflichten, die im Zusammenhang mit der Festlegung von Zielen oder der Feststellung von deren Erreichung liegen, werden regelmäßig **nicht Bestandteil der eigentlichen Arbeitsleistung** sein.

Beispiel
- Der Arbeitgeber weist Arbeitnehmer an, im Verfahren einvernehmlich festzulegender Ziele einen vom Arbeitgeber unterbreiteten **Vorschlag in einer bestimmten Frist zu akzeptieren oder aber Einwände unter Verwendung eines Formblattes binnen der Frist zu erheben**. In Abgrenzung zu einem anlassbezogenen Personalgespräch im Einzelfall handelt es sich hier um eine **kollektive Maßnahme, die nicht das Arbeitsverhalten selbst betrifft**.
- Ist der Arbeitnehmer – etwa nach bestimmten Arbeits- oder Zeitabschnitten – zum **Reporting über den Status eines Arbeitsergebnisses** verpflichtet, kann dieses Teil des **mitbestimmungsfreien Arbeitsverhaltens** sein, wenn ein solches **Berichtswesen Teil der Arbeitsaufgabe** des Arbeitnehmers ist. Hier kann im Einzelfall durch den Arbeitgeber eine Steuerung in Betracht kommen, ob er etwa per Direktionsrecht dem Arbeitnehmer **Aufgaben des Berichtswesens mitbestimmungsfrei auferlegt** oder er es bei mitbestimmungspflichtigen Verhaltensanweisungen ohne Bezug zur Arbeitsleistung – etwa wenn das Berichtswesen ausdrücklich in eine andere Zuständigkeit fällt – belässt. In der Regel folgt aus dem entsprechend im Arbeitsverhältnis anwendbaren Auftragsrecht eine **Verpflichtung des Arbeitnehmers zur Auskunft** über die Erbringung seiner Arbeitsleistung (vgl. § 666 BGB).

---

45 *Löwisch/Kaiser*, § 87 Rn 44 ff.

Ist das Mitbestimmungsrecht aus § 87 Abs. 1 Nr. 1 BetrVG eröffnet, gilt für dessen Inhalt Entsprechendes wie bei § 87 Abs. 1 Nr. 10 BetrVG. Der Betriebsrat hat ein **echtes Mitbestimmungsrecht**, sodass eine Verhaltensanordnung erst nach **Zustimmung des Betriebsrates** – ggf. unter Einschaltung der Einigungsstelle – wirksam ist.

2. Technische Überwachungseinrichtungen

Ein flankierender Mitbestimmungstatbestand kann unter dem Gesichtspunkt technischer Überwachungseinrichtungen i.S.v. **§ 87 Abs. 1 Nr. 6 BetrVG** eröffnet sein, wenn etwa eine **elektronische Auswertung zum Zweck der Feststellung der Zielerreichung erfolgen** soll. Nach § 87 Abs. 1 Nr. 6 BetrVG hat der Betriebsrat mitzubestimmen bei der Einführung und Anwendung von technischen Einrichtungen, die **dazu bestimmt sind, das Verhalten oder die Leistung der Arbeitnehmer zu überwachen**.

Zu den technischen Einrichtungen im Sinne dieser Bestimmung zählen **sowohl Hard- als auch Software**. Hard- und Software fallen aber nicht stets in den Anwendungsbereich des § 87 Abs. 1 Nr. 6 BetrVG. Es **genügt nicht, wenn nur bloße Rechen- und Speicherkapazitäten** einer EDV-Anlage die Ermittlung oder Aufzeichnung von Leistungs- oder Verhaltensdaten einer Person zulassen.[46]

Beispiel
Bloße Rechen- oder Speicherkapazitäten werden mitbestimmungsfrei genutzt, wenn etwa Text- oder Listendokumente mit personenbezogenen Arbeitnehmerdaten durch einen leitenden Angestellten manuell erstellt und gepflegt werden. Die Zusammenführung der personenbezogenen Arbeitnehmerdaten erfolgt in diesem Falle nicht durch die technische Einrichtung selbst.

Hinzukommen muss vielmehr, dass entsprechende **personenbezogene Daten aufgrund der bestehenden Programmierung erfasst werden** können.[47] Insoweit kommt es jedoch nicht darauf an, dass die Überwachung mittels der Hard- und Software auch tatsächlich durchgeführt wird. Die entstehende Möglichkeit einer Überwachung als **objektive Eignung zur Überwachung genügt**.[48] So verstandene Überwachungseinrichtungen sind schon dann mitbestimmungspflichtig, wenn sie Informationen oder Daten erfassen oder verarbeiten, die für **sich allein keine Aussagen über das Verhalten oder die Leistung von Arbeitnehmern** zulassen, die jedoch **in Verknüpfung mit anderen Daten eine Verhaltens- oder Leistungskontrolle ermöglichen**.[49]

---

46 Richardi/*Richardi*, § 87 Rn 485 ff.
47 Vgl. BAG, Beschl. v. 6.12.1983 – 1 ABR 43/81 –; H/S/W/G/N/R/*Worzalla*, § 87 BetrVG Rn 369; a.A.: *Fitting*, § 87 Rn 238 ff.
48 Vgl. *Fitting*, § 87 Rn 235 m.w.N.
49 Vgl. BAG, Beschl. v. 11.3.1986 – 1 ABR 12/84 –.

> **Beispiel**
> Durch die Software selbst erfasst werden etwa Daten des Benutzers, der Dokumente in der EDV erstellt. Dessen Benutzerdaten („Spuren") sind in der EDV auffindbar und können das Mitbestimmungsrecht auslösen. Im obigen Beispiel eines leitenden Angestellten entfällt mangels Zuständigkeit des Betriebsrates für leitende Angestellte das Mitbestimmungsrecht. In der Praxis wird über diese Ausnahme leitender Angestellte hinaus häufig ein Mitbestimmungsrecht bei bloß hinzukommenden Dokumenteninhalten gleichbleibender Software ausscheiden, wenn die Software bereits unter Beteiligung des Betriebsrates eingeführt wurde und damit – ungeachtet des Inhalts mit dieser Software manuell erstellter Dokumente – keine zusätzliche Funktion der EDV hinzukommt.

50 Des Weiteren entspricht es der heute wohl herrschenden Meinung, dass eine technische Einrichtung i.S.d. § 87 Abs. 1 Nr. 6 BetrVG **nicht unmittelbar selbst leistungs- und verhaltensrelevante Daten erheben muss**, wie z.B. eine Stechuhr, sondern dass es ausreicht, wenn personenbezogene Daten auf „nichttechnischem" Wege, insbesondere durch **manuelle Eingabe entsprechender Daten in das System**, erhoben und in ein elektronisches Datenverarbeitungs- und Informationssystem gegeben werden. Jedoch muss die Erfassung dieser Daten in diesem Falle **zum Zwecke der automatisierten Datenauswertung** erfolgen, damit das Mitbestimmungsrecht gem. § 87 Abs. 1 Nr. 6 BetrVG berührt wird.[50]

51 Eine Auswertung in diesem Sinne liegt vor, wenn verhaltens- und/oder leistungsrelevante Daten, ggf. mit weiteren Daten, automatisiert durch das Programm gesichtet, sortiert, zusammengestellt oder miteinander in Beziehung gesetzt und damit zu einer **gesonderten Aussage über das Verhalten und/oder die Leistung der Arbeitnehmer verarbeitet** werden können.[51]

52 Selbst wenn eine Technologie – etwa eine bestimmte Software – bereits **unter der Beteiligung des Betriebsrates eingeführt** worden ist, wird im Einzelfall zu prüfen sein, ob von der erfolgten Beteiligung des Betriebsrates die **gesonderte Auswertung zum Zwecke der Feststellung dieses Ziels** gedeckt ist.

> **Beispiel**
> In einem Call-Center werden Rufnummern bei ausgehenden Telefonaten (Outbound-Telefonie) automatisch durch eine Software angewählt bzw. eingehende Telefonate (Inbound-Telefonie) automatisch angenommen und einem bestimmten Call-Center-Agent zugewiesen. Bereits die Einführung einer solchen Software unterliegt der Mitbestimmung des Betriebsrates gem. § 87 Abs. 1 Nr. 6 BetrVG, wenn die Software – wie regelmäßig in der Praxis – Auswertungen ermöglicht, welcher Arbeitnehmer in welchen Zeiträumen wie viele Telefonate geführt hat. Es ist im Einzelfall zu prüfen, ob eine Zustimmung des Betriebsrates zur Einführung einer solchen Softwarelösung im operativen Betrieb über diesen hinaus auch mitarbeiterbezogene Auswertungen abdeckt, wenn etwa der Arbeitgeber auf dieser Grundlage eine an die Anzahl geführter Telefonate gekoppelte individualerfolgsbezogene Zielkomponente zur Bemessung einer Sonderzahlung knüpft und die notwendigen

---

50 Vgl. zum Meinungsstand: *Fitting*, § 87 Rn 238 ff.
51 H/S/W/G/N/R/*Worzalla*, § 87 BetrVG Rn 374; *Fitting*, § 87 Rn 241.

Daten über die Software ermittelt werden. In der Praxis empfiehlt sich hierzu jedenfalls eine klarstellende Regelung, wenn – wie stets – eine Entgeltkomponente gem. § 87 Abs. 1 Nr. 10 BetrVG ohnehin mit dem Betriebsrat zu behandeln ist.

3. Beurteilungsgrundsätze

Laut **§ 94 Abs. 2 BetrVG** bedürfen **allgemeine Beurteilungsgrundsätze** der Zustimmung des Betriebsrates. Hierunter sind Regelungen zu verstehen, mit denen der Arbeitgeber die **Bewertung von Verhalten oder Leistung der Arbeitnehmer durch Anlegung einheitlicher beurteilungsrelevanter Kriterien verobjektivieren** will.[52] Auf den abgefragten Gegenstand eines solchen Beurteilungsgrundsatzes kommt es für die Mitbestimmungsrelevanz nicht an.

Abzugrenzen sind Beurteilungsgrundsätze von **Anforderungsprofilen** oder **Stellenbeschreibungen**. Mit allgemeinen Beurteilungsgrundsätzen soll das Verhalten oder die Leistung von Arbeitnehmern bewertet werden, während Anforderungsprofile oder Stellenbeschreibungen allein den Arbeitsplatz ohne Rücksicht auf den konkreten Arbeitnehmer betreffen.[53]

Im Zusammenhang mit variablen Entgeltsystemen wird sich die Frage nach allgemeinen Beurteilungsgrundsätzen in der Regel bei **individual-, ggf. aber auch gruppen- oder sonstigen projekterfolgsbezogenen Zielkomponenten** stellen. Soweit eine Arbeitsleistung nicht nach einer „Stückzahl" von Arbeitsergebnissen bemessen wird, stellt sich die Frage nach **geeigneten Kriterien für die Leistungsbewertung**. Schon um hier den **Vorwurf etwaiger Willkür** oder einer **sonstigen Verletzung des arbeitsrechtlichen Gleichbehandlungsgrundsatzes** zu entgehen, wird der Arbeitgeber häufig abstrakte Bewertungskriterien suchen, um einen objektiven Vergleich zu ermöglichen.

Praxistipp
Der Arbeitgeber wird ggf. argumentieren, im Einzelfall und „von Fall zu Fall" entschieden zu haben. Diesbezüglich ist jedoch zunächst festzustellen, dass allgemeine Beurteilungsgrundsätze i.S.d. **§ 94 Abs. 2 BetrVG keine Schrift- oder sonstige Textform** voraussetzen, sodass allein deren **tatsächliche Existenz**, nicht jedoch eine formelle Niederlegung maßgebend ist.[54] Zum anderen wird der Arbeitgeber gerade bei einer größeren Anzahl von Arbeitnehmern mit gleichartigen Zielkomponenten **ohne allgemeingültigen Maßstab in einem Rechtsstreit kaum schlüssig begründen können**, wie Abstufungen bei der Erreichung von Zielen zu erklären sind.[55] Dies ist allerdings weniger eine Rechtsfrage als eine Frage der Glaubhaftigkeit der Argumentation in einem etwaigen Streitfalle.

---

52 BAG, Beschl. v. 23.10.1984 – 1 ABR 2/83 –; HaKo-BetrVG/*Kreuder*, § 94 Rn 23 f.
53 BAG, Beschl v. 14.1.1986 – 1 ABR 82/83 –; HaKo-BetrVG/*Kreuder*, § 94 Rn 23 f.
54 LAG Niedersachsen, Beschl. v. 6.3.2007 – 11 TaBV 101/06 –; GK-BetrVG/*Raab*, § 94 Rn 47.
55 BAG, Urt. v. 6.7.2006 – 2 AZR 443/05 – (zur Frage von Auswahlrichtlinien anhand eines Punkteschemas zur Sozialauswahl bei einem größeren Personalabbau).

4. Berufsbildung

56 Die **§§ 96 ff. BetrVG** sehen eine Vielzahl von Beteiligungsrechten im Zusammenhang mit der Berufsbildung vor. Aufgrund des weiten Berufsbildungsbegriffs fallen hierunter grundsätzlich **sämtliche betrieblichen oder außerbetrieblichen Bildungsmaßnahmen**, von der einfachen Schulung über die Teilnahme an einem Seminar bis hin zu umfassenden Fortbildungs- und Umschulungsmaßnahmen.[56]

57 Die **Beteiligungsrechte des Betriebsrates** im Zusammenhang zwischen erfolgsabhängigen Sonderzahlungen auf Basis **festgelegter** – insbesondere individualerfolgsbezogener – **Zielkomponenten mit Berufsbildungsmaßnahmen** werden **in der Praxis häufig unterschätzt**.

Beispiel
Ist Bestandteil einer Zielvereinbarung, dass der Arbeitnehmer an einem dreitätigen Seminar teilnimmt, dessen Kosten der Arbeitgeber trägt und für dessen Besuch der Arbeitgeber den Arbeitnehmer freistellt, und knüpft die Zielvereinbarung darüber hinaus an die Umsetzung der vermittelten Kenntnisse im sich anschließenden weiteren Bezugszeitraum an, besteht gem. **§ 98 Abs. 3 BetrVG ein Vorschlagsrecht des Betriebsrats** für die Auswahl der **Teilnehmer** solcher Bildungsmaßnahmen. Bei Meinungsverschiedenheiten hat gem. § 98 BetrVG die Einigungsstelle hierüber zu entscheiden. Der Arbeitgeber kann den Kreis der Teilnehmer nicht ohne Weiteres durch eine Zielvereinbarung begrenzen.

a) Berufsbildung

58 Nach der Rechtsprechung des BAG ist der Begriff der **Berufsbildung** weit auszulegen.[57] Hierzu gehören **alle Maßnahmen, die Arbeitnehmern in systematischer, lehrplanartiger Weise Kenntnisse und Erfahrungen** vermitteln, die diese zu ihrer beruflichen Tätigkeit befähigen.[58] Hierzu zählen etwa:
- Maßnahmen zur Qualifikation für neue berufliche Anforderungen;
- Seminare, Bildungsprogramme, Anleitungen zur Bedienung neuer Maschinen etc.;
- Veranstaltungen zum Zwecke des Erfahrungsaustauschs etc.

59 **Keine Berufsbildung** sind demgegenüber konkrete **Einweisungen** in die Art der Tätigkeit und deren Einordnung in den Arbeitsablauf sowie Einzelweisungen zur ausgeübten Tätigkeit. Daraus ergibt sich, dass das Vorliegen einer Berufsbildung insbesondere bei den in der Praxis bedeutsamen **Seminaren mit Tätigkeitsbezug** nur in seltenen Fällen in Abrede gestellt werden kann. Die Tatsache, dass die in einem Seminar vermittelten Inhalte für den Arbeitnehmer und die Ausübung seiner

---

56 BAG, Beschl. v. 18.4.2000 – 1 ABR 25/99 –; DKKW/*Buschmann*, § 96 Rn 6 f.
57 *Fitting*, § 96 Rn 9.
58 Vgl. BAG, Beschl. v. 24.8.2004 – 1 ABR 28/03 –; DKKW/*Buschmann*, § 96 Rn 6 f.

Tätigkeit ggf. nicht erforderlich, sondern nur sinnvoll sind, steht dem nicht entgegen. Entscheidend ist, dass die erworbenen Kenntnisse im Arbeitsbereich genutzt werden können.

Zu den **„sonstigen Bildungsmaßnahmen"**, die gem. § 98 Abs. 6 BetrVG Beteiligungsrechte des Betriebsrates auslösen können, gehören darüber hinaus alle Veranstaltungen, die zur Vermittlung von Kenntnissen führen, um einen Lernprozess durch theoretische Einsichten herbeizuführen.[59] Sie haben mit der beruflichen Tätigkeit nicht unbedingt etwas gemein, dienen aber allgemein der Weiterbildung.

60

Beispiel
In der juristischen Fachliteratur[60] werden beispielhaft als unter die Mitbestimmung nach § 98 Abs. 6 BetrVG fallend folgende Maßnahmen aufgeführt:
– Erste-Hilfe-Kurse;
– Kurse zur Unfallverhütung;
– Veranstaltungen über staatsbürgerliche, sozial- und wirtschaftskundliche, gesundheitliche oder künstlerische Themen;
– Sprachkurse;
– Programmierkurse;
– Kurse zur Arbeitssicherheit;
– Softwarekurse (MS-Word, MS-Excel o.ä.).

Von derartigen systematisch konzipierten Veranstaltungen, durch die ein bestimmtes Lernziel erreicht werden soll, sind **bloße Informationsveranstaltungen** zu unterscheiden, z.B. die Inkenntnissetzung der Mitarbeiter über die Einführung oder den Vertrieb neuer Produkte[61] oder die Bedienung neuer technischer Einrichtungen.

61

b) Mitbestimmung bei der betrieblichen Berufsbildung

Das Mitbestimmungsrecht aus § 98 Abs. 1 BetrVG über die Durchführung der Berufsbildung setzt voraus, dass es sich um eine **betriebliche** Berufsbildung handelt.

62

Das Wort „betrieblich" hat **keine räumliche Bedeutung**. Für das Mitbestimmungsrecht ist es also gleichgültig, ob Bildungsmaßnahmen innerhalb der Betriebsstätte oder außerhalb durchgeführt werden. Der Begriff der betrieblichen Berufsbildung ist vielmehr **funktional** zu verstehen.[62] Entscheidend ist damit, ob die Bildungsmaßnahme vom Arbeitgeber selbst veranstaltet oder getragen wird. Eine Trägerschaft des Arbeitgebers ist anzunehmen, wenn der Arbeitgeber die Maßnahme allein durchführt oder auf Inhalt und Durchführung der Maßnahme recht-

63

---

59 Vgl. *Fitting*, § 98 Rn 37; ErfK/*Kania*, § 98 BetrVG Rn 19; GK-BetrVG/*Raab*, § 98 Rn 42 ff.
60 Vgl. insbesondere *Fitting*, § 98 Rn 37 ff.; DKKW/*Buschmann*, § 98 Rn 33.
61 So: BAG, Beschl. v. 23.4.1991 – 1 ABR 49/90 –.
62 Vgl. BAG, Beschl. v. 18.4.2000 – 1 ABR 28/99 –; GK-BetrVG/*Raab*, § 98 BetrVG Rn 3 m.w.N.

lich oder tatsächlich einen **beherrschenden Einfluss** hat.[63] Unerheblich ist, ob der Arbeitgeber von der Möglichkeit der Einflussnahme tatsächlich Gebrauch macht, da die Chance der Einflussnahme durch den Betriebsrat hiervon unberührt bleibt.[64] Bei derartigen betrieblichen Berufsbildungsmaßnahmen hat der Betriebsrat bei der **Ausgestaltung von Bildungsmaßnahmen, also Ort, Dauer, Inhalt, Umfang und Vermittlungsmethodik, mitzubestimmen und kann bei der Auswahl von Teilnehmern mitentscheiden.**[65]

c) Mitbestimmung bei der außerbetrieblichen Berufsbildung

64 **Stellt** der Arbeitgeber für **außerbetriebliche** Maßnahmen der Berufsbildung **Arbeitnehmer frei** oder **trägt** er die durch die Teilnahme von Arbeitnehmern an solchen Maßnahmen entstehenden **Kosten ganz oder teilweise**, so kann der Betriebsrat zwar nicht über die Ausgestaltung der Bildungsmaßnahme mitbestimmen, wohl aber bei der Auswahl der Teilnehmer. Nach § 98 Abs. 3 BetrVG kann der Betriebsrat **Vorschläge für die Teilnahme** von Arbeitnehmern oder Gruppen von Arbeitnehmern des Betriebes an diesen Maßnahmen der beruflichen Bildung machen. Entgegen dem Wortlaut handelt es sich aber um eine wesentlich weitergehendere Mitbestimmung als nur ein Vorschlagsrecht. Dies zeigt § 98 Abs. 4 BetrVG, wonach eine Einigungsstelle auf Antrag nur einer der Betriebsparteien einberufen werden kann, wenn eine Einigung über die vom Betriebsrat vorgeschlagenen Arbeitnehmer nicht zustande kommt. Das bedeutet, der Betriebsrat hat bei der Auswahl der Teilnehmer ein echtes Mitbestimmungsrecht.

65 Das Ziel der Regelung ist, die **innerbetriebliche Verteilungsgerechtigkeit** sicherzustellen, also die sachwidrige Bevorzugung oder Benachteiligung einzelner Arbeitnehmer zu verhindern.[66] Diesen Gesichtspunkt kann der Arbeitgeber nicht durch ein **Zielvereinbarungssystem in Anknüpfung an die Durchführung von Bildungsmaßnahmen** umgehen. Insoweit ist ein solches Ziel für den Arbeitnehmer **nur verbindlich, wenn das Mitbestimmungsverfahren ordnungsgemäß durchgeführt** worden ist.

66 **Mitbestimmungsfrei** ist die Entscheidung des Arbeitgebers, **ob** er eine Bildungsmaßnahme durchführt oder ob er generell Mitarbeiter für die außerbetriebliche Bildung freistellt und die Kosten dafür übernimmt, ferner die Festlegung der Ausbildungsziele und damit die Entscheidung, für welche Arbeitnehmergruppen (Zielgruppe, z.B. Buchhalter, nicht aber z.B. Marketing-Mitarbeiter) Ausbildungs-

---

[63] Vgl. BAG, Beschl. v. 18.4.2000 – 1 ABR 28/99 –; BAG, Beschl. v. 4.12.1990 – 1 ABR 10/90 –.
[64] Vgl. BAG, Beschl. v. 12.11.1991 – 1 ABR 21/91 –.
[65] Grundlegend: BAG, Beschl. v. 5.11.1985 – 1 ABR 49/83 –.
[66] DKKW/*Buschmann*, § 96 Rn 29.

maßnahmen durchgeführt werden. Gleiches gilt für die Zahl der Teilnehmer.[67] Ein Einfluss auf die vom Arbeitgeber bestimmten Teilnehmer resultiert allenfalls als Reflex aus dem Vorschlagsrecht des Betriebsrates, wenn eine Auswahl innerhalb der Zielgruppe getroffen werden muss.[68]

5. Weitere denkbare Anknüpfungspunkte einer Mitbestimmung

Anknüpfungspunkte sonstiger Mitbestimmungsrechte sind ebenso vielfältig, wie mögliche Anknüpfungspunkte variabler Entgeltsysteme sein können. Führt eine individualerfolgsbezogene Zielkomponente zu einer grundlegend geänderten Tätigkeit des Arbeitnehmers, kann sich die Frage einer **Versetzung** i.S.d. §§ 99 Abs. 1, 95 Abs. 3 BetrVG stellen, die als personelle Einzelmaßnahme der vorherigen Beteiligung des Betriebsrates bedarf. Auch kann sich die Frage nach einer **Änderung der Arbeitsplätze** i.S.d. § 90 BetrVG mit sich daraus ergebenden Unterrichtungs- und Beratungsrechten stellen.

In der Praxis „schmerzhaft" wegen der Komplexität der Materie ist ein zunehmend zu beobachtendes Vorgehen der Betriebsräte, die sich unter dem Gesichtspunkt des **Überforderungsschutzes** – insbesondere unter Hinweis auf von ihnen angenommene psychische Belastungen – auf den **Gesichtspunkt des Arbeits- und Gesundheitsschutzes und das hierzu bestehende Mitbestimmungsrecht des Betriebsrates aus § 87 Abs. 1 Nr. 7 BetrVG** berufen. Allerdings beschränkt sich das Mitbestimmungsrecht auf **Maßnahmen, die der Arbeitgeber wegen des Arbeits- bzw. Gesundheitsschutzes ergreift oder zu ergreifen hat**.[69] Der Betriebsrat hat unter dem Gesichtspunkt des Arbeits- und Gesundheitsschutzes deswegen zwar weitgehende Initiativrechte, mit denen er den Arbeitgeber lange Zeit befassen kann. Er kann allerdings bei **Maßnahmen, die nicht dem Arbeits- oder Gesundheitsschutz dienen, nicht unter Hinweis auf § 87 Abs. 1 Nr. 7 BetrVG die Zustimmung verweigern**. Besorgt der Betriebsrat dementsprechend bei zielerreichungsabhängigen Entgeltkomponenten eine Überforderung der Arbeitnehmer, kann er unter dem Gesichtspunkt von Maßnahmen zum Arbeitsschutz oder generell zur Berücksichtigung bei der Gefährdungsbeurteilung nach dem Arbeitsschutzgesetz seine Beteiligung erzwingen. Der gesonderte Mitbestimmungstatbestand aus **§ 87 Abs. 1 Nr. 7 BetrVG berechtigt ihn jedoch nicht zur Unterbindung einer ansonsten zulässigen Festlegung von Zielkomponenten**.[70]

---

67 Vgl. GK-BetrVG/*Raab*, § 98 Rn 26; *Löwisch/Kaiser*, § 98 BetrVG Rn 20; Richardi/*Thüsing*, § 98 Rn 57 f.
68 Vgl. GK-BetrVG/*Raab*, § 98 Rn 28.
69 LAG Nürnberg, Beschl. v. 4.2.2003 – 6 (2) TaBV 39/01 –.
70 LAG Nürnberg, Beschl. v. 4.2.2003 – 6 (2) TaBV 39/01 –.

B. Ausübung der Mitbestimmung

I. Regelungsabrede

69 Soweit ein Mitbestimmungsrecht – insbesondere aus § 87 BetrVG – das Erfordernis einer **Zustimmung des Betriebsrates** vorsieht, kann dies in Gestalt einer sog. **Regelungsabrede** erfolgen. Regelungsabreden bedürfen **keiner Form**, wenngleich dies **aus Beweisgründen zweckmäßig** ist.[71] Es handelt sich um eine bloße Absprache zwischen Arbeitgeber und Betriebsrat nach Art einer vertraglichen Einigung.

70 Der Regelungsabrede kommt – anders als einer Betriebsvereinbarung gem. § 77 Abs. 4 BetrVG – **keine normative Wirkung** in dem Sinne zu, dass sie sich **auf die Arbeitsverhältnisse der Arbeitnehmer unmittelbar auswirkt**. Regelungsabreden binden vielmehr allein Arbeitgeber und Betriebsrat, sodass es **im Verhältnis zum Arbeitnehmer einer gesonderten Umsetzung** bedarf. Diese Umsetzung gegenüber dem Arbeitnehmer kann in Gestalt arbeitsvertraglicher Vereinbarungen, Gesamtzusagen, betrieblichen Übungen oder jedem anderen Regelungsinstrument erfolgen.

71 Auch wenn eine Regelungsabrede grundsätzlich durch **Zeitablauf oder Zweckerreichung endet**, ist sie gleichwohl für Dauertatbestände wie ein variables Entgeltsystem und sonstige Mitbestimmungstatbestände aus dem zustimmungserforderlichen Katalog des § 87 BetrVG **geeignetes Regelungsinstrument**.[72]

72 Bei einer auf Dauer angelegten Regelung durch Regelungsabrede ist deren rechtliche Beendigung durch **Aufhebungsvereinbarung** oder aber – entsprechend der für Betriebsvereinbarungen geltenden Kündigungsregelung des § 77 Abs. 5 BetrVG – durch **Kündigung** möglich.[73] Nach der Rechtsprechung kommt ihr – gleichermaßen analog zu den Regelungen einer Betriebsvereinbarung – im Falle einer Kündigung eine **Nachwirkung** zu, sodass im Verhältnis zwischen Arbeitgeber und Betriebsrat der Gegenstand der Regelungsabrede in Angelegenheiten der zwingenden Mitbestimmung (so insbesondere bei § 87 BetrVG) bis zu einer anderen Abmachung der Betriebsparteien fortgilt.[74]

Praxistipp
Wie sogleich bei den Betriebsvereinbarungen aufgezeigt wird, ist die **Nachwirkung bei Sonderzahlungen** in der Rechtsprechung **zulasten des Arbeitgebers,** der seine wirtschaftliche Belastung durch Kündigung einer mitbestimmten Regelung einstellen will, **ausgedehnt worden.** Auch wenn das BAG[75] zugunsten des Arbeitgebers die Nachwirkung wieder zu begrenzen sucht, sollte eine

---

71 GK-BetrVG/*Kreutz*, § 77 Rn 19; *Fitting*, § 77 Rn 219.
72 BAG, Urt. v. 14.2.1991 – 2 AZR 415/90 –; BAG, Urt. v. 20.11.1990 – 1 AZR 643/89 –.
73 BAG, Beschl. v. 10.3.1992 – 1 ABR 31/91 –; BAG, Beschl. v. 23.6.1992 – 1 ABR 53/91 –; *Fitting*, § 77 Rn 225.
74 BAG, Beschl. v. 10.3.1992 – 1 ABR 31/91 –; BAG, Beschl. v. 23.6.1992 – 1 ABR 53/91 –.
75 BAG, Beschl. v. 5.10.2010 – 1 ABR 20/09 –.

Regelungsabrede über die mitbestimmte Regelung hinaus vorsehen, dass sie im Falle einer Kündigung **nicht nachwirkt**. Nur auf dieser Grundlage kann der Arbeitgeber sich von einer wirtschaftlich belastenden Regelung auf betriebsverfassungsrechtlicher Ebene **rechtssicher lossagen, um seine Leistungspflicht zu beenden**.

II. Betriebsvereinbarungen

1. Unmittelbare und zwingende Geltung

In der Praxis wird die Mitbestimmung des Betriebsrates bei Entgeltkomponenten am häufigsten in Gestalt von Betriebsvereinbarungen ausgeübt. Betriebsvereinbarungen sind sog. **Normenverträge**. Sie haben einerseits vertraglichen Charakter, weil sie durch eine Einigung zwischen Arbeitgeber und Betriebsrat zustande kommen. Andererseits entfalten Sie gem. § 77 Abs. 4 S. 1 BetrVG eine **normative Wirkung**. Die normative Wirkung bedeutet, dass die Betriebsvereinbarung **unmittelbar und zwingend für die Arbeitsverhältnisse Geltung** entfaltet.[76]

Die unmittelbare Geltung bedeutet, dass **Rechte und Pflichten für und gegen Arbeitnehmer aus der Betriebsvereinbarung** folgen, ohne dass es einer weitergehenden Umsetzung – etwa in Gestalt einer arbeitsvertraglichen Regelung oder einer Ausübung des Direktionsrechts – bedürfte. Die zwingende Geltung bedeutet, dass **von Betriebsvereinbarungen allenfalls zugunsten des Arbeitnehmers abgewichen werden kann** und gem. § 77 Abs. 4 S. 2 BetrVG selbst ein **Verzicht** auf ein aus einer Betriebsvereinbarung folgendes Recht der Zustimmung des Betriebsrates bedarf.

Die Betriebsvereinbarung ist damit ein **geeignetes Regelungsinstrument**, wenn ein Mitbestimmungsrecht des Betriebsrates ohnehin im Raum steht und der Betriebsrat dementsprechend zu beteiligen ist. Erfolgt die Ausübung der Mitbestimmung durch **Abschluss einer Betriebsvereinbarung**, bedarf es zum einen – als ökonomisch administrativer Gesichtspunkt – **keiner individualarbeitsvertraglichen Umsetzung gegenüber dem Arbeitnehmer** mehr. Insbesondere aber ist die Betriebsvereinbarung ein deutlich **flexibleres Regelungsinstrument** als etwa der Arbeitsvertrag.

Da sie durch eine Einigung zwischen Arbeitgeber und Betriebsrat zustande kommt, gelten für die Betriebsvereinbarung weder **formell noch materiell die strengen Regularien für vorformulierte arbeitsvertragliche Bedingungen**, die der Arbeitgeber aufstellt. Dies stellt § 310 Abs. 4 BGB klar, der Betriebsvereinbarungen ausdrücklich vom Anwendungsbereich der §§ 305 ff. BGB ausnimmt. So ist weder § 307 Abs. 1 S. 1 BGB über die **Angemessenheitskontrolle** noch § 307 Abs. 1 S. 2 BGB über das **Transparenzgebot** oder § 305c BGB über eine **Auslegung zulasten**

---

[76] DKKW/*Berg*, § 77 Rn 88; GK-BetrVG/*Kreutz*, § 77 Rn 215 ff.

des Arbeitgebers oder das **Verbot überraschender Klauseln** anwendbar. Auch für Betriebsvereinbarungen bestehen zwar Regelungsschranken.[77] Diese lassen jedoch weitergehende Gestaltungsspielräume zu.

77 Insbesondere kann der Arbeitgeber sich **von einer Betriebsvereinbarung unter deutlich erleichterten Voraussetzungen lösen**. Für Betriebsvereinbarungen gilt **keinerlei Bestandsschutz** wie für den Arbeitsvertrag. Betriebsvereinbarungen sind jederzeit und ohne dass es eines rechtfertigenden Grundes bedarf, **einseitig durch den Arbeitgeber kündbar**.[78]

78 Auch kann eine Betriebsvereinbarung von vornherein für eine **befristete Laufzeit** geschlossen werden, ohne dass eine Befristungskontrolle eröffnet wäre. **Weder ist das Teilzeit- und Befristungsgesetz** (TzBfG) mit dem Erfordernis eines sachlichen Grundes oder einer sachgrundlosen Befristungsmöglichkeit für die Dauer von maximal zwei Jahren entsprechend anwendbar, **noch bedarf die Befristung einer Betriebsvereinbarung auch nur eines sachlichen Grundes**, wie es für die Befristung von Arbeitsbedingungen auf arbeitsvertraglicher Ebene maßgebend wäre.[79]

79 Im Arbeitsvertragsrecht kommt eine einseitige Änderung einzelner Arbeitsbedingungen nur im Wege der Änderungskündigung, d.h. einer Beendigungskündigung des gesamten Arbeitsverhältnisses und dem Angebot einer Fortsetzung zu geänderten Bedingungen, in Betracht. Demgegenüber **entspricht die Wirkung der Kündigung einer Betriebsvereinbarung einer Teilkündigung**, weil der Bestand der Arbeitsverhältnisse von der Kündigung einer Betriebsvereinbarung nicht betroffen ist.

2. Zustandekommen

80 Betriebsvereinbarungen kommen gem. § 77 Abs. 2 BetrVG durch eine Einigung zwischen Arbeitgeber und Betriebsrat zustande, die **zwingend der Schriftform bedarf**.[80] Die Betriebsvereinbarung ist gem. § 77 Abs. 2 BetrVG **von beiden Seiten zu unterzeichnen und vom Arbeitgeber** an geeigneter Stelle im Betrieb – typischerweise am „Schwarzen Brett" oder einer entsprechenden Platzierung im Intranet – **zu veröffentlichen**.

! **Praxistipp**
Die Einhaltung der Schriftform ist zwingende Voraussetzung für die Geltung der Betriebsvereinbarung. In der Praxis sind hierbei **regelmäßig ohne Weiteres vermeidbare Fehler** zu beobachten, die für den Arbeitgeber nachteilig wirken können.

---

77 Siehe Rn 86 ff.
78 DKKW/*Berg*, § 77 Rn 111 ff.; H/S/W/G/N/R/*Worzalla*, § 77 Rn 223 ff.
79 Siehe Rn 97 ff.
80 GK-BetrVG/*Kreutz*, § 77 Rn 33 ff.; *Löwisch/König*, § 77 Rn 72 ff.

Die gem. § 77 Abs. 2 BetrVG zwingend zu wahrende **Schriftform bestimmt die** 81
Rechtsprechung in Anlehnung an die für Verträge geltenden Bestimmungen
des BGB.[81] Ein Verstoß gegen das Schriftformerfordernis führt gem. § 125 S. 1 BGB zur
Nichtigkeit. Die Schriftform bedeutet, dass die Betriebsvereinbarung von Arbeitgeber und Betriebsrat **eigenhändig zu unterzeichnen** ist. Eine bloße **Paraphierung**
genügt nicht, vielmehr ist eine vollständige Namensunterschrift erforderlich.

Die Unterzeichnung muss zudem **auf demselben Schriftstück** erfolgen, sodass 82
beispielsweise eine Unterzeichnung eines jeweils für die andere Seite bestimmten
Exemplars nicht genügt.[82] Auch die Unterzeichnung des Arbeitgebers auf einer Kopie eines Betriebsratsbeschlusses genügt dementsprechend nicht.[83]

Die **Unterschrift muss die Regelungen der Betriebsvereinbarung räumlich** 83
abschließen, d.h., an deren unterem Ende erfolgen. Besteht die Betriebsvereinbarung aus **mehreren Seiten**, sind diese durch Verklammerung o.ä. **körperlich miteinander zu verbinden**. In diesem Falle genügt die Unterzeichnung auf der letzten
Seite.

Praxistipp
Betriebsvereinbarungen gelten in der Praxis häufig über Jahrzehnte hinweg. Eine **ursprünglich bestehende körperliche Verbindung** durch Verklammerung etc. kann deshalb ggf. im Rahmen einer prozessualen Auseinandersetzung nicht mehr nachweisbar sein, sodass die Partei einer arbeitsrechtlichen Streitigkeit, die sich auf die Regelung einer Betriebsvereinbarung beruft, ggf. den Prozess verliert, wenn sie die Wahrung der Schriftform durch eine Verklammerung nicht nachweisen kann. Zur Vermeidung solcher prozessualer Situationen sollte über die körperliche Verbindung der einzelnen Seiten hinaus eine **Einheitlichkeit der Urkunde durch deren fortlaufende Paginierung, fortlaufende Nummerierung der Regelungen und – idealerweise – Unterschriftenzeilen auf jeder Seite der Betriebsvereinbarung** dokumentiert werden. Eine solche Gestaltung kann eine feste körperliche Verbindung der einzelnen Seiten einer Urkunde zur Wahrung der Schriftform ersetzen[84]
und ist damit zum Ausräumen etwaiger späterer Zweifel sinnvoll.

Das Schriftformerfordernis erstreckt sich gleichermaßen auf **Anlagen** zu einer Be- 84
triebsvereinbarung. Als Bestandteil der Betriebsvereinbarung nehmen sie an deren
Regelungsgehalt, damit jedoch gleichermaßen an dem Schriftformerfordernis, teil.[85]
Die Anlagen müssen deshalb **ebenfalls von den Betriebsparteien unterzeichnet**
sein. Eine **Bezugnahme kann die Unterzeichnung der Anlagen nur dann und**
insoweit ersetzen, wie in der Betriebsvereinbarung auf eine bestimmte Anlage
ausdrücklich Bezug genommen wird und die Anlage ihrerseits wiederum auf die

---

81 BAG, Beschl. v. 11.11.1986 – 3 ABR 74/85 –; *Löwisch/König*, § 77 Rn 75.
82 BAG, Beschl. v. 11.11.1986 – 3 ABR 74/85 –.
83 LAG Berlin, Beschl. v. 6.9.1991 – 2 TaBV 3/91 –.
84 BAG, Urt. v. 7.5.1998 – 2 AZR 55/98 –.
85 LAG Niedersachsen, Beschl. v. 1.8.2012 – 2 TaBV 52/11 –.

Betriebsvereinbarung Bezug nimmt. Nur diese **Bezug- mit Rückbezugnahme zwischen Betriebsvereinbarung und Anlage** erfüllt das Schriftformerfordernis.[86]

85 Kommt eine Einigung zwischen Arbeitgeber und Betriebsrat nicht zustande und entscheidet die **Einigungsstelle, entspricht deren Spruch dem Rechtscharakter der zwischen den Betriebsparteien im Streit stehenden beabsichtigten Regelung**. In der Praxis wird dies regelmäßig eine Betriebsvereinbarung sein.[87] Dieser Spruch der Einigungsstelle ist gem. § 76 Abs. 3 BetrVG **schriftlich niederzulegen, vom Vorsitzenden der Einigungsstelle zu unterzeichnen sowie Arbeitgeber und Betriebsrat im Original zuzustellen**. Einer weitergehenden Schriftform gem. § 77 Abs. 2 BetrVG bedarf dies nicht,[88] wohl aber – wie bei jeder Betriebsvereinbarung – der allgemein zugänglichen Bekanntmachung an geeigneter Stelle im Betrieb.

3. Rechtliche Grenzen
a) Regelungssperre des § 77 Abs. 3 BetrVG

86 Laut § 77 Abs. 3 BetrVG können Arbeitsentgelte und sonstige **Arbeitsbedingungen, die durch Tarifvertrag geregelt sind oder üblicherweise geregelt werden**, nicht Gegenstand einer Betriebsvereinbarung sein, es sei denn, ein Tarifvertrag lässt den Abschluss ergänzender Betriebsvereinbarungen ausdrücklich zu. Zweck dieser Regelungsschranke ist ein **Schutz der Tarifautonomie**, indem **auf betrieblicher Ebene keine Konkurrenz zu den Tarifparteien** und damit ein Konfliktpotenzial zwischen Tarif- und Betriebsparteien entstehen soll.[89]

87 Diese Regelungsschranke für eine Betriebsvereinbarung **nimmt nach ihrem Wortlaut das gesamte Arbeitsentgelt aus der Regelungsmöglichkeit per Betriebsvereinbarung** aus. Da unter dem Arbeitsentgelt i.S.d. § 77 Abs. 3 BetrVG sämtliche Geld- und Sachleistungen verstanden werden, die der Arbeitgeber im Hinblick auf die Arbeitsleistung des Arbeitnehmers oder den Bestand des Arbeitsverhältnisses erbringt,[90] scheint dieser Anwendungsbereich sehr weitgehend.

88 Eine sehr weitgehende Einschränkung der Regelungsschranke des § 77 Abs. 3 BetrVG und damit Eröffnung der Möglichkeit des Abschlusses von Betriebsvereinbarungen erfolgt jedoch durch den von der herrschenden Meinung angenommenen **Vorrang des § 87 BetrVG**.[91] Der Vorrang des § 87 BetrVG bedeutet, dass in dessen Regelungsbereich – bei Entgeltfragen also insbesondere des **sehr weitgehenden An-

---

86 LAG Niedersachsen, Beschl. v. 1.8.2012 – 2 TaBV 52/11 –.
87 H/S/W/G/N/R/*Worzalla*, § 76 Rn 77; Richardi/*Richardi*, § 76 Rn 111.
88 GK-BetrVG/*Kreutz*; § 76 Rn 116.
89 BAG, Urt. v. 24.1.1996 – 1 AZR 597/95 –; BAG, Urt. v. 29.10.2002 – 1 AZR 573/01 –.
90 *Fitting*, § 77 Rn 70; Richardi/*Richardi*, § 77 Rn 253; ErfK/*Kania*, § 77 BetrVG Rn 44 ff.
91 BAG, Beschl. v. 24.2.1987 – 1 ABR 18/85 –; BAG, Beschl. v. 3.12.1991 – GS 2/90 –; *Fitting*, § 77 Rn 111 ff.

wendungsbereichs gem. § 87 Abs. 1 Nr. 10 BetrVG – der dort genannte Vorbehalt einer **geltenden tariflichen Regelung** maßgebend ist und dies auch beim Abschluss von Betriebsvereinbarungen bleibt.

Beispiel
Nach § 77 Abs. 3 BetrVG ist eine Betriebsvereinbarung **bereits bei einer tarifüblichen Regelung zum Arbeitsentgelt** nicht möglich. Gehört ein nicht tarifgebundener Arbeitgeber etwa der Metallbranche an, sind sämtliche in den Tarifverträgen der Metall- und Elektroindustrie geregelten Entgeltbestandteile von der Sperrwirkung des § 77 Abs. 3 BetrVG umfasst. Diese **Betrachtung der bloßen Tarifüblichkeit gilt jedoch nur für § 77 Abs. 3 BetrVG**. § 87 Abs. 1 BetrVG sieht demgegenüber in seinem Einleitungssatz vor, dass ein Mitbestimmungsrecht des Betriebsrates gem. **§ 87 Abs. 1 Nr. 10 BetrVG** bei Entgeltfragen nur dann ausgeschlossen ist, wenn **keine tarifliche oder gesetzliche Regelung besteht**. Eine solche besteht nur, wenn **zumindest der Arbeitgeber tarifgebunden** ist und die tarifliche Regelung deshalb im Betrieb gilt.[92] Ist ein Arbeitgeber der Metallindustrie nicht tarifgebunden, gelten die Regelungen der Tarifverträge der Metall- und Elektroindustrie in seinem Betrieb nicht. Dies schließt gem. § 87 Abs. 1 BetrVG eine Mitbestimmung durch den Betriebsrat und damit – insoweit vorrangig gegenüber der bloßen Tarifüblichkeit gem. § 77 Abs. 3 BetrVG – den Abschluss einer diesbezüglichen Betriebsvereinbarung nicht aus.

Beim Abschluss einer Betriebsvereinbarung kommt dem Anwendungsbereich des **§ 77 Abs. 3 BetrVG nur insoweit eine Bedeutung zu, wie der Regelungsbereich des § 87 BetrVG überschritten** ist. Beim Arbeitsentgelt ist dies insbesondere die **Höhe der Vergütung** selbst. Zur Höhe des Arbeitsentgelts selbst wäre deshalb auch bei einem nicht tarifgebundenen Arbeitgeber eine Betriebsvereinbarung gem. § 77 Abs. 3 BetrVG ausgeschlossen, da § 87 BetrVG zu dieser Frage nicht anwendbar ist und dementsprechend keinen Vorrang gegenüber § 77 Abs. 3 BetrVG einnimmt. Für diese Regelungsschranke des § 77 Abs. 3 BetrVG genügt bloße Tarifüblichkeit, d.h. die **Möglichkeit einer Regelung durch Tarifvertrag, wenn der Arbeitgeber einem entsprechenden Arbeitgeberverband beiträte**.[93]

89

Praxistipp
Sollte der **Arbeitgeber zweifeln, welchem Wirtschaftszweig im Sinne tariflicher Geltungsbereiche** er angehört, um auf dieser Grundlage die tarifüblichen Arbeitsbedingungen überprüfen und die Grenzen einer Betriebsvereinbarung beurteilen zu können, ist auf die **Klassifikation der Wirtschaftszweige durch das Statistische Bundesamt** zurückzugreifen. Das BAG hält diese Klassifikation der Wirtschaftszweige als geeigneten und rechtssicher handhabbaren Anknüpfungspunkt für die Bestimmung des maßgeblichen Wirtschaftszweiges als Grundlage für die Ermittlung des objektiven Werts einer Arbeitsleistung,[94] sodass nichts anderes für die Ermittlung des Wirtschaftszweiges zwecks Zuordnung zum Geltungsbereich eines Tarifwerkes gelten kann.

---

92 Siehe Rn 21.
93 Vgl. GK-BetrVG/*Kreutz*, § 77 Rn 113 ff.
94 BAG, Urt. v. 18.4.2012 – 5 AZR 630/10 –.

b) Regelungsschranke des § 75 BetrVG

90 Bei Betriebsvereinbarungen ist in der Praxis die Bestimmung des **§ 75 BetrVG Prüfungsgegenstand für den materiellen Regelungsgehalt einer Betriebsvereinbarung**. Laut § 75 Abs. 1 BetrVG haben Arbeitgeber und Betriebsrat neben den **dort genannten Diskriminierungsverboten die Grundsätze von Recht und Billigkeit im Betrieb** zu beachten und über deren Einhaltung zu wachen.

91 In seiner jüngeren Rechtsprechung[95] hat das BAG Betriebsvereinbarungen über Sonderzahlungen unter dem Gesichtspunkt von **Bindungswirkungen bei Stichtagsklauseln** für unwirksam erachtet, da gem. § 75 BetrVG geltendes Recht und damit auch die **Bestimmung des § 611 BGB über das Verhältnis von Arbeitsleistung und Arbeitsentgelt** als Prüfungsmaßstab einzubeziehen seien. Auf dieser Grundlage wurden etwa über den Bezugszeitraum hinausgehend wirkende Bindungsklauseln für unwirksam gehalten, weil das BAG aus dem **Leitbild des Arbeitsvertrages gem. § 611 BGB** herleitete, dass bereits verdientes Arbeitsentgelt nicht an die weitere Voraussetzung künftiger Betriebstreue geknüpft werden dürfe.[96] Während das BAG[97] diese Frage ansonsten im Rahmen der Inhaltskontrolle arbeitsvertraglicher Regelungen gem. § 307 Abs. 1 BGB unter dem Gesichtspunkt einer unangemessenen Benachteiligung thematisiert, war ein solcher Anknüpfungspunkt über § 75 BetrVG i.V.m. § 611 BGB neu.

92 Wie weit die Rechtsprechung bei der Inhaltskontrolle von Betriebsvereinbarungen am Maßstab gesetzlicher Regelungen wie § 611 BGB gehen wird, bleibt abzuwarten. Maßgebend werden jedoch allein **gesetzliche Regelungen sein können, die nicht explizit auf den Arbeitsvertrag als Regelung zwischen Arbeitgeber und Arbeitnehmer** abstellen, da dies auf Betriebsvereinbarungen nicht zutrifft. Die §§ 305 ff. BGB werden deshalb nicht Prüfungsmaßstab im Rahmen des § 75 BetrVG für eine Betriebsvereinbarung sein können, wie insbesondere § 310 Abs. 4 BGB ausdrücklich klarstellt.

93 Allerdings ist das vom BAG im Rahmen des § 75 BetrVG herangezogene **Leitbild des § 611 BGB ein schillernder Begriff**. Die Wertungen, die das BAG im Rahmen des § 611 BGB für eine Betriebsvereinbarung aufgestellt hat, **ähneln den Maßstäben, die die Rechtsprechung im Rahmen der Arbeitsvertragsinhaltskontrolle bei § 307 Abs. 1 BGB** anlegt. Eine klare Grenze hat die Rechtsprechung bislang nicht gezogen.

---

[95] BAG, Urt. v. 12.4.2011 – 1 AZR 764/09 –; BAG, Urt. v. 7.6.2011 – 1 AZR 807/09 –; BAG, Urt. v. 5.7.2011 – 1 AZR 94/10 –.
[96] BAG, Beschl. v. 12.4.2011 – 1 AZR 764/09 –; BAG, Urt. v. 7.6.2011 – 1 AZR 807/09 –; BAG, Urt. v. 5.7.2011 – 1 AZR 94/10 –.
[97] BAG, Urt. v. 18.1.2012 – 10 AZR 612/10 –; BAG, Urt. v. 18.1.2012 – 10 AZR 667/10 –; BAG, Urt. v. 6.5.2009 – 10 AZR 443/08 –; BAG, Urt. v. 24.10.2007 – 10 AZR 825/06 –.

Hier wird wie folgt zu differenzieren sein: 94
- Soweit der **Bestandsschutz des Arbeitsverhältnisses**, d.h. Wertungen des Kündigungsschutzgesetzes für die Notwendigkeit der sozialen Rechtfertigung einer Änderungskündigung gem. § 2 KSchG oder die Notwendigkeit eines Sachgrundes für die Befristung von Arbeitsbedingungen oder des Arbeitsverhältnisses insgesamt in Rede stehen, wird dies **nicht Bestandteil einer Überprüfung am Maßstab des § 75 BetrVG sein können**. Gegen eine Einbeziehung dieser Grundsätze in die Rechtskontrolle einer Betriebsvereinbarung gem. § 75 BetrVG spricht bereits, dass **aus der Betriebsvereinbarung selbst die fehlende Teilnahme am Bestandsschutz und die Flexibilität ihrer Laufzeit folgen**. Eine Übertragung der Wertungen zur Rechtskontrolle von Arbeitsverträgen bzw. einseitigen arbeitgeberseitigen Eingriffsmöglichkeiten in den Arbeitsvertrag verbietet sich deshalb.
- Gegenstand der Rechtskontrolle gem. § 75 BetrVG i.V.m. § 611 BGB kann damit **allein der materielle Regelungsgehalt einer Betriebsvereinbarung** sein. Im Zusammenhang mit Entgelten wird hier **über den vom BAG angenommenen Austauschgedanken zwischen Arbeitsleistung und Arbeitsentgelt keine weitergehende Wertung zu entnehmen** sein. Über die bereits angesprochene Problematik von Bindungsklauseln über den Bezugszeitraum hinaus kann dies ggf. noch eine Rolle im Zusammenhang mit der **Abgeltung von Überstunden oder sonstigen Arbeitszeitkappungen** spielen. Eine darüber hinausgehende Übertragung vertragsrechtlicher Gesichtspunkte auf die Rechtskontrolle von Betriebsvereinbarungen widerspräche jedoch deren Leitbild.

4. Günstigkeitsvergleich

Im Verhältnis zwischen **Betriebsvereinbarung** einerseits und andererseits **Arbeits-** 95 **vertrag, Gesamtzusage oder betrieblicher Übung** gilt das **Günstigkeitsprinzip**.[98] Die Betriebsvereinbarung kann solche Vereinbarungen, die günstigere **individualarbeitsrechtliche Rechtspositionen der Arbeitnehmer enthalten, grundsätzlich nicht aufheben oder einschränken**. Eine entgegenstehende Regelung einer Betriebsvereinbarung wäre wirkungslos.

Allerdings kann vertragsrechtlich dem Günstigkeitsvergleich der Boden da- 96 durch entzogen werden, dass der **Arbeitsvertrag keine günstigere Regelung** enthält bzw. **eine (zunächst) günstigere arbeitsvertragliche Regelung betriebsvereinbarungsoffen gestaltet** ist.[99] Eine arbeitsvertraglich eingeräumte Rechtspo-

---

98 *Löwisch/Kaiser*, § 77 Rn 51.
99 H/S/W/G/N/R/*Worzalla*, § 77 BetrVG Rn 167.

sition steht damit unter dem **Vorbehalt einer künftigen abweichenden – auch verschlechternden – Regelung durch Betriebsvereinbarung**.[100]

> **Praxistipp**
> Arbeitgeber sollten von der **Möglichkeit einer betriebsvereinbarungsoffenen Arbeitsvertragsgestaltung** im Zusammenhang mit Sonderzahlungen Gebrauch machen. Auch wenn zum Zeitpunkt des Arbeitsvertragsschlusses zu einer bestimmten Entgeltkomponente ggf. noch keine Betriebsvereinbarung existiert, dem Arbeitnehmer im Rahmen einer zu **betrachtenden Gesamtvergütung** jedoch **eine solche Entgeltkomponente zugedacht werden soll**, begibt sich der Arbeitgeber bei Einräumung eines feststehenden vertraglichen Anspruchs **jedweder Flexibilität, die ihm das Regelungsinstrument Betriebsvereinbarung einräumen würde**. Wegen § 77 Abs. 3 BetrVG wird in Wirtschaftszweigen, für die Entgelttarifverträge gelten, lediglich die Höhe des Arbeitsentgelts nicht durch Betriebsvereinbarung regelbar sein. Im Übrigen besteht jedoch **uneingeschränkte Flexibilität** für den Arbeitgeber, **derer er sich nicht durch vermeidbare arbeitsvertragliche Bindungen begeben sollte**.

5. Beendigung der Betriebsvereinbarung
a) Befristung

97 Betriebsvereinbarungen können von vornherein mit **befristeter Laufzeit** vereinbart werden.[101] Die Betriebsvereinbarung endet damit ohne Kündigungsnotwendigkeit mit Ablauf der Befristung.

> **Praxistipp**
> Die befristete Laufzeit einer Betriebsvereinbarung ist das Mittel der Wahl, um etwa im Rahmen der **Erprobung eines erstmals eingeführten leistungsorientierten Entgeltsystems** dessen Eignung als Personalführungsinstrument zu testen. Auch wenn ohne Weiteres eine Kündigung der Betriebsvereinbarung in Betracht käme, wird die – wenn auch nur befristete – Einführung einer zusätzlichen Entgeltkomponente **ein positives Signal in die Belegschaft senden**, während die **Kündigung eines solchen Systems mit ursprünglich unbegrenzter Laufzeit negativ behaftet sein kann**.

98 Bei einer befristeten Laufzeit der Betriebsvereinbarung stellt sich die Frage einer **Nachwirkung** gem. § 77 Abs. 6 BetrVG nach deren Ablauf.[102] In der Regel ist bereits in der Vereinbarung einer nur befristeten Laufzeit der Betriebsvereinbarung zu erkennen, dass nach dem **Willen der Betriebsparteien eine automatische Beendigung des Regelungsgehaltes eintreten soll und damit eine Nachwirkung konkludent ausgeschlossen** ist.[103] Dies ist indessen eine Frage der Auslegung der getroffenen Regelung.

---
100 Siehe hierzu Kap. 3 Rn 96 ff.
101 *Löwisch/Kaiser*, § 77 Rn 93.
102 Siehe dazu Rn 104 ff.
103 BAG, Beschl. v. 17.1.1995 – 1 ABR 29/94 –; BAG, Beschl. v. 18.2.2003 – 1 ABR 17/02 –; ErfK/*Kania*, § 77 BetrVG Rn 107; *Fitting*, § 77 Rn 180.

Praxistipp
Will der Arbeitgeber mit der befristeten Laufzeit einer Betriebsvereinbarung sicherstellen, dass seine wirtschaftliche Belastung mit Zeitablauf rechtssicher endet, sollte er den **Ausschluss der Nachwirkung ausdrücklich** mit dem Betriebsrat **in der Betriebsvereinbarung festlegen**.

b) Aufhebung

Betriebsvereinbarungen können jederzeit durch eine abweichende Betriebsvereinbarung zwischen Arbeitgeber und Betriebsrat aufgehoben werden. In dem **Abschluss einer Betriebsvereinbarung zu einem gleichen oder vergleichbaren Regelungsgegenstand** wird regelmäßig – auch wenn dies nicht ausdrücklich geregelt ist – eine **Aufhebung der bisherigen Regelung zu sehen** sein.[104] Erfolgt die Aufhebung durch den Neuabschluss einer anderen Betriebsvereinbarung, setzt die Wirksamkeit der Aufhebung voraus, dass **sämtliche Wirksamkeitsanforderungen durch die neue Betriebsvereinbarung erfüllt** sind[105] – in der Praxis betrifft dies insbesondere die Schriftform. 99

Praxistipp
Im Rahmen des Neuabschlusses einer ablösenden Betriebsvereinbarung sollte ausdrücklich klargestellt werden, dass gleichzeitig sämtliche Betriebsvereinbarungen zu einem bestimmten Regelungsgegenstand oder – vorzugswürdig – konkret benannte Betriebsvereinbarungen abgelöst werden. Soll eine ablösende Betriebsvereinbarung zeitlich befristet sein, kann darüber hinaus zweifelhaft sein, ob vorherige Betriebsvereinbarungen dauerhaft oder lediglich für die befristete Laufzeit der ablösenden Betriebsvereinbarung abgelöst werden sollen mit der Konsequenz, dass bisherige Betriebsvereinbarungen lediglich suspendiert werden und danach wiederaufleben. Auch diese Frage sollte im Rahmen einer ablösenden Betriebsvereinbarung eindeutig geklärt werden.

Umstritten ist, ob die **Aufhebung einer Betriebsvereinbarung auch durch formlose Regelungsabrede möglich** ist.[106] Arbeitgeber sollten insoweit kein Risiko eingehen und unter Wahrung der Schriftform des § 77 Abs. 2 BetrVG eine Aufhebung vereinbaren. 100

c) Kündigung

Nach § 77 Abs. 5 BetrVG können Betriebsvereinbarungen, soweit in ihnen nichts anderes vereinbart ist, mit einer **Frist von drei Monaten** gekündigt werden. Die ordentliche **Kündigung der Betriebsvereinbarung bedarf keines rechtferti- 101

---
104 *Löwisch/Kaiser*, § 77 Rn 91.
105 Vgl. GK-BetrVG/*Kreutz*, § 77 Rn 357.
106 Offengelassen von: BAG, Urt. v. 22.3.1995 – 5 AZR 934/93 –.

genden Grundes.[107] Entgegen einigen Stimmen in der Literatur[108] liegt darin kein Wertungswiderspruch zum individualarbeitsvertraglichen Bestandsschutz, vielmehr ist dies dem Wesen der Betriebsvereinbarung geschuldet und rechtspolitisch erforderlich, um Arbeitgeber nicht durch noch weitergehende Bindungen zum gänzlichen Absehen von Leistungen anzuhalten, bei denen keine Loslösung möglich wäre.

102 Bei einer Betriebsvereinbarung **muss der Arbeitnehmer von vornherein damit rechnen**, dass diese durch Ausspruch einer Kündigung beendet wird und damit Rechtspositionen entfallen, die auf individualarbeitsvertraglicher Ebene ggf. fortbestehen würden. Aus Sicht des Arbeitnehmers mag dieser versuchen, sich eine **diesbezügliche individualrechtliche Rechtsposition einräumen zu lassen**, wenn dies aus seiner Sicht verhandelbar und für die Durchführung des Arbeitsverhältnisses immanent ist.

103 Das Gesetz sieht eine Kündigungsfrist von drei Monaten vor. Diese **Kündigungsfrist kann von den Betriebsparteien einvernehmlich abgekürzt oder verlängert** werden.[109] Möglich ist auch eine befristete Mindestlaufzeit der Betriebsvereinbarung, während derer die ordentliche Kündigung ausgeschlossen ist. Insoweit bestehen **weitgehende Gestaltungsspielräume**.

d) Nachwirkung

104 Nach § 77 Abs. 6 BetrVG gelten Regelungen einer Betriebsvereinbarung **nach ihrem Ablauf und bis zu ihrer Ersetzung durch eine andere Abmachung weiter, wenn Angelegenheiten der zwingenden Mitbestimmung betroffen sind**. Für den Leistungsplan freiwilliger Entgeltbestandteile besteht regelmäßig ein zwingendes Mitbestimmungsrecht des Betriebsrates aus § 87 Abs. 1 Nr. 10 BetrVG. Da das **Mitbestimmungsrecht des Betriebsrates sich nicht auf die konkrete Höhe des Arbeitsentgelts sowie auf die Dotierung** einer freiwilligen Leistung nach „Ob", Höhe, Zweck und begünstigtem Personenkreis bezieht, sind **daraus Begrenzungen für die Nachwirkung** zu ziehen.

105 Die **fehlende Mitbestimmungspflichtigkeit über die Entgelthöhe** bei der Einführung einer Leistung **setzt sich bei deren Aufhebung fort**. Ebenso wie der Arbeitgeber frei darin ist, ohne Mitbestimmung des Betriebsrates über die Einführung der Leistung und die dafür zur Verfügung gestellten Mittel zu entscheiden, kann er **mitbestimmungsfrei** auch über die **vollständige Einstellung** der Leistung entscheiden, indem er **seine Dotierungsentscheidung aufhebt und damit einem**

---

[107] BAG, Beschl. v. 21.8.2001 – 3 ABR 44/00 –; BAG, Beschl. v. 17.8.1999 – 3 ABR 55/98 –; BAG, Urt. v. 11.5.1999 – 3 AZR 21/98 –; *Fitting*, § 77 Rn 148; Richardi/*Richardi*, § 77 Rn 200.
[108] *Hanau/Preis*, NZA 1991, 81 ff.
[109] *Löwisch/Kaiser*, § 77 Rn 96.

fortbestehenden Leistungsplan den Boden entzieht.[110] Für eine Mitbestimmung des Betriebsrates bleibt in diesem Fall kein Raum, sodass auch eine daran anknüpfende Nachwirkung ausscheidet.

Allerdings ist im Falle der Aufhebung einer Dotierungsentscheidung erneut der **Wandel der Rechtsprechung** zum Bezugspunkt der Dotierungsentscheidung zu beachten. Bezieht man die Dotierungsentscheidung auf eine Gesamtbetrachtung sämtlicher der Gestaltung des Arbeitgebers unterliegenden Entgeltbestandteile als sog. **betriebsverfassungsrechtlich freiwillige Gesamtvergütung,**[111] setzt eine Aufhebung der Dotierungsentscheidung voraus, dass **sämtliche dieser Gesamtvergütung zuzuordnenden Entgeltkomponenten ersatzlos** entfallen.[112] Da nach der Betrachtung des BAG bei einem nicht tarifgebundenen Arbeitgeber sogar die Grundvergütung betriebsverfassungsrechtlich freiwillig gezahlt wird, scheidet dies in der Praxis regelmäßig aus. 106

Raum bleibt allenfalls für eine **gleichmäßige Absenkung der Dotierung**, sodass der Leistungsplan über die Verteilung der einzelnen Entgeltkomponenten unverändert bleibt und aus diesem Grunde ein **Mitbestimmungsrecht und damit die Nachwirkung ausscheidet.**[113] Diese gleichmäßige Absenkung kann aber an einem feststehenden Entgeltbestandteil scheitern, der nicht proportional zu anderen Entgeltbestandteilen bemessen ist und damit eine gleichmäßige Absenkung aller Leistungen verhindert. 107

Auch wenn das **BAG bis heute nicht ausdrücklich von dieser Betrachtung einer betriebsverfassungsrechtlich freiwilligen Gesamtvergütung abgerückt** ist, hat es in einer jüngeren Entscheidung[114] gleichwohl deutlich engere Grenzen für eine Nachwirkung aufgestellt. Danach **scheidet eine Nachwirkung unter folgenden Voraussetzungen aus:** 108

- Es darf keine vertragliche oder sonstige Verpflichtung bestehen, den in Rede stehenden Entgeltbestandteil weiterhin zu erbringen. Besteht eine solche Verpflichtung, kann der Arbeitgeber nicht frei über die Einstellung der Leistung entscheiden und verbleibt für die Ausgestaltung ein das Mitbestimmungsrecht auslösender Gestaltungsspielraum des Arbeitgebers.
- Der einzustellende Entgeltbestandteil darf kein Bestandteil eines insgesamt mitbestimmten Entgeltsystems sein. Es kommt darauf an, ob eine Einheit von

---

110 BAG, Urt. v. 10.11.2009 – 1 AZR 511/08 –; BAG, Urt. v. 26.8.2008 – 1 AZR 354/07 –; BAG, Beschl. v. 5.10.2010 – 1 ABR 20/09 –; *Fitting*, § 87 Rn 411 m.w.N.
111 BAG, Urt. v. 10.11.2009 – 1 AZR 511/08 –; BAG, Urt. v. 26.8.2008 – 1 AZR 354/07 –; BAG, Beschl. v. 5.10.2010 – 1 ABR 20/09 –; dazu: *Salamon*, NZA 2010, 745, 747 ff.
112 BAG, Urt. v. 10.11.2009 – 1 AZR 511/08 –; BAG, Urt. v. 26.8.2008 – 1 AZR 354/07 –; BAG, Beschl. v. 5.10.2010 – 1 ABR 20/09 –; dazu: *Salamon*, NZA 2010, 745, 747 ff.
113 BAG, Urt. v. 10.11.2009 – 1 AZR 511/08 –; BAG, Urt. v. 26.8.2008 – 1 AZR 354/07 –; BAG, Beschl. v. 5.10.2010 – 1 ABR 20/09 –; dazu: *Salamon*, NZA 2010, 745, 747 ff.
114 BAG, Beschl. v. 5.10.2010 – 1 ABR 20/09 –.

Entgeltbestandteilen – etwa im Rahmen einer Betriebsvereinbarung – mit solchen Entgeltbestandteilen besteht, für die eine vertragliche oder gesetzliche Vergütungspflicht des Arbeitgebers und damit eine verbleibende Mitbestimmungsnotwendigkeit besteht.
– Weitere Voraussetzung ist, dass der Arbeitgeber die Dotierung der in Rede stehenden Leistung vollständig einstellt und dies durch eine Erklärung gegenüber Betriebsrat oder Belegschaft zweifelsfrei zum Ausdruck bringt.

109 Der Eintritt der gesetzlichen Nachwirkung kann damit bei Wahrung der durch die Rechtsprechung aufgestellten Anforderungen ausgeschlossen werden. Die Nachwirkung der Betriebsvereinbarung ist jedoch darüber hinaus **disponibel**. In der Betriebsvereinbarung kann der Eintritt einer Nachwirkung ausdrücklich vorgesehen, ausgeschlossen oder auf einen bestimmten Zeitraum begrenzt werden.[115]

> **Praxistipp**
> Will der Arbeitgeber sicherstellen, dass seine wirtschaftliche Belastung mit Ablauf der Betriebsvereinbarung rechtssicher endet, sollte er den **Ausschluss der Nachwirkung ausdrücklich** mit dem Betriebsrat **in der Betriebsvereinbarung festlegen**.

III. Zuständigkeitsverteilung zwischen Betriebs-, Gesamtbetriebs- sowie Konzernbetriebsrat

110 Bei der Ausübung der Mitbestimmung ist die **Beteiligung der richtigen Arbeitnehmervertretung** zu beachten. Als Mitbestimmungsträger kommt **in der Regel der Betriebsrat** in Betracht, der grundsätzlich sämtliche betriebsverfassungsrechtliche Zuständigkeiten ausübt, soweit ihm das BetrVG nicht zugunsten etwa des Gesamtbetriebs- oder Konzernbetriebsrates Zuständigkeiten entzieht.

111 Diese Frage stellt sich nur, wenn die Voraussetzungen der Errichtung eines Gesamt- oder Konzernbetriebsrates im Unternehmen bestehen, d.h., mehr als zwei Betriebsräte in einem Unternehmen amtieren (**Errichtung eines Gesamtbetriebsrates gem. § 47 BetrVG**) oder entsprechend eine unternehmensübergreifende Repräsentationseinheit durch **Errichtung eines Konzernbetriebsrates gem. § 54 BetrVG** zu schaffen ist.

112 Die **Verteilung der originären Zuständigkeiten** zwischen Betriebs-, Gesamtbetriebs- und Konzernbetriebsrat richtet sich nach den §§ 50 Abs. 1, 58 Abs. 1 BetrVG. Hierfür kommt es jeweils darauf an, ob eine **mitzubestimmende Angele-**

---

115 BAG, Beschl. v. 18.2.2003 – 1 ABR 17/02 –; BAG, Beschl. v. 17.1.1995 – 1 ABR 29/94 –; ErfK/*Kania*, § 77 BetrVG Rn 106 f.; *Fitting*, § 77 Rn 180 ff.

genheit auf jeweils einzelne Betriebe begrenzt ist oder eine betriebs- oder unternehmensübergreifend einheitliche Regelung getroffen werden muss. Die Wahl der zu beteiligenden Arbeitnehmervertretung steht damit – mit Ausnahme der Beauftragung durch die jeweils untergeordnete Einheit gem. § 50 Abs. 2 bzw. § 58 Abs. 2 BetrVG – **nicht zur Disposition der Betriebsparteien.**

Gleichwohl kann aus Sicht des Arbeitgebers die **Beteiligung einer bestimmten Arbeitnehmervertretung sinnvoll** sein, da letztlich bereits die unterschiedliche **personelle Besetzung der jeweiligen Gremien unterschiedliche Charaktere in den Verhandlungen, aber auch generell unterschiedliche Interessenlagen** begründen wird. Der Inhalt einer mitzubestimmenden Regelung kann deshalb ebenso wie der zeitliche und administrative Aufwand für deren Erreichung – ggf. erst über ein aufwändiges Einigungsstellenverfahren – aus Sicht des Arbeitgebers erheblich davon abhängen, mit welchem Gremium er Verhandlungen führen muss. 113

Für die **Abgrenzung der Repräsentationsebenen** gilt, dass grundsätzlich der sachnahe örtliche Betriebsrat zuständig ist. Eine die Zuständigkeit einer übergeordneten betriebsverfassungsrechtlichen Repräsentationsebene begründende **Notwendigkeit einer einheitlichen Regelung** kann **nicht allein aus Zweckmäßigkeitserwägungen, Kostengesichtspunkten oder einem bloßen Koordinierungsinteresse hergeleitet werden.**[116] Vielmehr muss ein sachliches Erfordernis nach dem Inhalt der zu treffenden Regelung für eine betriebs- oder unternehmensübergreifende Regelung bestehen.[117] Eine solche folgt insbesondere nicht aus dem arbeitsrechtlichen Gleichbehandlungsgrundsatz, da dieser der Zuständigkeitsverteilung folgt, sie aber nicht vorgibt. 114

Praxistipp
Wenn der **Arbeitgeber einseitig berechtigt ist, mitbestimmungsfrei über das „Ob" einer begünstigenden Leistung** zu entscheiden – wie regelmäßig bei der erstmaligen Einführung von Entgeltkomponenten –, kann er diese Leistung von einer **betriebs- bzw. unternehmensübergreifenden Regelung abhängig machen** und auf diesem Wege die **Zuständigkeit der von ihm gewünschten Repräsentationsebene erzwingen.**[118] In diesem Falle folgt eine übergreifende Regelungsnotwendigkeit daraus, dass auf der untergeordneten betriebsverfassungsrechtlichen Repräsentationsebene ggf. **nichts mitzubestimmen wäre**, wenn der Arbeitgeber – was ihm frei steht – von der Einführung einer Leistung gänzlich absehen würde, wenn nicht die übergreifend einheitliche Regelung zustande kommt.

---

[116] BAG, Beschl. v. 10.10.2006 – 1 ABR 59/05 –; BAG, Beschl. v. 23.3.2010 – 1 ABR 82/00 –; *Fitting*, § 50 Rn 24; Richardi/*Annuß*, § 50 Rn 14 ff.
[117] BAG, Beschl. v. 10.10.2006 – 1 ABR 59/05 –; BAG, Beschl. v. 23.3.2010 – 1 ABR 82/00 –; *Fitting*, § 50 Rn 24; Richardi/*Annuß*, § 50 Rn 14 ff.
[118] BAG, Beschl. v. 10.10.2006 – 1 ABR 59/05 –; BAG, Beschl. v. 23.3.2010 – 1 ABR 82/00 –.

Kapitel 6
Gestaltungsmöglichkeiten bei den wichtigsten Formen variabler Entgeltsysteme

A. Arbeitnehmerbindung durch Betriebstreueleistungen

I. Funktion und Bedeutung als Personalführungsinstrument

Gratifikationen in Anknüpfung an die Betriebstreue nehmen die wohl größte Bedeutung in der Rechtsprechung zu Einmalzahlungen ein. Mit ihnen **bindet der Arbeitgeber Arbeitnehmer** an das Unternehmen. Die Betriebstreueleistung schafft einen **wirtschaftlichen Anreiz, den Bestand des Arbeitsverhältnisses aufrechtzuerhalten**.[1] Sie knüpft nicht an einen produktiven oder wirtschaftlichen Erfolg an, sondern setzt allein den Fortbestand des Arbeitsverhältnisses voraus. Für den Arbeitgeber kann dies von Interesse sein, um etwa – insbesondere auf Schlüsselpositionen – **Know-how-Träger im Unternehmen zu halten**. Dies kann etwa aufgrund der generellen Arbeitsmarktsituation oder aber auch mit Blick auf die Qualifikation einer bestimmten Fachrichtung der Fall sein.

Beispiel
Ein solches Interesse des Arbeitgebers besteht häufig, wenn für einen Qualifikationszweig ein Fachkräftemangel am Arbeitsmarkt besteht. In diesem Falle kann eine Bestandsklausel Arbeitnehmer mit dieser Qualifikation motivieren, an dem Arbeitsverhältnis festzuhalten.

Gleichermaßen kann ein solches Bedürfnis des Arbeitgebers an einer Mitarbeiterbindung aber auch daraus folgen, dass zwar abstrakt am Arbeitsmarkt Arbeitnehmer mit der erforderlichen Qualifikation zu finden wären, jedoch das **Spezialwissen bezogen auf die unternehmerischen Abläufe** einer **erheblichen Einarbeitung** durch den Arbeitgeber bedarf, die Kosten und Kapazitäten bindet.

Beispiel
Ist der Arbeitgeber als Distributor von Düngemitteln im Business-to-Business-Bereich aktiv, erfordert dies im Vertrieb hochgradige Spezialkenntnisse nicht nur abstrakt im Bereich der Agrarwirtschaft, sondern auch ein tiefes Spezialwissen über funktionelle Unterschiede der einzelnen Produkte unterschiedlicher Hersteller am Markt. Der Arbeitsmarkt mag zwar in ausreichender Anzahl qualifizierte Agrarwirte oder Arbeitskräfte mit Produkterfahrungen in der Düngemittelindustrie bereitstellen. Vertiefte Kenntnisse über das Portfolio an Produkten des Arbeitgebers als Distributor in Abgrenzung zu den Produkten anderer Hersteller am Markt werden jedoch regelmäßig erst bei

---

[1] ErfK/*Preis*, § 611 BGB Rn 534c; *Mengel*, S. 125 Rn 213.

dem individuellen Arbeitgeber mit dem erforderlichen Grad der Spezialisierung erworben werden können. Ein solcher Erwerb kann Monate oder auch Jahre dauern. In solchen Fällen dienen Bindungsklauseln dem Erhalt des unternehmensspezifischen Know-hows.

3   Daneben dienen Bindungsklauseln einem **Schutz des Unternehmens vor Wettbewerbern** am Markt. Arbeitgeber haben gerade bei Know-how-Trägern ein gesteigertes Interesse daran, deren **Abwandern zu Wettbewerbern zu verhindern**, um auf dieser Grundlage ihr unternehmerisches Know-how vor deren Zugriff zu schützen.

Beispiel
Arbeitnehmer der Produktentwicklung verfügen regelmäßig über umfassende Kenntnisse strategischer Planungen. Arbeitnehmern des Vertriebs sind häufig sensible Kostenkalkulationen bekannt, auf deren Grundlage ein Wettbewerber den Arbeitgeber unterbieten könnte.

4   Nachvertragliche **Verschwiegenheitsklauseln** schützen vor einer **Weitergabe solcher Informationen** durch Arbeitnehmer an ihren künftigen Arbeitgeber[2] – eine solche Weitergabe liegt indessen **nicht in der bloßen Verwertung** bei der Erbringung der Arbeitsleistung für den Wettbewerber. Eine Weitergabe von Daten des bisherigen Arbeitgebers liegt beispielhaft nicht bereits darin, dass ein Vertriebsmitarbeiter in Kenntnis der Kalkulation seines bisherigen Arbeitgebers für den Folgearbeitgeber auf dieser Grundlage Kalkulationen erstellt oder aber ein Arbeitnehmer aus der Entwicklung ein Produkt nach den strategischen Planungen seines bisherigen Arbeitgebers konzipiert.

5   Der Arbeitgeber kann sich für den Zeitraum nach der Beendigung des Arbeitsverhältnisses lediglich durch ein **nachvertragliches Wettbewerbsverbot** schützen, das jedoch den spezifischen Anforderungen der §§ 74 ff. HGB unterliegt und insbesondere die **Zahlung einer Karenzentschädigung** erfordert. Auch unter diesen Gesichtspunkten kann es im Interesse des Arbeitgebers liegen, die Beendigung des Arbeitsverhältnisses durch Know-how-Träger zu vermeiden.

6   An die Betriebstreue anknüpfende Leistungen sind deshalb ein in der Praxis **verbreitetes Instrument der Personalführung**. Arbeitgeber sollten prüfen, einen Teil des Arbeitsentgelts für solche Leistungszwecke zur Verfügung zu stellen, um Fluktuation zu minimieren, durch eine Kontinuität der Belegschaft Kosten zu begrenzen und gleichzeitig Unternehmensinterna zu schützen.

---

2 BAG, Urt. v. 19.5.1998 – 9 AZR 394/97 –.

II. Rechtliche Gestaltung

1. Arten von Betriebstreueleistungen

Ob der Arbeitgeber eine Betriebstreueleistung etwa anlässlich der Urlaubszeit unter der Bezeichnung Urlaubsgeld oder anlässlich des Weihnachtsfestes als Weihnachtsgeld oder aus sonstigen Anlässen im Rahmen einer **Sonderzahlung** gewährt, bleibt ihm überlassen. Der Kreis der möglichen Leistungen, die zur Honorierung von Betriebstreue erbracht werden, ist in der Praxis groß.

7

Beispiel
- Urlaubs- oder Weihnachtsgelder;
- Jahresabschlusszahlungen;
- Jubiläumsgelder;
- Treuegelder.

2. Bindungszeiträume

Bei Betriebstreueleistungen ist danach zu differenzieren, ob mit ihnen **vergangene oder zukünftige Betriebstreue** honoriert werden soll.[3] Eine Betriebstreuezahlung kann darüber hinaus **sowohl an vergangene als auch an künftige Betriebstreue** anknüpfen.[4]

8

Beispiel
Wird eine Weihnachtsgratifikation bei **unterjährigem Beginn oder Ende des Arbeitsverhältnisses anteilig** gezahlt, wird in der Regel allein die vergangene Betriebstreue mit einer solchen Leistung honoriert, weil die Dauer des Arbeitsverhältnisses in der Vergangenheit für die Höhe des Anspruchs maßgebend ist.[5] Letztlich ist dies aber eine Frage der Auslegung.[6]

Das Beispiel zeigt, dass der Leistungszweck von Betriebstreueleistungen sich häufig aus den geregelten **Anspruchsvoraussetzungen** bzw. **Ausschluss- oder Kürzungstatbeständen** ergibt.

9

---

[3] BAG, Urt. v. 28.3.2007 – 10 AZR 261/06 –; BAG, Urt. v. 7.12.1989 – 6 AZR 324/88 –.
[4] BAG, Urt. v. 28.3.2007 – 10 AZR 261/06 –; BAG, Urt. v. 7.12.1989 – 6 AZR 324/88 –; Schaub/*Linck*, § 78 Rn 5.
[5] BAG, Urt. v. 10.12.2008 – 10 AZR 35/08 –.
[6] BAG, Urt. v. 18.1.2012 – 10 AZR 667/10 –.

Beispiel
Ist hinsichtlich der Weihnachtsgratifikation bestimmt, dass diese unabhängig von einem unterjährigen Bestand des Arbeitsverhältnisses in Höhe eines Bruttomonatsgehaltes gezahlt wird, die Zahlung jedoch das **ungekündigte Bestehen** eines Arbeitsverhältnisses voraussetzt, folgt aus dieser Anspruchsvoraussetzung die Maßgabe zukünftiger Betriebstreue für die Dauer einer erst durch nachfolgende Kündigung noch auszulösenden Kündigungsfrist.[7]

10 Eine Anknüpfung der Leistung an vergangene Betriebstreue schließt die **zusätzliche Maßgabe zukünftiger Betriebstreue** nicht aus, wie folgendes Beispiel zeigt:[8]

Beispiel
Sieht die Klausel vor, dass die Weihnachtsgratifikation bei unterjährigem Bestand des Arbeitsverhältnisses im vergangenen Kalenderjahr nur anteilig gewährt wird, die Zahlung insgesamt jedoch ausgeschlossen ist, wenn das Arbeitsverhältnis zum Auszahlungsstichtag nicht ungekündigt besteht, knüpft die Klausel hinsichtlich der **Höhe des Anspruchs an vergangene Betriebstreue** an. Die **Entstehung des Anspruchs ist** jedoch von dem Bestand des Arbeitsverhältnisses mindestens für eine ggf. noch auszulösende Kündigungsfrist abhängig.

3. Vergangenheits- oder zukunftsbezogene Bindungszeiträume

11 Hinsichtlich vergangenheitsbezogener Bindungszeiträume ist der **Arbeitgeber grundsätzlich frei darin, deren Länge festzulegen**. Für den Arbeitnehmer bedeutet dies zwar eine Bindung, die ihn ggf. in seiner Berufswahlfreiheit einschränkt.[9] Die **Möglichkeit von Jubiläumszahlungen** zeigt, dass eine Honorierung vergangenheitsbezogener Betriebstreue etwa anlässlich des 10-, 20- oder 30-jährigen Dienstjubiläums zulässig ist. Derartige Jubiläumszuwendungen werden in der Regel im Vorhinein zugesagt und es ist **keine Rechtsprechung ersichtlich**, die dem Arbeitnehmer einen – anteiligen – **Anspruch bei Ausscheiden vor dem jeweiligen Stichtag zugebilligt** hätte.

Beispiel
Eine betriebliche Regelung über die Zahlung eines Jubiläumsgeldes von einem Bruttomonatsgehalt bei fünfjähriger Betriebszugehörigkeit, zwei Bruttomonatsgehältern bei zehnjähriger Betriebszugehörigkeit und drei Bruttomonatsgehältern bei zwanzigjähriger Betriebszugehörigkeit begegnet keinen rechtlichen Bedenken.
  Konkrete Grenzen finden sich in der Rechtsprechung allerdings nicht. So sind die genannten Jubiläumsleistungen nicht generell geeignet, eine Mitarbeiterbindung herbeizuführen. Die bei Jubiläumszuwendungen üblichen großen **Abstände der jeweiligen Stichtage** werden im Verhältnis zur Höhe der jeweiligen Jubiläumszuwendungen **regelmäßig keinen ausreichenden Anreiz** bieten.

---

7 BAG, Urt. v. 18.1.2012 – 10 AZR 667/10 –.
8 Nach BAG, Urt. v. 18.1.2012 – 10 AZR 667710 –.
9 BAG, Urt. v. 28.3.2007 – 10 AZR 261/06 –.

Gleichwohl sollten sie nicht zu vernachlässigen sein, da insbesondere **in zeitlicher Nähe vor den jeweiligen Stichtagen** deren Erreichung für den Arbeitnehmer im Fokus stehen kann. Eine Jubiläumszuwendung anlässlich einer Betriebszugehörigkeit von fünf Jahren wird den Arbeitnehmer im ersten Jahr der Betriebszugehörigkeit nicht spürbar binden. Im Laufe des fünften Jahres der Betriebszugehörigkeit wird dies sicherlich anders zu bewerten sein.

Dies wirft die Frage auf, wie **eng die Staffelung der Stichtage** sein darf, um die grundsätzlich zulässige Anknüpfung an vergangene Betriebstreue nicht durch eine Gestaltung der Art „nach dem Stichtag ist vor dem Stichtag" infrage zu stellen. Derartige Grenzen finden sich in der Rechtsprechung jedoch zu Recht nicht. Die Rechtsprechung hat **jährliche Gratifikationen** zur Honorierung vergangener Betriebstreue ebenso anerkannt wie die genannten **Jubiläumszahlungen mit deutlich höheren zeitlichen Intervallen**. 12

Diese weitgehende Gestaltungsfreiheit besteht allein für eine Anknüpfung an vergangene Betriebstreue, die den Arbeitnehmer nicht über den Auszahlungsstichtag hinaus bindet. Hinsichtlich **zukünftiger Betriebstreue** wird die Maßgabe eines **ungekündigten Bestands** des Arbeitsverhältnisses **zum Auszahlungsstichtag** vom BAG anerkannt, sodass eine Bindung nach Bezug der Leistung für die Dauer einer ggf. noch auszulösenden Kündigungsfrist möglich ist.[10] Die Bindungswirkung einer solchen Stichtagsregelung hängt damit von der **Dauer der vom Arbeitnehmer einzuhaltenden Kündigungsfrist** ab. 13

Entscheidend ist nach der Rechtsprechung,[11] ob mit einer verlängerten Kündigungsfrist faktisch für den Arbeitnehmer die **Möglichkeit einer Anschlussbeschäftigung vereitelt** wird, wenn nach den branchenspezifischen Gepflogenheiten Einstellungen regelmäßig nur kurzfristig erfolgen. Da dies eine Frage der Angemessenheitskontrolle gem. § 307 Abs. 1 BGB darstellt, sind aber über die **Interessen des Arbeitnehmers** hinaus gleichermaßen die typisierten Interessen des Arbeitgebers an einer **gebotenen Vorlaufzeit für die Neubesetzung** des Arbeitsplatzes in die Interessenabwägung einzubeziehen.[12] Im Rahmen der vorzunehmenden Interessenabwägung zwischen der Berufswahlfreiheit des Arbeitnehmers und dem Bindungsinteresse des Arbeitgebers dürfte insoweit für die Frage der zulässigen Kündigungsfrist und der Bindung im Rahmen einer Betriebstreueleistung ein vergleichbarer Maßstab anzulegen sein. 14

---

10 BAG, Urt. v. 18.1.2012 – 10 AZR 667/10 –.
11 BAG, Urt. v. 28.5.2009 – 8 AZR 896/07 –.
12 BAG, Urt. v. 28.5.2009 – 8 AZR 896/07 –.

> **Praxistipp**
> In der Praxis ist bislang die verbreitete Vereinbarung über den Gleichlauf der für den Arbeitgeber bei verlängertem Bestand des Arbeitsverhältnisses gem. § 622 BGB einzuhaltenden Kündigungsfrist mit der für den Arbeitnehmer maßgebenden Frist im Falle einer Eigenkündigung nicht beanstandet worden.

15 Die Kündigungsfristen gem. § 622 BGB sind allerdings zu Beginn des Arbeitsverhältnisses regelmäßig zu kurz, um eine ausreichende Vorlaufzeit für die Neubesetzung des Arbeitsplatzes sicherzustellen. Während es bei der Frage der **vom Arbeitgeber einzuhaltenden Kündigungsfrist** um eine zusätzliche **Absicherung des Bestandsschutzes** durch einen Schutz vor kurzfristiger Beendigung des Arbeitsverhältnisses geht, steht diese Frage bei einer **Arbeitnehmerkündigung nicht** im Raum.

16 Angemessen wird jedenfalls eine **Grundkündigungsfrist von drei Monaten zum Monatsende** sein, die in der Regel dem Arbeitgeber eine gebotene Vorlaufzeit für die Neubesetzung der Stelle eröffnet.[13] Darüber hinaus sind aber auch **Kündigungsfristen von neun oder zwölf Monaten** durchaus denkbar, wie sie insbesondere auf Ebene der oberen Führungskräftehierarchien oder besonderen Spezialisten in der Praxis verbreitet sind.

> **Praxistipp**
> Arbeitgeber dürften auf der sicheren Seite sein, wenn sie eine Grundkündigungsfrist von drei Monaten zum Monatsende und im Falle einer für den Arbeitgeber darüber hinausgehenden gesetzlichen Kündigungsfrist deren Einhaltung auch durch den Arbeitnehmer regeln. Für weitergehende Kündigungsfristen können ggf. in der Branche übliche tarifliche Regelungen einen Anhaltspunkt für angemessene Zeitspannen liefern, auch wenn der Tarifvertrag mangels Tarifbindung oder Bezugnahme auf das Arbeitsverhältnis nicht anwendbar ist.

4. Quantitative Grenzen

17 In der Rechtsprechung des BAG sind quantitative **Grenzen für die Honorierung vergangener Betriebstreue nicht erkennbar**. Hinsichtlich **zukünftiger Betriebstreue** hat das BAG[14] dagegen darauf abgestellt, dass eine solche Leistung sich im **Rahmen üblicher Treueleistungen** bewegen müsse und keinen wesentlichen Anteil an der Gesamtvergütung des Arbeitnehmers ausmachen dürfe. Konkrete Grenzen sind nicht benannt. Wie in dem der Entscheidung des BAG[15] zugrunde liegenden Fall wird ein Anspruch in **Höhe eines Bruttomonatsgehaltes regelmäßig unproblematisch** sein, jedoch sind Leistungen im Umfang von bis zu 25 % der Gesamtvergütung zur Vermeidung von Wertungswidersprüchen mit sonstigen Flexibilisierungsinstrumenten gleichermaßen anzuerkennen.

---

13 Siehe Kap. 4 Rn 22 ff.
14 BAG, Urt. v. 18.1.2012 – 10 AZR 667/10 –.
15 BAG, Urt. v. 18.1.2012 – 10 AZR 667/10 –.

Beispiel
Dem Arbeitgeber bleibt es unbenommen, vergangene Betriebstreue in beliebiger Höhe zu honorieren. Dementsprechend kann eine Jubiläumszuwendung nach fünfjährigem Bestand des Arbeitsverhältnisses durchaus drei Bruttomonatsentgelte erreichen. Soll zukünftige Betriebstreue honoriert werden, ist der Arbeitgeber auf der sicheren Seite, wenn eine solche Leistung ein Bruttomonatsgehalt nicht übersteigt.[16] Richtigerweise wird aber auch hier eine Größenordnung von bis zu drei Bruttomonatsentgelten entsprechend 25% der Monatsentgelte eines Jahreszeitraums, in dem die zu honorierende Betriebstreue erbracht worden ist, möglich sein müssen.

Diese **Grenze von 25%** wird allerdings die **Gesamtvergütung eines Jahreszeitraums** auch dann nicht überschreiten können, wenn die zu honorierende Betriebstreue der Vergangenheit für einen **mehrjährigen Bezugszeitraum** zugrunde liegt und gleichzeitig zukünftige Betriebstreue honoriert werden soll. Dies folgt aus der **Unterscheidung zwischen vergangener und künftiger Betriebstreue**. Der Bezugszeitraum der vergangenen Betriebstreue und die in diesem Zeitraum bezogene Gesamtvergütung sagen nichts über das **angemessene Verhältnis zur Gesamtvergütung zum Auszahlungszeitpunkt bezogen auf die zukünftige Betriebstreue** aus. 18

Beispiel
Gewährt der Arbeitgeber eine Jubiläumszuwendung in Höhe von jeweils drei Bruttomonatsgehältern bei 5-, 10-, 15- und 20-jähriger Betriebszugehörigkeit, kann die Jubiläumszuwendung über diesen Leistungszweck der Honorierung vergangener Betriebstreue gleichzeitig mit der Maßgabe eines ungekündigten Bestandes eines Arbeitsverhältnisses zum Auszahlungszeitpunkt **zukünftige Betriebstreue** für den Lauf einer noch auszulösenden Kündigungsfrist honorieren. Drei Bruttomonatsgehälter entsprechen – bei Außerachtlassung etwaiger sonstiger Entgeltbestandteile – 25% der Gesamtvergütung eines Kalenderjahres. Sollte die Jubiläumszuwendung dagegen fünf Bruttomonatsgehälter betragen, wäre die Maßgabe eines ungekündigten Bestandes zum Auszahlungsstichtag problematisch, da 25% der Gesamtvergütung eines Jahreszeitraums überschritten sind, auch wenn die Gesamtvergütung des fünfjährigen Bezugszeitraums, den die Jubiläumszuwendung als vergangene Betriebstreue honoriert, deutlich höher wäre.

Praxistipp
Da die Rechtsprechung hinsichtlich der quantitativen Grenzen für eine Honorierung zukünftiger Betriebstreue noch keine abschließenden Vorgaben entwickelt hat, sollten Arbeitgeber prüfen, ob sie **Leistungen zur Honorierung vergangener von solchen zur Honorierung zukünftiger Betriebstreue trennen**. So können Jubiläumszuwendungen in einem beispielsweise fünfjährigen Turnus vergangene Betriebstreue honorieren und deren **Ankündigung** gleichzeitig für den zukünftigen Bestand des Arbeitsverhältnisses faktisch motivieren. Möchte der Arbeitgeber darüber hinaus mit einer Leistung zukünftige Betriebstreue auch **rechtlich honorieren**, kann er dies durch eine gesonderte Leistung gestalten, die die von der Rechtsprechung anerkannte Größe eines Bruttomonatsgehaltes nicht übersteigt.

---

16 Vgl. BAG, Urt. v. 18.1.2012 – 10 AZR 667/10 –.

5. Ausschluss von Leistungen mit Mischcharakter

19 Wie bereits im individualarbeitsrechtlichen Teil ausgeführt, hat die Rechtsprechung ihre Grundsätze einer **Anerkennung von Leistungen mit Mischcharakter** aus Betriebstreueleistungen und solchen, mit denen der Arbeitgeber Arbeitsleistungen vergütet, **aufgegeben**.[17] Eine Anknüpfung an **zukünftige Betriebstreue** ist deshalb nur zulässig, wenn ein **ausschließlicher Betriebstreuecharakter** der Leistung feststeht und nicht durch erfolgsabhängige Komponenten infrage gestellt wird.[18]

20 Da die Rechtsprechung eine solche erfolgsabhängige Komponente bereits bei einer **Anknüpfung des Anspruchs an das wirtschaftliche Ergebnis des Unternehmens** annimmt,[19] ist selbst die **Bemessung der Höhe einer Leistung** anhand des wirtschaftlichen Ergebnisses des Unternehmens risikobehaftet.

> **Praxistipp**
> Ohne einen schädlichen Erfolgsbezug dürfte allerdings ein **Budget, aus dem sämtliche Betriebstreueleistungen zu speisen sind**, dann sein, wenn etwa der Arbeitgeber zu Beginn des Geschäftsjahres eine diesbezügliche Festsetzung ohne Anknüpfung an den Unternehmenserfolg trifft – beispielhaft ein Bruttomonatsgehalt für jeden Arbeitnehmer. Der Arbeitgeber kann aus dem so ermittelten Budget **vorrangig sonstige Personalaufwendungen des Arbeitgebers ohne Bezug zu einer Gegenleistung** speisen, zu denen er gesetzlich verpflichtet ist (Entgeltfortzahlung im Krankheitsfall, Mutterschutzentgelte etc.) und allein den **verbleibenden Restbetrag zur Verteilung der Betriebstreueleistungen** nach billigem Ermessen zur Verfügung stellen. Bei einer solchen Bemessung belastet der Arbeitgeber die Gesamtheit der an der Betriebstreueleistung partizipierenden Arbeitnehmer zwar an seinem **Wirtschaftsrisiko**, Arbeitsentgelte ohne Gegenleistung erbringen zu müssen. Er motiviert Arbeitnehmer jedoch nicht zur Erbringung weiterer Arbeitsleistungen, sodass ein schädlicher Bezug zur individuellen Leistungssteigerung nicht gegeben sein dürfte.

21 Die Grundsätze über die Schädlichkeit eines Mischcharakters hat die Rechtsprechung indessen allein für Leistungen zum Zwecke der Honorierung zukünftiger Betriebstreue entwickelt.[20] Da Leistungen, mit denen allein **vergangene Betriebstreue** honoriert wird, keine rechtliche Bindung des Arbeitnehmers für die Zukunft bewirken, sind bei ihnen derartige Grenzziehungen nicht statthaft. Ebenso wie bei solchen Leistungen der Arbeitgeber frei darin ist, die Dauer der zu honorierenden vergangenen Betriebszugehörigkeit frei zu bestimmen, bestehen keine Grenzen für einen zusätzlichen Erfolgsbezug. Ein Erfolgsbezug bei solchen Leistungen ist unschädlich. Daraus folgt, dass die Bemessung der Höhe einer **rein vergangenheitsbezogenen Betriebstreueleistung** ganz oder teilweise **an den wirtschaftlichen Erfolg des Unternehmens (oder Konzerns etc.) anknüpfen kann**.

---

17 Siehe Kap. 4 Rn 7.
18 Siehe Kap. 4 Rn 9 ff.
19 BAG, Urt. v. 18.1.2012 – 10 AZR 612/10 –; BAG, Urt. v. 18.1.2012 – 10 AZR 667/10 –.
20 BAG, Urt. v. 18.1.2012 – 10 AZR 612/10 –; BAG, Urt. v. 18.1.2012 – 10 AZR 667/10 –.

Praxistipp
Arbeitgeber sollten prüfen, ob eine Honorierung zukünftiger Betriebstreue wegen der von der Rechtsprechung gezogenen Grenzen noch die gewünschten Steuerungseffekte begründen kann. In der Praxis kann wegen größerer Gestaltungsspielräume eine **Honorierung allein vergangener Betriebstreue als Instrument der Personalführung geeigneter** sein. Auch solche Leistungssysteme **motivieren faktisch zu künftiger Betriebstreue**, weil der Arbeitnehmer jedenfalls bei Ankündigung künftiger Zahlungen wegen (zum Zeitpunkt der Entstehung solcher Ansprüche) vergangener Betriebstreue deren Erlangung im Blick haben wird. Rechtlich entsteht aber keine künftige Bindungswirkung, sodass – jedenfalls nach dem aktuellen Stand der Rechtsprechung[21] – die im Rahmen der Angemessenheitskontrolle durchzuführende Interessenabwägung (§ 307 Abs. 1 BGB) allein die vergangenheitsbezogene Anknüpfung einbeziehen darf.

6. Betriebstreueleistung und Beendigungstatbestände

Wie bereits im individualarbeitsvertraglichen Teil ausgeführt,[22] entsteht ein Anspruch auf eine an Betriebstreue anknüpfende Leistung nicht, wenn das Arbeitsverhältnis endet, **gleich aus wessen Sphäre die Beendigung herrührt**. Anspruchsausschließend wirken dementsprechend nicht nur die **Eigenkündigung** des Arbeitnehmers oder die **verhaltensbedingte Arbeitgeberkündigung**, sondern gleichermaßen eine **personen- und sogar betriebsbedingte Arbeitgeberkündigung** sowie das **Auslaufen einer Befristung**. Der mit der Leistung verfolgte Zweck, Betriebstreue zu honorieren, wird unabhängig davon verfehlt, aus wessen Sphäre die Beendigung des Arbeitsverhältnisses rührt.[23] Dem Arbeitgeber bleibt es selbstverständlich unbenommen, den Anspruch lediglich bei Vorliegen bestimmter Beendigungsgründe auszuschließen und andere als unschädlich zu betrachten.[24]

22

Beispiel
Der Arbeitgeber kann einen Ausschluss der Leistung deshalb für folgende Fälle begründen:
- Eigenkündigung durch den Arbeitnehmer;
- außerordentlich fristlose Kündigung durch den Arbeitgeber;
- ordentliche verhaltensbedingte Arbeitgeberkündigung;
- ordentliche personenbedingte Arbeitgeberkündigung;
- ordentliche betriebsbedingte Arbeitgeberkündigung;
- Aufhebungsvereinbarung mit oder ohne arbeitgeberseitige Veranlassung;
- Auslaufen einer Befristung.

---

21 Vgl. BAG, Urt. v. 18.1.2012 – 10 AZR 612/10 –; BAG, Urt. v. 18.1.2012 – 10 AZR 667/10 –; BAG, Urt. v. 6.5.2009 – 10 AZR 443/08 –.
22 Siehe Kap. 4 Rn 19 und 27.
23 BAG, Urt. v. 18.1.2012 – 10 AZR 667/10 –; Schaub/*Linck*, § 78 Rn 50a ff.
24 Schaub/*Linck*, § 78 Rn 50a ff.

7. Behandlung von Ruhenszeiten oder sonstigen Zeiten ohne aktive Erbringung einer Arbeitsleistung

23 Eine Betriebstreueleistung knüpft allein an den Bestand des Arbeitsverhältnisses an. **Ruht das Arbeitsverhältnis** bei gleichzeitigem Fortbestand, hat dies **auf die Erbringung der Betriebstreue** und damit die Entstehung des Anspruchs auf Honorierung eben dieser Betriebstreue **keine Auswirkungen**.[25] Will der Arbeitgeber das Ruhen des Arbeitsverhältnisses oder sonstige Zeiten, in denen der Arbeitnehmer eine Arbeitsleistung nicht erbringt, anspruchsmindernd berücksichtigen, ist Folgendes zu beachten:

24 Soweit die Leistung **vergangene Betriebstreue** honorieren soll, hat die Rechtsprechung einen gleichzeitigen Erfolgsbezug der Sonderzahlung und damit eine Verknüpfung mit der individuellen Arbeitsleistung des Arbeitnehmers nicht als schädlich betrachtet.[26] Eine Verklammerung des Anspruchs auf die Sonderzahlung mit der Erbringung der Arbeitsleistung des Arbeitnehmers ist deshalb möglich durch eine **Minderung des Anspruchs im Hinblick auf Zeiten, in denen der Arbeitnehmer keine Arbeitsleistung erbracht hat.** Grenzen können sich aus gesetzlichen Regelungen ergeben – etwa aus **§ 4a EFZG** für Sondervergütungen, den Diskriminierungsverboten gegenüber Frauen im Hinblick auf die **Mutterschutzfristen** oder den Bestimmungen des Bundesurlaubsgesetzes für Zeiten des **Erholungsurlaubs**.[27] Soweit gesetzliche Regelungen dies aber nicht ausschließen, kann die vertragliche Gestaltung eine Berücksichtigung solcher Zeitspannen ohne aktive Erbringung einer Arbeitsleistung für die Bemessung des Anspruchs berücksichtigen.

25 Soweit eine Betriebstreueleistung hingegen an die Honorierung (zumindest auch) **zukünftiger Betriebstreue** anknüpft, ist nach der jüngeren Rechtsprechung[28] **jedwede Verknüpfung der Leistung mit der Arbeitsleistung des Arbeitnehmers ausgeschlossen**. Anderenfalls dient die Leistung nicht allein der Honorierung von Betriebstreue. Nach Auffassung des BAG ist ein Mischcharakter aus der Honorierung zukünftiger Betriebstreue und (zusätzlicher) Vergütung bereits erbrachter Arbeitsleistungen unzulässig.[29] Eine **Anspruchsminderung für Zeiten ohne aktive Erbringung einer Arbeitsleistung** stellt nach dieser Rechtsprechung den **Charakter einer Leistung mit ausschließlichem Zweck der Honorierung einer Betriebstreue infrage**, sodass die Bindungswirkung für die Zukunft entfällt.

---

25 BAG, Urt. v. 10.12.2008 – 10 AZR 35/08 –; Schaub/*Linck*, § 78 Rn 45 f.; Küttner/*Griese*, Einmalzahlungen, Rn 12.
26 Vgl. BAG, Urt. v. 18.1.2012 – 10 AZR 612/10 –; BAG, Urt. v. 18.1.2012 – 10 AZR 667/10 –.
27 Schaub/*Linck*, § 78 Rn 43.
28 BAG, Urt. v. 18.1.2012 – 10 AZR 612/10 –; BAG, Urt. v. 18.1.2012 – 10 AZR 667/10 –.
29 BAG, Urt. v. 18.1.2012 – 10 AZR 612/10 –; BAG, Urt. v. 18.1.2012 – 10 AZR 667/10 –; a.A. *Salamon*, NZA 2013, 590, 594 f.

Praxistipp
Arbeitgeber sollten **prüfen, ob die Honorierung zukünftiger Betriebstreue es wert ist, auf die Möglichkeit einer Kürzung von Ansprüchen für Zeiten des ruhenden Arbeitsverhältnisses zu verzichten.** In der Praxis werden die Möglichkeiten einer Anspruchskürzung wegen Ruhenszeiten wirtschaftlich die Bedeutung der ohnehin nur für den Lauf einer Kündigungsfrist möglichen zukünftigen Bindungswirkung häufig überwiegen. Vorzugswürdig kann auch insoweit eine Honorierung vergangener Betriebstreue im Rahmen etwa von Zuwendungen sein, deren Höhe sich beispielsweise nach dem **durchschnittlichen dreifachen Bruttomonatsverdienst bezogen auf die tatsächlich bezogenen Leistungen** der vergangenen Jahre im Bezugszeitraum bemisst. Eine solche Regelung erfordert für ihre Transparenz allerdings die Klarstellung, dass weitergehende rechtliche Grenzen, wie etwa § 4a EFZG oder die Minderung um Sozialleistungen während der Mutterschutzfristen, nicht berührt werden.

8. Rückzahlungsklauseln

Während Stichtagsregelungen den (ungekündigten) Bestand des Arbeitsverhältnisses als Voraussetzung für die Entstehung des Anspruchs aufstellen, verpflichten Rückzahlungsklauseln den Arbeitnehmer zur **Rückabwicklung einer bereits erhaltenen Leistung**, wenn er aus dem Arbeitsverhältnis bis zu einem bestimmten Stichtag ausscheidet.[30] Da die potenzielle Belastung mit einer Rückzahlungsverpflichtung die Freiheit des Arbeitnehmers zur Beendigung des Arbeitsverhältnisses begrenzt, hat die Rechtsprechung eine **Staffelung von Bindungsdauern** entwickelt.[31]

Überschreitet eine Gratifikation 100,00 € nicht, ist keine Bindung zulässig.[32] Erreicht eine darüber hinausgehende Gratifikation nicht die Höhe eines Bruttomonatsgehaltes, ist eine Bindung bis zum Ablauf des 31.3. des Folgejahres bzw. für die Dauer von drei Monaten zulässig. Bei Überschreitung eines Bruttomonatsgehaltes, jedoch fehlender Erreichung der Höhe von zwei Bruttomonatsgehältern ist die Bindung bis zum 30.6. des Folgejahres bzw. für die Dauer von sechs Monaten zulässig. Bei Überschreitung von zwei Bruttomonatsgehältern kann die Bindung über den 30.6. des Folgejahres bzw. die Dauer von sechs Monaten hinausgehen.

Achtung!
In der Rechtsprechung ist zurzeit ungeklärt, wie sich die **Änderung der Rechtsprechung zu Stichtagsregelungen** auf Rückzahlungsregelungen auswirkt. Ist etwa eine Stichtagsregelung mit der Maßgabe des ungekündigten Bestands des Arbeitsverhältnisses bereits bei einer Leistung in Höhe von einem Bruttomonatsgehalt zulässig, kann dies den Arbeitnehmer bei einer langen Kündigungsfrist über die genannte Sechs-Monats-Grenze hinaus binden. Während das BAG[33] erwogen hat, die **Grenzen von Rückzahlungsklauseln auf die möglichen Bindungszeiträume von Stichtagsregelungen zu übertragen**, ist

---
30 HWK/*Thüsing*, § 611 BGB Rn 111.
31 BAG, Urt. v. 21.5.2003 – 10 AZR 390/02 –; BAG, Urt. v. 9.6.1993 – 10 AZR 529/92 –.
32 BAG, Urt. v. 21.5.2003 – 10 AZR 390/02 –; Küttner/*Griese*, Einmalzahlung, Rn 17 (Grenze 500 €).
33 BAG, Urt. v. 24.10.2007 – 10 AZR 825/06 –.

dies in der jüngeren Rechtsprechung[34] **nicht nachvollzogen worden**. Es bleibt abzuwarten, wie die Rechtsprechung sich insoweit entwickeln wird.

III. Flexibilisierungsmöglichkeiten

1. Einmalige Leistungen

28 Einmalige Betriebstreueleistungen **erfordern einen Freiwilligkeitsvorbehalt**, um die Entstehung zukünftiger weiterer Rechtsansprüche unter dem Gesichtspunkt **betrieblicher Übungen** oder **schlüssiger Individualzusagen** zu vermeiden. Die Unklarheiten des Sonderzahlungsbegriffs bei Freiwilligkeitsvorbehalten[35] bestehen bei reinen Betriebstreueleistungen nicht. Bei ihnen können einmalige Leistungen durch einen Freiwilligkeitsvorbehalt sichergestellt werden, sodass der Arbeitgeber sich eine Flexibilität durch eine **Entscheidung nach freiem Ermessen über zukünftige Leistungsgewährungen** vorbehalten kann. Ein solcher Vorbehalt schränkt die Eignung einer Betriebstreueleistung als Personalführungsinstrument zur Arbeitnehmerbindung zwar ein, schließt sie aber nicht vollständig aus.

Beispiel
Sagt der Arbeitgeber dem Arbeitnehmer für den Fall der Vollendung einer **Betriebszugehörigkeit von fünf Jahren** eine **einmalige Zuwendung** in Höhe von drei Bruttomonatsgehältern zu, die Rechtsansprüche auf etwaige weitere Jubiläumszuwendungen nach Vollendung einer weiteren Betriebszugehörigkeit von fünf Jahren ausschließt, bindet sich der Arbeitgeber ausschließlich hinsichtlich einer Zuwendung für den Fall der Vollendung des fünften Betriebszugehörigkeitsjahres. Da der Anspruch erst mit Vollendung des fünften Betriebszugehörigkeitsjahres entsteht, wird mit der Jubiläumszuwendung **allein vergangene Betriebstreue** honoriert. Gleichwohl kann der Arbeitgeber mit einer solchen Zusage eine **Motivation für den Fortbestand des Arbeitsverhältnisses** bereits mit Erteilung der Zusage begründen und damit gleichermaßen künftige Betriebstreue aus Sicht des Zeitpunktes der Erteilung der Zusage fördern. Die Einmaligkeit der Leistung beendet diese Motivationswirkung erst, sobald die Betriebszugehörigkeit von fünf Jahren vollendet, der Anspruch abgewickelt und ohne erneute vergleichbare Zusage auf eine weitere Leistung in Anknüpfung an weitere Betriebszugehörigkeitsjahre keine neue Motivationswirkung ausgelöst wird. Eine solche **weitere Zusage kann erneut unter Freiwilligkeitsvorbehalt** erfolgen, um die Bindung ebenso wie die wirtschaftliche Belastung nur jeweils einmalig zu wiederholen.

29 Der Arbeitgeber kann sich auf diesem Wege ein **freies Ermessen über zukünftige wirtschaftliche Belastungen** im Wege eines Freiwilligkeitsvorbehaltes offenhalten. Wichtig ist, dass der Freiwilligkeitsvorbehalt wirksam erklärt wird, d.h., nicht in Widerspruch zu bereits erteilten vorbehaltlosen Zusagen steht und eine hinreichen-

---

34 BAG, Urt. v. 18.1.2012 – 10 AZR 667/10 –.
35 Siehe Kap. 3 Rn 25 ff.

de Transparenz für den Arbeitnehmer klar und verständlich den Ausschluss künftiger Rechtsansprüche zum Ausdruck bringt.[36]

2. Widerrufsvorbehalte

Will der Arbeitgeber demgegenüber über ein **dauerhaftes Leistungssystem** Betriebstreue kontinuierlich honorieren und damit von vornherein einen **dauerhaften Anreiz** schaffen, sind einmalige Leistungen unter einem Freiwilligkeitsvorbehalt kein geeignetes Personalführungsinstrument. In diesem Falle erreicht der Arbeitgeber sein Ziel allein durch eine **auf wiederholte Leistungen gerichtete Zusage**, die verbindliche Rechtsansprüche der Arbeitnehmer bei Erfüllung der Anspruchsvoraussetzungen (Erbringung der jeweils maßgebenden Betriebstreue) begründet.

30

> **Beispiel**
> Der Arbeitgeber sagt dem Arbeitnehmer eine Zuwendung in Höhe von drei Bruttomonatsgehältern in jedem fünften Jahr der Betriebszugehörigkeit zu. Die Zuwendung ist damit zwar weiterhin eine Sonderzahlung außerhalb des laufenden Arbeitsentgelts. Da dem Arbeitnehmer jedoch ein Rechtsanspruch auf die Sonderzahlung eingeräumt wird und zum Zwecke der Motivationswirkung auch eingeräumt werden soll, scheidet ein Freiwilligkeitsvorbehalt aus.

Flexibilisierungsinstrument für den Arbeitgeber kann in einem solchen Falle ein **Widerrufsvorbehalt** sein. Soweit die Betriebstreueleistung nicht **25% des Gesamtentgelts** überschreitet, ist die Vereinbarung eines Widerrufsrechts grundsätzlich möglich. Der Widerrufsvorbehalt muss allerdings den **formellen Anforderungen der §§ 305ff. BGB** genügen, wozu insbesondere eine klare und verständliche Formulierung zählt, unter welchen **sachlichen Gründen eine Ausübung des Widerrufsrechts** seitens des Arbeitgebers in Betracht kommt.[37] Sind die hiernach für die Ausübung des Widerrufsrechts vorbehaltenen Voraussetzungen erfüllt, kann der Arbeitgeber den Anspruch mit Wirkung für die Zukunft ausschließen, wenn er von seinem Widerrufsrecht Gebrauch macht.

31

> **Achtung!**
> Die quantitative Grenze widerruflicher Entgeltbestandteile in Höhe von grundsätzlich 25% des Gesamtentgelts ist in der Rechtsprechung noch nicht dahingehend konkretisiert, welche **Zeitabschnitte zur Bemessung dieses Gesamtentgelts** zu betrachten sind. Während bei einer monatlich laufend gezahlten Zulage ggf. der Monatsverdienst für die Bestimmung ausreichend ist, wird bei einer jährlichen Zuwendung das Jahreseinkommen maßgebend sein. Knüpft beispielsweise eine Jubiläumszuwendung indessen an einen **mehrjährigen Bezugszeitraum**, ist zweifelhaft, ob dieser insgesamt

---

36 Siehe zu diesen Anforderungen Kap. 3 Rn 40ff.
37 Siehe hierzu Kap. 3 Rn 81ff.

für die Bestimmung der 25%-Grenze maßgebend sein kann. Solange eine höchstrichterliche Entscheidung aussteht, sollte der Arbeitgeber auch bei mehrjährigen Bezugszeiträumen für die Ermittlung der 25%-Grenze widerruflicher Bestandteile eine **Jahresbegrenzung** nicht überschreiten.

3. Flexibilisierung der Anspruchshöhe

32 Da Betriebstreueleistungen allein an den Bestand des Arbeitsverhältnisses anknüpfen, stellt sich die Frage nach einer **Flexibilisierung der Anspruchshöhe**. So kann eine Sonderzahlung dem Grunde nach als Voraussetzung ihrer Entstehung allein an vergangene und/oder künftige Betriebstreue anknüpfen, den **Anspruch der Höhe nach** jedoch an den **wirtschaftlichen Erfolg des Unternehmens** koppeln. Bei einer solchen Gestaltung wird der **Wert der Betriebstreue an dem Wert des unternehmerischen Handelns bemessen**.

> **Achtung!**
> Nach der Betrachtung des **BAG** stellt jeder Erfolgsbezug einer Sonderzahlung einen **Bezug zu erbrachten Arbeitsleistungen** her.[38] Dabei nimmt das BAG für die Herstellung einer Beziehung zur Arbeitsleistung des Arbeitnehmers an, dass eine Abhängigkeit der Höhe eines Entgelts vom Unternehmensergebnis ausreicht,[39] was eine Differenzierung zwischen einer rein betriebstreueabhängigen Anspruchsentstehung einerseits und einer unternehmenserfolgsabhängigen Bemessung der sich ergebenden Betriebstreueleistung andererseits infrage stellt. Soll die Sonderzahlung **zukünftige Betriebstreue** honorieren, ist ein solcher **Mischcharakter mit Arbeitserfolgen nach der jüngeren Rechtsprechung unzulässig**, sodass die zukünftige Bindungswirkung entfällt.[40]

> **Praxistipp**
> Soweit die Leistung allein **vergangene Betriebstreue** honorieren soll, hat die Rechtsprechung einen gleichzeitigen Erfolgsbezug der Sonderzahlung und damit eine Verknüpfung mit der individuellen Arbeitsleistung des Arbeitnehmers nicht als schädlich betrachtet.[41]

> **Beispiel**
> Nach der Rechtsprechung des BAG ist die Anerkennung einer reinen Betriebstreueleistung in folgenden Fällen **nicht möglich bzw. zweifelhaft und eine Bindung für die Zukunft scheidet aus**:
> – Staffelung des Anspruchs nach Quantität und Qualität erreichter individueller Ziele;[42]
> – Bemessung des Anspruchs in Abhängigkeit vom Unternehmensergebnis;[43]
> – Bemessung des Anspruchs in Bruttomonatsgehältern, jedoch mit einem unternehmenserfolgsabhängigen Steigerungsfaktor.

---

38 BAG, Urt. v. 12.4.2011 – 1 AZR 412/09 –; BAG, Urt. v. 7.6.2011 – 1 AZR 807/09 –; BAG, Urt. v. 5.7.2011 – 1 AZR 94/10 –; BAG, Urt. v. 18.1.2012 – 10 AZR 612/10 –.
39 BAG, Urt. v. 12.4.2011 – 1 AZR 412/09 –.
40 BAG, Urt. v. 18.1.2012 – 10 AZR 612/10 –.
41 Vgl. BAG, Urt. v. 18.1.2012 – 10 AZR 612/10 –; BAG, Urt. v. 18.1.2012 – 10 AZR 667/10 –.
42 BAG, Urt. v. 12.4.2011 – 1 AZR 412/09 –; BAG, Urt. v. 7.6.2011 – 1 AZR 807/09 –.
43 BAG, Urt. v. 12.4.2011 – 1 AZR 412/09 –.

Eine **zulässige Gestaltung** der Höhe der Betriebstreueleistung kann dagegen wie folgt aussehen:
- Bemessung des Anspruchs in Höhe eines Bruttomonatsgehaltes;[44]
- Bemessung des Anspruchs in Höhe eines feststehenden Betrages.

Ist demnach eine vertragliche Gestaltung in Anknüpfung an erfolgsabhängige Komponenten für den Betriebstreuecharakter auch dann risikobehaftet, wenn lediglich der Anspruch der Höhe nach an solche Bedingungen geknüpft ist, stellt sich die Frage, ob ggf. ein **einseitiges Leistungsbestimmungsrecht des Arbeitgebers** zur Höhe des Anspruchs vorgesehen werden kann.

33

Beispiel
Dem Arbeitnehmer wird für den ungekündigten Bestand des Arbeitsverhältnisses während des gesamten Geschäftsjahres eine Treuezahlung zugesagt. Die Höhe dieser Treuezahlung beträgt mindestens ein halbes, maximal jedoch ein volles Bruttomonatsgehalt. Die Festsetzung der genauen Höhe der Treuezahlung bleibt der Ausübung billigen Ermessens durch den Arbeitgeber vorbehalten.

Eine solche Regelung enthält **keinerlei Hinweis auf eine unternehmenserfolgsbezogene Komponente**. Der vertraglichen Gestaltung ist insoweit keinerlei Anhaltspunkt zu entnehmen, der den Betriebstreuecharakter ausschließt. Allerdings ist der Arbeitgeber im Streitfall verpflichtet, darzulegen, anhand welcher willkürfreier Erwägungen er sein **billiges Ermessen bei der Festsetzung** der Leistung ausgeübt hat. Wie stets bei einem Vorbehalt billigen Ermessens bringt dies **in der Praxis Unwägbarkeiten** mit sich, da der Arbeitgeber zum einen willkürfreie Kriterien bei der Leistungsbestimmung zugrunde legen muss, er andererseits – um den reinen Betriebstreuecharakter nicht infrage zu stellen – auch insoweit jegliche **Anknüpfung der Bemessung der Leistung an den Unternehmenserfolg zu unterlassen** hat.

34

Beispiel
Will der Arbeitgeber im Streitfall den Betriebstreuecharakter nicht infrage stellen, darf er die Ausübung seines billigen Ermessens zur Zahlung etwa nur eines halben Bruttomonatsgehaltes nach den Erwägungen des BAG nicht damit begründen, dass das Unternehmensergebnis eine höhere Festsetzung nicht rechtfertigt.

Das BAG[45] hat nicht einmal danach unterschieden, ob die **Festsetzung der Leistung vor oder nach dem** Geschäftsjahr als **Bezugszeitraum** erfolgt – bei der Festsetzung einer Leistung am Ende des Bezugszeitraums zeigt sich, dass der Arbeitnehmer im Bezugszeitraum allein auf eine **bloße Hoffnung** hingearbeitet haben

35

---
44 BAG, Urt. v. 18.1.2012 – 10 AZR 667/10 –.
45 BAG, Urt. v. 18.1.2012 – 10 AZR 612/10 –.

kann, da er mit der Festsetzung der Leistung in einer bestimmten Höhe nicht verbindlich rechnen konnte. Daran zeigt sich, wie zweifelhaft die Rechtsprechung ist, auch wenn die Praxis zunächst mit ihr umgehen muss.

36 Diese Grenzen der Rechtsprechung kommen selbst dann zum Tragen, wenn der Arbeitgeber für **jedes Geschäftsjahr ein bestimmtes Budget für Betriebstreueleistungen** aufstellt, welches er sodann – anteilig gewichtet nach dem Gehaltsgefüge der einzelnen Arbeitnehmer – ausschüttet. Nimmt man die Rechtsprechung des BAG beim Wort, wird aber bereits die **unternehmenserfolgsabhängige Festsetzung eines solchen Budgets** einen Betriebstreuecharakter infrage stellen können. Solange in der Rechtsprechung unentschieden ist, an welcher Stelle eine Grenze bei nur indirekter Ankoppelung an den Unternehmenserfolg zu ziehen ist, sollte ein Arbeitgeber, der reine Betriebstreueleistungen um einer zukünftigen Bindungswirkung des Arbeitnehmers willen gewähren will, von **jeglicher unternehmenserfolgsbezogener Komponente absehen**.

37 Diesbezüglich wird die **Entwicklung der Rechtsprechung** abzuwarten sein. Der aktuelle Stand der Rechtsprechung birgt rechtliche Unwägbarkeiten im Zusammenhang mit einer Bemessung von Leistungen anhand der Ausübung billigen Ermessens im Einzelfall. Damit besteht zwar Streitpotenzial. Es ist jedoch zum einen festzustellen, dass derartige Streitigkeiten vor den Arbeitsgerichten selten ausgetragen werden. Zum anderen kann der Arbeitgeber durch eine Höchstbegrenzung der Leistung – im Beispiel auf ein Bruttomonatsgehalt – sein wirtschaftliches Risiko auf ein überschaubares Ausmaß begrenzen.

B. Tantiemen

I. Funktion und Bedeutung als Personalführungsinstrument

38 Tantiemen beteiligen den Arbeitnehmer am Ergebnis. Der Arbeitnehmer **partizipiert unmittelbar am wirtschaftlichen Erfolg** des Unternehmens, Konzerns etc.[46] Als Personalführungsinstrument vermitteln sie Arbeitnehmern, an einem gemeinsamen Erfolg teilzuhaben. Sie fördern deshalb die **Identifikation des Arbeitnehmers mit dem Arbeitgeber**. Eine aus der Situation der Arbeitsvertragsparteien im Austauschverhältnis zwischen Arbeitsleistung und Arbeitsentgelt grundsätzliche Bipolarität der Interessen wird damit aufgeweicht.

39 Während das **Arbeitsverhältnis als Austauschverhältnis** der beiderseitigen Leistungen grundsätzlich durch das Interesse des Arbeitnehmers an hohem Entgelt und das des Arbeitgebers an maximal verwertbarer Arbeitsleistung im Vordergrund

---

46 Schaub/*Vogelsang*, § 76 Rn 1.

steht, **partizipiert der Arbeitnehmer** bei einer an den Ertrag anknüpfenden Tantieme auch daran, dass das Unternehmen ein optimales **Verhältnis zwischen Arbeitsleistung und Personalkosten** bei kollektiver Betrachtung erwirtschaftet. Über die Personalkosten hinaus gilt dies bei einer vom Ertrag abhängigen Tantiemebemessung für sämtliche sonstigen Kosten, die den aus dem Umsatz zu bemessenden Ertrag schmälern.

> **Beispiel**
> Knüpft die Bemessung der Tantieme an den Ertrag vor Steuern unter Außerachtlassung außergewöhnlicher Erträge oder Verluste, ist der Arbeitnehmer an **sämtlichen wirtschaftlichen Risiken des Arbeitgebers** im operativen Geschäftsablauf beteiligt. Möchte der Arbeitnehmer eine möglichst hohe Tantieme erzielen, wird er Interesse an einem großen Umsatzvolumen bei gleichzeitig geringen Kosten haben.

Die ertragsabhängige Tantieme ist deshalb als Personalführungsinstrument geeignet, Arbeitnehmer zu **unternehmerischem Denken und Handeln zu motivieren**. Arbeitnehmer werden motiviert, durch ihre Arbeitsleistung an Umsatzsteigerungen mitzuwirken und gleichzeitig – soweit von ihnen beeinflussbar – Kosten zu reduzieren.[47] Über die eigene Arbeitsleistung hinaus kann dies insbesondere ein unternehmerisches **Bewusstsein für eine Kosten-Nutzen-Relation innerhalb des Betriebs** bewirken. 40

> **Beispiel**
> Ist der Arbeitnehmer über eine Tantieme am unternehmerischen Kostenrisiko beteiligt, folgt daraus für den eigenen Arbeitsbereich des Arbeitnehmers, aber auch – im Sinne einer Appellwirkung – für die Arbeitsweise der Belegschaft, ein Kostenbewusstsein unter folgenden Gesichtspunkten:
> – kostensparender **Umgang mit Ressourcen**;
> – effektive **Arbeitsweise**;
> – Begrenzung von **Arbeitsunfähigkeiten**.

Diese Motivationswirkung wird in der Praxis desto geringer ausfallen, je weitergehend der **einzelne Arbeitnehmer in der Gesamtheit der Belegschaft** in den Hintergrund tritt. Je kleiner demgegenüber die relevante Einheit ist, desto größere Einflussnahmemöglichkeiten hat der einzelne Arbeitnehmer auf das Ergebnis. An das **Konzernergebnis** anknüpfende Tantiemeregelungen werden deshalb in der Regel eine solche **Steuerungswirkung verfehlen**. Denkbar ist insoweit jedoch etwa eine **Spartenbetrachtung**, die die Erfolgsbeiträge der einzelnen, aber zusammenwirkenden Arbeitnehmer stärker fokussiert. 41

Praktische Bedeutung kommt Tantiemen als Personalführungsinstrument **in größeren Einheiten** mehr unter dem Gesichtspunkt einer **Gemeinschaftlichkeits-** 42

---

47 Vgl. ErfK/*Preis*, § 611 Rn 494.

betrachtung des Unternehmenserfolges zu, ohne einzelne Effizienzgesichtspunkte gezielt anzusprechen. Anders ist dies häufig bei Tantiemeregelungen für **Führungskräfte**, deren gezielte Ansprache über eine Tantiemeregelung nicht nur deren **eigenes strategisches Handeln** am Arbeitsplatz determiniert, sondern gleichermaßen über die **Führung der unterstellten Arbeitnehmer** kollektive Auswirkungen zeigt. Dementsprechend sind in der Praxis Tantiemeregelungen insbesondere bei Führungskräften als geeignetes Personalführungsinstrument zur Steigerung des wirtschaftlichen Erfolges anerkannt.[48]

II. Rechtliche Gestaltung

1. Bemessungsgrundlagen

43 Die Bemessungsgrundlagen bei Tantiemen sind **vielfältig**. Wie bereits ausgeführt, kann die Bemessung an den Umsatz oder den Ertrag des Unternehmens anknüpfen.[49] Da eine Anknüpfung an den **Umsatz ggf. Fehlanreize zu Verlustgeschäften** setzen kann, im Übrigen die unternehmerische Risikoverteilung in der Regel eine **ertragsabhängige Tantiemeberechnung vorzugswürdig** erscheinen lässt und in der Praxis regelmäßig Bemessungsgrundlage einer Tantieme ist, beschränkt sich die nachfolgende Darstellung auf ertragsabhängige Tantiememodelle.

44 Grundsätzlich knüpfen Tantiememodelle an das **Jahresergebnis** an. **Abweichende Vereinbarungen** sind selbstverständlich möglich. Sie sind aber auch erforderlich, um beispielsweise Verlustvorträge aus Vorjahren berücksichtigen zu können.[50]

Praxistipp
Eine solche, über das Geschäftsjahr hinausgehende Bemessung einer Tantieme fördert insbesondere den Gedanken der **Nachhaltigkeit der Unternehmensentwicklung** und vermeidet Fehlanreize zur **Gewinnmaximierung in einem Geschäftsjahr** auf Kosten etwa strategischer Investitionen, die sich in Folgejahren negativ auswirken können.

---

45 In der Praxis wird regelmäßig der **Handels- oder Steuergewinn,** häufig aber auch eine **sonstige im Unternehmen verwendete Steuerungskennzahl,** als Bemessungsgrundlage angesetzt, und zwar vor Abzug ertragsabhängiger Steuern und Tantiemen.

---

48 *Weber*, S. 53; Schaub/*Vogelsang*, § 76 Rn 1.
49 Schaub/*Vogelsang*, § 76 Rn 3.
50 *Mengel*, S. 175 m.w.N.; vgl. Schaub/*Vogelsang*, § 76 Rn 3 f.

Beispiel
Bemessungsgrundlagen und damit generelle Verfahren zur Bemessung des Ertrages sind in der Praxis:
- Handels- oder Steuerbilanzgewinn;
- Jahresüberschuss (§ 266 Abs. 3 A V HGB), ggf. unter Berücksichtigung/Nichtberücksichtigung bestimmter Positionen wie z.B. außerordentlicher Erträge oder Verluste;[51]
- das steuerliche Ergebnis;
- das Ergebnis der gewöhnlichen Geschäftstätigkeit (§ 275 Abs. 2 Nr. 14 HGB);
- eine generell individuelle Festlegung der Bemessungsfaktoren, insbesondere langfristige unternehmerische Steuerungskennzahlen.

Die Vereinbarung der Parteien kann eine Berücksichtigung **unterschiedlichster** 46 **Erträge oder Aufwendungen** der **laufenden Periode** sowie die Berücksichtigung von Verlust- oder Gewinnvorträgen **vergangener Perioden** vorsehen.

Beispiel
Wesentliche Faktoren sind in der Regel:
- Ergebnis der gewöhnlichen Geschäftstätigkeit;
- außerordentliche Erträge;
- außerordentliche Verluste;
- Auswirkungen der Steuern auf Einkommen und Ertrag.

Praxistipp
Sinnvoll können Regelungen über die Berücksichtigung von Gewinn- und Verlustvorträgen aus Vorperioden hinaus hinsichtlich der Berücksichtigung oder Nichtberücksichtigung von **Einstellungen in offene Rücklagen oder Entnahmen aus solchen** sein. Dies sind Komponenten, die der **Ergebnisverwendung** zuzurechnen sind, sodass sie sich auf den Bilanzgewinn oder -verlust auswirken, nicht jedoch eigentlicher Bestandteil des Jahresergebnisses sind. Auf dieser Grundlage können allerdings **unternehmerische Entscheidungen** über die Bildung von Reserven **bei der Bemessung von Tantiemeansprüchen ausgeklammert** werden.

Stellt die Bemessung der Tantieme auf die Gewinn- und Verlustrechnung (GuV) ab, 47 kann dies an die **Gewinn- und Verlustrechnung nach § 275 HGB** nach dem Gesamtkosten- oder Umsatzkostenverfahren (vgl. im Einzelnen § 275 Abs. 2 HGB zum **Gesamtkostenverfahren** bzw. § 275 Abs. 3 HGB zum **Umsatzkostenverfahren**) bzw. **internationalen Rechnungslegungsstandards** wie **IFRS** (International Financial Reporting Standards) oder **US-GAAP** (United States Generally Accepted Accounting Principles) anknüpfen. Sowohl nach HGB wie nach IFRS ist die Möglichkeit des Gesamt- sowie Umsatzkostenverfahrens eröffnet. US-GAAP schreibt dagegen zwingend das Umsatzkostenverfahren vor.

---

51 HWK/*Thüsing*, § 611 BGB Rn 120.

48 Der Unterschied des Gesamt- gegenüber dem Umsatzkostenverfahren liegt insbesondere darin, dass beim **Gesamtkostenverfahren sämtliche Kosten des Rechnungszeitraums allen in diesem erzielten Erlösen** gegenübergestellt werden.[52] Beim **Umsatzkostenverfahren** werden demgegenüber **Funktionsbereiche gegenübergestellt**.[53] Lediglich das Umsatzkostenverfahren gruppiert nach Kostenstellen und ist damit für die **Bewertung des Ergebnisses einzelner Kostenstellen**, etwa bestimmter Produkte oder Dienstleistungstypen, aussagekräftiger. Soll die Tantiemebemessung an die Leistung eines bestimmten Funktionsbereichs anknüpfen, kann ein bestimmter Posten anhand des Umsatzkostenverfahrens als aussagekräftige Steuerungskennzahl dienen.

49 Das Umsatzkostenverfahren bedeutet demgegenüber einen erhöhten Aufwand bei der Aufschlüsselung und Zuordnung nach Funktionsbereichen. So sieht etwa die **Gliederung der Gewinn- und Verlustrechnung nach HGB für das Gesamtkostenverfahren** folgende grundsätzlich auszuweisende Posten vor:

- Umsatzerlöse;
- Erhöhung oder Verminderung des Bestands an fertigen und unfertigen Erzeugnissen;
- andere aktivierte Eigenleistungen;
- sonstige betriebliche Erträge;
- Materialaufwand:
  - Aufwendungen für Roh-, Hilfs- und Betriebsstoffe und für bezogene Waren;
  - Aufwendungen für bezogene Leistungen;
- Personalaufwand:
  - Löhne und Gehälter;
  - soziale Abgaben und Aufwendungen für Altersversorgung und für die Unterstützung, davon für Altersversorgung;
- Abschreibungen:
  - auf immaterielle Vermögensgegenstände des Anlagevermögens und Sachanlagen;
  - auf Vermögensgegenstände des Umlaufvermögens, soweit diese die in der Kapitalgesellschaft üblichen Abschreibungen überschreiten;
- sonstige betriebliche Aufwendungen;
- Erträge aus Beteiligungen, davon aus verbundenen Unternehmen;
- Erträge aus anderen Wertpapieren und Ausleihungen des Finanzanlagevermögens, davon aus verbundenen Unternehmen;
- sonstige Zinsen und ähnliche Erträge, davon aus verbundenen Unternehmen;
- Abschreibungen auf Finanzanlagen und auf Wertpapiere des Umlaufvermögens;

---

52 *Hellebrand*, GRUR 2001, 678, 679.
53 Vgl. *Hellebrand*, GRUR 2001, 678, 679.

- Zinsen und ähnliche Aufwendungen, davon an verbundene Unternehmen;
- Ergebnis der gewöhnlichen Geschäftstätigkeit;
- außerordentliche Erträge;
- außerordentliche Aufwendungen;
- außerordentliches Ergebnis;
- Steuern vom Einkommen und vom Ertrag;
- sonstige Steuern;
- Jahresüberschuss/Jahresfehlbetrag.

Für das **Umsatzkostenverfahren sieht § 275 Abs. 3 HGB** demgegenüber folgende auszuweisende Posten vor: 50
- Umsatzerlöse;
- Herstellungskosten der zur Erzielung der Umsatzerlöse erbrachten Leistungen;
- Bruttoergebnis vom Umsatz;
- Vertriebskosten;
- allgemeine Verwaltungskosten;
- sonstige betriebliche Erträge;
- sonstige betriebliche Aufwendungen;
- Erträge aus Beteiligungen, davon aus verbundenen Unternehmen;
- Erträge aus anderen Wertpapieren und Ausleihungen des Finanzanlagevermögens, davon aus verbundenen Unternehmen;
- sonstige Zinsen und ähnliche Erträge, davon aus verbundenen Unternehmen;
- Abschreibungen von Finanzanlagen und auf Wertpapiere des Umlaufvermögens;
- Zinsen und ähnliche Aufwendungen, davon an verbundene Unternehmen;
- Ergebnis der gewöhnlichen Geschäftstätigkeit;
- außerordentliche Erträge;
- außerordentliche Aufwendungen;
- außerordentliches Ergebnis;
- Steuern vom Einkommen und vom Ertrag;
- sonstige Steuern;
- Jahresüberschuss/Jahresfehlbetrag.

Gegenüber diesen Anforderungen nach HGB ist die Rechnungslegung nach dem **internationalen IFRS-Standard an geringere formale Anforderungen** geknüpft. Die Gliederung der Gewinn- und Verlustrechnung nach HGB zeigt jedoch die **möglichen Anknüpfungspunkte für eine vom Jahresüberschuss abweichende Betrachtung** der Tantiemebemessungsgrundlage auf, indem etwa einzelne daraus folgende Posten aus der Bemessungsgrundlage ausgenommen werden oder die Tantiemebemessung sich auf einzelne Posten beschränkt, wenn dies wirtschaftlich sinnvoll erscheint. 51

Beispiel
Soll eine Ertragstantieme den Arbeitnehmer am Ertrag aus der operativen Tätigkeit der Gesellschaft beteiligen, ist regelmäßig allein das **Betriebsergebnis**
- aus Umsatzerlösen, Erhöhung/Verminderung fertiger und unfertiger Erzeugnisse, aktivierter Eigenleistungen, sonstiger betrieblicher Erträge und Materialaufwand (**Gesamtkostenverfahren**) bzw.
- aus Umsatzerlösen, Herstellungskosten, Bruttoergebnis, Vertriebskosten, allgemeinen Verwaltungskosten, sonstigen betrieblichen Erträgen bzw. Aufwendungen (**Umsatzkostenverfahren**) relevant,

nicht jedoch das Finanzergebnis (Ergebnisse aus Beteiligungen, Wertpapieren, Zinsen, Abschreibungen auf Finanzanlagen) sowie das **außerordentliche Ergebnis** (außerordentliche Erträge bzw. Verluste).

52 Im Rahmen der Rechnungslegung nach IFRS sind die Kenngrößen EBIT bzw. EBITDA entstanden. Bei dem **EBIT** handelt es sich um das nach IFRS ermittelte **Jahresergebnis vor Zinsen und Steuern** (Earnings Before Interests and Taxes). Das außerordentliche Ergebnis (außerordentliche Erträge bzw. außerordentliche Verluste) findet bei der Bemessung des EBIT keine gesonderte Ausweisung. Zinsen, sonstige Finanzierungsaufwendungen oder -erträge und Steuern fließen nicht ein. Das **EBITDA** ist auf eine Beschreibung der operativen Leistungsfähigkeit ausgerichtet. Es bildet den Gewinn vor Zinsen, Steuern und Abschreibungen auf Sachanlagen wie immaterielle Vermögenswerte ab (Earnings Before Interests, Taxes, Depreciation and Amortisation). Außerordentliche Ergebnisse (außerordentliche Erträge oder außerordentliche Verluste) werden vom EBITDA nicht ausgewiesen. Diese werden durch ein sog. adjusted EBITDA berücksichtigt.

Praxistipp
In der Praxis ist zu empfehlen, nicht auf **schillernde Begriffe** wie einen „konsolidierten Gewinn" abzustellen, da hierbei offenbleibt, ob dieser beispielhaft nach dem Umsatz- oder dem Gesamtkostenverfahren zu ermitteln ist und welche Kosten in die Konsolidierung einzustellen sind. Soll auf eine solche abschließende Festlegung der Kenngrößen verzichtet werden, ist zur Vermeidung von Unklarheiten, die rechtliche Auseinandersetzungen in sich bergen können, eine Bezugnahme auf **feststehende Kenngrößen** wie das Jahresergebnis nach HGB, IFRS nach EBIT oder EBITDA, Betriebsergebnis etc. zu konkretisieren.

53 Auf **welche Einheiten** eine solche Ergebnisfeststellung angewendet wird, bleibt ebenfalls der Vereinbarung der Parteien überlassen. In Betracht kommt eine Anknüpfung an das **Konzernergebnis**, das **Unternehmensergebnis**, aber auch – insbesondere in unternehmensübergreifenden Matrixorganisationen – an **Spartenergebnisse**.

Beispiel
- Bemessung der Tantieme anhand einer bestimmten Zeile der Ergebnisfeststellung für das Geschäftsjahr nach § 275 Abs. 2 oder Abs. 3 HGB;
- Bemessung der Tantieme anhand des Konzernabschlusses;
- Bemessung der Tantieme anhand eines nach den Kriterien des § 275 Abs. 2 bzw. 3 HGB oder des IFRS ermittelten Spartenergebnisses des Konzerns;
- Bemessung der Tantieme anhand regionaler Konzern- oder Spartenergebnisse;
- Kombinationen verschiedener Anknüpfungspunkte als Bemessungsgrundlage für die Tantieme.

Praxistipp
In der Praxis empfiehlt es sich, aufgrund der vielfältigen Rahmenbedingungen sorgfältiges Augenmerk auf die **konkrete eindeutige Festlegung der wirtschaftlich zutreffend definierten Bemessungsfaktoren** zu legen. Im Zweifelsfall sollte die **Expertise eines Wirtschaftsprüfers** hinzugezogen werden.

2. Bemessungsfaktoren

Die Tantieme wird in der Regel in Höhe eines **bestimmten Prozentsatzes** des Betrages,[54] der die **Zielgröße** des geringsten Tantieme auslösenden wirtschaftlichen Erfolges übersteigt, bemessen. 54

Beispiel
Der Arbeitnehmer erhält eine Tantieme in Höhe von X% des Betrages, um den das nach dem EBIT bemessene Jahresergebnis das Jahresergebnis des Vorjahres übersteigt, wobei außerordentliche Erträge oder Verluste außer Betracht bleiben.

Daneben werden häufig **Mindestansprüche** der Tantiemeberechtigten vorgesehen, damit insbesondere strategische Investitionen nicht mit Blick auf etwaig reduzierte Tantiemeansprüche unterbleiben. 55

Beispiel
Die Tantieme beträgt mindestens X € im Geschäftsjahr, sofern das Jahresergebnis (EBIT) ohne Berücksichtigung außerordentlicher Erträge oder Aufwendungen eine Mindestgrenze von Y € übersteigt.

Eine **Mindesterfolgsgrenze** sollte im Zusammenhang mit der Zahlung einer Mindesttantieme in das Modell eingezogen werden, um eine Auszehrung der Unternehmenssubstanz zu vermeiden. Diesem Zwecke wird gleichermaßen die Berücksichtigung von Verlustvorträgen gerecht. 56

---

54 Vgl. Bauer/Lingemann/Diller/Haußmann/*Lingemann*, Kap. 12 Rn 15.

Beispiel
Bei der Bemessung des Jahresergebnisses wird der Verlustvortrag aus dem Vorjahr einbezogen; dies gilt sowohl für die Feststellung des Jahresergebnisses als Bemessungsgrundlage des Tantiemeanspruchs als auch des Mindestjahresergebnisses als Grundlage für die Entstehung einer Mindesttantieme.

3. Anknüpfung an die aktive Erbringung einer Arbeitsleistung und Berücksichtigung von Ruhenszeiten

57 Tantiemezahlungen sollen in der Regel nicht zugunsten von Arbeitnehmern erfolgen, die zum **wirtschaftlichen Erfolg des Unternehmens nicht beitragen**.[55] Deshalb sind Regelungen über eine anteilige oder ggf. entfallende Tantiemezahlung in Anknüpfung an den (aktiven) Bestand des Arbeitsverhältnisses grundsätzlich möglich, soweit keine gesetzlichen Bestimmungen entgegenstehen. Der Arbeitgeber ist deshalb berechtigt, den Tantiemeanspruch für die Dauer einer Elternzeit oder eines sonstigen Ruhens des Arbeitsverhältnisses oder dessen unterjährigen Bestand anteilig zu kürzen.[56]

4. Ausschluss des Anspruchs bei unterjährigem Bestand des Arbeitsverhältnisses

58 Besteht das Arbeitsverhältnis nicht während des gesamten Bezugszeitraums, für den die Tantieme bemessen ist (z.B. Geschäftsjahr), kann die Entstehung eines Tantiemeanspruchs für diesen **Bezugszeitraum insgesamt ausgeschlossen** werden.[57]

Beispiel
Die Tantieme knüpft an das Unternehmensergebnis des Geschäftsjahres an. Der Tantiemeanspruch entfällt, wenn das Arbeitsverhältnis nicht am letzten Tage des Geschäftsjahres besteht.

Praxistipp
Der Bestand des Arbeitsverhältnisses während des Bezugszeitraums kann zur Anspruchsvoraussetzung erklärt werden. Dies gilt jedoch **nicht für den ungekündigten Bestand des Arbeitsverhältnisses**. Nach Auffassung des BAG stellt die Tantieme wegen des Erfolgsbezuges **Arbeitsentgelt für erbrachte Arbeitsleistungen im Bezugszeitraum** dar, sodass eine **Bindung über den Bezugszeitraum hinaus unzulässig** ist, wie sie mit der Maßgabe des ungekündigten Bestands eines Arbeitsverhältnisses aufgestellt würde.[58]

---

55 BAG, Urt. v. 8.9.1998 – 9 AZR 273/97 – NZA 1999, 824; HWK/*Thüsing*, § 611 BGB Rn 124.
56 Küttner/*Griese*, Einmalzahlung, Rn 12.
57 Vgl. BAG, Urt. v. 6.5.2009 – 10 AZR 443/08 –.
58 BAG, Urt. v. 18.1.2012 – 10 AZR 612/10 –.

Ausdrücklich aufrechterhalten hat das BAG allerdings seine Rechtsprechung zur 59 möglichen **Bindung des Arbeitnehmers für den gesamten Bezugszeitraum**.[59] Diese Bindung für den Bezugszeitraum – etwa eines Geschäftsjahres – setzt voraus, dass die **Tantiemeregelung nicht diesen Bezugszeitraum infrage stellt**. Sieht etwa die Tantiemeregelung vor, dass der Tantiemeanspruch bei unterjährigem Bestand des Arbeitsverhältnisses entsprechend **anteilig für jeden Monat der Dauer des Arbeitsverhältnisses** entsteht, nimmt die Rechtsprechung als **Bezugszeitraum den jeweiligen Monatszeitraum** an.[60]

Praxistipp
Arbeitgeber sollten deshalb abwägen, welche Zielsetzung **von größerer Bedeutung** ist. Soll die Tantieme eine **Bindung für den Bezugszeitraum** des Geschäftsjahres sicherstellen, ist eine Stichtagsregelung möglich, sofern bei unterjährigem Bestand oder unterjährigem Ruhen des Arbeitsverhältnisses keine Kürzung erfolgt, die den Bezugszeitraum des Geschäftsjahres infrage stellen würde. Bei **wirtschaftlicher Betrachtung** dürfte indessen die anteilige Entstehung des Tantiemeanspruchs entsprechend dem Zeitraum des aktiven Bestands des Arbeitsverhältnisses im Vordergrund stehen, sodass die Bindung für den gesamten Bezugszeitraum mit der Folge des vollständigen Untergangs des Tantiemeanspruchs bei unterjährigem Ausscheiden wirtschaftlich geringere Bedeutung haben dürfte.

Beispiel
– Der Tantiemeanspruch reduziert sich bei unterjährigem Bestand oder unterjährigem Ruhen des Arbeitsverhältnisses außerhalb der Arbeitsunfähigkeit und des Mutterschutzes anteilig: Eine **Proportionalität des Tantiemeanspruchs** mit dem unterjährigen (aktiven) Bestand des Arbeitsverhältnisses ist sichergestellt.
– Der Arbeitnehmer erhält trotz unterjährigen Eintritts in das Unternehmen oder eines Ruhens des Arbeitsverhältnisses während des Geschäftsjahres den vollen Tantiemeanspruch, lediglich im Jahr des Ausscheidens entfällt der Tantiemeanspruch insgesamt und unabhängig davon, ob der Arbeitnehmer etwa im Januar oder November des Geschäftsjahres ausgeschieden ist. Die wirtschaftliche Bedeutung einer solchen Stichtagsklausel **greift ausschließlich im Jahr des Ausscheidens** des Arbeitnehmers.

III. Flexibilisierungsmöglichkeiten

1. Einmalige Leistungen

Der Arbeitgeber kann ein Interesse daran haben, eine Tantieme nicht als dauerhaft 60 wiederkehrende Leistungen einzuführen, sondern sich für jedes Geschäftsjahr die **Entscheidung über die Gewährung einer Tantieme vorzubehalten**. Dies kommt

---

59 BAG, Urt. v. 18.1.2012 – 10 AZR 612/10 –; BAG, Urt. v. 6.5.2009 – 10 AZR 443/08 –.
60 BAG, Urt. v. 12.4.2011 – 1 AZR 412/09 –.

insbesondere dann in Betracht, wenn das wirtschaftliche Umfeld durch sich schnelllebig ändernde Rahmenbedingungen geprägt ist. In diesem Falle können die unternehmerischen Zielsetzungen eine **Flexibilität bei der Verwendung erwirtschafteter Gewinne** erfordern, sodass beispielsweise eine Auskehrung des Ertrages in Gestalt von Tantiemen der Bildung notwendiger Reserven für Folgejahre entgegenstehen könnte.

61 Einmalige Tantiemeansprüche können durch einen **Freiwilligkeitsvorbehalt bei der jeweiligen Zusage** gestaltet werden. An dieser Stelle setzt sich wieder die bereits aufgezeigte[61] Unklarheit der Rechtsprechung fort, die die Zulässigkeit von Freiwilligkeitsvorbehalten auf Sonderzahlungen außerhalb des laufenden Arbeitsentgelts beschränkt. Mangels monatlich ratierlicher Zahlungsweise wird bei Tantiemen zwar regelmäßig **keine Stetigkeit der Auszahlungen** ein laufendes Arbeitsentgelt begründen. Allerdings hat das BAG in seiner Entscheidung zur Abgrenzung von Sonderzahlungen gegenüber dem laufenden Arbeitsentgelt auf eine **Parallele zu § 4a EFZG** abgestellt.[62] Es bleibt bis zu einer abschließenden Klärung durch die höchstrichterliche Rechtsprechung damit unentschieden, ob das BAG sich damit die herrschende Auffassung in der Literatur zur Reichweite des § 4a EFZG zu eigen machen wollte. Nach dieser Ansicht zählen **leistungsabhängige Vergütungen auch dann zum laufenden Arbeitsentgelt**, wenn sie jährlich nur einmalig gezahlt werden und Freiwilligkeitsvorbehalte kommen allein bei reinen Betriebstreueleistungen in Betracht.

62 Allerdings hat das BAG[63] darauf abgestellt, dass Freiwilligkeitsvorbehalte auch bei solchen Sonderzahlungen zulässig sein sollen, die **geleistete Arbeit zusätzlich vergüten**. Zudem nimmt das BAG an, dass eine Sicherheit des Arbeitnehmers über eine kontinuierliche Leistungsgewährung bei Sonderzahlungen, die an bestimmte individuelle Leistungen des Arbeitnehmers oder bestimmte Unternehmenserfolge knüpfen, **nicht mit der gleichen Gewissheit wie bei laufendem Arbeitsentgelt** bestehe.[64] Daher dürfte das BAG so zu verstehen sein, dass **auch leistungsabhängige Entgelte unter einen Freiwilligkeitsvorbehalt** gestellt werden können.

Praxistipp
Insbesondere bei **umsatzabhängigen Tantiemen** sollte der Arbeitgeber die Möglichkeit eines Freiwilligkeitsvorbehalts in Betracht ziehen. Während bei einer Ertragstantieme eine **Auszehrung der Unternehmenssubstanz** durch die Begrenzung auf einen Bruchteil des Ertrags regelmäßig ausscheidet, verbleibt bei der Umsatztantieme das **volle Kostenrisiko** beim Arbeitgeber. Eine dauerhafte umsatzorientierte Tantiemeregelung kann deshalb bei unwirtschaftlichen Auftragssituationen langfristig zu einer Auszehrung der Unternehmenssubstanz führen.

---

61 Siehe Kap. 3 Rn 27 ff.
62 BAG, Urt. v. 30.7.2008 – 10 AZR 606/07 –.
63 BAG, Urt. v. 30.7.2008 – 10 AZR 606/07 –.
64 BAG, Urt. v. 30.7.2008 – 10 AZR 606/07 –.

2. Widerrufsvorbehalt

Die Kehrseite des Vorteils einmaliger Leistungen im Wege der Vereinbarung von Freiwilligkeitsvorbehalten ist die u.U. **schwirige Verhandelbarkeit mit dem Arbeitnehmer**, dem kein Rechtsanspruch auf einen Teil des Gesamtentgelts eingeräumt wird. In Abhängigkeit von der jeweiligen Arbeitsmarktsituation kann dies die **Akzeptanz bei Fachkräften** beeinträchtigen und wird insbesondere bei seltenen Schlüsselqualifikationen allein eine Hoffnung des Arbeitnehmers auf zukünftige Entgeltbestandteile nicht ausreichend zur Eingehung eines Arbeitsverhältnisses motivieren. Prognosen über die voraussichtliche Größenordnung jährlicher Tantiemezahlungen stellen regelmäßig einen festen **Bestandteil der Erwartung des Arbeitnehmers** über die Entwicklung seines Entgelts dar.

63

Ist die fehlende Einräumung eines Rechtsanspruchs auf die Tantieme nicht mit dem Arbeitnehmer verhandelbar oder will der Arbeitgeber eine solche Diskussion mit dem Arbeitnehmer nicht führen müssen, kann ein **Widerrufsvorbehalt zielführend** sein. Bei dem Widerrufsvorbehalt wird zunächst ein **Rechtsanspruch auf dauerhaft wiederkehrende Tantiemezahlungen** eingeräumt. Der Arbeitgeber behält sich lediglich die einseitige Entziehung dieses Rechtsanspruchs durch Ausübung eines Widerrufsrechts mit Wirkung für die Zukunft vor.[65]

64

Da die Ausübung des **Widerrufsrechts an sachliche Gründe** gebunden ist und die Rechtsprechung bei der Gestaltung des Widerrufsvorbehaltes verlangt, dass der Arbeitgeber zumindest die **Richtung der Widerrufsgründe** und – soweit für die Ausübung des Widerrufsrechts erforderlich – auch **deren Intensität** bereits bei der Formulierung des Widerrufsvorbehalts festlegen muss,[66] kann der **Arbeitnehmer bereits bei Vertragsschluss erkennen**, dass ihm der Rechtsanspruch auf die Tantieme nicht grundlos entzogen werden kann.

65

Formal erfordert die Vereinbarung eines Widerrufsvorbehaltes für die Tantieme deshalb, dass zumindest die Richtung eines Grundes angegeben werden muss, der einen Widerruf rechtfertigen soll.[67] Beispielhaft hat das BAG **wirtschaftliche Gründe, die Leistung oder das Verhalten des Arbeitnehmers** genannt.[68] Es ist allerdings zweifelhaft, ob allein dieser Hinweis auf die Richtung des Widerrufsgrundes hinreichend bestimmt ist, damit der Arbeitnehmer – so die Maßgabe des § 307 Abs. 1 S. 2 BGB – in klarer und verständlicher Form **erkennen kann, unter welchen Voraussetzungen** der Arbeitgeber von dem Widerrufsvorbehalt Gebrauch machen kann.[69]

66

---

65 Siehe Kap. 3 Rn 79.
66 Siehe Kap. 3 Rn 82ff.; Küttner/*Griese*, Einmalzahlungen, Rn 8.
67 BAG, Urt. v. 20.4.2011 – 5 AZR 191/10 –; BAG, Urt. v. 12.1.2005 – 5 AZR 364/04 –.
68 BAG, Urt. v. 20.4.2011 – 5 AZR 191/10 –; BAG, Urt. v. 12.1.2005 – 5 AZR 364/04 –.
69 Bauer/Lingemann/Diller/Haußmann/*Lingemann*, Kap. 12 Rn 7.

> **Praxistipp**
> Da die Rechtsprechung zunehmend formal auf eine transparente Gestaltung von Vertragsklauseln abstellt, aus der der Arbeitnehmer die Bedeutung und Reichweite der Regelung entnehmen kann, sollten Widerrufsgründe möglichst konkret dargestellt werden.

67 Bei Tantiemen wird ein Widerruf aus **Gründen in der Leistung oder der Person** des Arbeitnehmers kaum in Betracht kommen. Dies wäre allenfalls damit zu rechtfertigen, dass unter Gerechtigkeitserwägungen eine Partizipation am wirtschaftlichen Erfolg des Unternehmens nicht vertretbar erscheint, wenn ein Arbeitnehmer infolge **leistungs- oder personenbedingter Defizite** zur Erbringung eines wirtschaftlichen Beitrags zum Unternehmenserfolg praktisch nicht mehr in der Lage ist oder gerade ihm die Ergebnisverantwortung obliegt.

68 Hier wird allerdings die Praxis – um **Wertungswidersprüche zum Kündigungsschutzrecht** zu vermeiden – voraussichtlich keine geringeren Anforderungen stellen, als an eine personen- oder verhaltensbedingte Kündigung des Arbeitsverhältnisses wegen Leistungsmängeln. So geht das BAG davon aus, dass der Arbeitnehmer **nicht etwa eine Leistung mittlerer Art und Güte** schuldet – dies wäre ein aus sich heraus objektivierbarer Maßstab –, sondern der Arbeitnehmer vielmehr seine vorhandene **Leistungsfähigkeit angemessen auszuschöpfen** hat.[70] Der Arbeitnehmer hat folglich zu arbeiten „so gut, wie er kann".

69 Die damit einhergehende Anknüpfung der Leistungspflicht an die Leistungsfähigkeit ist für den Arbeitgeber **praktisch kaum messbar**. Als objektivierbaren Maßstab für eine Grenze, deren Unterschreitung dem Arbeitgeber nicht mehr zumutbar sei und folglich eine verhaltens- oder personenbedingte Kündigung des Arbeitsverhältnisses wegen Leistungsdefiziten rechtfertige, hat das BAG eine **Unterschreitung von 60% der Durchschnittsleistung** eines vergleichbaren Arbeitnehmers angenommen.[71]

70 Das BAG begründet seine Auffassung damit, dass Unterschiede in der Leistungsfähigkeit einzelner Arbeitnehmer der individuellen Betrachtung immanent seien, da stets einige Arbeitnehmer besonders große Leistungserfolge und andere demgegenüber geringere aufzeigten. Andererseits sei dem Arbeitgeber eine Unterschreitung eines Maßes von 60% der sich ergebenden Durchschnittsbetrachtung nicht mehr zumutbar.[72]

71 Nun wäre es zwar im Rahmen einer an die Honorierung des **Unternehmenserfolges anknüpfenden Leistung interessengerecht**, den Maßstab für die Ausübung eines Widerrufsrechts einer Tantieme als Honorierung des wirtschaftlichen Erfolges der Gesamtheit der Arbeitnehmer weitaus höher, beispielhaft bei 70% oder

---

70 BAG, Urt. v. 11.12.2003 – 2 AZR 667/02 –; BAG, Urt. v. 17.1.2008 – 2 AZR 536/06 –.
71 BAG, Urt. v. 11.12.2003 – 2 AZR 667/02 –; BAG, Urt. v. 17.1.2008 – 2 AZR 536/06 –.
72 Etwa: BAG, Urt. v. 11.12.2003 – 2 AZR 667/02 –; BAG, Urt. v. 17.1.2008 – 2 AZR 536/06 –.

80% der Durchschnittsleistung, anzulegen. Hier bestehen jedoch **keine verlässlichen Grenzen**, an die sich der Arbeitgeber rechtssicher anlehnen könnte. So hat das BAG in der Vergangenheit Widerrufsvorbehalte (auch) daran gemessen, ob eine Umgehung kündigungsschutzrechtlicher Bestimmungen vorliegt.[73]

Bei Widerrufsvorbehalten hat das BAG eine solche Umgehung kündigungsschutzrechtlicher Bestimmungen in der Vergangenheit nicht angenommen, wenn ein widerruflicher Entgeltbestandteil **keinen erheblichen Anteil am Gesamtentgelt** ausmacht.[74] Diese quantitative Grenze wäre bereits bei der Reichweite der widerruflich gestalteten Entgeltbestandteile berücksichtigt. So ist eine quantitative Grenze des Widerrufsvorbehaltes ohnehin regelmäßig bei 25% des Gesamtentgelts des Arbeitnehmers angelegt.[75] Diese Maßgabe allein ist aber zweifelhaft. Das BAG hat in seiner Rechtsprechung zur Kündigung wegen Minderleistungen eine quantitative Grenze des Unterschreitens von deutlich mehr als einem Drittel der Durchschnittsleistung u.a. daraus hergeleitet, dass erst **bei einem solchen quantitativem Verhältnis** von mehr als einem Drittel zu zwei Dritteln das **Austauschverhältnis zwischen Leistung und Gegenleistung als Geschäftsgrundlage des Arbeitsvertrages** betroffen und dementsprechend eine kündigungsschutzrechtliche Relevanz erkennbar würde.[76]

72

Praxistipp
Auch wenn argumentativ sicher sehr gut zu vertreten ist, dass eine Unterschreitung der Durchschnittsleistung bereits um 20% oder mehr den Widerruf einer erfolgsabhängigen Tantieme zulässt, weil der Arbeitnehmer zum wirtschaftlichen Erfolg praktisch nicht mehr beiträgt, sollten Arbeitgeber bei der **Gestaltung von Widerrufsgründen restriktiv** vorgehen. Die Entwicklung der Rechtsprechung ist nicht eindeutig prognostizierbar. Gleichwohl legt sich der Arbeitgeber bei der Formulierung des Widerrufsgrundes für die gesamte Laufzeit der Tantiemeregelung – u.U. ein gesamtes Arbeitsverhältnis – fest. Da die Zurückführung eines formulierten Widerrufsgrundes auf ein noch zulässiges Maß nicht in Betracht kommt, empfiehlt sich in der Praxis eine **möglichst rechtssichere und handhabbare Formulierung des Widerrufsgrundes** und damit ein belastbarer Maßstab. Dieser wird jedenfalls bei dem sogar für eine Kündigung des Arbeitsverhältnisses insgesamt ausreichenden Unterschreiten von 60% der Durchschnittsleistung eines vergleichbaren Arbeitnehmers gegeben sein.

In der Praxis von **weit größerer Bedeutung** ist die Ausübung eines Widerrufsrechts von Tantiemezusagen aus **wirtschaftlichen Gründen**. Das Beispiel einer Entscheidung zur Privatnutzung des Dienstwagens zeigt, dass allein der Hinweis auf einen Widerruf aus wirtschaftlichen Gründen nicht genügt.[77] Der Arbeitgeber muss bei der

73

---

73 Etwa: BAG, Urt. v. 15.11.1995 – 2 AZR 521/95 –.
74 BAG, Urt. v. 15.11.1995 – 2 AZR 521/95 – (15%).
75 BAG, Urt. v. 12.1.2005 – 5 AZR 364/04 –; vgl. Kap. 3 Rn 81.
76 BAG, Urt. v. 11.12.2003 – 2 AZR 667/02 –.
77 BAG, Urt. v. 13.4.2010 – 9 AZR 113/09 –.

Formulierung des Widerrufsvorbehaltes eine konkretere Definition wählen, damit der Arbeitnehmer von vornherein erkennen kann, unter welchen Bedingungen die Ausübung des Widerrufsrechts durch den Arbeitgeber im Raum steht.[78]

74 Die **materiellen Anforderungen** an einen solchen Grund für die Ausübung des Widerrufsrechts **dürfen nicht zu hoch** gesetzt werden. Insbesondere ist der für Änderungskündigungen geltende Maßstab einer Existenzgefährdung für den Betrieb und damit einhergehendem Sanierungsplan, aus dem sich der Beitrag der Entgeltkürzung zur Sanierung ergibt,[79] nicht heranzuziehen.[80] Erforderlich ist lediglich ein sachlicher Grund, der die Ausübung des Widerrufsrechts als **angemessen** erscheinen lässt.[81] Entsprechend dem Zweck der Tantieme, die Arbeitnehmer am Erfolg des Unternehmens partizipieren zu lassen, ist dementsprechend insbesondere der **fehlende Erfolg der unternehmerischen Tätigkeit** maßgebender Anknüpfungspunkt.[82]

75 Hierbei ist zu berücksichtigen, dass der Arbeitgeber selbst aufgrund seiner **unternehmerischen Freiheit** bestimmt, wie er für seine unternehmerische Tätigkeit den **Erfolg definiert**. Eine Angemessenheit des Widerrufsvorbehaltes wäre nur bei einer solchen Bestimmung des unternehmerischen Erfolges infrage zu ziehen, der die **Tantiemezusage von vornherein entwertet**, etwa weil die Maßgaben für das Widerrufsrecht so niedrig aufgestellt werden, dass dem Arbeitnehmer lediglich formal ein Rechtsanspruch eingeräumt wird, dieser jedoch voraussichtlich sofort wieder zu entziehen wäre. Die **Kontrollüberlegung** muss sein, dass der Widerrufsvorbehalt in der Regel nur dann angemessen ist, wenn die Aufrechterhaltung des Rechtsanspruchs für den Arbeitnehmer die Regel und die **Ausübung des Widerrufsrechts die Ausnahme** ist.

Beispiel
- Befindet sich ein Unternehmen seit seiner Errichtung in einem geradlinigem Wachstum von jährlich 2 bis 4% seines Jahresergebnisses, ist ein Widerrufsvorbehalt für den Fall, dass in drei Jahren infolge das Vorjahresergebnis nicht erreicht wird, angemessen. Eine Tantiemeregelung, die an ein stetiges Wachstum des Unternehmens anknüpft, verliert ihre Grundlage im Falle kontinuierlicher Stagnation.
- Anders wäre es, wenn der Widerrufsvorbehalt daran anknüpfen würde, dass das Jahresergebnis das des Vorjahres um weniger als 5% übertrifft. Hier wäre die Widerrufbarkeit der Leistung die Regel und damit die Aufrechterhaltung eines Rechtsanspruchs für den Arbeitnehmer die Ausnahme.

---

76 Denkbare wirtschaftliche Widerrufsgründe sind vor diesem Hintergrund mannigfaltig. Für die **quantitative Bemessung** der Anforderungen an den Widerrufsgrund

---

78 Bauer/Lingemann/Diller/Haußmann/*Lingemann*, Kap. 12 Rn 7; *Weber*, S. 134.
79 BAG, Urt. v. 26.6.2008 – 2 AZR 139/07 –.
80 Vgl. ErfK/*Preis*, § 310 BGB Anwendungsbereich Rn 61.
81 Vgl. ErfK/*Preis*, § 310 BGB Anwendungsbereich Rn 58 f.
82 Vgl. ErfK/*Preis*, § 310 BGB Anwendungsbereich Rn 61.

kommen dabei sämtliche Anknüpfungspunkte für die Bemessung der Tantieme in Betracht.

> **Beispiel**
> Ein Widerrufsrecht könnte beispielsweise anknüpfen an:
> - einen Rückgang der fakturierten Umsätze gegenüber dem Vorjahr um mehr als 15 %;
> - eine Steigerung der Betriebsausgaben gegenüber dem Vorjahr um mehr als 15 %;
> - eine fehlende Kompensation von Verlusten unter Berücksichtigung der Verlustvorträge der vergangenen drei Jahre;
> - kontinuierliches Unterschreiten des Vorjahresergebnisses in einem Drei-Jahres-Zeitraum.

3. Variabilisierung der Tantiemebemessung

Während Freiwilligkeits- oder Widerrufsvorbehalte den Tantiemeanspruch insgesamt nicht entstehen lassen bzw. beseitigen, kommt stattdessen oder darüber hinaus eine **Flexibilisierung der Bemessung des Tantiemeanspruchs** in Betracht. So kann eine Tantieme beispielhaft arbeitsvertraglich abstrakt feststehend bemessen sein, wenn der Arbeitnehmer etwa einen bestimmten prozentualen Anteil an einem nach einer bestimmten Maßgabe zu ermittelnden Jahresergebnis oder am das Vorjahresergebnis überschreitenden Ertragsanteil erhält.[83] In diesem Falle entstehen für beide Arbeitsvertragsparteien während der Laufzeit der Tantiemeregelung keine Zweifel, anhand welcher Kriterien die Tantieme zu bemessen ist. 77

Eine solche Regelung ist indessen wenig flexibel und kann dementsprechend für beide Arbeitsvertragsteile nachteilig sein, wenn sich die **wirtschaftlichen Rahmenbedingungen grundlegend ändern**. Beispielsweise kann im Falle grundlegender Investitionsnotwendigkeiten eine Bildung von Rücklagen erschwert sein, wenn die Unternehmenserträge nicht vollen Umfangs für die Bildung von Rücklagen für Investitionen eingesetzt werden können. Derartige Gesichtspunkte werden bei einer oft **langjährigen Laufzeit von Tantiemevereinbarungen** kaum im Vorwege im Rahmen einer abschließenden Tantiemevereinbarung Berücksichtigung finden können. 78

Weitergehende Flexibilität ermöglicht eine **arbeitsvertragliche Rahmenregelung**, die die Festlegung der konkret für die Bemessung der Tantieme maßgebenden Faktoren einer ausfüllenden **jährlichen Einzelregelung** vorbehält. Eine solche Tantiemevereinbarung aus rahmen- und ausfüllender Einzelregelung unterscheidet sich inhaltlich nicht mehr von einer zielerreichungsabhängigen sonstigen Entgeltkomponente, die ausschließlich an eine wirtschaftliche Unternehmenskomponente anknüpft.[84] 79

---

83 ErfK/*Preis*, § 611 BGB Rn 494; Schaub/*Vogelsang*, § 76 Rn 1 ff.
84 Siehe dazu Rn 90, 114 und 132.

80 Der Arbeitgeber kann im Arbeitsvertrag aber auch lediglich eine Regelung hinsichtlich einer **Zieltantieme** vorsehen, deren nähere Bemessung in jedem Geschäftsjahr der **Ausübung billigen Ermessens** durch den Arbeitgeber vorbehalten bleibt.[85] Eine solche Regelung scheint größtmögliche Flexibilität einzuräumen, birgt jedoch erhebliche **rechtliche Unklarheiten**. Der Begriff des billigen Ermessens ermöglicht die Einstellung **sämtlicher betrieblicher wie arbeitnehmerseitiger Interessen** in eine Gesamtabwägung.

81 Welche Anknüpfungspunkte hierbei letztlich den Ausschlag geben, ist damit im Falle einer arbeitsgerichtlichen Auseinandersetzung eine Frage der **Ausübung tatrichterlichen Ermessens**. Dieses ist lediglich durch die arbeitsvertragliche Rahmenregelung begrenzt. Bei einer Tantiemeregelung wird – sofern der Arbeitsvertrag insoweit keine weitergehenden Regelungen beinhaltet – lediglich der **Zweck der Tantieme** als Erfolgsbeteiligung eine Rolle spielen. Die hiernach möglichen Gesichtspunkte sind ebenso weitreichend, wie die möglichen Anknüpfungspunkte für eine Gestaltung durch den Arbeitgeber – aber auch deren Hinterfragung durch ein Arbeitsgericht.

Beispiel
Knüpft eine jährliche Sonderzahlung an den Erfolg des Unternehmens an und besteht keine weitergehende Vereinbarung der Parteien über deren Bemessung, ist diese jedoch in den vergangenen Jahren mit zunehmendem wirtschaftlichen Erfolg des Unternehmens mindestens in Höhe des Vorjahres ausgezahlt worden, nimmt das BAG an, dass eine solche Leistung vom Geschäftsergebnis des Unternehmens oder der Frage, ob die Geschäftsführung ebenfalls eine Sonderzahlung für den Unternehmenserfolg erhalten hat, anknüpfen kann.[86] Die Tatsache einer stetigen Steigerung der Sonderzahlung rechtfertigt jedenfalls die Annahme, dass billiges Ermessen i.S.d. § 315 BGB die Zahlung im Umfang des Vorjahres rechtfertigt.[87]

Praxistipp
Will der Arbeitgeber die Bestimmung der Tantieme der Ausübung billigen Ermessens vorbehalten, sollte die arbeitsvertragliche Rahmenregelung jedenfalls Vereinbarungen zu folgenden Parametern enthalten, um den Beurteilungsspielraum des Arbeitsgerichtes einzuschränken:
– Regelung einer Tantiemeobergrenze;
– Klarstellung der Bemessung am Ertrag, Umsatz oder der sonstigen Leistungsentwicklung;
– Klarstellung des der Bemessung des Ertrages zugrunde zu legenden Verfahrens;
– Auswirkungen außerordentlicher Verluste oder Erträge;
– Einflussnahme von Beteiligungsergebnissen;
– Auswirkungen des unterjährigen Bestands bzw. Ruhens des Arbeitsverhältnisses.

---

85 BAG, Urt. v. 22.10.1970 – 3 AZR 52/70 –.
86 BAG, Urt. v. 21.4.2010 – 10 AZR 163/09 –.
87 LAG Baden-Württemberg, Urt. v. 1.12.2010 – 22 Sa 40/10 –.

C. Zielvereinbarungssysteme

I. Begriff und Bedeutung als Personalführungsinstrument

Zielvereinbarungssysteme bieten **weitreichende Steuerungsmöglichkeiten**. Ein finanzieller Anreiz in Gestalt einer individualzielerreichungsabhängigen Sonderzahlung kann erheblichen Einfluss auf eine **Leistungssteigerung der Arbeitnehmer** wegen des damit verbundenen Anreizes nehmen.[88] Aus Sicht des Arbeitgebers sind individualerfolgsbezogene Zielvereinbarungssysteme geeignet, durch arbeitsablaufbezogene und damit die unmittelbare Arbeitsleistung des Arbeitnehmers betreffende Ziele einen **Anreiz zur Ausschöpfung der individuellen Leistungsfähigkeit** zu bieten.[89]

Rechtlich betrachtet ist dieses Vorgehen für den Arbeitgeber schon deshalb vorteilhaft, da der umgekehrte Weg – **Sanktionen bei fehlender Ausschöpfung der Leistungsfähigkeit** – in der Praxis **selten durchsetzbar** sind. So kommt eine personen- oder verhaltensbedingte Kündigung nur in Betracht, wenn der Arbeitnehmer 60% der Durchschnittsleistung eines vergleichbaren Arbeitnehmers nicht erreicht und damit indiziert sein kann, dass er seine individuelle Leistungsfähigkeit vertragswidrig nicht ausschöpft.[90]

Dem Arbeitgeber obliegt in einem solchen Kündigungsschutzverfahren zunächst die **Darlegungs- und ggf. Beweislast** dafür, wie 100% der Durchschnittsleistung zu bemessen sind und dass der betroffene Arbeitnehmer 60% einer so bemessenen Leistung nicht erreicht hat.[91] Die Anforderungen der Arbeitsgerichte an einen solchen Tatsachenvortrag durch den Arbeitgeber sind in der Praxis derart hoch, dass ein **Arbeitgeber nur selten diesen Weg erfolgreich beschreiten** wird. Demgegenüber ist es für die unternehmerische Praxis hilfreicher, nicht die ihre arbeitsvertraglichen Verpflichtungen nicht erfüllenden Arbeitnehmer mit arbeitsrechtlichen Sanktionen zu belegen, sondern – zur **Minimierung derartiger Sachverhalte** – eine **Motivation** der Arbeitnehmer zur Ausschöpfung der Leistungsfähigkeit herzustellen.

Dieser Gesichtspunkt einer gesteigerten Ausschöpfung der Leistungsfähigkeit kommt unter verschiedenen Gesichtspunkten zum Tragen. Zum einen werden bestimmte Ziele eine **Priorisierung beim Arbeitnehmer** in wichtigere und weniger wichtige Arbeitsaufgaben bzw. Arbeitsvorgänge herbeiführen. Dies kann z.B. geeignetes Instrument sein, um eine Motivation zur vorrangigen Bearbeitung eher „**unliebiger Arbeiten**" zu schaffen.

---

88 Vgl. *Watzka*, S. 43 ff.
89 *Riesenhuber/v. Steinau-Steinrück*, NZA 2005, 785, 785.
90 BAG, Urt. v. 11.12.2003 – 2 AZR 667/02 –; BAG, Urt. v. 17.1.2008 – 2 AZR 536/06 –.
91 BAG, Urt. v. 11.12.2003 – 2 AZR 667/02 –.

86   Mit dem Anreiz der finanziellen Relevanz für eine Sonderzahlung obliegt die **Verantwortung** des Arbeitnehmers für die Verfolgung der entsprechenden Priorisierung im Arbeitsablauf nunmehr ihm. Dies kann die **Ausdauer zu einer kontinuierlichen Verfolgung des Ziels** stärken. Regelmäßig wird dies den Arbeitnehmer motivieren, Unterbrechungen bei der Zielerreichung zu begrenzen. Insbesondere zum **Ende der Zielperiode** hin kann dies den Arbeitnehmer mobilisieren, seine Leistungsfähigkeit bis zur Grenze auszuschöpfen, um die Zielerreichung nicht „in letzter Minute" zu gefährden.

87   Die Erreichung des Ziels stellt sodann ein **Erfolgserlebnis** dar, weil sich eine bloße Hoffnung zu einem Ergebnis verfestigt. Der Arbeitnehmer identifiziert sich deshalb mit dem von ihm bewirkten Arbeitserfolg. Der monetäre Anreiz wirkt insoweit als „Hebel" für eine **Identifikation** des Arbeitnehmers mit seinem **Arbeitsergebnis** und damit zugleich der auf dessen Herbeiführung gerichteten Arbeitsleistung.[92]

> **Praxistipp**
> Diese Gesichtspunkte knüpfen insbesondere an den Arbeitnehmer als Individuum an. Sie lassen sich deshalb besonders gut durch individualerfolgsbezogene Ziele, die der Arbeitnehmer auf seinem Arbeitsplatz zu erreichen hat, ansteuern.

88   **Gruppenerfolgsbezogene Ziele** steuern darüber hinaus die Motivation der Arbeitnehmer einer Gruppe, Arbeitsabläufe effektiv und effizient zu **planen**, zu **koordinieren**, zu **kontrollieren** und auf dieser Grundlage wiederum zu **optimieren**. Ist eine Gruppe etwa durch ein bestimmtes Team, eine Organisationseinheit oder eine bestimmte Zusammenstellung von Arbeitnehmern als Projektgruppe zur Verfolgung eines Projektes aufgestellt, dienen gruppenerfolgsbezogene Ziele einer **Selbststeuerung der Gruppe** zum Zwecke der Steigerung von Effektivität und Effizienz. Dies gilt zunächst für die Arbeitsabläufe selbst, die in der Gruppe aufeinander abzustimmen sind. Dies bedarf einer Planung und Koordination, die jedoch infolge der fortgesetzten Aufgabenverfolgung stetig zu kontrollieren und entsprechend der getroffenen Feststellungen ggf. zu optimieren ist.

89   Gruppenziele haben indessen eine nicht zu unterschätzende weitere Wirkung: Mit der Erreichung oder Nichterreichung des Ziels steht oder fällt eine **finanzielle Komponente für die gesamte Gruppe**. Die einzelnen Arbeitnehmer der Gruppe werden dementsprechend die **Produktivität der anderen Gruppenmitglieder** im Blick haben. Auf dieser Grundlage entsteht ein gewisser „Gruppenzwang", der positiv geeignet sein kann, über den finanziellen Anreiz nicht unmittelbar zu motivierende Arbeitnehmer zur Ausschöpfung ihrer Leistungsfähigkeit anzuhalten. Grup-

---

[92] Vgl. *Riesenhuber/v. Steinau-Steinrück*, NZA 2005, 785, 785.

penziele sprechen damit den einzelnen Arbeitnehmer der Gruppe unmittelbar über die Zielkomponente und mittelbar über die Motivation der anderen Gruppenmitglieder zur Erreichung dieser Zielkomponente an.

Praxistipp
Bei der Zusammenstellung von Arbeitsgruppen – sei es im Rahmen von Teams bestimmter dauerhafter Arbeitsbereiche oder vorübergehender Arbeitsgruppen im Rahmen bestimmter Projekte – kann es im Interesse des Arbeitgebers liegen, eine sinnvolle **Durchmischung der Gruppen nach Leistungsgesichtspunkten** vorzunehmen, sodass eine gewisse Anzahl von Leistungsträgern zur Zielerreichung motiviert ist und weniger leistungswillige Arbeitnehmer durch andere Gruppenmitglieder zur Leistungssteigerung angehalten werden.[93]

Schließlich können **unternehmensbezogene Zielkomponenten**[94] dafür Sorge   90
tragen, dass im Gegensatz zu individual- oder gruppenerfolgsbezogenen Zielkomponenten nicht einzelne Arbeitnehmer oder Gruppen **auf Kosten anderer** ihre Ziele verfolgen. Über eine unternehmenserfolgsbezogene Komponente bleibt das **wirtschaftliche Gesamtergebnis** im Blick, sodass das unternehmerische Ziel, den Wertschöpfungsprozess zum Zwecke der Ertragssteigerung zu optimieren, nicht durch **Fehlanreize in untergeordneten Einheiten** konterkariert wird.

Wichtig ist in diesem Zusammenhang jedoch zu beachten, dass sämtliche Ziele 91
jenseits der wirtschaftlichen Betrachtung **Fehlanreize** setzen können, wenn sie nicht mit Augenmaß gesteuert werden. Individualerfolgsbezogene Ziele können etwa – sofern sie nicht durch übergeordnete ergänzende Ziele flankiert sind – Fehlanreize zur **ausschließlich eigenen Zielverfolgung** unter Zurücksetzung sonstiger Bedürfnisse geben.

Beispiel
Obliegt einem Buchhalter als individualerfolgsbezogenes Ziel der Abschluss einer Datenmigration im Zuge der Umstellung von Softwaresystemen, darf die Fertigstellung der Datenmigration keine so große **Priorität** einnehmen, dass sonstige buchhalterische Vorgänge nicht mehr ordnungsgemäß bearbeitet werden und damit ggf. das Controlling keine hinreichend aktuellen Wirtschaftsdaten vorfindet, auf deren Grundlage das Risikomanagement Entscheidungen für die Unternehmensentwicklung treffen kann.

Gleiches gilt bei individualerfolgsbezogenen Zielen unter dem Gesichtspunkt, dass   92
aus Kollegen **Konkurrenten** werden können.[95] Zugegebenermaßen werden derartige Fehlanreize selten sein, sie müssen jedoch bedacht werden. Individualerfolgsbezogene Ziele sollten deshalb so definiert werden, dass die Zielerreichung des einen nicht auf Kosten der Zielerreichung des anderen Arbeitnehmers erfolgt.

---

93 A.A. *Watzka*, S. 248.
94 Schaub/*Linck*, § 77 Rn 10.
95 Vgl. zu den Risiken: *Watzka*, S. 174 ff.

Beispiel
Stellt eine individualerfolgsbezogene Zielkomponente auf die Anzahl abgeschlossener Neukundenverträge und deren wirtschaftliches Volumen ab, sollte zur Vermeidung konkurrierender Arbeitnehmer eine Aufteilung nach Sparten, Regionen o.ä. erfolgen.

93 Umgekehrt kann es aus unternehmerischer Sicht in Einzelfällen sinnvoll sein, einen **Leistungsdruck** aufzubauen, um gezielt leistungsunwilligere Arbeitnehmer zur Leistungssteigerung anzuspornen.[96] Hier ist jedoch **Augenmaß** geboten.

94 Dieser Gedanke setzt sich bei **gruppenerfolgsbezogenen Zielen** fort. So wichtig gruppenerfolgsbezogene Ziele als Motivationsfaktor für eigenverantwortliche Planung, Koordination, Kontrolle und Optimierung der gruppeninternen Zusammenarbeit sind, so gefährlich können sie im Einzelfall bei leistungsgeminderten Arbeitnehmern sein. Während bei individualerfolgsbezogenen Zielen der Arbeitnehmer noch unbeeinflusst von seinen Kollegen die Entscheidung darüber treffen kann, wie weit er seine Leistungsfähigkeit ausschöpft, um ein Ziel zu erreichen, und ab wann eine **Überforderungssituation** eintritt, kann ein Leistungsdruck innerhalb einer **Gruppe von Arbeitnehmern** auf emotional-sozialer Basis deutlich **weitergehende Fehlanreize zur Überforderung** setzen.[97]

95 Daraus folgt zwar nicht, dass leistungsgeminderte Arbeitnehmer nicht von gruppenerfolgsbezogenen Zielen erfasst werden dürften. Die Leistungsminderung beruht in der Regel nicht auf Gründen aus der Sphäre des Arbeitgebers, sondern allein in derjenigen des leistungsgeminderten Arbeitnehmers. Unter **arbeitsschutzrechtlichen Gesichtspunkten** ist eine solche, in der Sphäre des Arbeitnehmers wurzelnde Situation **übermäßiger Beanspruchung** dessen **eigener körperlicher Konstitution** zuzurechnen. Die subjektive Beanspruchungsfolge einer Überforderung ist damit nicht dem vom Arbeitgeber abgerufenen Maß der Arbeitsleistung, sondern der **individuellen Leistungsfähigkeit des Arbeitnehmers** zuzuordnen. Aus der Fürsorgepflicht des Arbeitgebers folgt allein, Belastungsfaktoren am Arbeitsplatz durch eine Gestaltung der Arbeitsbedingungen derart zu dimensionieren, dass aufgrund der arbeitsplatzspezifischen Gesichtspunkte (nicht jedoch: der arbeitnehmerspezifischen) keine übermäßigen Beanspruchungsfolgen entstehen.

96 Ist der Arbeitnehmer hiernach den **Anforderungen an seinem Arbeitsplatz nicht mehr gewachsen**, ist er leistungsunfähig mit der Folge, dass das **Arbeitsverhältnis insgesamt zu beenden** ist, wenn kein der Leistungsfähigkeit adäquater Arbeitsplatz zur Verfügung steht. Gruppenerfolgsbezogene Zielkomponenten müssen deshalb lediglich sicherstellen, dass **kein eine Normal- oder Durchschnittsleistung übersteigender Leistungsdruck** innerhalb der Gruppe aufgebaut wird.

---

96 Hierzu *Watzka*, S. 47 ff.
97 Vgl. *Watzka*, S. 247 ff.

Lediglich die Abforderung von Leistungen oberhalb der Normalleistung könnte als objektiver Belastungsfaktor einer Arbeitsbedingung am Arbeitsplatz dem Arbeitgeber zugerechnet werden, sodass ein solcher „Gruppenzwang" unter arbeitsschutzrechtlichen Gesichtspunkten unzulässig wäre.

Jenseits dieser rechtlichen Überlegungen ist allerdings **keinem Arbeitgeber damit gedient**, wenn einzelne Arbeitnehmer in der Gruppe von ihren Kollegen unter Druck gesetzt werden und sich **permanent überfordert fühlen**. Gleiches gilt für den Gesichtspunkt krankheitsbedingter Arbeitsunfähigkeitszeiten, da die Praxis zwar zeigt, dass **nicht jede Krankheit zwangsläufig** zur **Arbeitsunfähigkeit** führt, Arbeitnehmer jedoch häufig unter Generierung von Entgeltfortzahlungskosten dem Arbeitsplatz fernbleiben. Die Unterbindung solcher Entwicklungen kann im Wege gruppenerfolgsbezogener Zielkomponenten im Einzelfall erfolgreich angesprochen werden. Es kann und darf aber gleichwohl nicht das Ziel des Arbeitgebers sein, durch einen überhöhten Leistungsdruck in einer Gruppe **Fehlanreize zur gesundheitlichen Auszehrung einzelner Arbeitnehmer** zu schaffen. 97

Praxistipp
Bei individual- wie gruppenerfolgsbezogenen Zielkomponenten ist es sinnvoll, den jeweiligen **Führungskräften eine Überwachung aufzuerlegen**, dass die Gestaltung der Arbeitsabläufe bzw. das Zusammenwirken in der Gruppe zu einer angemessenen Aufgaben- und Arbeitsverteilung nach Leistungsgesichtspunkten führt. Für die jeweilige Führungskraft selbst kann dies wiederum ein individualerfolgsbezogenes Ziel darstellen, falls der Arbeitgeber auch insoweit einen monetären Anreiz setzen möchte.

II. Rechtliche Gestaltungen

1. Rahmen- und/oder Einzelvereinbarungen
a) Undurchführbarkeit bei abschließender Dauerregelung

Die grundlegende rechtliche Gestaltungsfrage bei einem Zielvereinbarungssystem liegt darin, ob bereits durch **Arbeitsvertrag oder Betriebsvereinbarung eine feststehende und abschließende Regelung** über die Entstehung und Bemessung von Ansprüchen generiert werden soll.[98] Vorteil einer solchen abschließenden Regelung ist **Planungssicherheit** für beide Arbeitsvertragsparteien, die **Vermeidung administrativen Aufwandes** im Rahmen anderenfalls notwendig werdender Bestimmungen für jeweils einzelne Zielperioden und damit der Ausschluss diesbezüglicher Auseinandersetzungen. 98

Allerdings liegen die damit verbundenen **Nachteile** gleichermaßen auf der Hand. In einem Arbeitsvertrag oder ggf. einer Betriebsvereinbarung lassen sich kaum 99

---

98 Kap. 4 Rn 57 ff.

sämtliche für die zukünftige **Durchführung eines gesamten Arbeitsverhältnisses** und dessen **wirtschaftliche Bedeutung** für das Unternehmen relevanten Gesichtspunkte **abstrakt im Vorhinein** so bestimmen, dass eine aus Sicht beider Arbeitsvertragsparteien leistungsgerechte Entgeltkomponente bemessen werden könnte.[99]

100   Ebenso wie sich bei den Kennzahlen für unternehmerische Ziele **Verschiebungen der wirtschaftlichen Rahmenbedingungen**, insbesondere des Wettbewerbsumfeldes, von Kostengesichtspunkten oder sonstigen ertragsrelevanten Faktoren, aber auch Notwendigkeiten von Anlageentscheidungen für eine nachhaltige Unternehmensentwicklung ergeben können, kann bereits eine schlichte **Versetzung des Arbeitnehmers** dazu führen, dass etwaige individualerfolgsbezogene Komponenten ihre Grundlage verlieren.

101   Knüpft eine zielerreichungsabhängige Entgeltkomponente, wie eine Tantieme, allein an **unternehmenserfolgsabhängige Werte** an, ist ein feststehendes Bemessungssystem bei sich schnelllebig ändernden wirtschaftlichen Rahmenbedingungen bereits **nur bedingt interessengerecht**. Soll eine zielerreichungsabhängige Entgeltkomponente an Ziele im Sinne **konkreter Arbeitserfolge des einzelnen Arbeitnehmers oder einer Gruppe von ihnen** anknüpfen, sind sowohl die maßgebenden Arbeitserfolge wie auch die Verknüpfung mit der Entgeltkomponente in einem bestimmten Umfang weitaus mehr von einer **Einzelfallbetrachtung** abhängig. Nicht zuletzt ein sich **stetig wandelndes technologisches Umfeld** verändert die Rahmenbedingungen für die Erbringung eines Arbeitserfolges derart kurzfristig, dass eine abstrakte Vereinbarung für die Dauer eines gesamten Arbeitsverhältnisses nicht praktikabel ist.

Beispiel
Die Aufgabe eines Datentypisten, der Daten mit großem Zeitaufwand händisch in ein EDV-System des Arbeitgebers zu übertragen hatte, wird durch eine Schnittstellensoftware ersetzt, mittels derer der Datentransfer von einem externen EDV-System in das des Arbeitgebers „auf Knopfdruck" automatisch erfolgt. Der „Knopfdruck" des Datentypisten ist für die Werthaltigkeit seiner Arbeitsaufgaben und damit für die Bemessung eines zielerreichungsabhängigen Entgelts nicht mehr maßgebend.

Praxistipp
Die Problematik der fehlenden Durchführbarkeit einer abschließenden Dauerregelung zeigt sich nicht nur, wenn diese im Arbeitsvertrag oder in einer Betriebsvereinbarung getroffen ist. In der Praxis ist häufig zu beobachten, dass Arbeitgeber als **Zusatzvereinbarung** ein Zielvereinbarungsmodell vereinbaren, in dem die konkreten Ziele festgelegt sind.[100] Ist dieses nicht – durch einen Freiwilligkeitsvorbehalt unterlegt – als einmalige Sonderzahlung für den Bezugszeitraum z.B. des Geschäftsjahres, für das die Zahlung erfolgen soll, festgelegt, begründet der Arbeitgeber damit bereits eine

---

99   Preis/*Preis/Lindemann*, II Z 5 Rn 4.
100   *Weber*, S. 10; Preis/*Preis/Lindemann*, II Z 5 Rn 2.

ihn dauerhaft bindende Regelung, von der er sich auch hinsichtlich der vorgegebenen Ziele nicht einseitig lösen kann. Dies gilt selbst dann, wenn in der Vergangenheit mit Arbeitnehmern regelmäßig für jedes Geschäftsjahr neue derartige Vereinbarungen getroffen worden sind. Sobald der Arbeitnehmer einmal den Abschluss einer ablösenden Neuregelung verweigert, gilt die vorherige Regelung im Zweifel als Dauerregelung fort.

b) Kombination aus abstrakter Rahmen- und ausfüllender Einzelregelung

Nun wäre es zwar denkbar, dass der Arbeitgeber mit dem Arbeitnehmer für jedes Geschäftsjahr eine abschließende **Neuregelung unter Freiwilligkeitsvorbehalt** und damit den Ausschluss von Rechtsansprüchen für die Folgejahre trifft. Dies ist indessen nur dann möglich, wenn ein solcher Freiwilligkeitsvorbehalt nicht in **Widerspruch zu bereits erfolgten Zusagen**,[101] etwa im Arbeitsvertrag, steht, nach denen der Arbeitnehmer eine bestimmte Sonderzahlung „erhält" oder an einem Zielvereinbarungssystem teilnimmt. 102

Bereits aus solchen arbeitsvertraglichen Zusagen entnimmt die Rechtsprechung, dass ein Rechtsanspruch für den Arbeitnehmer bei vertretbarer Interpretation des Wortlautes begründet werden kann und der Arbeitgeber an eine solche Interpretation des Wortlautes gebunden ist.[102] Auch wäre ggf. die **Bereitschaft des Arbeitnehmers im Recruitingprozess**, ein Arbeitsverhältnis mit dem Arbeitgeber einzugehen, deutlich gemindert, wenn eine zielerreichungsabhängige Entgeltkomponente nicht vertraglich zugesichert, sondern lediglich als bloße Hoffnung unter Ausschluss eines Rechtsanspruchs in den Raum gestellt würde. Insbesondere bei Schlüsselkräften, die als Fachkräfte auf dem Arbeitsmarkt schwer zu gewinnen sind, wäre eine Akzeptanz solcher Arbeitsbedingungen schwer zu erreichen. 103

Faktisch ist deshalb in der Praxis eine **arbeitsvertragliche Zusage** einer zielerreichungsabhängigen Entgeltkomponente mit der Maßgabe für die jeweilige Zielerreichungsperiode jeweils **gesondert festzulegender Zielkomponenten durch eine Einzelregelung** verbreitet.[103] 104

Die Rahmenregelung erfolgt auf Grundlage des Arbeitsvertrages (ggf. auch durch Gesamtzusage oder Betriebsvereinbarung). Sie beinhaltet in der Regel, dass der Arbeitnehmer eine **Sonderzahlung nach Maßgabe einer zielerreichungsabhängigen Bemessung** erhält.[104] 105

Klauselmuster
Eine arbeitsvertragliche Rahmenregelung sieht etwa einleitend vor:
„Der Arbeitnehmer nimmt am variablen Vergütungssystem XY des Unternehmens teil ..."

---

101 BAG, Urt. v. 25.4.2007 – 5 AZR 627/06 –.
102 Vgl. Kap. 3 Rn 42.
103 *Berwanger*, BB 2003, 1499 ff.; Preis/*Preis/Lindemann*, II Z 5 Rn 4.
104 *Riesenhuber/v. Steinau-Steinrück*, NZA 2005, 785, 788.

106 Eine solche **Regelung genügt allerdings nicht**.[105] Sie begründet zwar einen Anspruch des Arbeitnehmers. Dieser ist – sofern die Rahmenregelung keine weiteren Vorgaben enthält – auf die Teilnahme nach den zum Zeitpunkt des Vertragsschlusses geltenden Bedingungen dieses Entgeltsystems gerichtet. Aus der Rahmenregelung ergibt sich dementsprechend noch nicht mit hinreichender Deutlichkeit, dass über die zum Zeitpunkt des Vertragsschlusses bestehenden genauen Inhalte der ausfüllenden Einzelregelung hinaus eine **Offenheit für zukünftige neue und ablösende Einzelregelungen** für die jeweiligen Bezugszeiträume getroffen werden soll. Dies ist in der Rahmenregelung vielmehr ergänzend klarzustellen.

> **Klauselmuster**
> Eine arbeitsvertragliche Rahmenregelung sieht etwa einleitend vor:
> *„Der Arbeitnehmer nimmt am variablen Vergütungssystem XY des Unternehmens teil ... Die für die Bemessung eines Anspruchs des Arbeitnehmers maßgebenden Ziele, deren Gewichtung, und der Prozess der Zielerreichungsfeststellung werden für jedes Geschäftsjahr neu geregelt; aus vorangegangenen Regelungen für bisherige Geschäftsjahre lassen sich keine Ansprüche – weder nach Grund noch nach Höhe – für die Zukunft herleiten."*

107 Mit einer solchen Regelung ist der Vorbehalt ausfüllender Einzelfallregelung **hinreichend klar und verständlich** zum Ausdruck gebracht, sodass die gem. § 307 Abs. 1 S. 2 BGB im Rahmen arbeitsvertraglicher Regelungen, im Übrigen aber aus allgemeinen Bestimmtheitsgrundsätzen, folgende **Transparenzkontrolle** gewahrt ist. Mit ihr ist allerdings noch nicht zum Ausdruck gebracht, nach welchen Regularien die jeweils maßgebenden Faktoren geregelt werden sollen.

108 In Betracht kommt entweder eine **einvernehmliche oder eine einseitige Zielvereinbarung**. Die Zielvereinbarung hat – so sie mit dem Arbeitnehmer tatsächlich vereinbart wird – den Vorteil, dass sie keiner Inhalts- oder Billigkeitskontrolle unterliegt, sondern die **Grundsätze über die freie Entgeltvereinbarung** gelten.[106]

109 Der gerichtlichen Kontrolle unterliegt damit weder, ob die **Ziele generell erreichbar** wären, ob – etwa infolge erst verspäteten Zustandekommens der Zielvereinbarung im Lauf des Bezugszeitraums – die Ziele noch erreichbar sind, ob die Ziele die Grenzen des arbeitgeberseitigen Direktionsrechts überschreiten oder deren Gewichtung zueinander unverhältnismäßig sein kann. Der „Preis" einer solchen nur eingeschränkten gerichtlichen Überprüfbarkeit ist die **Notwendigkeit eines Einvernehmens** mit dem Arbeitnehmer.[107] Akzeptiert der Arbeitnehmer die Ziele nicht und kommt eine Zielvereinbarung nicht zustande, stellt sich die Frage nach einem **Schadensersatzanspruch** des Arbeitnehmers wegen entgangener

---

105 *Riesenhuber/v. Steinau-Steinrück*, NZA 2005, 785, 788.
106 BAG, Urt. v. 12.12.2007 – 10 AZR 97/07 –; *Bauer/Diller/Göpfert*, BB 2002, 882, 884; *Salamon*, NZA 2010, 310, 314 u. 316.
107 *Salamon*, NZA 2010, 310, 314.

Sonderzahlung, die er mangels Zielvereinbarung nicht erreichen konnte.[108] Diesem kann der Arbeitgeber nur dadurch entgehen, dass er dem Arbeitnehmer rechtzeitig – d.h. zu Beginn des Bezugszeitraums – angemessene Ziele angeboten hat, die von den Grenzen des Direktionsrechts gedeckt sind und deren Verhältnis zueinander angemessen ist.[109]

Dies sind letztlich die Maßgaben, die gleichermaßen gelten, wenn der Arbeitgeber anstelle der Notwendigkeit einvernehmlicher Zielvereinbarungen die **einseitige Zielvorgabe** nach billigem Ermessen in der Rahmenregelung vorsieht. Zu dem Zeitpunkt, in dem der Arbeitgeber zum Zwecke einer einvernehmlichen Zielvereinbarung dem Arbeitnehmer ein Angebot auf Abschluss der Zielvereinbarung unterbreitet, weiß er in der Regel noch nicht, ob diese Zielvereinbarung zustande kommt. Zur Vermeidung eines Schadensersatzanspruchs sollte der Arbeitgeber ein **Angebot auf solche Zielkomponenten begrenzen**, die im Falle fehlenden Einvernehmens mit dem Arbeitnehmer als **ausreichendes Angebot zum Ausschluss eines Schadensersatzanspruchs** betrachtet würden. Im Ergebnis sollte ein Arbeitgeber sich deshalb – wenn das Zustandekommen einer Zielvereinbarung nicht gewiss ist – die Vorteile der fehlenden gerichtlichen Überprüfbarkeit der Zielvereinbarung nicht zu offensiv zunutze machen. 110

Praxistipp
Dem Arbeitgeber bleibt es selbstverständlich unbenommen, dem Arbeitnehmer bei fehlender Akzeptanz angebotener Ziele ein erneutes Angebot mit abgeschwächten Zielen zu unterbreiten, um insoweit einen Schadensersatzanspruch rechtssicher auszuschließen.

Im Ergebnis ist das **Regelungsinstrument der Zielvereinbarung** entgegen dem ersten Anschein **für den Arbeitgeber günstiger** als die einseitige Zielvorgabe. Bei der einvernehmlichen Zielvereinbarung hat der Arbeitgeber jedenfalls die **Möglichkeit**, dass eine nur **eingeschränkt gerichtlich überprüfbare Zielvereinbarung** zustande kommt. Da in der Praxis im laufenden Arbeitsverhältnis die wenigsten Arbeitnehmer auf eine rechtliche Auseinandersetzung Wert legen, werden Zielvereinbarungen in der Regel einvernehmlich zustande kommen. 111

Sofern dies in Einzelfällen nicht möglich ist, bleibt es allenfalls bei einer gerichtlichen Überprüfung, ob die angebotenen Ziele vom Arbeitnehmer redlicherweise hätten akzeptiert werden müssen – dies geht über den **Kontrollmaßstab des § 315 BGB bei einer Zielvorgabe indessen nicht hinaus**. Zudem kann der Arbeitgeber im Falle fehlenden Zustandekommens einer Zielvereinbarung und Unsicherheit über die Angemessenheit der Ziele nochmals mit einem abgeschwächten Ange- 112

---

108 Bauer/Lingemann/Diller/Haußmann/*Lingemann*, Kap. 12 Rn 59; Küttner/*Griese*, Zielvereinbarung, Rn 14.
109 Vgl. *Lembke*, NJW 2010, 321, 324.

bot „nachbessern", um einem Schadensersatzanspruch auf dieser Grundlage den Boden zu entziehen.

 Klauselmuster
Im Falle der Regelung der Ziele durch **Zielvereinbarung** wäre obige Rahmenregelung wie folgt zu ergänzen:
> *„Der Arbeitnehmer nimmt am variablen Vergütungssystem XY des Unternehmens teil ... Die für die Bemessung eines Anspruchs des Arbeitnehmers maßgebenden Ziele, deren Gewichtung und der Prozess der Zielerreichungsfeststellung werden für jedes Geschäftsjahr neu geregelt; aus vorangegangenen Regelungen für bisherige Geschäftsjahre lassen sich keine Ansprüche – weder nach Grund noch nach Höhe – für die Zukunft herleiten. Hierzu treffen die Parteien für das jeweils folgende Geschäftsjahr eine gesonderte Vereinbarung. Der Arbeitgeber wird dem Arbeitnehmer bis zum 15. des ersten Monats des jeweiligen Geschäftsjahres ein Regelungsangebot über die maßgebenden Ziele, deren Gewichtung und den Prozess der Zielerreichungsfeststellung schriftlich oder in Textform unterbreiten."*

Im Falle einer **einseitigen Zielvorgabe** würde die Formulierung optional lauten:
> *„Der Arbeitnehmer nimmt am variablen Vergütungssystem XY des Unternehmens teil ... Die für die Bemessung eines Anspruchs des Arbeitnehmers maßgebenden Ziele, deren Gewichtung und der Prozess der Zielerreichungsfeststellung werden für jedes Geschäftsjahr neu geregelt; aus vorangegangenen Regelungen für bisherige Geschäftsjahre lassen sich keine Ansprüche – weder nach Grund noch nach Höhe – für die Zukunft herleiten. Der Arbeitgeber wird gegenüber dem Arbeitnehmer bis zum 15. des ersten Monats des jeweiligen Geschäftsjahres die maßgebenden Ziele, deren Gewichtung und den Prozess der Zielerreichungsfeststellung nach billigem Ermessen einseitig schriftlich oder in Textform festlegen."*

113 Um sowohl unter dem Gesichtspunkt eines **adäquaten Angebots** für eine einvernehmliche Zielvereinbarung als auch einer **Inhalts- und Billigkeitskontrolle einer Zielvorgabe** klare Rahmenbedingungen für den Inhalt der maßgebenden Ziele zu setzen, sollte die **Rahmenregelung klarstellen, welche Art von Zielen vereinbart bzw. vorgegeben** werden können.[110] Gleiches gilt für die mögliche Gewichtung der Ziele zueinander und eine mögliche Regelung über ein etwaiges Stufenverhältnis, nachdem etwa bei Nichterreichen eines vorgelagerten Ziels trotz Zielerreichung weiterer Ziele kein Anspruch entstehen soll.

Klauselmuster
Obige Rahmenregelungen wären etwa wie folgt zu ergänzen:
> *„Maßgebende Ziele können insbesondere auf den wirtschaftlichen Erfolg des Unternehmens, des Konzerns oder der Konzernsparte, auf den Erfolg einer Gruppe von Arbeitnehmern, der der Arbeitnehmer angehört oder auf den Erfolg der Arbeitsleistung des Arbeitnehmers selbst abstellen. Ihre Gewichtung zueinander soll in einem angemessenen Verhältnis zueinanderstehen, was allerdings nicht ausschließt, dass etwa bei Nichterreichung des wirtschaftlichen Ziels des Unternehmens, Konzerns und/oder einer Konzernsparte trotz erreichter sonstiger Ziele der Anspruch insgesamt nicht entsteht."*

---

110 *Bauer/Diller/Göpfert*, BB 2002, 882, 883.

Hinsichtlich **wirtschaftlicher Erfolge** des Unternehmens, Konzerns oder einer Konzernsparte sollte ggf. – entsprechend den oben dargestellten Grundsätzen für die Bemessung von Tantiemen – eine **Klarstellung des Bemessungsverfahrens** erfolgen. Allerdings wird es in der Regel weder unbillig i.S.d. § 315 BGB bei einer einseitigen Zielvorgabe noch unangemessen im Sinne des Angebotes auf eine einvernehmliche Zielvereinbarung sein, wenn der Arbeitgeber jeweils das Verfahren zugrunde legt, welches dem **aktuellen Unternehmens- oder Konzernstandard bei der Erstellung des Abschlusses** entspricht. Auch wenn ggf. neben einem Abschluss auf Basis der IFRS-Standards noch ein HGB-Abschluss erforderlich ist, wird der Arbeitgeber im Verhältnis zu seinen Arbeitnehmern auf den Standard zurückgreifen dürfen, den er im Übrigen publiziert. Erfolgt dies nach einem anerkannten Verfahren, kann darin keine Unbilligkeit oder unangemessene Benachteiligung des Arbeitnehmers liegen.

Eine weitere Komponente der Rahmenregelung sollte in einer **Zielgröße der variablen Entgeltkomponente** bestehen, wobei – wenn sich dies nicht aus den Zielfestlegungen im Einzelfall ergibt – eine Klarstellung hinsichtlich einer **unteren und oberen Grenze** möglicher Ansprüche sinnvoll ist.

114

115

Klauselmuster
Die Rahmenregelungen wären beispielhaft wie folgt zu ergänzen:
„Sollten 100% aller Ziele erreicht sein (Zielgröße), erhält der Arbeitnehmer X €. Im Falle einer Übererfüllung der Ziele kann sich dieser Anspruch um bis zu Y% erhöhen; näheres ergibt sich aus einer im Rahmen [der Zielvereinbarung gesondert zu regelnden] [der Zielvorgabe gesondert festzulegenden] Staffelung. Werden eines oder mehrere der Ziele nicht oder nicht voll erreicht, entsteht ein der Zielerreichung entsprechend anteiliger Anspruch, es sei denn, dass (auch) dasjenige Ziel nicht oder nicht vollständig erreicht wurde, von dessen (vollständiger) Erreichung die Entstehung des Anspruchs insgesamt abhängig ist."

---

2. Gegenstand der Zielkomponenten

Gegenstand der Zielkomponenten in der für den jeweiligen Bezugszeitraum zu vereinbarenden Zielvereinbarung bzw. vorzugebenden Zielvorgabe können wirtschaftliche Unternehmens-, Konzern-, Spartenziele oder aber individual-, gruppen- oder sonstige projekterfolgsbezogene Ziele sein. Inhaltlich können diese an Aufgaben, Leistungen, Ressourcen, Innovationen, Verhalten, Personalentwicklung oder Negativkriterien anknüpfen.[111]

Der Steigerung der **Effizienz im Sinne eines kontinuierlichen Verbesserungsprozesses** dienen hierbei insbesondere Ziele aus den Kategorien der Aufgaben-, Leistungs- und Ressourcenziele.[112] Mit den **Aufgabenzielen** werden die ele-

116

117

---

111 Nach *Watzka*, S. 37.
112 Nach *Watzka*, S. 37.

mentaren Arbeitsaufgaben als Ziel beschrieben, während **Leistungsziele** wirtschaftlich an den Umsatz oder Ertrag oder qualitativ an die Arbeitsqualität anknüpfen können. **Ressourcenziele** knüpfen demgegenüber an die mit der Arbeitsaufgabe entstandenen Kosten für das Unternehmen an.[113] Daneben kommen **Innovationsziele** zur Weiterentwicklung von Produkten, Verfahren oder Prozessen sowie **Verhaltensziele** hinsichtlich Zusammenarbeit, Kommunikations- oder Informationsprozessen in Betracht.[114] **Personalentwicklungsziele** knüpfen insbesondere an die Behebung von Qualifikationsdefiziten, aber auch an den Ausbau der Qualifikation zugunsten eines erweiterten Aufgabengebietes.[115] **Negativziele** sollen darüber hinaus der Entlastung dienen und Prozesse beschreiben, an denen der Arbeitnehmer nicht mehr teilnehmen soll.[116]

118 Welche dieser Ziele in welchem Umfang für den jeweiligen Arbeitsplatz (-inhaber) geeignet und geboten erscheinen, ist eine **Frage des Einzelfalls.** Eine angemessene Berücksichtigung der jeweiligen individuellen Umstände kann in Gestalt der jeweiligen **Einzelvereinbarung über die Ziele** erfolgen. Es gilt, jeweils ein **angemessenes Verhältnis** zwischen einer Steigerung der Produktivität durch Arbeitsziele bei gleichzeitiger Effizienz durch Leistungs- und Ressourcenziele und der nachhaltigen Unternehmensentwicklung durch Innovations- und Personalentwicklungsziele zu finden.

119 Dabei werden auf **Führungspositionen** andere Gewichtungen dieser Zielkomponenten vorzunehmen sein als bei rein **operativ-administrativen Arbeitsplätzen.** Bei Letzteren wird es aber zumindest ein **Zeichen der Wertschätzung** sein, wenn der Arbeitgeber Innovations- und Personalentwicklungsziele – auch wenn nach Anforderungen und Aufgaben auf dem Arbeitsplatz vordergründig zunächst nicht von Relevanz – im Blick behält. **Verhaltensziele** werden **stark einzelfallgeprägt** sein, da die Zusammenarbeit und der Informationsfluss in den jeweiligen Organisationseinheiten durch die jeweiligen Strukturen, Informationskanäle und auftretenden Akteure gekennzeichnet sind.

120 Arbeitsrechtlich ist darauf zu achten, dass der Gegenstand der Ziele **hinreichend klar und verständlich** und damit transparent i.S.d. **§ 307 Abs. 1 S. 2 BGB** bzw. generell hinreichend bestimmt i.S.d. **§ 315 BGB** formuliert ist.

> **Praxistipp**
> Aus **Dokumentations- und Beweisgründen** sollten Zielvereinbarungen bzw. -vorgaben stets schriftlich oder zumindest in Textform mit Gegenbestätigung in Schrift- oder Textform erfolgen. Anderenfalls kann Streit über die konkrete Formulierung eines Ziels auftreten und gehen Zweifel regelmäßig zulasten des Arbeitgebers.

---

[113] Nach *Watzka*, S. 38.
[114] Nach *Watzka*, S. 39.
[115] Nach *Watzka*, S. 40.
[116] Nach *Watzka*, S. 40.

Beispiel
- Beispiele für Aufgabenziele:
  - Auslieferung, Montage und Inbetriebnahme von 12 Maschinen Typ X beim Endkunden;
  - Abschluss von 12 Neukundenverträgen mit einem bestimmten Leistungsgegenstand;
  - Rekrutierung von 20 Ingenieuren für den Bereich Flugzeugbau.
- Beispiele für Leistungsziele:
  - Auslieferung, Montage und Inbetriebnahme von 12 Maschinen Typ X beim Endkunden mit einer Gewinnmarge von mindestens 8%;
  - Abschluss von 12 Neukundenverträgen mit einem bestimmten Leistungsgegenstand mit einem Umsatz von mindestens 50.000,00 €;
  - Rekrutierung von 20 Ingenieuren für den Bereich Flugzeugbau, die über die Probezeit hinaus beschäftigt werden.
- Beispiel für Ressourcenziele:
  - Auslieferung, Montage und Inbetriebnahme von 12 Maschinen Typ X beim Endkunden mit [einer Gewinnmarge von mindestens 8% und] einem Stundenaufwand von weniger als 200 Monteurstunden je Vorgang;
  - Abschluss von 12 Neukundenverträgen mit einem bestimmten Leistungsgegenstand [mit einem Umsatz von mindestens 50.000,00 € und], ohne dass Vermittlungskosten Dritter in Höhe von mehr als 3% je Auftrag abgeführt werden müssen.

Bei **Innovations- und Verhaltenszielen** handelt es sich häufig um „weiche" Ziele,[117] die **schwer mit der gebotenen Transparenz** zu formulieren sind. Innovationsziele sind bei Arbeitnehmern auf operativ-administrativen Arbeitsplätzen zudem häufig nicht vom **arbeitgeberseitigen Direktionsrecht** gedeckt und sollten dann von vornherein als entgeltrelevante Zielkomponenten ausscheiden.[118] Bei **Führungskräften** kann allerdings in der Regel eine strategische Planung erwartet werden, sodass beispielhaft als Ziel die Aufstellung eines oder mehrerer Innovationsvorschläge in Betracht kommt. Bei den **Verhaltenszielen** wird die Betrachtung noch stärker einzelfallorientiert erfolgen müssen. Hier kommt als zu vereinbarendes Ziel beispielhaft in Betracht, dass mindestens ein Abstimmungsvorgang zu Beginn und Ende eines jeden Arbeitsvorgangs einer bestimmten Art mit einem anderen Fachbereich zu erfolgen hat o.ä.

Unverzichtbarer Bestandteil der Regelung einer jeden Zielkomponente ist ein **objektiver Maßstab für den Zielerreichungsgrad** der Zielkomponente. Dies ist **nicht nur eine rechtliche**, sondern zudem eine **der Steuerungsfunktion immanente Maßgabe**: Erkennt der Arbeitnehmer nicht, auf welches Ziel er hinarbeiten soll, kann ihn ein zusätzliches Entgelt als Anreiz für die Zielerreichung nicht dort hinführen.

---

117 *Weber*, S. 40; *Annuß*, NZA 2007, 290, 290.
118 Siehe Kap. 4 Rn 77 ff.

Beispiel
- Soweit wie möglich sollten Zielkomponenten ohne Wertungen formuliert sein. Besteht ein Aufgabenziel etwa in der Akquise von Neukunden, sollte das Ziel nicht lauten, eine „ausreichende" Anzahl von Neukunden zu akquirieren, sondern es sollte eine **bestimmte Anzahl** genannt werden.
- Stellt ein Ressourcenziel auf die Einsparung eigener Arbeitnehmerkapazitäten ab, sollte eine **genaue Grenze** entweder der noch adäquaten oder nicht mehr adäquaten Arbeitnehmerkapazitäten genannt werden.

123 Unter dem Gesichtspunkt klar feststehender Zielkomponenten wird in der Regel eine **gemeinsame Erörterung der Ziele zwischen Arbeitgeber und Arbeitnehmer** stattfinden. Während dies der einvernehmlichen Zielvereinbarung immanent ist, wird es bei der einseitigen Zielvorgabe faktisch der Regelfall sein. Auch wenn bei der **einseitigen Zielvorgabe** eine Erläuterung der Ziele mit dem Arbeitnehmer **rechtlich nicht erforderlich** ist,[119] wird es jedoch der **Anerkennung der Ziele und damit dem Motivationsfaktor** dienen, wenn der Arbeitgeber es nicht bei der rechtlichen Notwendigkeit einer einseitigen Zielvorgabe belässt. Erfolgt die rechtlich einseitige Zielvorgabe in der Praxis auf Grundlage eines persönlichen Gespräches, vermittelt dieser tatsächliche Vorgang dem Arbeitnehmer das Gefühl, bei der Festlegung der Ziele beteiligt worden zu sein. Die Anerkennung der Zielsetzungen und damit die Motivation bei der Zielverfolgung wird hierdurch in der Praxis nochmals deutlich gesteigert.

3. Gewichtung der einzelnen Zielkomponenten

124 In den Grenzen der Rahmenregelung ist die Gewichtung der einzelnen Zielkomponenten frei.[120] Es ist ebenso möglich, dass sämtliche Zielkomponenten einen **gleichwertigen Rang nebeneinander** einnehmen, wie dass einzelne Zielkomponenten in **unterschiedlichem Maße** Einfluss auf die Feststellung der Gesamtzielerreichung nehmen. Darüber hinaus kann es – in der Praxis insbesondere bei wirtschaftlichen Unternehmens-, Konzern- oder Spartenzielen – für die **Entstehung eines Anspruchs insgesamt** oder nur bis zu einer gewissen Obergrenze auf die Erreichung dieser wirtschaftlichen Zielkomponenten ankommen.

125 Eine solche **Stufung anstelle der gleichrangigen Gewichtung** der Ziele ist sinnvoll, wenn der Arbeitgeber nur bei wirtschaftlich positiven Ergebnissen Mittel für die zielerreichungsabhängige Entgeltkomponente zur Verfügung stellen will. Eine solche Gestaltung ist – sofern in der Rahmenregelung vorbehalten und ausreichend transparent gestaltet – ohne Weiteres zulässig. Sie bringt zum Ausdruck, dass

---

119 Preis/*Preis*/*Lindemann*, II Z 5 Rn 2.
120 *Weber*, S. 37 ff.

dem Arbeitgeber auch die **Erreichung sonstiger Ziele dann keinen ausreichenden Wert** vermittelt, wenn das Unternehmen insgesamt hinter der Gewinnerwartung zurückbleibt. Für den einzelnen Arbeitnehmer **vermeidet** dies **Fehlanreize zur Verfolgung der eigenen Ziele** auf Kosten des Ergebnisses des Gesamtunternehmens.

Beispiel
Der Arbeitnehmer erhält eine Sonderzahlung im Umfang von 5% des Nettoumsatzvolumens der von ihm für das Unternehmen geschlossenen Neukundenaufträge. Um zu vermeiden, dass der Arbeitnehmer solche Neukundenaufträge auch dann abschließt, wenn sie für das Unternehmen nicht rentabel sind, er aber gleichwohl eine auf dem Umsatz basierende Sonderzahlung erhält, sieht die Vereinbarung über die Sonderzahlung ergänzend vor, dass der Anspruch nicht entsteht, wenn die Unternehmenssparte, der diese Aufträge zuzuordnen sind, keinen Gewinn erwirtschaftet, der über dem Vorjahresergebnis liegt.

Arbeitgeber werden allerdings bedenken müssen, dass ein solches Stufenverhältnis nach einem „Alles-oder-Nichts-Prinzip" **demotivierend wirken** kann. Hat ein Arbeitnehmer sämtliche individualerfolgsbezogenen Ziele erreicht, hat die Leistung bei ihm ihre Motivationswirkung entfaltet. Erhält er wegen fehlender Erreichung des wirtschaftlichen Unternehmensergebnisses keinerlei Leistung, ist dies zwar rechtlich zulässig, wird jedoch im folgenden Bezugszeitraum ggf. seine Motivation zur Ausschöpfung der Leistungsfähigkeit nicht steigern. Gleiches gilt, wenn von vornherein absehbar ist, dass ein wirtschaftliches Unternehmensergebnis kaum erreicht werden kann und deshalb eine individualerfolgsbezogene Leistungskomponente nicht zum Tragen kommen wird. 126

Erfolgt in diesen Situationen keinerlei Sonderzahlung, mag dies zwar dem wirtschaftlichen Interesse des Unternehmens an einer Einsparung von Personalkosten dienen. Es ist jedoch zu bedenken, dass der **fehlende Anreiz nicht zu einer Leistungssteigerung** und damit **Überwindung der fehlenden Wirtschaftskraft** beiträgt. Hier kann sich eine Regelung anbieten, die dem Arbeitnehmer bei Nichterreichung des unternehmensbezogenen vorgreiflichen Ziels **nicht den Anspruch insgesamt entzieht**, sondern diesen auf beispielsweise maximal 50% des an sich erreichbaren Betrages begrenzt. 127

Beispiel
Knüpft eine Sonderzahlung an die Erreichung individual-, gruppen- und unternehmenserfolgsbezogener Ziele an, die grundsätzlich zu je einem Drittel gewichtet werden und beträgt die **Sonderzahlung bei jeweils 100%-iger Zielerreichung drei Bruttomonatsgehälter**, kann die Vereinbarung als Stufung bei Nichterreichung des unternehmenserfolgsbezogenen Ziels einen Umfang von **maximal einem Bruttomonatsgehalt und in diesem Rahmen die exakte Bemessung** anhand der jeweils erreichten individual- und gruppenerfolgsbezogenen Ziele vorsehen.

Dem unternehmensseitigen Interesse an einer Personalkosteneinsparung ist durch die Reduzierung der Anspruchshöhe Rechnung getragen. Arbeitnehmer werden zur Erlangung des vollständigen Anspruchs motiviert, im Unternehmensinteresse zu handeln und gleichzeitig wegen des auch im Falle der Nichterreichung des unternehmenserfolgsbezogenen Ziels verbleibenden Restanspruchs als Individuum und/oder Gruppe motiviert.

128 Für die Gewichtung der Ziele gelten die Grundsätze an eine **klare und verständliche Formulierung** im Rahmen einer einvernehmlichen Zielvereinbarung oder einseitigen Zielvorgabe. Im **Zweifel werden Ziele gleichrangig nebeneinanderstehen**, wenn die diesbezügliche Regelung keine abweichenden Anhaltspunkte erkennen lässt. Insbesondere bei einem Stufenverhältnis ist daher eine eindeutige Formulierung zu wählen.

Klauselmuster
Eine Formulierung für ein Stufenverhältnis könnte etwa lauten:
  „Für das Geschäftsjahr ... werden folgende Ziele festgelegt:
  1. ...
  2. ...
  3. ...
  4. ...
  Wird das Ziel Nr. 1 (unternehmenserfolgsbezogenes Ziel) nicht erreicht, entsteht kein Anspruch auf eine Sonderzahlung für dieses Geschäftsjahr. Dies gilt unabhängig davon, ob und in welchem Umfang die Ziele Nr. 2, 3 und/oder 4 erreicht sind."

4. Bezugszeitraum

129 In erster Linie gibt das Ziel den Bezugszeitraum vor.[121] Er beginnt mit der Aufstellung der Ziele bzw. mit einem bei der Festlegung der Ziele **vereinbarten Anlaufzeitpunkt** und endet mit dem Zeitpunkt, zu dem die **Zielerreichung eintreten soll**. Eine Zielkomponente kann in mehrere, jeweils für sich zu bemessende **zielerreichungsmaßgebende Abschnitte** aufgeteilt sein oder aber auf einen **Gesamterfolg** abstellen. Bezugszeiträume können deshalb sehr unterschiedliche Dauern aufweisen – von wenigen Wochen bis zu mehreren Jahren.[122]

130 Dies eröffnet für den Arbeitgeber **Gestaltungsmöglichkeiten** bei der Auswahl der Ziele und jeweiligen Zeitpunkte der Zielerreichung. Für den Arbeitnehmer kann dies u.U. erhebliche Bedeutung haben. Für ihn steht die Frage im Raum, ob eine Beendigung des Arbeitsverhältnisses zum Arbeitgeber dazu führt, dass sein **Beitrag zur Zielerreichung voll, anteilig oder überhaupt nicht honoriert** wird. Je kürzer ein jeweiliger Bezugszeitraum ist, desto geringer ist die durch ihn ausgehende **Bindung des Arbeitnehmers**, will er nicht ggf. ohne Honorierung des von ihm bereits geleisteten Beitrags ausgehen, wenn das Arbeitsverhältnis endet. Der Arbeitgeber

---

121 Küttner/*Griese*, Zielvereinbarung, Rn 2.
122 Siehe Kap. 4 Rn 46 ff.

kann zwar bei einem unterjährigen Ausscheiden einen **anteiligen Anspruch** auf die Sonderzahlung vorsehen. Er kann aber ebenso über eine **Stichtagsregelung** den Anspruchsverlust insgesamt bei einem Ausscheiden vor Ablauf des Bezugszeitraums vorsehen.

Praxistipp

Der Arbeitgeber sollte diesbezüglich **klare Regelungen** treffen. Entweder entscheidet er sich für eine anteilige Vergütung – dann sollte er für den Fall von unterjährigem Beginn bzw. Ende des Arbeitsverhältnisses sowie ggf. etwaige Ruhenszeiträume ausdrücklich eine **anteilige Gewährung der Leistung** entsprechend dem tatsächlichen Bestand des Arbeitsverhältnisses zur möglichen Dauer des Arbeitsverhältnisses im Bezugszeitraum regeln. Entscheidet sich der Arbeitgeber dagegen gegen eine solche anteilige Leistung, ist es ihm **nach der Rechtsprechung aber nicht verwehrt**, den Anspruch auf eine erfolgsabhängige Entgeltkomponente insgesamt von dem **Bestand des Arbeitsverhältnisses während des gesamten Bezugszeitraums** abhängig zu machen.[123]

Eine solche Regelung darf nicht an den Bestand des Arbeitsverhältnisses **über den Bezugszeitraum hinaus** anknüpfen.[124] Eine **Bindung für die gesamte Dauer des Bezugszeitraums ist dagegen zulässig**, solange nur eine darüber hinausgehende Bindung ausgeschlossen ist.[125] Bei einer **Mehrzahl von Zielen mit unterschiedlichen Bezugszeiträumen** kann jedenfalls eine an das Geschäftsjahr anknüpfende unternehmenserfolgsbezogene Zielkomponente eine Bindungswirkung für diesen längsten Bezugszeitraum bewirken.[126]

131

Praxistipp

Bei einer Mehrzahl von Zielen im Rahmen einer einheitlichen Sonderzahlung lässt die Rechtsprechung eine Bindung des Arbeitnehmers hinsichtlich der gesamten Sonderzahlung für den längsten Bezugszeitraum zu. Dies kommt etwa bei unterjährig bereits erreichten individualerfolgsabhängigen Zielen neben einem an das Geschäftsjahr anknüpfenden unternehmenserfolgsbezogenen Ziel zum Tragen, wenn der Anspruch auf die Sonderzahlung durch eine Stichtagsregelung ein bestehendes Arbeitsverhältnis zum Schluss des Geschäftsjahres voraussetzt.[127] Obgleich der Bezugszeitraum individualerfolgsabhängiger Ziele bereits abgelaufen ist, verklammert die auf das Geschäftsjahr bezogene unternehmenserfolgsbezogene Zielkomponente mit ihrem Bezugszeitraum den Anspruch insgesamt, sodass eine Bindungswirkung für das Geschäftsjahr möglich ist.[128]

---

123 BAG, Urt. v. 18.1.2012 – 10 AZR 612/10 –; BAG, Urt. v. 6.5.2009 – 10 AZR 443/08 –.
124 BAG, Urt. v. 18.1.2012 – 10 AZR 612/10 –; offengelassen: BAG, Urt. v. 6.5.2009 – 10 AZR 443/08 –; a.A. *Salamon*, NZA 2013, 590, 594 f.
125 Für eine engere Interpretation der BAG-Rechtsprechung dagegen: *Baeck/Winzer*, NZG 2012, 657, 659; ErfK/*Preis*, § 611 BGB Rn 534a; unter Hinweis auf die klare Differenzierung in den Entscheidungsgründen dagegen: *Simon/Hidalgo/Koschker*, NZA 2012, 1071, 1074; sowie *Salamon*, NZA 2013, 590, 593.
126 BAG, Urt. v. 6.5.2009 – 10 AZR 443/08 –.
127 So bei: BAG, Urt. v. 6.5.2009 – 10 AZR 443/08 –.
128 BAG, Urt. v. 6.5.2009 – 10 AZR 443/08 –.

5. Bemessung der Ziele und Graduierung der Bewertung

132 Die Ziele müssen grundsätzlich so bemessen sein, dass sie vom **Arbeitnehmer unter Berücksichtigung seiner Leistungsfähigkeit typischerweise zu erreichen** sind.[129] Die Rechtsprechung stellt darauf ab, ob der konkrete Arbeitnehmer bei einem gewöhnlichen Verlauf der Dinge ein aufgestelltes Ziel erreichen kann. Eine exakte Grenzziehung ist in der Rechtsprechung bislang nicht erfolgt.[130] Das BAG hat lediglich auf „realistischerweise erreichbare Ziele" hingewiesen.[131] Soll die zielerreichungsabhängige Vergütung ihren Motivationszweck erfüllen, müssen **Ziele** allerdings **ehrgeizig** sein.[132]

Beispiele
- Bei dem **wirtschaftlichen Ergebnis** des Unternehmens, Konzerns oder einer Sparte wird in der Regel die **wirtschaftliche Entwicklung in der Vergangenheit** eine Prognose für die zukünftige Entwicklung bieten. Die **wirtschaftliche Entwicklung der vergangenen drei Jahre wird regelmäßig einen ausreichenden Prognosezeitraum** bieten.[133]
- Bei **projekt- oder gruppenerfolgsbezogenen Zielen** wird der Arbeitgeber in der Regel seine Zielkomponenten an **bereits durchgeführten Projekten** messen.
- Bei **individualerfolgsbezogenen Zielen** wird die individuelle Leistungsfähigkeit, mindestens aber eine zu erwartende objektive Durchschnittsleistung den Maßstab für die Bemessung der Ziele liefern. Um eine Angemessenheit zu dokumentieren, sollten **Leistungsbewertungen der letzten drei Jahre** für den jeweiligen Arbeitnehmer, aber auch Arbeitnehmer auf vergleichbaren Arbeitsplätzen vorgehalten werden.
- Generell wird es bei Zielen, die an die Erbringung einer Arbeitsleistung als Individuum oder in der Gruppe anknüpfen, eine Rolle spielen, dass die Zielkomponenten der tatsächlichen **Ausübung des Direktionsrechts** gegenüber dem Arbeitnehmer korrespondieren. Dem Arbeitnehmer dürfen nicht in solchem Ausmaß andere Arbeitsaufgaben zugewiesen werden, dass er von der **Erfüllung vorgegebener Ziele abgehalten wird**.
- Darüber hinaus ist bei **individualerfolgsbezogenen Zielen** die Leistungsfähigkeit des Arbeitnehmers entscheidend. Ein Zeitraum von drei Jahren wird regelmäßig eine tragfähige Prognose für den jeweils folgenden Bezugszeitraum begründen.

133 Jenseits dieser rechtlichen Maßgaben sollte allerdings bei der Bemessung der zu erreichenden Ziele beachtet werden, dass eine zielerreichungsabhängige Sonderzahlung ihren Motivationscharakter nur dann erreichen kann, wenn die **Ziele aus Sicht des Arbeitnehmers nicht unrealistisch** sind. Geht der Arbeitnehmer von vornherein davon aus, dass er die Ziele voraussichtlich nicht wird erreichen können, ist kaum zu erwarten, dass er sein **Leistungsverhalten an der Zielerreichung**

---

129 BAG, Urt. v. 12.12.2007 – 10 AZR 97/07 –.
130 *Bauer/Diller/Göpfert*, BB 2002, 882, 884; *Horcher*, BB 2007, 2065, 2066 „Objektive Erreichbarkeit".
131 BAG, Urt. v. 12.12.2007 – 10 AZR 97/07 –.
132 Siehe Kap. 4 Rn 81.
133 Siehe Kap. 4 Rn 81.

ausrichtet. Dies wird besonders deutlich bei den Aufgabenzielen. Die Erwartung, dass der Arbeitnehmer entsprechende Priorisierungen bei seinen Arbeitsaufgaben vornimmt, seine Arbeitsorganisation hierauf einstellt und ggf. seine Leistungsfähigkeit um einer Zielerreichung willen steigert, ist kaum zu rechtfertigen, wenn von **vornherein feststeht, dass das Ziel ohnehin nicht erreichbar** sein wird.

Praxistipp
An dieser Stelle haben Arbeitgeber abzuwägen, welchen Zweck sie mit der zielerreichungsabhängigen Sonderzahlung vorrangig verfolgen: Bei **leistungsschwächeren Arbeitnehmern** kann zum Zwecke der Leistungssteigerung – insbesondere über mehrere Zielperioden hinweg – der Motivationscharakter dafür sprechen, Ziele nicht zu hochzustecken, um die Erreichbarkeit unter Berücksichtigung der individuellen Leistungsfähigkeit des Arbeitnehmers nicht infrage zu stellen. Dies wird jedoch zum einen von leistungsstärkeren Arbeitnehmern regelmäßig **als unfair empfunden**, die für eine Sonderzahlung in gleicher Höhe höhere Leistungen erbringen sollen. Auch wird der Arbeitgeber zu prüfen haben, ob allein die mögliche Motivation leistungsschwächerer Arbeitnehmer ausreichender Anlass ist, die **wirtschaftliche Belastung** durch die Sonderzahlung auch zugunsten solcher Arbeitnehmer einzugehen.

Dieser Diskrepanz zwischen wirtschaftlicher Belastung, Motivationswirkung und Signal an die Belegschaft insgesamt kann in gewissen Grenzen bei der **Berücksichtigung des Zielerreichungsgrades** für die Leistungsbemessung Rechnung getragen werden. 134

Beispiel
In der Praxis ist es nicht selten, dass erst ein Zielerreichungsgrad von z.B. weniger als 75% dazu führt, dass das Ziel insgesamt als nicht erfüllt bewertet wird. Leistungsschwächere Arbeitnehmer werden damit von der Leistung nicht ausgenommen und motiviert, auch wenn sie 100% Zielerreichung für unrealistisch halten. Damit ist dem wirtschaftlichen Interesse des Arbeitgebers an der Gewährung einer Sonderzahlung nur an solche Arbeitnehmer, die ihre Ziele zumindest weitgehend erreicht haben, entsprochen.

Praxistipp
Arbeitgeber sollten bei der Bemessung von Zielen und der Aufstellung von Bewertungskriterien, ab welchem Grad der Zielerreichung ein Ziel insgesamt als erfüllt oder nicht erfüllt gilt, eine **unterschiedliche Behandlung der Arbeitnehmer vermeiden**. Die Bestimmung individualerfolgsbezogener Ziele wird zwar regelmäßig auf den einzelnen Arbeitsplatz zugeschnitten und damit nur eingeschränkt einer Überprüfung am Maßstab des **arbeitsrechtlichen Gleichbehandlungsgrundsatzes** zugänglich sein. Zwingend ist jedoch bereits dies nicht, wenn die Festlegung der individualerfolgsbezogenen Zielkomponenten eines Arbeitsplatzes letztlich auf der Basis eines Vergleichs mit anderen Arbeitsplätzen erfolgt. Soweit eine Zielkomponente über den einzelnen Arbeitsplatz eines Arbeitnehmers hinaus auf eine Gruppe von Arbeitnehmern oder gar im Rahmen der wirtschaftlichen Betrachtung des Unternehmens, Konzerns oder der Sparte auf die gesamte Belegschaft abstellt, wird die Anwendung des arbeitsrechtlichen Gleichbehandlungsgrundsatzes unzweifelhaft eröffnet sein.[134] Es ist zweifel-

---

[134] Preis/Preis/Lindemann, II Z 5 Rn 9.

haft, ob allein eine Motivation zur Leistungssteigerung leistungsschwächerer Arbeitnehmer einen ausreichenden sachlichen Grund begründen könnte, bei solchen Arbeitnehmern von einem Mindestgrad der Zielerreichung für die Bewertung eines Ziels als insgesamt erreicht oder nicht erreicht abzusehen, während bei anderen ein solcher Grad der Zielerreichung festgelegt wird.

135 Der Arbeitgeber kann im Rahmen der Bestimmung der Zielkomponenten und dem Grad der Erreichung für die Bemessung der Sonderzahlung anstelle einer **linearen Bemessung der Sonderzahlung** anhand der Grade der Zielerreichung eine **überproportionale Berücksichtigung** vorsehen, die die Leistungsträger zur maximalen Ausschöpfung ihrer Leistungsfähigkeit anspornt, im Rahmen der unteren Skalierungsgrade dagegen leistungsschwächere Arbeitnehmer nicht von der Sonderzahlung insgesamt ausnimmt.

Beispiel
Knüpft – vereinfacht anhand nur eines Zieles dargestellt – eine zielerreichungsabhängige Sonderzahlung in Höhe von 5.000,00 € bei 100% Zielerreichung an ein vom Arbeitnehmer im Geschäftsjahr generiertes Auftragsvolumen von 500.000,00 € an, sind beispielsweise folgende Skalierungen denkbar:
- **Linear**: Ein Mindestgrad der Zielerreichung wird nicht festgelegt, sodass linear-proportional je 100,00 € ein anteiliger Anspruch auf die Sonderzahlung in Höhe von 1,00 € entsteht. Generiert der Arbeitnehmer z.B. ein Auftragsvolumen im Geschäftsjahr in Höhe von 300.000,00 €, erhält er eine Sonderzahlung in Höhe von 3.000,00 €.
- Wird im Beispiel ein **Mindestzielerreichungsgrad** in Höhe von 350.000,00 € festgelegt, bei dessen Unterschreitung keinerlei Anspruch auf die Sonderzahlung entsteht, und erfolgt die Bemessung erst ab einem solchen Auftragsvolumen von 350.000,00 € **proportional-linear** mit einem Einstiegswert von 3.500,00 € entsprechend dem Mindestzielerreichungsgrad von 350.000,00 €, motiviert dies zumindest zum Erreichen des Mindestzielerreichungsgrades. Unterschreitet er das vom Arbeitnehmer generierte Auftragsvolumen von 350.000,00 €, erhält er keine Sonderzahlung. Erzielt der Arbeitnehmer z.B. 400.000,00 € Auftragsvolumen, erhält er eine Sonderzahlung in Höhe von 4.000,00 €.
- Will der Arbeitgeber demgegenüber ebenfalls leistungsschwächere Arbeitnehmer von der Leistung nicht gänzlich ausschließen, kann er eine **überproportionale Berücksichtigung im oberen Leistungsbereich** vorsehen, sodass etwa ein Mindestzielerreichungsgrad von 50% vorgesehen wird, bei dessen Unterschreitung keinerlei Anspruch entsteht. Eine solche Mindestgröße sollte vorgesehen werden, um die wirtschaftliche Honorierung eines tatsächlichen Erfolges für das Unternehmen nicht ad absurdum zu führen. Wird dieser Mindestzielerreichungsgrad von 50%, nicht jedoch 75%, der Zielgröße erreicht, könnte im Beispiel das Auftragsvolumen je 100,00 € mit einer anteiligen Sonderzahlung in Höhe von 0,50 € bemessen werden, ab einem Zielerreichungsgrad von 75% bis 100% mit dem eingangs bei vollständiger Proportionalität anzulegenden 1,00 € anteiliger Sonderzahlung je Auftragsvolumen von 100,00 € und bei einer Überschreitung des Auftragsvolumens von 500.000,00 € durch eine Berücksichtigung des dieses Auftragsvolumen überschreitenden Auftragsvolumens mit 1,50 € je generierten 100,00 € Auftragsvolumen.

136 Hier sind vielfältige Gestaltungen denkbar, um entsprechend den unternehmerischen Zielsetzungen und Bedürfnissen ein **wirtschaftlich orientiertes, leistungs-**

gerechtes und gleichzeitig **sämtliche anzusprechenden Arbeitnehmergruppen motivierendes** Zielerreichungssystem vorzusehen. Eine solche Bestimmung von Mindestzielerreichungsgraden, Bereichen unterproportionaler oder überproportionaler Bewertungsmaßstäbe und der sich daraus ergebenden Gesamtbewertung für die Bemessung der Sonderzahlung wird seine Rechtfertigung regelmäßig darin finden, dass **überproportionale Leistungen** in der Regel **nahezu vollständig zur Ertragssteigerung** führen. Die Kosten der Unternehmensführung sind bereits im proportionalen Bemessungsbereich vollständig abgebildet und im Bereich **unterproportionaler Leistungsbemessungen** liegt die **Grenze zur Unrentabilität** der Leistung eines Arbeitnehmers nahe, die eine unterproportionale Honorierung solcher Leistungen rechtfertigt.

6. Feststellung der Zielerreichung
a) Zeitpunkt

Die Feststellung des Grades der Zielerreichung sollte zeitlich so spät erfolgen, dass der **Bezugszeitraum für die Zielerreichung** durch den Arbeitnehmer **ausgeschöpft** werden konnte, allerdings so rechtzeitig, dass etwaige **Unklarheiten** bei dem der Zielfeststellung zugrunde zu legenden Sachverhalt **noch aufklärbar** sind. 137

Beispiel
Knüpft ein gruppenerfolgsbezogenes Ziel an die Erreichung eines Projektabschnitts zu einem bestimmten Stichtag an, hat die Feststellung des Grades der Zielerreichung an diesem Stichtag zu erfolgen. Wird das Projekt von der Projektgruppe über den Stichtag hinaus fortgesetzt, ist ggf. nicht mehr zweifelsfrei feststellbar, welchen Grad der Zielerreichung das Projekt zum maßgebenden Stichtag hatte.

Von den jeweiligen Zielerreichungsperioden hängt ab, zu welchen **Zeitpunkten** und ggf. **wie häufig** die Frage der Zielerreichung zu beurteilen ist. 138

Beispiel
Sehen die Ziele für einen Arbeitnehmer vor, dass ein individualerfolgsbezogenes Ziel nach **Ablauf von vier Monaten** des Geschäftsjahres, ein sich anschließendes weiteres individualerfolgsbezogenes Ziel nach **Ablauf von acht Monaten** des Geschäftsjahres, ein gruppenerfolgsbezogenes Ziel nach **Ablauf von sechs Monaten** des Geschäftsjahres in Abschnitt 1 und ein zweites gruppenerfolgsbezogenes Ziel nach **Ablauf von zwölf Monaten** des Geschäftsjahres in Abschnitt 2 zu erreichen ist, müssen zu **vier Zeitpunkten** für die jeweils maßgebenden Ziele bzw. Zielabschnitte Feststellungen über den Grad der Zielerreichung getroffen werden.

Ein Zuwarten mit der Feststellung insgesamt bis zum Ablauf des letzten Zielerreichungszeitraums mag bei den voneinander unabhängigen individualerfolgsbezogenen Zielen möglich sein – hier besteht allenfalls die Gefahr, dass infolge Zeitablaufs nicht mehr exakt feststellbar war, wann der Arbeitnehmer welche Arbeitsschritte bearbeitet und ob er damit den Fertigstellungstermin wirklich eingehalten hat. Soweit bei den Gruppenzielen jedoch zwei Projektabschnitte aufeinander aufsetzen, ist die Feststellung der Fertigstellung des ersten Projektabschnitts mit erheblichen Schwierigkeiten verbunden, wenn an dem Projekt nahtlos in Richtung des zweiten Zeitabschnitts weiter gearbeitet wird.

b) Entscheidungszuständigkeit

139 In der Praxis sind regelmäßig vermeidbare Unklarheiten bei der Frage der Zuständigkeit für die Feststellung der Zielerreichung zu verzeichnen. Grundsätzlich bestehen vier (gestaltbare) Optionen:[135]
- Arbeitgeber;
- Arbeitnehmer;
- Arbeitsgericht;
- betriebliche Schlichtungsstelle.

140 In der Regel wird dem **Arbeitgeber** die Feststellung der Zielerreichung obliegen.[136] Dies entspricht dem allgemeinen Grundsatz, dass der **Arbeitgeber als Gläubiger** der vom Arbeitnehmer in Gestalt der geregelten Ziele zu erbringenden Arbeitsleistung für die **Beurteilung der ordnungsgemäßen Erfüllung** durch den Arbeitnehmer als Schuldner zuständig ist. Der Arbeitgeber hat deshalb im Zweifel zu überprüfen, ob und in welchem Umfang er die Arbeitsleistungen des Arbeitnehmers als Erfüllung des mit den Zielen verfolgten Motivationszwecks anerkennt.

141 Eine solche **Zuständigkeit beim Arbeitnehmer**, der damit für die Beurteilung seiner eigenen Leistung zuständig wäre, bedeutete einen Interessenkonflikt.

> **Achtung!**
> Vorsicht ist allerdings geboten, wenn in einem Zielvereinbarungssystem für die Frage der Feststellung der Zielerreichung vorgesehen ist, dass der Arbeitnehmer eine „Selbsteinschätzung" vorzunehmen hat, auf deren Grundlage der Arbeitgeber die Zielerreichung bewertet. Da bei einer entsprechenden arbeitsvertraglichen Vereinbarung oder einseitigen Erklärung des Arbeitgebers **Zweifel** zu dessen Lasten gehen,[137] kann darin im Einzelfall ein **Recht zur Selbstbeurteilung** durch den Arbeitnehmer gesehen werden.

> **Praxistipp**
> Um Streit über die Zuständigkeit für die Feststellung des Grades der Zielerreichung zu vermeiden, sollte die Rahmenvereinbarung über die zielerreichungsabhängige Sonderzahlung klarstellen, dass die Entscheidung über die Zielerreichung und deren Grad dem Arbeitgeber obliegen,[138] ggf. der Arbeitnehmer berechtigt ist, ohne dass dies den Arbeitgeber in seiner eigenen Beurteilung bindet,

---

135 Vgl. *Watzka*, S. 293 ff.
136 Vgl. Preis/*Preis/Lindemann*, II Z 5 Rn 13.
137 Vgl. BAG, Urt. v. 17.5.2011 – 9 AZR 189/10 –.
138 Vgl. *Watzka*, S. 293 ff.

eine Selbsteinschätzung über die Zielerreichung beizubringen. Eine solche Selbsteinschätzung hat den Vorteil, dass der Arbeitnehmer sich in einen erkennbaren Widerspruch verstrickt, wenn er später – etwa um eine höhere Sonderzahlung zu erreichen – entgegen seiner Selbsteinschätzung eine weitergehende Zielerreichung behauptet.

In der Praxis kann es sinnvoll sein, ein **Protokoll über den Grad der Zielerreichung** und eine **Fälligkeit der Sonderzahlung erst bei Einvernehmlichkeit eines solchen Protokolls oder gerichtlicher Feststellung der Zielerreichung** vorzusehen. Dies setzt zwar ein grundsätzliches Einvernehmen mit dem Arbeitnehmer mit sich daraus ergebenden Konfliktpotenzialen voraus. Ein solches einvernehmliches Protokoll wird – so es denn vorliegt – den Arbeitnehmer jedoch von der Geltendmachung weitergehender Ansprüche abhalten. Dies gilt zum einen bei faktischer Betrachtung, jedoch kann ein solches Protokoll gleichzeitig ein sog. **konstitutives Schuldanerkenntnis** darstellen, das etwaige weitergehende Ansprüche des Arbeitnehmers ausschließt. Ein solches Schuldanerkenntnis gestaltet die Rechtslage, sodass etwaige weitergehende Ansprüche des Arbeitnehmers abgeschnitten werden. Da Rechtsstreitigkeiten im laufenden Arbeitsverhältnis selten sind, kann dies für den Arbeitgeber Planungssicherheit bewirken. 142

Zumindest die Möglichkeit einer solchen **Selbsteinschätzung** sollte – sofern eine rechtliche Bindung des Arbeitgebers ausdrücklich ausgeschlossen ist – vom Arbeitgeber im Rahmen des Gedankens eines **Personalführungsinstruments** nicht unbedacht bleiben. Mit der Möglichkeit einer Selbsteinschätzung räumt der Arbeitgeber dem Arbeitnehmer nochmals – wenn auch nicht rechtlich bindend – eine Eigenverantwortung zur Selbstreflektion der eigenen Arbeitsleistung ein. Es wird zwar Charaktere innerhalb der Belegschaft geben, die generell zur **Selbstüberschätzung** neigen und bei denen diese Komponente des Personalführungsinstruments eher zu Konflikten führt, wenn der Arbeitgeber schließlich doch von deren Selbsteinschätzung abweicht. Das wird jedoch in der Praxis ein willkommener Anlass für eine Personalentwicklungsmaßnahme außerhalb variabler Entgeltsysteme sein. 143

Im Übrigen ist es ein **Zeichen der Wertschätzung**, dem Arbeitnehmer nicht nur Ziele und damit eine eigenverantwortliche Steuerung bei der Zielerreichung zukommen zu lassen, sondern im Rahmen einer ex post-Betrachtung eine Reflektion des eigenen Arbeitsverhaltens und damit ggf. auch der Erkenntnis eigener Fehleinschätzungen zu ermöglichen. Dies wird bei einer Vielzahl von Arbeitnehmern eine innere Reaktion dahingehend auslösen, entweder – bei positiver Selbstbeurteilung – motiviert und durch **Selbstvertrauen** gestärkt in die kommende Zielperiode zu gehen oder – bei eigenem Erkennen von Fehlerquellen – eine **Umstellung des Arbeitsverhaltens** ermöglichen, ohne dass ggf. der Arbeitgeber durch Hinweis auf Leistungsmängel eine ggf. **ungünstige Atmosphäre der Kritik** schaffen braucht. 144

Gestaltbar ist bei Meinungsverschiedenheiten zwischen Arbeitgeber und Arbeitnehmer über den Grad der Zielerreichung eine **innerbetriebliche Schiedsstel-** 145 le, die etwa in Betrieben ohne Betriebsrat bestehend aus dem Arbeitgeber und einem Ombudsmann der Arbeitnehmerschaft gebildet wird. Denkbar ist in Betrieben mit Betriebsrat die Errichtung einer freiwilligen Einigungsstelle, wobei jedoch aus **Kostengründen** ein rein innerbetrieblicher Konfliktlösungsmechanismus vorzugswürdig ist. Die Zuständigkeit einer solchen Schiedsstelle ist zwischen Arbeitnehmer und Arbeitgeber einvernehmlich festzulegen, da sie das Leistungsverhältnis zwischen beiden Parteien unmittelbar betrifft.

146 Kommt es zu einer Meinungsverschiedenheit zwischen Arbeitgeber und Arbeitnehmer über die Zielerreichung und deren Grad, entscheidet schlussendlich das **Arbeitsgericht**.[139] Eine solche rechtliche Auseinandersetzung betrifft die Frage, ob der Arbeitnehmer die erreichten Ziele in der bestimmten Art und in der bestimmten Menge zum festgelegten Zeitpunkt erreicht hat. Dabei handelt es sich letztlich um den Erfüllungseinwand des Schuldners aus § 362 BGB, der mit Blick auf die von ihm behauptete Leistungserbringung nunmehr die Sonderzahlung als vereinbarte Gegenleistung fordert. Dies unterliegt nach allgemeinen zivilrechtlichen Grundsätzen der vollen arbeitsgerichtlichen Überprüfung.

c) Auskunftsanspruch des Arbeitnehmers

147 Im Falle einer Meinungsverschiedenheit zwischen Arbeitgeber und Arbeitnehmer über die Zielerreichung und deren Grad hat der Arbeitnehmer in der Regel eine unmittelbar auf Abrechnung und Auszahlung der zielerreichungsabhängigen Sonderzahlung gerichtete Leistungsklage gegen den Arbeitgeber zu erheben. Nach allgemeinen zivilprozessualen Grundsätzen ist der **Arbeitnehmer** in einem solchen Rechtsstreit **darlegungs- und ggf. beweispflichtig für sämtliche anspruchsbegründenden Voraussetzungen**.[140] Anspruchsbegründende Voraussetzungen sind insoweit das Bestehen einer Anspruchsgrundlage, d.h. eine den Arbeitgeber bindende Vereinbarung, aus der sich eine zielerreichungsabhängige Zahlungspflicht ergibt, sowie die **Existenz von Zielen** im Rahmen einer solchen Vereinbarung und deren **Erreichung bzw. Erfüllung durch den Arbeitnehmer**.

148 Die **Darlegung der Zielerreichung** kann für den Arbeitnehmer mit erheblichen **praktischen Schwierigkeiten** verbunden sein, der zwar die Art und Weise und den Zeitpunkt seiner Leistungserbringung beurteilen kann, insbesondere bei Individualerfolge überschreitenden Zielkomponenten jedoch die Erreichung des Gesamtziels nicht detailhaft kennt. Die Rechtsprechung hat dem Arbeitnehmer zur Vermeidung seiner Darlegungs- und Beweisschwierigkeiten einen **Auskunftsanspruch gegen den Arbeitgeber** zugebilligt, der im Falle einer rechtlichen Auseinandersetzung über die Zielerreichung derartiger Ziele verpflichtet ist, dem Arbeitnehmer Auskunft

---

[139] Preis/*Preis/Lindemann*, II Z 5 Rn 34.
[140] Preis/*Preis/Lindemann*, II Z 5 Rn 34.

über die Tatsachen zu erteilen, aus denen sich nach Auffassung des Arbeitgebers die fehlende oder unzureichende Zielerreichung durch den Arbeitnehmer ergibt.[141]

Bei wirtschaftlichen **Unternehmens-, Konzern- oder Spartenergebnissen** handelt es sich insoweit um die maßgebenden Wirtschaftsdaten einschließlich deren Herleitung. Der Arbeitnehmer wird in der Regel eine so weitgehende Auskunft verlangen können, dass er den **Rechenweg des Arbeitgebers nachvollziehen** kann. Dies kann den Arbeitgeber zu einer sehr weitgehenden Mitteilung über zum Teil ggf. auch **sensible Wirtschaftsdaten** verpflichten, wenn etwa im Rahmen einer Spartenbetrachtung eine Konsolidierung projektbezogen stattfindet und dementsprechend **Kunden- oder Lieferantenkostenstellen offengelegt** werden müssen.

In der Praxis kann es sich vor diesem Hintergrund empfehlen, bereits bei der Bemessung der Richtgrößen für ein wirtschaftliches Ergebnis auf solche Werte zurückzugreifen, die etwa in einem von einem **Wirtschaftsprüfer testierten Jahresabschluss** verzeichnet sind. Kann der Arbeitgeber auf ein solches **Testat verweisen**, wird dies in der Regel den Anforderungen an eine Substanziierung des Auskunftsanspruchs genügen, da anderenfalls einem vereidigten Wirtschaftsprüfer unterstellt werden müsste, seine Testate nicht lege artis geleistet zu haben.

Hinsichtlich **individual- oder gruppenerfolgsbezogener Zielkomponenten** ist der Arbeitgeber gleichermaßen zur umfassenden Auskunftserteilung verpflichtet. Dies bedeutet, dass er den **Maßstab mitteilen** muss, an dem er die Arbeitsleistung des Arbeitnehmers bzw. der Arbeitnehmergruppe bemessen hat sowie die Kriterien, die letztlich für die **fehlende oder unzureichende Zielerreichung** relevant waren. Insbesondere bei Zielen, die durch konkrete Zahlen messbar sind, wird eine solche Auskunft dem Arbeitgeber in der Praxis leichtfallen. Sind dagegen **„weiche" Ziele** wie „Kundenzufriedenheit" von Relevanz, wird der Arbeitgeber aussagekräftiges Material beizubringen haben, aus denen sich seine Bewertung ergibt.

Praxistipp
Vor dem Hintergrund des bestehenden Auskunftsanspruchs ist es umso wichtiger, dass die Frage der Zielerreichung zum einen zu den jeweiligen Zeitpunkten festgestellt wird, zum anderen über die Feststellung hinaus aber auch eine **Dokumentation des zugrunde liegenden Sachverhaltes** erfolgt. Idealerweise sollte von der für die Feststellung der Zielerreichung innerhalb des Unternehmens jeweils zuständigen Führungskraft ein Protokoll angefertigt werden, aus dem sich der Zeitpunkt der Zielfeststellung und die zugrunde liegende Tatsachengrundlage ergeben. Ein solches Protokoll ist zur Personalakte zu nehmen und für die Dauer geltender Ausschlussfristen oder -mangels anwendbarer Ausschlussfristenregelungen ggf. der maßgebenden Verjährungsfristen aufzubewahren.

---

[141] *Riesenhuber/v. Steinau-Steinrück*, NZA 2005, 785.

Kapitel 7
Vor- und Nachteile der Personalführung durch variable Entgeltsysteme

A. Einmalige Leistungen oder dauerhafte Leistungssysteme

I. Ausschluss zukünftiger Rechtsansprüche durch Freiwilligkeitsvorbehalte

Soweit Freiwilligkeitsvorbehalte von der Rechtsprechung anerkannt werden, d.h. bei Sonderzahlungen außerhalb des laufenden Arbeitsentgelts, kann sich der Arbeitgeber durch die Gestaltung von Sonderzahlungen als einmalige Leistungen, auf die auch bei wiederholter Gewährung Rechtsansprüche für die Zukunft nicht entstehen, **größtmögliche Freiheiten ausbedingen**. Der Arbeitgeber ist in jedem Einzelfall frei darin, über Sonderzahlungen danach zu entscheiden, **ob** er sie gewähren will, **in welcher Höhe** er Mittel für sie zur Verfügung stellt und **welchen Leistungszweck** und damit Leistungsanreiz er setzt. Der Arbeitgeber braucht dementsprechend keine finanziellen Ressourcen für wiederkehrende Leistungen dieser Art zu binden, sondern er kann **im Einzelfall flexibel** darüber entscheiden, ob die **wirtschaftliche Situation des Unternehmens** die Zurverfügungstellung weiterer Mittel zugunsten der Belegschaft zulässt, welche Höhe er insgesamt hierfür zur Verfügung stellen will oder ob er generell – etwa zur Finanzierung strategischer Investitionen oder zur Bildung von Rücklagen für wirtschaftlich schwierige Zeiten – von derartigen Leistungen ganz oder teilweise absieht.

1

Entscheidet sich der Arbeitgeber im Einzelfall für eine Leistung, bindet ihn allein der **arbeitsrechtliche Gleichbehandlungsgrundsatz**. Der Arbeitgeber darf bei der Verteilung der Leistung einzelne Arbeitnehmer oder Gruppen von ihnen nicht von der Leistungsgewährung ausnehmen, sofern nicht ein sachlicher Grund eine solche Ungleichbehandlung rechtfertigt.[1] Für den Arbeitgeber ist diese Situation recht komfortabel – bedeutet dies doch größtmögliche **Flexibilität auf der Personalkostenseite**. Dabei bestimmt die Rechtsprechung – bislang – keine quantitative Grenze, bis zu der die Gestaltung von Sonderzahlungen als einmalige Leistung unter Ausschluss zukünftiger Rechtsansprüche möglich ist. Lediglich formale Hürden werden aufgestellt, die der Arbeitgeber mit dem gebotenen administrativen Aufwand – Erklärung des Freiwilligkeitsvorbehaltes spätestens mit der Leistungserbringung im Einzelfall, klare und verständliche Formulierung unter Vermeidung von Widersprüchen, Dokumentation zu Beweissicherungszwecken[2] – bezwingen kann.

2

---

1 Siehe Kap. 3 Rn 6 ff.
2 Siehe Kap. 3 Rn 55.

3   Diesen Vorteilen eines Freiwilligkeitsvorbehaltes stehen jedoch **Nachteile** gegenüber. Anhand des Standes der aktuellen Rechtsprechung ist bis heute nicht abschließend geklärt, wie die **Grenzziehung zwischen laufendem Arbeitsentgelt**, bei dem die Erklärung eines Freiwilligkeitsvorbehaltes nicht möglich ist, und **Sonderzahlungen** exakt zu ziehen ist.[3] Das BAG[4] scheint insoweit zwar einen großzügigen Maßstab anzulegen, jedoch zeigen die Entwicklungen der Rechtsprechung in den vergangenen zehn Jahren, dass eine verlässliche Vertragsgestaltung auf Basis einer **kontinuierlichen Rechtsprechung zunehmend infrage zu stellen** ist.

4   Es besteht eine rege **rechtswissenschaftliche Diskussion** zu der Frage, ob leistungsabhängige Entgeltbestandteile – unter die auch allein vom wirtschaftlichen Unternehmenserfolg abhängige Leistungen gefasst werden – unter einen Freiwilligkeitsvorbehalt gestellt werden dürfen oder es sich **unabhängig von der fehlenden regelmäßigen Zahlungsweise um laufendes Arbeitsentgelt** wegen eines Bezuges zur Arbeitsleistung handelt.[5] Dies zeigt, dass die Freiheit des Arbeitgebers zur Gewährung einmaliger Leistungen auch dann stark einzuschränken versucht wird, wenn der Arbeitgeber aus einer solchen Situation heraus ggf. von solchen Leistungen zugunsten der Arbeitnehmer generell absehen würde. Bei Leistungen, die sich nicht auf die ausschließliche Honorierung von Betriebstreue beschränken, ist bei der Verwendung von Freiwilligkeitsvorbehalten deshalb **Vorsicht geboten**. Der vermeintliche Vorteil kann ansonsten schnell in sein Gegenteil verkehrt sein, wenn der Arbeitgeber insbesondere im Vertrauen auf die lediglich einmalige Leistungsverpflichtung nur geringe Sorgfalt in die Flexibilität der zugrunde zu legenden Parameter gelegt hat, diese ihn jedoch mangels Rechtswirksamkeit des Freiwilligkeitsvorbehaltes dauerhaft binden.

> **Praxistipp**
> Bis zu einer endgültigen Klärung der Rechtslage durch das BAG sollten Arbeitgeber, die sich lediglich zu einmaligen Leistungen verpflichten wollen und nach den aufgezeigten Grundsätzen derartige – auch leistungsabhängige – Entgeltkomponenten vertretbar als Sonderzahlungen gestalten können, weiterhin von dem **Flexibilisierungsinstrument des Freiwilligkeitsvorbehaltes Gebrauch machen,** da die Alternative regelmäßig allein in einer dauerhaften Leistungsgewährung liegen würde. Allerdings sollten Arbeitgeber bei solchen freiwilligen leistungsabhängigen Entgeltkomponenten die der Leistungsbemessung zugrunde liegenden Kriterien zumindest so offen formulieren, dass im Falle der Entstehung dauerhafter Rechtsansprüche eine **flexible Handhabung** der danach ggf. maßgebend bleibenden Anspruchsvoraussetzungen möglich ist.

---

3 Siehe Kap. 3 Rn 27 ff.
4 BAG, Urt. v. 30.7.2008 – 10 AZR 606/07 –.
5 Vgl. Kap. 3 Rn 28.

> **Beispiel**
> Erfolgt eine Sonderzahlung anlässlich eines herausragenden wirtschaftlichen Ergebnisses infolge eines den gewöhnlichen Geschäftsbetrieb deutlich übersteigenden Großauftrages, sollte genau dies als Anlass der Sonderzahlung – mit einem Freiwilligkeitsvorbehalt unterlegt – formuliert werden. Ein Anspruch auf wiederkehrende Sonderzahlungen könnte in diesem Falle selbst bei Unwirksamkeit des Freiwilligkeitsvorbehaltes nur dann geltend gemacht werden, wenn sich eine solche Auftragssituation fortsetzt.

Diese rechtliche Unsicherheit des Freiwilligkeitsvorbehaltes bedeutet zwar Unwägbarkeiten, diese sollten den Arbeitgeber in der Praxis von der Verwendung eines Freiwilligkeitsvorbehaltes aber nicht abhalten. Ein entscheidenderes Argument gegen Freiwilligkeitsvorbehalte ist dagegen häufig die **Akzeptanz des Entgeltgefüges** durch den Arbeitnehmer. Wird dem Arbeitnehmer arbeitsvertraglich bei seiner Einstellung allein eine Grundvergütung in bestimmter Höhe zugesagt mit dem Hinweis, dass weitere Zahlungen möglich seien, jedoch **keinerlei Rechtsansprüche** auf solche begründet werden, wird der Arbeitnehmer die **wirtschaftliche Attraktivität** eines solchen Arbeitsverhältnisses allein an der Grundvergütung bemessen, da sämtliche weiteren Zahlungen unverbindlich gestaltet sind.

Vertragsverhandlungen über das Arbeitsentgelt werden deshalb in der Praxis kaum unter Einbeziehung von Sonderzahlungen geführt werden können, auf die dem Arbeitnehmer ein Rechtsanspruch nicht eingeräumt wird. Die Praxis versucht sich in einer solchen Situation häufig mit einer **garantierten Sonderzahlung im Eintrittsjahr** zu helfen, auf die über das Eintrittsjahr hinaus keinerlei Rechtsansprüche begründet werden sollen und anstelle derer sodann allein die **Möglichkeit der Festsetzung weiterer Sonderzahlungen** vereinbart wird. Es ist eine Frage der Verhandlungen im Einzelfall, ob ein Arbeitnehmer sich mit einer verbindlichen Perspektive lediglich für das Eintrittsjahr begnügt. Insbesondere Bewerber mit Berufserfahrung, die aus einem ungekündigten Arbeitsverhältnis heraus bei einem neuen Arbeitgeber eintreten, werden sich auf eine solche vage Hoffnung über das Eintrittsjahr hinaus selten einlassen. Einmalleistungen unter einem Freiwilligkeitsvorbehalt sind deshalb ein probates Instrument, um Arbeitnehmer an **außerordentlichen Erfolgen partizipieren** zu lassen, nicht jedoch für die Gestaltung des **dauerhaften Arbeitsentgelts**.

II. Begrenzung des Leistungszeitraums durch Befristungen

Die Befristung von Entgeltbestandteilen knüpft mit dem Erfordernis eines **sachlichen Grundes** für die Befristung an **vorübergehende Entgeltkomponenten an**.[6]

---

6 Kap. 3 Rn 67 ff.

Ein solcher sachlicher Grund liegt – mit Ausnahme eines Wechsels der Tätigkeit – **in der Praxis selten** vor. Die Befristung einer Entgeltkomponente ist damit zum Zwecke der Variabilisierung von Entgeltbestandteilen lediglich als ein **auf Ausnahmefälle begrenztes flankierendes Instrument** zu betrachten, das jedoch regelmäßig im Rahmen der dauerhaften Gestaltung eines variablen Entgeltsystems nicht hilfreich ist. Darüber hinaus stellen sich unter dem Gesichtspunkt der **Akzeptanz des Arbeitnehmers** dieselben grundsätzlichen Fragen wie bei der Gestaltung einmaliger Leistungen. Sowohl bei der Einmaligkeit der Leistung als auch bei der Befristung eines Entgeltbestandteils ist die fehlende Einräumung eines dauerhaften Rechtsanspruchs in der Regel ein **Einstellungshindernis**.

III. Dauerhafte Leistungssysteme

8 Rechtlich unproblematisch sind dauerhafte Leistungssysteme, da diese infolge der Dauerhaftigkeit des Leistungsaustauschs dem Dauerschuldcharakter des Arbeitsverhältnisses entsprechen. Aus unternehmerischer Sicht ist es eine **Frage der Anspruchsvoraussetzungen**, nach denen sich Grund und Höhe des Anspruchs richten, ob trotz dauerhafter Einräumung eines Rechtsanspruchs eine **ausreichende Flexibilität** sicherzustellen ist.

9 Ein leistungs- und ggf. bestandsabhängiges Entgeltsystem verursacht **administrativen Aufwand**, ist jedoch aus Sicht der Arbeitnehmer deutlich attraktiver, da ihnen zunächst Rechtsansprüche unbegrenzter Dauer eingeräumt werden und Arbeitnehmer ihre **Leistungsfähigkeit** – allerdings im Vertrauen auf realistische Anforderungen seitens des Arbeitgebers – **selbst einschätzen** können. In der Praxis sind dauerhafte bestands- und leistungsabhängige Entgeltsysteme **weitverbreitet und grundsätzlich anerkannt**.

B. Bestandsabhängige Entgeltsysteme

10 Bestandsabhängige Entgeltsysteme haben für den Arbeitgeber den Vorteil, dass sie **Fluktuation begrenzen** können, dadurch stetig wiederkehrende Aufbauaktivitäten von **unternehmensspezifischen Qualifikationen oder sonstigem Know-how** gering halten und gleichzeitig eine **Abwanderung von Unternehmensinterna zu Wettbewerbern** in gewissen Grenzen eindämmen können.

11 Unter rechtlichen Aspekten ist die wirtschaftliche Honorierung von Betriebstreue bei retrospektiver Betrachtung von der **Rechtsprechung weder an sich noch etwa durch eine Begrenzung auf gewisse Zeiträume in Zweifel** gezogen worden. Enger sind die Grenzen zwar mit Blick auf die hier im Fokus liegende Zwecksetzung der **künftigen Arbeitnehmerbindung**. Diese knüpft daran an, dass der Arbeitnehmer über den Auszahlungszeitpunkt hinaus für eine bestimmte Dauer im Arbeits-

verhältnis verbleiben muss, was regelmäßig auf die Dauer der **vom Arbeitnehmer einzuhaltenden Kündigungsfrist** begrenzt sein wird.[7] Im Rahmen dieser künftigen Bindungswirkung werden die genannten Interessen des Arbeitgebers deshalb in der Praxis **kaum messbar erfüllt**. Hier kann allenfalls über die Wahl des Auszahlungszeitpunktes und Vermeidung einer zu diesem Zeitpunkt bereits ausgelösten Kündigungsfrist eine **saisonale Schwankung auf dem Bewerbermarkt** vermieden werden, um Neueinstellungen zu erleichtern. Eine langfristige Arbeitnehmerbindung wird auf dieser Grundlage indessen nicht erreicht.

Der künftigen Bindungswirkung über den Auszahlungszeitpunkt hinaus bedarf es in der Regel aber nicht, wenn bereits das **Inaussichtstellen einer künftigen Zahlung** mit der die sodann bis zum **Auszahlungspunkt zurückgelegte** (also vergangene) Betriebstreue honoriert wird, faktisch den Arbeitnehmer von einer Kündigung abhalten wird, um die Anspruchsvoraussetzungen zu erfüllen. Der Zweck der Arbeitnehmerbindung kann auf dieser Grundlage etwa erreicht werden durch die **Honorierung jeweils vergangener Betriebszugehörigkeiten in einem bestimmten Turnus**. Ein solches dauerhaftes Leistungssystem kann den Arbeitnehmer von einer Eigenkündigung abhalten, um derartigen künftigen Honorierungen seiner dann jeweils vergangenen Betriebstreue nicht verlustig zu geraten. 12

Als Personalführungsinstrument ist einem solchen Leistungssystem jedoch ein **möglicher Fehlanreiz immanent**: Die alleinige Anknüpfung an die Betriebstreue setzt allein den **Bestand des Arbeitsverhältnisses**, nicht jedoch die aktive **Erbringung von Arbeitsleistungen** voraus. Die Maßgabe aktiver Arbeitsleistungen während des bestehenden Arbeitsverhältnisses muss durch eine entsprechende **Gestaltung des Leistungssystems** über die Betriebstreueleistung erfolgen. Der Anspruch auf die Betriebstreueleistung muss auf den aktiven Bestand des Arbeitsverhältnisses abstellen. 13

Für eine solche Anknüpfung bestehen **Grenzen**. Diese folgen zunächst aus zwingenden gesetzlichen Bestimmungen wie § 4a EFZG über die Bedeutung einer Arbeitsunfähigkeit oder die Entgeltgleichheit von Männern und Frauen bei der Behandlung von mutterschutzrechtlichen Beschäftigungsverboten.[8] Generell hat das BAG für die Frage der Honorierung **künftiger Betriebstreue** darauf abgestellt, dass die bereits erfolgte Erbringung von Arbeitsleistungen keine Rolle spielen darf und anderenfalls die Bindungswirkung für die Zukunft entfällt.[9] 14

Hinsichtlich **vergangener Betriebstreue** ist eine solche Grenzziehung durch das BAG bislang nicht erfolgt. Ausdrücklich anerkannt ist lediglich ein **Gleichlauf vergangener Betriebstreue mit dem Bezugszeitraum** erbrachter Arbeitsleistun- 15

---

7 Vgl. Kap. 3 Rn 15 ff., 21 ff.
8 Siehe Kap. 6 Rn 23 ff. sowie Kap. 4 Rn 126 ff. für die entsprechenden Grenzen bei erfolgsabhängigen Leistungen.
9 Siehe Kap. 4 Rn 11 sowie Kap. 6 Rn 25.

gen.¹⁰ Bis zu einer abschließenden Klärung durch das BAG ist indessen nur bei einem **reinen Betriebstreuecharakter** eine Anknüpfung an vergangene Betriebstreue über ggf. mehrere Jahre rechtssicher möglich. Auf dieser Basis honoriert der Arbeitgeber mit einer Anknüpfung an vergangene Betriebstreue auch **fehlzeitengeprägte Zeiträume des Arbeitsverhältnisses**. Dies ist weder mit Blick auf die **Wertschöpfungsprozesse** im Unternehmen noch unter dem Gesichtspunkt der **Kostenflexibilität** typische strategische Zielrichtung unternehmerischen Handelns. Deshalb sollten Betriebstreueleistungen **allenfalls flankierend zur Arbeitnehmersteuerung** eingesetzt werden und ggf. über ein „Treuebudget"¹¹ als flankierendes Steuerungsinstrument zur Vermeidung überhöhter Fehlzeiten zum Einsatz kommen, indem die Betriebstreueleistungen der Arbeitnehmer insgesamt um fehlzeitengeprägte Entgeltaufwendungen gekürzt werden.

C. Erfolgsabhängige Entgeltsysteme

I. Steigerung der Motivation

16 Ein erfolgsabhängiges Entgeltsystem dient in erster Linie einer Steigerung der Motivation der Arbeitnehmer zur Erbringung ihrer Arbeitsleistung, was aus Sicht des Arbeitgebers deren **Wert erhöhen** kann und damit das **Austauschverhältnis** zum **Arbeitsentgelt optimiert**. Die Regelung von Zielen knüpft dabei unter verschiedenen Aspekten an die Selbststeuerung des Arbeitnehmers an:

17 Mit **Aufgaben-, Leistungs- und Ressourcenzielen** wird dem Arbeitnehmer innerhalb der bestehenden Arbeitgeberorganisation eine **Eigenverantwortung** bei der Organisation der Arbeitsleistung übertragen.¹² Arbeitnehmer werden angesprochen, mit Blick auf die zu verfolgende Zielerreichung ihre Arbeitsweise am Arbeitsplatz zu organisieren und dabei das **Leistungsergebnis und die Schonung von Ressourcen** im Auge zu behalten. Damit partizipieren sie an einem **Mehrwert ihrer eigenen Arbeitsleistung**, was dem Arbeitsverhältnis als typischem Austauschverhältnis von Arbeitsleistung und Arbeitsentgelt fremd wäre.

18 Insbesondere dann, wenn der Arbeitnehmer erkennt, dass auf dieser Grundlage nicht nur er, sondern die gesamte Belegschaft oder jedenfalls deren zentrale Teile arbeiten, wird er seine Arbeitsleistung weniger isoliert, sondern als **Teil eines unternehmerischen Ganzen** betrachten und sich mit seinen **Aufgaben zunehmend identifizieren** und über die arbeitsvertraglich-rechtliche Verpflichtung hinaus seiner **Funktion am Arbeitsplatz** eine eigenverantwortliche Bedeutung beimessen.

---

10 BAG, Urt. v. 18.1.2012 – 10 AZR 612/10 –.
11 Siehe Kap. 6 Rn 32 ff.
12 *Watzka*, S. 37.

Die aus Sicht des Arbeitgebers auf dieser Grundlage zu erzielende Leistungssteigerung folgt aus der vom Arbeitnehmer nunmehr **eigenverantwortlich wahrgenommenen Priorisierung** seiner Tätigkeiten am Arbeitsplatz. Der Arbeitnehmer wird nicht nur zur Erfüllung der Ziele zwischen wichtigen und weniger wichtigen Aufgaben differenzieren. Er wird darüber hinaus seine Arbeitsweise auf die Zielerreichung ausrichten, indem er **Bummeleien** oder nicht erforderliche **Arbeitsunterbrechungen vermeidet**, um der über die geregelten Ziele nunmehr ihm um der Entgeltkomponente willen übertragenen Verantwortung nachzukommen.

Idealerweise wird der Arbeitnehmer auf dieser Grundlage seine **Leistung steigern** und dies über **erzielte Erfolgserlebnisse** zu einer sich fortsetzenden **Eigendynamik** ausbauen.[13] Die über eine solche Entgeltkomponente angesprochene Effizienzsteigerung bei der Erbringung der Arbeitsleistung knüpft damit insbesondere an folgende Gesichtspunkte an:[14]

- **Handlungsspielräume** des Arbeitnehmers werden durch dessen Willen zur Zielerreichung eigenverantwortlich ausgefüllt;
- der Arbeitnehmer ist zur Entwicklung einer gewissen **Eigeninitiative** zur Zielverfolgung gezwungen;
- der Arbeitnehmer hat auf die Zielerreichung gerichtete Entscheidungen im Rahmen bestehender Freiräume zu treffen und sich insoweit **selbst zu steuern**;
- über den Gesichtspunkt der Leistungs- und Ressourcenziele ist der Arbeitnehmer zu **unternehmerischem Herangehen** gezwungen.

II. Notwendigkeit einer Zielidentifikation

Ein solcher Motivationszweck zur Leistungssteigerung in dieser theoretischen Betrachtung bedarf indessen einer konkreten **Realisierung in der Praxis**. Eine solche Realisierung **steht und fällt mit der Zielidentifikation**. Der Arbeitnehmer muss sich mit den geregelten Zielen so weitgehend identifizieren, dass er sie über eine reine Arbeitsaufgabe hinaus als **Teil der Wertschöpfung seines Erwerbslebens** betrachtet.[15]

In der Praxis ist regelmäßig zu beobachten, dass Zielvereinbarungssysteme formal korrekt gelebt werden, dann aber Streit über die Zielerreichung entsteht und bereits dieser Streit über die Zielerreichung Ausdruck des missglückten Motivationscharakters ist. Die Fehlerquellen in der Praxis sind insbesondere folgende Anknüpfungspunkte bei der Regelung von Zielen:
- Klarheit der Ziele;

---

13 Hierzu: *Watzka*, S. 58f.
14 Nach: *Watzka*, S. 63f.
15 *Watzka*, S. 99.

- Einvernehmen über die Notwendigkeit der Zielerreichung;
- Bedeutung der Ziele für das unternehmerische Handeln.

22   Unter dem Gesichtspunkt der **Klarheit der Ziele** können Zielvereinbarungssysteme kontraproduktiv sein, die den **Arbeitnehmer im Ungewissen** lassen, in welche konkrete Richtung er seine Arbeitsweise ausrichten soll. **Eindeutige Zielsetzungen** vermeiden Unsicherheiten bei der Arbeitsweise. Fehlt es an einer exakten Grenzziehung, in welche Richtung der Arbeitnehmer seine Arbeitsweise ausrichten soll, geht der gesamte Motivationszweck verloren. Dies gilt zum einen für die Notwendigkeit, überhaupt **eindeutige Ziele zu regeln**, zum anderen für die Notwendigkeit, eine solche Regelung so rechtzeitig zu treffen, dass der Arbeitnehmer nicht zunächst für eine gewisse Zeitspanne ein **vermeintliches Ziel** anpeilt, welches sich sodann als überhaupt nicht maßgebend herausstellt.

23   Unter beiden Gesichtspunkten erzeugt eine fehlende Klarheit der Ziele **Frustration statt Motivation**. Darin liegt kein Nachteil eines Zielvereinbarungssystems als solchem. Arbeitgeber werden vor Implementierung eines Zielvereinbarungssystems aber genau planen und für den **Aufbau einer entsprechenden Organisation** zu sorgen haben, die die erforderlichen personellen Kapazitäten für die Aufstellung der maßgebenden Ziele und entsprechende Mitarbeitergespräche zur Verfügung stellt.

24   Eine Schwäche gelebter Zielvereinbarungssysteme in der Praxis liegt darüber hinaus häufig in dem fehlenden **Einvernehmen auch des Arbeitnehmers über die Notwendigkeit der Zielerreichung**. Die Selbstmotivation des Arbeitnehmers durch Identifikation mit der Arbeitsaufgabe setzt voraus, dass der Arbeitnehmer der ihm gesetzten Arbeitsaufgabe eine **Wertschätzung** beimisst. Die bei Erfüllung der Arbeitsaufgabe als geregeltes Ziel vorgesehene **Sonderzahlung ist insoweit zwar ein materieller Anreiz**, der überhaupt ein Bewusstsein beim Arbeitnehmer dafür setzt, dass es auch für ihn günstig sein kann, mit dem Arbeitgeber ein gemeinsames Ziel zu verfolgen. Ohne eine zielerreichungsabhängige Sonderzahlung würde der Arbeitnehmer ggf. allein das Interesse an einem möglichst hohen Entgelt bei einer möglichst geringen Arbeitsleistung, d.h. einer Optimierung des Verhältnisses zwischen Leistung und Gegenleistung, verfolgen. Mit der zielerreichungsabhängigen Sonderzahlung schafft der Arbeitgeber einen materiellen Anreiz für den Arbeitnehmer, unternehmerisch zu denken.

25   Dieser Anreiz wird aber erst dann eine ernsthafte Motivation und damit Leistungssteigerung bewirken können, wenn der Arbeitnehmer sich **auch inhaltlich mit der übertragenen Arbeitsaufgabe identifiziert.** Dies ist in der Regel nur bei einem Einvernehmen über eine Notwendigkeit der Zielerreichung in Gestalt der Arbeitsaufgaben gewährleistet. Gerät der Arbeitnehmer in eine innere Abwehrhaltung gegenüber der Arbeitsaufgabe, die er allein um der Erzielung eines Entgelts willen erbringt, wird er sein Arbeitsverhalten zwar ggf. entsprechend ausrichten. Die notwendige **Eigeninitiative und Eigenverantwortung** setzt indessen eine **innere Bereitschaft** voraus, die durch verbleibende Blockaden niemals zur vollen Entfaltung gelangen wird.

Auch darin liegt **kein Nachteil** eines zielerreichungsabhängigen Entgeltsystems. 26
Der Arbeitgeber muss aber entsprechende **Verfahren und Prozesse** zur Verfügung
stellen, um ein solches Einvernehmen herzustellen. Dabei wird insbesondere eine
Organisation der zuständigen Führungskräfte im Rahmen eines **strukturierten
Mitarbeitergespräches** gefragt sein. Insbesondere Arbeitgeber, die sich gegen einvernehmliche Zielvereinbarungen und für **einseitige Zielvorgaben** entscheiden,
sollten dies bedenken, um den Motivationszweck der Leistungen trotz rechtlich möglicher einseitiger Zielvorgabe zu erreichen.

In dieselbe Richtung gehen praktische Schwierigkeiten im Zusammenhang mit 27
der Frage der **Erreichbarkeit der Ziele**. Wie bereits ausgeführt, dürfen Ziele ehrgeizig sein.[16] Deshalb braucht nicht ohne Weiteres im Rahmen der Normalleistung von
einer 100%-igen Zielerfüllung ausgegangen werden. Gleichwohl wird die Selbstidentifikation mit den Zielen nur dann gewährleistet sein, wenn der **Arbeitnehmer
selbst von deren Erreichbarkeit ausgeht**. Ist dies nicht gewährleistet, wird kaum
eine Motivation und damit einhergehende Leistungssteigerung zu erreichen sein.
Ein Arbeitnehmer, der selbst nicht daran glaubt, ein Ziel erreichen zu können, wird
nicht eigeninitiativ und eigenverantwortlich sein Verhalten auf die Zielerreichung
ausrichten.

Darin kann ein **Nachteil von Zielvereinbarungssystemen** bei sehr **unter-** 28
schiedlicher Leistungsfähigkeit der Arbeitnehmer liegen. Je weiter die Leistungspotenziale der einzelnen Arbeitnehmer auseinanderliegen, desto unterschiedlich
müssten geregelte **Ziele auf die verschiedenen Arbeitnehmer zugeschnitten**
sein. Desto schwieriger wäre aber ein solches System kollektiv im Hinblick auf das
Gerechtigkeitsempfinden vermittelbar. Sollen Minderleister in Gestalt geringerer
Zielsetzungen motiviert werden, müssten leistungsstarke Arbeitnehmer besonders
hohe Ziele erhalten, um letztlich eine vergleichbare Sonderzahlung zu erhalten.
Derart unterschiedliche Anspruchsvoraussetzungen für eine gleichermaßen bemessene Sonderzahlung wären nicht nur mit dem **Gerechtigkeitsempfinden** der unterschiedlichen Arbeitnehmergruppen kaum zu vereinbaren, sondern auch unter
dem Gesichtspunkt des **arbeitsrechtlichen Gleichbehandlungsgrundsatzes** nur
begrenzt vertretbar.

Darin liegt sicherlich ein **Nachteil** von Zielvereinbarungssystemen, die nach 29
oben wie nach unten bei „**Ausreißern**" ihre Motivationswirkung schwer entfalten
können. Hier bietet sich für die Praxis der bereits bei den rechtlichen Gestaltungen
zielerreichungsabhängiger Sonderzahlungen aufgezeigte Weg an, auch leistungsschwache Arbeitnehmer von der Sonderzahlung **nicht gänzlich auszunehmen**,
sondern diese lediglich **in geringerem Umfang** zu bemessen und bei besonders

---

[16] Kap. 4 Rn 81 sowie Kap. 6 Rn 132 f.

leistungsstarken Arbeitnehmern ggf. eine **überproportionale Bemessung** der Sonderzahlung vorzunehmen.

30   Um diesen Gesichtspunkt auf seine Relevanz beurteilen zu können, wird der Arbeitgeber die **durchschnittliche Leistungsfähigkeit** der betroffenen Arbeitnehmer bzw. Arbeitnehmergruppen einschätzen müssen, auf dieser Grundlage eine **lineare Zielbewertung vornehmen** und sodann Regelungen zur Bemessung der Sonderzahlung bei besonders leistungsschwachen und besonders leistungsstarken Arbeitnehmern in die Skalierung einfließen lassen.

31   Der dritte Gesichtspunkt festzustellender praktischer Schwierigkeiten bei Zielvereinbarungssystemen liegt in der Wahrnehmung des individuellen Arbeitnehmers, welche **Bedeutung für das Gesamtunternehmen** aus den einzelnen Zielkomponenten folgt. Soll der Arbeitnehmer zu unternehmerischem Denken und Handeln angehalten werden, genügt eine **isolierte Betrachtung seines Arbeitsbereichs** als „Puzzlestein" des Unternehmens nicht. Der Arbeitnehmer muss entweder die unternehmerischen Zusammenhänge insgesamt kennen oder – zumindest – von einem einheitlichen, das Unternehmen insgesamt steuernden Zielvereinbarungssystem ausgehen, sodass er seinen Beitrag im Lichte der **Gesamtheit der Beiträge der Belegschaft funktional betrachtet**.

32   Ebenso wie hinsichtlich der Identifikation mit der Aufgabenstellung bezogen auf deren isolierte Erbringung erfordern insbesondere **leistungs- und ressourcengeprägte Ziele** einen Blick auf das unternehmerische Ganze. Gewinnt der Arbeitnehmer den Eindruck, dass nur sein Arbeitsbereich für seine eigene Zielkomponente von Bedeutung ist, stellt dies schwerlich eine Motivation zur Leistungssteigerung (auch) im Interesse des Gesamtunternehmens dar.

III. Anreize und Fehlanreize

33   Jeder Zielkomponente ist immanent, dass sie den Arbeitnehmer vorrangig in die Richtung ihrer Erfüllung lenken soll. Bei **individualerfolgsbezogenen Zielen** kann dies zu Fehlanreizen eines **Konkurrierens** führen. Haben etwa mehrere Arbeitnehmer vergleichbare Arbeitsinhalte und damit vergleichbare Zielkomponenten, deren jeweils einzelne quantitative Bemessung den Zielerreichungsgrad und damit die Bemessung der Sonderzahlung steuert, kann dies zu **Konkurrenzsituationen** führen. Gleiches gilt für Fehlanreize, wenn etwa ein **umsatzbezogenes Ziel** eines Arbeitsbereiches dazu führt, dass Nachteile – etwa unrentable Auftragskosten – für andere Bereiche entstehen. Dem kann durch eine angemessene Setzung **von Leistungs- und Ressourcenzielen** über die einzelnen Arbeitsbereichsziele hinaus Rechnung getragen werden, um insoweit eine **gegenläufige Zielkomponente** zu setzen.

34   Bei **gruppenerfolgsbezogenen Zielkomponenten** kann als nachteilige Folge ein übermäßiger „**Gruppenzwang**" erzeugt werden. In adäquatem Ausmaße kann

ein solcher zwar zielführend sein, um etwa leistungsunwillige Arbeitnehmer nicht nur über individualerfolgsbezogene Ziele, sondern gleichermaßen über das **soziale Miteinander** in der an einem einheitlichen Ziel zu bemessenden Gruppe anzusprechen. Nimmt dies jedoch ein erhebliches Ausmaß an, sind **Überforderungssituationen** naheliegend. Hier wird es insbesondere den jeweiligen Führungskräften obliegen, die Vermeidung solcher Situationen im Blick zu haben, um ggf. eingreifen zu können.[17]

Fehlanreize können zudem unter dem Gesichtspunkt auftreten, dass kurzfristige Erfolge wegen der wirtschaftlichen Honorierung mit einer Sonderzahlung übermäßig angestrebt werden, dies jedoch **zulasten einer langfristigen Unternehmenspolitik** wirkt. Für individualerfolgsbezogene Zielkomponenten, wie ein generiertes Auftragsvolumen, gilt Gleiches wie bei einer Anknüpfung an das Unternehmensergebnis: Strategisch sinnvolle Investitionsentscheidungen, die eine Nachhaltigkeit unternehmerischer Ressourcen sicherstellen, können leicht in den Hintergrund gedrängt werden. 35

IV. Leistungsgerechtigkeit des Entgelts und Personalkostenflexibilisierung

Die Gesichtspunkte der Leistungsgerechtigkeit des Entgelts und der Personalkostenflexibilisierung greifen letztlich ineinander. Bei zielerreichungsabhängigen Sonderzahlungen erfolgt die **Bemessung der Sonderzahlung an der Leistung** des Arbeitnehmers, einer Arbeitnehmergruppe oder der Belegschaft einer wirtschaftlichen Einheit. Die damit einhergehende Personalkostenflexibilisierung entspricht der **Einsparung des Personalkostenvolumens, in dessen Umfang der Arbeitgeber den Motivationszweck nicht erreicht** hat. Darin liegt ein wirtschaftlich nicht unerheblicher Vorteil einer zielerreichungsabhängigen Entgeltkomponente. 36

Demgegenüber kann ein Nachteil darin liegen, dass **unterschiedliche Zielerreichungen** und ggf. **unterschiedliche Handlungsintentionen** bei leistungsschwachen und leistungsstarken Arbeitnehmern **Unruhe in der Belegschaft** schaffen, das **Betriebsklima belasten** und damit die Arbeitsmotivation insgesamt infrage stellen können. Ein zielerreichungsabhängiges Entgeltsystem kann ggf. sogar gegenläufige **Anreize zur Reduzierung der individuellen Leistung** bei Leistungsträgern bewirken, wenn diese etwa im Verhältnis zu anderen Arbeitnehmern ihre Leistungen als nicht ausreichend honoriert betrachten. Dies sind allerdings Parameter, die bei der Bestimmung der maßgebenden Zielkomponenten, der zu erreichenden Zielerreichungsgrade und der Skalierung zwischen Zielerreichungsgrad und sich ergebender Sondervergütung Berücksichtigung finden können. 37

---

17 Vgl. Kap. 6 Rn 97.

Praxistipp
Zielsetzungen sollten ein **ausgewogenes Verhältnis** zwischen individual-, gruppen- sowie unternehmens- bzw. konzern- oder spartenerfolgsbezogenen Komponenten aufweisen. Damit wird der Einzelne im Rahmen seines Arbeitsbereichs, ein Team über das die Gruppe ansprechende Ziel sowie die Belegschaft durch eine auf eine übergeordnete Einheit abstellende wirtschaftliche und den gesamten Ertrag berücksichtigende Zusammenstellung von Komponenten angesprochen.

Kapitel 8
Umsetzung des Konzepts in der Praxis: Die Einführung variabler Entgeltsysteme

A. Entscheidungsprozess

Der Entscheidungsprozess des Arbeitgebers bei der Einführung variabler Entgeltsysteme ist durch eine Vielzahl von Facetten **betriebswirtschaftlicher, arbeitsrechtlicher** und insbesondere **personalentwicklungsbezogener** Aspekte determiniert. Die arbeitsrechtlichen Rahmenbedingungen stehen hierbei nicht im Vordergrund, sondern begrenzen die **rechtlichen Gestaltungsmöglichkeiten** des Arbeitgebers.

I. Vorfragen des Entscheidungsprozesses

Regelmäßig wird der Entscheidungsprozess des Arbeitgebers durch **betriebswirtschaftliche Aspekte** geprägt sein, insbesondere unter dem Gesichtspunkt der wirtschaftlichen Belastung mit einer (ggf. weiteren) Entgeltkomponente und daraus ggf. resultierenden Flexibilisierungsmöglichkeiten. Als Bestandteil dieser betriebswirtschaftlichen Überlegungen oder neben diesen werden **personalentwicklungsbezogene Aspekte** einen erheblichen Einfluss einnehmen. Die Auswirkungen eines variablen Entgeltsystems als Personalführungsinstrument können – entsprechend den in Kap. 7 dargestellten Vor- und Nachteilen – **positive Leistungs- aber auch negative Fehlanreize** setzen.[1]

Eine grundsätzliche Weichenstellung für den arbeitgeberseitigen Entscheidungsprozess stellt zunächst die Frage dar, ob überhaupt **zusätzliche Mittel für einen weiteren Entgeltbestandteil** zur Verfügung gestellt werden sollen. Die Alternative kann in einer **Aufteilung des bisherigen Entgelts** in einen fixen und einen oder mehrere variable Entgeltbestandteile bestehen. Bei dieser betriebswirtschaftlichen Entscheidung des Arbeitgebers spielen arbeitsrechtliche Rahmenbedingungen als **rechtliche Grenze der Gestaltungsfreiheit** eine erhebliche Rolle. Hat der Arbeitgeber bei bisherigen Entgeltbestandteilen, die mit dem Arbeitnehmer als dauerhafte Leistungen vereinbart sind oder kraft bereits entstandener betrieblicher Übung beansprucht werden können, einen **verbindlichen Anspruch des Arbeitnehmers** begründet, kann der Arbeitgeber diesen grundsätzlich **nicht einseitig entziehen**.

---

[1] Siehe Kap. 7 Rn 33.

4   Bei der bestehenden Arbeitsvertragsgestaltung ist ggf. ein **Widerrufsrecht** vereinbart, das den in Kap. 3 aufgezeigten rechtlichen Grenzen[2] genügt, sodass der Arbeitgeber – sofern die Voraussetzungen für die Ausübung des Widerrufsrechts vorliegen – zumindest einen Teil des Entgelts einseitig zu Fall bringen kann. In der Regel wird dies aber nicht oder jedenfalls nicht in ausreichendem Maße eine Reduzierung des bisherigen Arbeitsentgelts ermöglichen, um einen Teil der Personalkosten frei werden zu lassen, der sodann mit variablen Entgeltbestandteilen belegt werden kann.

5   Ein einseitiger Eingriff in das Arbeitsentgelt im Wege einer **Änderungskündigung** scheitert in der Praxis regelmäßig an deren Voraussetzungen. Eine Änderungskündigung bei einer **Veränderung des Aufgabengebietes** mit damit einhergehender Anpassung des Arbeitsentgelts in das betriebliche Entgeltgefüge ist in der Regel möglich. Bei einer **bloßen Veränderung des Entgeltsystems** ist die hierfür notwendige Veränderung des Aufgabengebietes aber zumeist nicht gegeben. Eine Änderungskündigung zur alleinigen Entgeltreduzierung wird von der Rechtsprechung allein in Konstellationen einer **Sanierungsnotwendigkeit** des Betriebs bei bestehendem Sanierungsplan, aus dem sich gerade die Entgeltreduzierung als Bestandteil des notwendigen Sanierungskonzeptes ergibt, anerkannt.[3] Diese Voraussetzungen liegen nicht nur in der Praxis selten vor. Darüber hinaus scheiden sie notwendig aus, wenn der Arbeitgeber eine **Entgeltkomponente lediglich herabsetzen oder beseitigen** will, um sie durch eine andere zu ersetzen. Ein betriebswirtschaftliches Einsparpotenzial zur Erhaltung des Betriebes wird sich auf dieser Grundlage praktisch nie nachweisen lassen.

6   Damit bleibt allein die Möglichkeit der Einführung **zusätzlicher variabler Entgeltkomponenten**, die die Personalkosten allerdings entsprechend erhöhen, oder aber die Notwendigkeit einer einvernehmlichen Vereinbarung mit dem Arbeitnehmer über die Herabsetzung bisheriger Entgeltkomponenten zugunsten der Einführung einer oder mehrerer variabler Entgeltbestandteile. Ein solches Einvernehmen ist mit Arbeitnehmern in der Regel nur zu erzielen, wenn jedenfalls eine **realistisch bestehende Möglichkeit** im Raum steht, das **bisherige Gesamtentgelt** zu erreichen, mit hinreichender Wahrscheinlichkeit aber zu überschreiten. Der wirtschaftliche Rahmen des Arbeitgebers wird dementsprechend bei bereits bestehenden Arbeitsverhältnissen regelmäßig nur begrenzt die Möglichkeit der Einführung variabler Entgeltbestandteile hergeben.

7   In den Grenzen des arbeitsrechtlichen Gleichbehandlungsgrundsatzes[4] kann der Arbeitgeber jedoch beispielhaft ab einem **bestimmten Stichtag** bei **Neueinstellungen** ein von der bisherigen Praxis **abweichendes Entgeltsystem** verwenden.

---

2   Siehe Kap. 3 Rn 81 ff.
3   BAG, Urt. v. 26.6.2008 – 2 AZR 139/07 –.
4   Dazu sogleich unter Rn 18 ff.

Soweit der Arbeitgeber darüber hinaus nach freiem Ermessen über **Entgelterhöhungen** entscheiden kann, wird es ihm im Interesse einer sodann erfolgenden Vereinheitlichung der Arbeitsbedingungen in den Grenzen der Willkür nicht verwehrt sein, diese **von einem Wechsel des Arbeitnehmers** in das nunmehr aktuelle **Entgeltsystem** abhängig zu machen. Gleiches gilt bei sonstigen Anreizen für eine Vertragsumstellung, etwa – dieser Gesichtspunkt ist in der Praxis nicht zu unterschätzen – einer **Anpassung des Urlaubsanspruchs** oder einer bezahlten Freistellung aus besonderen Anlässen. Hier bestehen für den Arbeitgeber vielfältige Gestaltungsspielräume, die in seiner Entscheidung über die Umstellung des Entgeltsystems, über das ggf. erforderliche **Nebeneinander unterschiedlicher Entgeltsysteme** in einer Umstellungsphase und über deren voraussichtliche Dauer eine Rolle spielen.

II. Folgefragen des Entscheidungsprozesses

Entschließt sich der Arbeitgeber zur Einführung variabler Entgeltbestandteile, stellen sich in der Praxis regelmäßig **Folgefragen**, die in drei Stufen unterteilt werden können:

1. Erste Stufe: Abstrakt-generelle Fragen

Sowohl für die mit variablen Entgeltsystemen ggf. einhergehenden wirtschaftlichen Zusatzbelastungen als auch für die Frage der Eignung als Personalführungsinstrument bedarf es einer Klärung, welche Arbeitnehmergruppen in das variable Entgeltsystem einbezogen werden sollen. Neben der wirtschaftlichen Bedeutung der Größe des Kreises der Anspruchsberechtigten wird hier insbesondere von Relevanz sein, inwieweit das jeweilige variable Entgeltsystem geeignete Leistungsanreize oder aber auch Fehlanreize bei der Erbringung der Arbeitsleistung setzen kann.

Während eine von reinen **Unternehmens-, Konzern- oder Spartenzielen** abhängige Entgeltkomponente in der Regel keine Fehlanreize setzen wird und dementsprechend bei sämtlichen Arbeitnehmergruppen in Betracht kommt, können insbesondere **individual- oder gruppenerfolgsbezogene Zielkomponenten kontraproduktive Wirkungen** entfalten.[5] Allerdings stellt sich insbesondere bei diesen wirtschaftlichen Zielkomponenten die Frage, ob der Arbeitgeber die für die Bemessung der Leistung maßgebenden, häufig jedoch – wenn nicht ohnehin im Rahmen von Abschlüssen zu publizierenden – vertraulichen relevanten **Wirtschaftsdaten preisgeben** will.

---

5 Siehe Kap. 7 Rn 20 ff.

11   Der Arbeitgeber wird insbesondere wegen der mit der variablen Entgeltkomponente als Personalführungsinstrument zu verfolgenden Motivations- und Anreizfunktion bewerten müssen, wie er die **Abwägung zwischen der wirtschaftlichen Belastung** bei Erfüllung der Anspruchsvoraussetzungen **gegenüber deren Graduierung und damit Wahrscheinlichkeit des Eintritts** vornimmt. Je ehrgeizigere Ziele als Anspruchsvoraussetzungen aufgestellt werden, desto geringer ist die Wahrscheinlichkeit für den Arbeitnehmer, mit seiner Arbeitsleistung eine (volle) Zielerreichung und damit Sonderzahlung zu erhalten. Ein **geringerer Grad der Vorgaben über die Zielerreichung** kann dementsprechend eine größere Motivations- und Anreizfunktion entfalten, weil der Arbeitnehmer davon ausgehen wird, bei einer **realistischen Arbeitsweise die Ziele zu erreichen**. Für den Arbeitgeber bedeutet dies umgekehrt eine **relevante Wahrscheinlichkeit**, bereits bei einer solchen Arbeitsleistung im vollen Umfange **wirtschaftlich mit einer Zahlung belastet** zu werden.

12   In diesem Zusammenhang ist zu entscheiden, ob etwa zur Sicherstellung einer gewissen Motivationswirkung ein **garantierter Anteil der Leistung,** beispielsweise unabhängig vom Erreichen eines Unternehmens-, Konzern- oder Spartenergebnisses allein in **Koppelung an individual- oder gruppenerfolgsbezogene Ziele** geleistet wird, um die Möglichkeit der Einflussnahme des Arbeitnehmers jedenfalls für diesen Anteil der variablen Entgeltkomponente nicht infrage zu stellen. Insbesondere bei einem **schwierigen Marktumfeld** kann anderenfalls ein rein wirtschaftliches Ziel, dessen Nichterreichung die gesamte variable Entgeltkomponente zu Fall bringen würde, die Motivations- und Anreizfunktion gänzlich ausschließen.

2. Zweite Stufe: Individuelle Einzelfragen

13 Vorstehende Komplexe der Entscheidungsfindung des Arbeitgebers stellen die **abstrakt-generellen Vorgaben** für die Einführung eines oder mehrerer variabler Entgeltsysteme dar. Ist eine diesbezügliche Entscheidung – ggf. unterschiedlichen Inhaltes für **unterschiedliche Arbeitnehmergruppen** – getroffen, steht der wirtschaftlich-strategische Ansatz aus Sicht des Arbeitgebers fest und es sind sodann die verbleibenden **Einzelfragen für die Umsetzung** im individuellen Arbeitsverhältnis in einem zweiten Schritt zu entscheiden. Hierzu zählt etwa die Frage, ob die Sonderzahlung beispielhaft im Falle einer **Zielübererfüllung** nach oben hin begrenzt sein soll, um die wirtschaftliche Belastung für das Unternehmen nicht ausufern zu lassen. Dies wird der Arbeitgeber regelmäßig in Abhängigkeit davon entscheiden, ob mit einer **Zielübererfüllung gleichzeitig eine Ertragssteigerung** für das Unternehmen verbunden ist. Sofern dies der Fall ist, droht auch ohne obere Begrenzung der Höhe einer variablen Entgeltkomponente **keine Auszehrung der Unternehmenssubstanz**. Knüpfen Ziele dagegen an rein interne Arbeitsvorgänge an, die **nicht mit einer unmittelbaren Steigerung des Ertrags des Unternehmens** verbunden sind, stellt sich die Frage nach einer Begrenzung der Höhe einer variablen Entgeltkomponente trotz Zielübererfüllung.

Ein weiterer Gesichtspunkt in dieser zweiten Stufe der Entscheidungsfindung ist 14
die **Auswahl der Zielkomponenten** danach, ob und ggf. in welcher Gewichtung individual-, gruppen- oder unternehmenserfolgsbezogene Komponenten maßgebend sein sollen. In diesem Zusammenhang ist die Frage eines etwaigen **Stufenverhältnisses** der einzelnen Bezugsgrößen zueinander zu betrachten. Schließlich ist über das **Verfahren zur Feststellung der Ziele** zu entscheiden, etwa im Hinblick darauf, ob bereits **bestehende Personalentwicklungsinstrumente** über Mitarbeitergespräche gleichzeitig für die Frage der Zielfeststellung des vergangenen Bezugszeitraums und/oder die Zielfestsetzung für einen künftigen Bezugszeitraum genutzt werden sollen. Während die **Ankoppelung an ein bestehendes System** ggf. die **Akzeptanz für das Verfahren** aufgrund gewohnter Abläufe in der Belegschaft erhöht und gleichzeitig für den Arbeitgeber administrativen Aufwand erspart, der im Falle eines gesondert durchzuführenden Verfahrens entstünde, kann eine reine Personalentwicklungskomponente u.U. durch die nunmehrige **Beimengung wirtschaftlich unmittelbar relevanter Faktoren** ganz oder teilweise entwertet werden. Schlussendlich kann die Frage der **Zahlungsweise** im Rahmen des Entscheidungsprozesses für den Arbeitgeber relevant werden, da der Liquiditätsfluss etwa bei monatlichen Abschlagszahlungen anders gesteuert wird als im Falle einer jährlich einmaligen Auszahlung.

Aus Sicht des Arbeitgebers steht damit die Gestaltung variabler Entgeltsysteme 15
nach Durchlaufen dieses zweistufigen Entscheidungsprozesses fest.

3. Dritte Stufe: Zeitliche Komponenten

Eine dritte Stufe der Entscheidungsfindung betrifft die **zeitliche Komponente**. 16
Grundsätzlich stellt sich hierbei die Frage nach einer **kurz-, mittel- oder langfristigen Einführung eines neuen Entgeltsystems**. In der Regel werden solche Entscheidungen für eine kurz- oder mittelfristige Einführung, Letzteres insbesondere im Falle der Notwendigkeit eines allmählichen **Prozesses der Umstellung bestehender Arbeitsverträge**, getroffen. Der Zeitpunkt der Einführung einer variablen Entgeltkomponente kann allerdings durch die **wirtschaftliche Lage des Unternehmens bestimmt** sein. Dies gilt zum einen unter dem Gesichtspunkt der wirtschaftlichen Ertragskraft, um eine variable Entgeltkomponente ohne Auszehrung der Unternehmenssubstanz finanzieren zu können.

Zum anderen wird bei einer **aktuellen Krisensituation** des Unternehmens die 17
Einführung eines an **Unternehmensziele** gekoppelten variablen Entgeltsystems unter Reduzierung bestehender Entgeltkomponenten kaum auf **Akzeptanz bei der bestehenden Belegschaft** stoßen. Darüber hinaus umfasst die zeitliche Komponente insbesondere die Frage einer **Praktikabilität**, da eine gewisse **Vorlaufzeit** für die erstmalige Entwicklung der Zielkomponenten bei den einzelnen Arbeitnehmern bzw. Arbeitnehmergruppen erforderlich sein wird und der Stichtag für die Aufsetzung eines beispielsweise an das Geschäftsjahr ankoppelnden Zielvereinbarungs-

systems der **Beginn des kommenden Geschäftsjahres** sein wird, damit nicht bereits ein ggf. erheblicher Teil des Bezugszeitraums zum Zeitpunkt der Einführung der Entgeltkomponente abgelaufen ist. Besteht im Betrieb ein Betriebsrat, wird darüber hinaus die **Dauer der Beteiligung des Betriebsrates** in die zeitliche Planung einzubeziehen sein.

B. Gleichbehandlungspflichten bei der Einführung neuer Entgeltsysteme

I. Gleichbehandlung in der Reihe

18 Die sog. **Gleichbehandlung in der Reihe** stellt die klassische Anwendungsform des arbeitsrechtlichen Gleichbehandlungsgrundsatzes dar. Der Arbeitgeber darf einzelne Arbeitnehmer oder Gruppen von ihnen nicht ohne einen sachlichen Grund, der die Ungleichbehandlung rechtfertigt, unterschiedlich behandeln.[6] Im Rahmen der Einführung von Entgeltsystemen spielt hierbei insbesondere eine **Abstufung in der Reihenfolge der Einführung neuer Entgeltkomponenten** eine Rolle. Auch insoweit kommt der arbeitsrechtliche Gleichbehandlungsgrundsatz zum Tragen, wenn aufgrund **zeitlicher Staffelung** einzelne Arbeitnehmer oder Gruppen von ihnen jedenfalls **zunächst unterschiedlich** gegenüber anderen Arbeitnehmern oder Arbeitnehmergruppen behandelt werden.[7]

19 Eine Abstufung in der Reihenfolge der Einführung variabler Entgeltkomponenten kann allerdings beispielsweise durch einen **Erprobungszweck** sachlich gerechtfertigt sein.[8] Dies wird in der Praxis insbesondere in Betracht kommen, wenn ein variables Entgeltsystem zunächst bei **Führungskräften** eingeführt wird, da nur bei deren feststellbarer Akzeptanz eine entsprechende **Umsetzung in den unteren Hierarchieebenen** erwartet werden kann. Problematisch wäre es dagegen, wenn etwa auf Sachbearbeiterebene zunächst nur ein bestimmter Bereich – etwa das Controlling oder die Buchhaltung – in ein solches Entgeltsystem einbezogen wird, solange nicht unter dem **Gesichtspunkt der Eignung als Personalführungsinstrument** eine unterschiedliche Behandlung gegenüber anderen Arbeitnehmergruppen (etwa Sachbearbeitern in der Auftragsabwicklung o.ä.) darzustellen ist. Der Gesichtspunkt einer Gleichbehandlung der Belegschaft in der Reihe ist dementsprechend bei der zeitlichen Staffelung der Einführung von variablen Entgeltkomponenten im Auge zu behalten.

---

6 Zum arbeitsrechtlichen Gleichbehandlungsgrundsatz: Siehe Kap. 3 Rn 6 ff.
7 Schaub/*Linck*, § 112 Rn 11.
8 A.A.: *Weber*, S. 115.

Praxistipp
Will der Arbeitgeber eine Erprobungsphase vorsehen, sollte er entweder auf **hierarchische Unterschiede** der in die während der Erprobungsphase einbezogenen und damit begünstigten Arbeitnehmer abstellen oder aber ein solches Modell für **sämtliche Arbeitnehmer** unter Verwendung eines **Freiwilligkeitsvorbehaltes** auf eine einmalige Leistung für den Bezugszeitraum begrenzen. Anderenfalls läuft der Arbeitgeber wirtschaftlich Gefahr, eine variable Entgeltkomponente **zeitlich unbegrenzt für sämtliche Arbeitnehmer** einzuführen.

II. Gleichbehandlung in der Zeit

Unter einer Gleichbehandlung in der Zeit ist die Anknüpfung unterschiedlicher Entgeltsysteme an einen bestimmten **Stichtag der Einführung eines neuen Entgeltsystems** zu verstehen.[9] Dieses bewirkt unterschiedliche Entgeltsysteme bei mindestens zwei Arbeitnehmergruppen. Zum einen besteht eine Arbeitnehmergruppe, die nach den bislang geltenden Entgeltsystemen vergütet wird. Daneben **entsteht eine Arbeitnehmergruppe**, die an einem **abweichenden Entgeltmodell** teilnimmt. 20

Nach bisheriger Rechtsprechung ist trotz gleicher Arbeitsinhalte eine solche Ungleichbehandlung in der Zeit durch eine **Stichtagsregelung zu rechtfertigen**, wenn der Arbeitgeber zu einem bestimmten Stichtag sein **Entgeltsystem umstellt** und dementsprechend eine weitere Arbeitnehmergruppe entsteht, die nicht mehr an dem bisherigen Entgeltsystem bemessen vergütet wird. Allein der **Stichtag** selbst für die Umstellung des Entgeltsystems **darf nicht willkürlich bemessen werden**, etwa um einzelne Arbeitnehmer oder Gruppen von ihnen gezielt aus einem neuen Entgeltmodell herauszudrängen.[10] 21

Zu **betriebsverfassungsrechtlichen Entgeltgrundsätzen** hat das BAG zwar in einer jüngeren Entscheidung erwogen, das **Nebeneinander unterschiedlicher Entgeltsysteme** bei **inhaltlich gleichen Tätigkeiten nicht anzuerkennen**.[11] Es hat dabei indessen von seiner bisherigen Rechtsprechung, die derartige Stichtagsbetrachtungen anerkennt, nicht ausdrücklich Abstand genommen, sodass diese Rechtsprechung ggf. auf betriebsverfassungsrechtliche Entgeltgrundsätze begrenzt ist. Im Übrigen bleibt jedoch ohnehin abzuwarten, wie die weitere Entwicklung dieser Rechtsprechung erfolgt. 22

Praktisch dürfte sich die Frage der Geltendmachung einer Ungleichbehandlung allenfalls aus der **Perspektive von Arbeitnehmern, die an den neuen Entgeltgrundsätzen teilnehmen**, stellen. Stellt der Arbeitgeber sein Entgeltsystem auf die Einführung variabler Entgeltkomponenten um, wird er regelmäßig bereits beschäftigten Arbeitnehmern eine **Umstellung auch deren Entgeltsystems angeboten** 23

---
9 Schaub/*Linck*, § 112 Rn 21.
10 BAG, Urt. v. 18.9.2007 – 9 AZR 788/06 –.
11 BAG, Urt. v. 18.10.2011 – 1 ABR 25/10 –; a.A. *Salamon*, NZA 2012, 899.

haben. Ungeachtet einer Stichtagsregelung liegt sodann der sachliche Grund einer Ungleichbehandlung dieser Arbeitnehmergruppen darin, ein entsprechendes Angebot des Arbeitgebers an einer Teilnahme an dem neuen Entgeltsystem abgelehnt zu haben.

24   Eine andere Frage ist es, ob beispielsweise von allgemeinen **Entgelterhöhungen Arbeitnehmer ausgenommen werden** können, die eine **Vertragsumstellung verweigert** haben. Das BAG hat eine Ungleichbehandlung von Arbeitnehmern bei Entgelterhöhungen in Anknüpfung an unterschiedliche Entgeltstrukturen in der Vergangenheit anerkannt, wenn etwa der Arbeitgeber Entgelterhöhungen nur solchen Arbeitnehmern gewährt, die **verschlechternde Arbeitsbedingungen akzeptiert haben** und der Arbeitgeber dementsprechend in Anknüpfung an bereits abgesenkte Arbeitsbedingungen Entgelterhöhungen nur bei diesem Kreis der Arbeitnehmer vornimmt, um damit verbundene **Nachteile zu kompensieren**.[12] Dieser Gedanke ist bei einer Umstellung des Entgeltsystems **nicht ohne Weiteres verallgemeinerungsfähig**, da regelmäßig gerade keine generellen Nachteile mit dem neuen Entgeltsystem verbunden sein dürften.

25   Allerdings kann der **Arbeitgeber jedenfalls prüfen**, ob er eine Entgelterhöhung daran knüpft, ob die Umstellung auf variable Entgeltkomponenten beispielhaft wegen nicht (vollständiger) Zielerreichung **faktisch zu einem niedrigeren Gesamtentgelt** gegenüber dem zuvor bei einem solchen Arbeitnehmer anwendbaren Entgeltsystem führt. In dieser Situation dürfte bei der Risikoverlagerung hinsichtlich des Nichterreichens von Zielen eine **vergleichbare Situation wie bei von vornherein verschlechternden Arbeitsvertragsbedingungen** gegeben sein und eine Ungleichbehandlung bei künftigen Entgeltanpassungen gerechtfertigt sein.

---

12 BAG, Urt. v. 30.7.2008 – 10 AZR 497/07 –.

Kapitel 9
Muster

A. Einmalige Leistungen

Einmalige Leistungen werden durch einen Freiwilligkeitsvorbehalt sichergestellt, der Ansprüche auf zukünftige wiederholte Leistungen ausschließt.[1] Der Freiwilligkeitsvorbehalt darf nicht in Widerspruch zu vorher oder gleichzeitig erfolgenden Leistungszusagen stehen. Will der Arbeitgeber im Arbeitsvertrag eine Leistung andeuten, ohne aber bereits eine – einen künftigen Freiwilligkeitsvorbehalt ausschließende – verbindliche Zusage zu erteilen, ist Zurückhaltung geboten, z.B. durch eine Formulierung wie:

1

Möglichkeit von Sonderzahlungen; keine Einräumung eines Rechtsanspruchs
Es besteht die Möglichkeit – nicht jedoch ein Rechtsanspruch –, dass Sonderzahlungen unter im Einzelfall festzulegenden Voraussetzungen gewährt werden. Die Entscheidung, ob und unter welchen Voraussetzungen eine Sonderzahlung gewährt wird, bleibt ebenso wie die Entscheidung über die Höhe einer solchen etwaigen Leistung dem freien Ermessen des Arbeitgebers vorbehalten.

Ein Freiwilligkeitsvorbehalt kann im Laufe des Arbeitsverhältnisses gemeinsam mit der Zusage einer Einmalleistung etwa wie folgt lauten:

2

Sonderzahlung/Freiwilligkeitsvorbehalt
Anlässlich des erfolgreichen Abschlusses des Projektes XY erhalten Sie eine einmalige Sonderzahlung in Höhe eines Bruttomonatsgehaltes. Die Rechtsprechung der Arbeitsgerichte macht es erforderlich, Sie darauf hinzuweisen, dass es sich um eine einmalige Leistung handelt, aus der kein Rechtsanspruch auf zukünftige wiederholte weitere Sonderzahlungen, weder dem Grunde noch der Höhe nach, hergeleitet werden kann.

Ob ein pauschaler Freiwilligkeitsvorbehalt im Arbeitsvertrag noch anzuerkennen ist, ist nach der jüngeren Rechtsprechung zu bezweifeln.[2] Er kann gleichwohl bis zu einer abschließenden Positionierung der Rechtsprechung sinnvoll sein, falls ein Freiwilligkeitsvorbehalt bei der Einmalleistung in Vergessenheit geraten oder nicht nachweisbar ist.

3

---

1 Kap. 3 Rn 18 ff.
2 Kap. 3 Rn 57 f.

> **Etwaige Sonderzahlungen; Freiwilligkeitsvorbehalt**
> Auf Sonderzahlungen (nicht arbeitsvertraglich vereinbarte Leistungen außerhalb der laufenden Arbeitsvergütung, beispielsweise Prämien oder Gratifikationen) besteht kein Anspruch. Sollte der Arbeitgeber eine Sonderzahlung gewähren, begründet dies – auch für den Fall der wiederholten Leistung ohne ausdrückliche Wiederholung dieses Freiwilligkeitsvorbehaltes – keinen rechtlichen Anspruch des Arbeitnehmers auf weitere Sonderzahlungen in der Zukunft, weder dem Grunde noch der Höhe nach. Der Arbeitgeber behält sich vor, über die Frage der Gewährung von Sonderzahlungen an sich und ggf. ihre Höhe jeweils freie Entscheidungen zu treffen. Der Vorrang der Individualabrede (§ 305b BGB) bleibt von diesem Freiwilligkeitsvorbehalt unberührt.

B. Widerrufsvorbehalt

4   Der Widerrufsvorbehalt erfordert zum einen eine Begrenzung auf in der Regel 25% der Gesamtvergütung als widerruflichen Entgeltbestandteil. Zum anderen müssen mögliche Widerrufsgründe aus Gründen der Transparenz zumindest ihrer Richtung nach, in der Regel aber weitaus konkreter benannt werden.[3]

> **Widerrufsvorbehalt**
> Der Arbeitgeber ist berechtigt, die Sonderzahlung nach billigem Ermessen zu widerrufen, wenn das jeweilige Ergebnis der gewöhnlichen Geschäftstätigkeit gem. § 275 HGB das des jeweiligen Vorjahres um mehr als 5% unterschreitet und soweit die aus dem Widerruf erfolgende Kürzung weniger als 25% der Gesamtvergütung ausmacht.

C. Befristete Leistungen

5   Bei der Befristung einer Sonderzahlung ist klarzustellen, dass der Rechtsanspruch zu einem bestimmten Zeitpunkt erlischt, ohne dass es einer gesonderten Erklärung des Arbeitgebers bedarf. Die Befristung eines Entgeltbestandteils bedarf eines Sachgrundes, der jedoch in der Klausel nicht benannt werden muss. Eine Formulierung kann etwa wie folgt lauten:

> **Zulage; Befristung der Zulage**
> Der Arbeitnehmer erhält aus dem einmaligen Budget XY eine monatliche Zulage in Höhe von brutto 150 € für die Dauer von 12 Monaten. Der Anspruch auf die Zulage erlischt, ohne dass es einer gesonderten Erklärung des Arbeitgebers bedarf, mit der letzten Zahlung zum 31.12.2014.

---

3 Kap. 3 Rn 82 ff.

D. Betriebsvereinbarungsoffene Vertragsgestaltung

Mit einer betriebsvereinbarungsoffenen Vertragsgestaltung verhindert der Arbeitgeber, dass das Flexibilisierungsinstrument Betriebsvereinbarung keine Wirkungen entfaltet, weil sich nach dem Günstigkeitsprinzip eine günstigere arbeitsvertragliche Regelung durchsetzt.

6

Vorrang etwaiger Betriebsvereinbarungen; Ablösung arbeitsvertraglicher Regelungen
Der Arbeitnehmer erhält als Weihnachtsgratifikation mit der Auszahlung des November-Gehaltes eine zusätzliche Zahlung in Höhe von einem Bruttomonatsgehalt, solange und soweit nicht durch Betriebsvereinbarung eine Regelung über die Gewährung, Abänderung oder auch Aufhebung einer Weihnachtsgratifikation getroffen ist. Der Anspruch bemisst sich im Falle des Inkrafttretens einer solchen Betriebsvereinbarung allein nach dieser, ebenso wie bei deren etwaiger späterer Beendigung allein die für Betriebsvereinbarungen geltenden Grundsätze zur Anwendung kommen, ohne dass aus diesem Arbeitsvertrag darüber hinausgehende Ansprüche hergeleitet werden können.

E. Betriebstreueleistungen

Eine Betriebstreueleistung knüpft durch eine Stichtags- oder Rückzahlungsregelung ausschließlich an den Bestand des Arbeitsverhältnisses an. Nach jüngerer Rechtsprechung darf bei einer Stichtagsregelung zur Honorierung künftiger Betriebstreue dies der einzige Leistungszweck sein, sodass jedweder Hinweis auf erfolgsabhängige Leistungszwecke zu unterbleiben hat.

7

Beispiel für eine Stichtagsregelung:

8

Treueprämie; Bestand des Arbeitsverhältnisses
Der Arbeitnehmer erhält mit der Auszahlung des November-Gehaltes eine Treueprämie in Höhe eines Bruttomonatsgehaltes, im Eintrittsjahr entsprechend der Dauer des Arbeitsverhältnisses anteilig. Der Anspruch auf die Treueprämie entsteht nur, wenn sich das Anstellungsverhältnis im Zeitpunkt der Auszahlung in ungekündigtem Zustand befindet.

Beispiel für eine Rückzahlungsregelung:

9

Treueprämie; Bestand des Arbeitsverhältnisses
Der Arbeitnehmer erhält ab dem ersten vollen Jahr des Bestehens des Arbeitsverhältnisses mit der Auszahlung des November-Gehaltes eine Weihnachtsgratifikation in Höhe eines Bruttomonatsgehaltes. Die Weihnachtsgratifikation ist zurückzuzahlen, wenn das Anstellungsverhältnis vor dem 31.3. des auf die Auszahlung folgenden Jahres – gleich aus welchem Grunde – endet.

F. Tantiemevereinbarung

10 Wegen der Bezugnahme auf wirtschaftliche Daten des Unternehmens ist auf eine präzise Gestaltung der Tantiemevereinbarung zu achten, um Rechtsstreitigkeiten wegen der Berechnung im Einzelnen zu vermeiden.

Tantiemevereinbarung A

1. Erfolgsabhängiger Vergütungsanspruch
Der Arbeitnehmer erhält zuzüglich zum Bruttojahresfestgehalt nach Ziff. X eine erfolgsabhängige Vergütung (Tantieme).

2. Bezugsbasis
Bezugsbasis der Tantieme ist der in den Jahresabschlüssen des jeweiligen Geschäftsjahres ausgewiesene Gewinn des Unternehmens. Der Gewinn bemisst sich anhand des Jahresüberschusses (§ 275 HGB) des Unternehmens gemäß der Handelsbilanz vor Abzug der Tantiemen für ehemalige und amtierende Geschäftsführer/Vorstandsmitglieder und Arbeitnehmer sowie vor Abzug der Körperschaftssteuer.

3. Bemessung der Tantieme
Die zu zahlende Tantieme beträgt als Bruttoleistung 1,2% des im Jahresabschluss des jeweiligen Geschäftsjahres ausgewiesenen Gewinns des Unternehmens, soweit dieser zwischen 0 und 10 Mio. € liegt. Bei einem Gewinn des Unternehmens von mehr als 10 Mio. bis 20 Mio. € erhöht sich die Tantieme um 1,3% des 10 Mio. € überschreitenden Gewinnanteils des Unternehmens. Erzielt das Unternehmen einen höheren Gewinn als 20 Mio. €, so erhöht sich die Tantieme für den diesen Betrag übersteigenden Teil um 1,5% dieses Gewinnanteils.

4. Kappungsgrenze
Die Tantieme ist begrenzt auf 70% des Bruttojahresfestgehaltes gem. Ziff. X.

5. Fälligkeit
Der Anspruch auf die Tantiemezahlung entsteht mit Schluss des jeweiligen Geschäftsjahres und ist binnen eines Monats nach Feststellung des Jahresabschlusses der Gesellschaft für das Geschäftsjahr zur Zahlung fällig.

6. Ratierliche Kürzung bei unterjährigem Ausscheiden
Endet das Arbeitsverhältnis im jeweiligen Geschäftsjahr unterjährig, besteht der Tantiemeanspruch für dieses Geschäftsjahr pro rata temporis.

....	....
Ort, Datum	Ort, Datum
....	....
Arbeitgeber	Arbeitnehmer

Tantiemevereinbarung B

1. Erfolgsabhängiger Vergütungsanspruch
Der Arbeitnehmer erhält zuzüglich zum Bruttojahresfestgehalt nach Ziff. X eine erfolgsabhängige Vergütung (Tantieme) als Bruttozahlung.

2. Bezugsbasis
Bezugsbasis der Tantieme ist der in den Jahresabschlüssen ausgewiesene, konsolidierte Rohertrag (Umsatzerlöse abzüglich Materialaufwand i.S.d. § 275 HGB) des Unternehmens/der Gesellschaft.

3. Bemessung der Tantieme
Der Anspruch auf Zahlung einer Tantieme bemisst sich, sofern die Gesellschaft den konsolidierten Rohertrag des jeweils vorangegangenen Geschäftsjahres um mehr als 5% übertrifft, wie folgt.
– Bei Steigerung des konsolidierten Rohertrags des vorangegangenen Geschäftsjahres der Gesellschaft um mehr als 5% bis 15% beträgt die Tantieme 10% des Bruttojahresgehaltes nach Ziff. X;
– bei Steigerung des konsolidierten Rohertrags des vorangegangenen Geschäftsjahres der Gesellschaft um mehr als 15% bis 25% besteht ein weiterer Tantiemeanspruch in Höhe von 5% des Bruttojahresgehaltes nach Ziff. X;
– für jede weitere Steigerung des konsolidierten Rohertrags des vorangegangenen Geschäftsjahres der Gesellschaft um je 2% besteht ein weiterer Tantiemeanspruch in Höhe von 1% des Bruttojahresgehaltes nach Ziff. X.

4. Kappungsgrenze
Die Tantieme ist begrenzt auf 70% des Bruttojahresfestgehaltes gem. Ziff. X.

5. Fälligkeit
Der Anspruch auf die Tantiemezahlung entsteht mit Schluss des jeweiligen Geschäftsjahres und ist binnen eines Monats nach Feststellung des Jahresabschlusses der Gesellschaft für das Geschäftsjahr zur Zahlung fällig.

6. Ratierliche Kürzung bei unterjährigem Ausscheiden
Endet das Arbeitsverhältnis im jeweiligen Geschäftsjahr unterjährig, besteht der Tantiemeanspruch für dieses Geschäftsjahr pro rata temporis.

....
Ort, Datum   Ort, Datum
....
Arbeitgeber   Arbeitnehmer

G. Rahmenvereinbarung zu einem Zielvereinbarungssystem

Eine Rahmenvereinbarung, die durch jeweilige einvernehmliche Zielvereinbarungen für einzelne Bezugszeiträume auszufüllen ist, kann für verschiedene Zielkomponenten und im Einzelfall zu vereinbarende Gewichtung, jedoch mit Stufenverhältnis dieser, beispielhaft wie folgt gestaltet werden:

Zusatzvereinbarung Variables Entgeltsystem

1. Teilnahme am variablen Vergütungssystem; zielerreichungsabhängige Bonuszahlung

Der Arbeitnehmer nimmt am variablen Entgeltsystem XY des Unternehmens teil. Der Arbeitnehmer kann einen Anspruch auf eine jährliche Bonuszahlung erwerben, wenn die für die Bemessung des Anspruchs maßgebenden Ziele erfüllt sind. Bei Nichterreichen der Ziele entsteht kein, bei teilweiser Erreichung nach Maßgabe folgender Bestimmungen ggf. ein anteiliger Anspruch.

2. Gesonderte Zielvereinbarung für jedes Geschäftsjahr

Die für die Bemessung eines Anspruchs des Arbeitnehmers maßgebenden Ziele, deren Gewichtung, und ggf. der Prozess der Zielerreichungsfeststellung werden für jedes Geschäftsjahr neu geregelt; aus vorangegangenen Regelungen für bisherige Geschäftsjahre lassen sich keine Ansprüche – weder nach Grund noch nach Höhe – für die Zukunft herleiten, insbesondere nicht auf bestimmte Arten zu vereinbarender Ziele, deren Bemessung oder Gewichtung zueinander. Im Zweifel gelten die Vorgaben aus dieser Zusatzvereinbarung.[4]

Die Parteien treffen für das jeweils folgende Geschäftsjahr eine gesonderte Vereinbarung über die maßgebenden Ziele, deren Gewichtung, und ggf. den Prozess der Zielerreichungsfeststellung. Der Arbeitgeber wird dem Arbeitnehmer bis zum 15. des ersten Monats des jeweiligen Geschäftsjahres ein Regelungsangebot über die maßgebenden Ziele, deren Gewichtung und ggf. den Prozess der Zielerreichungsfeststellung schriftlich oder in Textform unterbreiten. Für das Jahr des Eintritts wird eine Sonderregelung getroffen.

3. Gegenstand der zu vereinbarenden Ziele; Gewichtung der Ziele; Vorrang wirtschaftlicher Ziele für die Anspruchsentstehung insgesamt

Maßgebende Ziele können insbesondere auf den wirtschaftlichen Erfolg des Unternehmens, des Konzerns oder der Konzernsparte, auf den Erfolg einer Gruppe von Arbeitnehmern, der der Arbeitnehmer angehört, oder auf den Erfolg der Arbeitsleistung des Arbeitnehmers selbst abstellen.[5]

Ihre Gewichtung zueinander soll in einem angemessenen Verhältnis stehen. Ein Ziel soll dabei nicht weniger als 10%, aber auch nicht mehr als 40% des Zielerreichungsgesamtgrades ausmachen.[6]

Es wird hiermit vereinbart, dass grundsätzlich Gegenstand der jeweiligen Zielvereinbarung ist, dass bei Nichterreichung wirtschaftlicher Ziele des Unternehmens, Konzerns oder/und einer Kon-

---

4 Dieser Absatz stellt klar, dass die jeweilige Zielvereinbarung maßgebend für die Bemessung des Anspruchs ist. Sollte eine Zielvereinbarung – aus welchen Gründen auch immer – nicht zustande kommen, soll sich jedoch die Rahmenregelung durchsetzen. Bedeutung hat dies beim vorliegenden Entgeltmodell insbesondere für das vorrangige Stufenverhältnis der wirtschaftlichen Ziele, bei deren Nichterreichung der Bonusanspruch insgesamt entfallen soll.

5 Mit dieser Regelung hält sich der Arbeitgeber offen, Ziele jeder Art in die jeweilige Zielvereinbarung einfließen zu lassen. Bedeutung hat dies für den Fall, dass der Arbeitnehmer die Zielvereinbarung als vermeintlich unangemessen ablehnt, um anschließend Schadensersatz wegen unterbliebener Zielvereinbarung geltend zu machen. Nach der Rahmenregelung zulässige Ziele können ihrer Art nach nicht unangemessen sein.

6 Die Gewichtung der Ziele zueinander bleibt bei diesem Modell der jeweiligen Zielvereinbarung vorbehalten. Im Zweifel wird von einer Gleichrangigkeit aller Ziele auszugehen sein.

zernsparte trotz ganz oder teilweise erreichter sonstiger Ziele der Anspruch insgesamt nicht entsteht.[7]

4. Zielgröße; Kürzung der Zielgröße bei Arbeitsunfähigkeit/Ruhen des Arbeitsverhältnisses; Begrenzung und Bemessung des Anspruchs

Sollten 100% aller Ziele erreicht sein, erhält der Arbeitnehmer einen jährlich einmaligen Bonus in Höhe von 24.000,00 € brutto (Zielgröße).[8] Die Zielgröße basiert auf einem während des gesamten Geschäftsjahres aktiv durchgeführten Arbeitsverhältnis und reduziert sich für Zeiten des Bestehens des Arbeitsverhältnisses ohne Entgeltzahlung (Ruhen des Arbeitsverhältnisses, z.B. während einer Elternzeit außerhalb der Mutterschutzfrist, Arbeitsunfähigkeit außerhalb des Entgeltfortzahlungszeitraums) entsprechend anteilig im Umfang des Ruhens- im Verhältnis zum Geschäftsjahreszeitraum.[9]

Im Falle einer Übererfüllung der Ziele kann sich der Bonusanspruch im Einzelfall um bis zu 25% der Zielgröße erhöhen.[10]

Werden eines oder mehrere der Ziele nicht oder nicht voll erreicht, entsteht ein der Zielerreichung entsprechend anteiliger Anspruch, es sei denn, dass (auch) wirtschaftliche Ziele nicht oder nicht vollständig erreicht wurden, von deren vollständiger Erreichung die Entstehung des Anspruchs insgesamt abhängig ist.

Der konkrete Bonusanspruch bemisst sich im Umfang des in Prozentpunkten (maximal 125%) ausgedrückten Zielerreichungsgesamtgrades von der Zielgröße.

5. Anpassung der jeweiligen Zielvereinbarung bei veränderten Umständen

Die Parteien verpflichten sich zu einer Anpassung der maßgebenden Ziele für den Bezugszeitraum, wenn und soweit sich die zum Zeitpunkt der erstmaligen Festlegung der Ziele für deren Erreichbarkeit durch den Arbeitnehmer oder deren wirtschaftliche Bedeutung für den Arbeitgeber zugrundeliegenden Annahmen grundlegend verändert haben. Bis zu einer solchen Anpassung der Ziele entsteht kein Anspruch auf die Bonuszahlung.[11]

6. Zielerreichung

Die Zielerreichung der auf den wirtschaftlichen Erfolg des Unternehmens, des Konzerns oder der Konzernsparte abstellenden Ziele setzt voraus, dass das jeweils festgelegte Ziel mindestens zu 100% erreicht ist (Regelfall), wenn sich nicht aus der jeweiligen Zielvereinbarung ein anderes ergibt (in der Zielvereinbarung im Einzelfall zu begründende Ausnahme). Im Umfang der Überschreitung des jeweiligen wirtschaftlichen Ziels erhöht sich der für die Bonusermittlung anzulegende Zielerrei-

---

[7] Diese Regelung stellt klar, dass insbesondere das vorrangige Stufenverhältnis wirtschaftlicher Ziele für den Bonusanspruch existenziell ist.
[8] Anstelle einer Zielgröße kann der Arbeitgeber auch eine Festsetzung des Zielbonus nach billigem Ermessen – ggf. in einem gewissen Rahmen – in Abhängigkeit z.B. von einer Steigerung des Ergebnisses der operativen Geschäftstätigkeit im Verhältnis zum Vorjahr vorsehen.
[9] Diese Regelung ist für die Arbeitsunfähigkeit wegen der Regelung des § 4a EFZG mangels höchstrichterlicher Klärung nicht unproblematisch, vgl. Kap. 4 Rn 130 ff.
[10] Ohne eine solche Begrenzung des Anspruchs kann dieser bei Zielübererfüllung ein auch aus Sicht eines Personalführungsinstruments nicht mehr sinnvolles Ausmaß einnehmen.
[11] Siehe hierzu Kap. 4 Rn 88 ff.

chungsgrad bis auf maximal 125%, bei einer Mehrheit wirtschaftlicher Ziele jedoch begrenzt auf den Durchschnitt der Überschreitung aller wirtschaftlichen Ziele.[12]

Ein individuelles oder auf eine Gruppe von Arbeitnehmern abstellendes Ziel kann nur erreicht werden, wenn die Bewertung (Rahmen zwischen 1 und 12,5) mehr als 5 beträgt. Eine Bewertung mit 10 entspricht vollständiger Zielerreichung. Der Zielerreichungsgrad wird in Prozentpunkten ausgedrückt, beginnend mit 0% bei einer Bewertung mit 5.[13]

Unter Berücksichtigung der jeweiligen Zielerreichungsgrade wird eine abschließende Feststellung über die Erreichung der Gesamtheit der Ziele getroffen. Entscheidend ist die in der jeweiligen Zielvereinbarung vorgesehene Gewichtung der Ziele. Diese bildet den Zielerreichungsgesamtgrad.

7. Verfahren zur Feststellung der Zielerreichung

Die Feststellung der Zielerreichung der auf den wirtschaftlichen Erfolg des Unternehmens, des Konzerns oder der Konzernsparte abstellenden Ziele erfolgt durch den Arbeitgeber nach Feststellung des Jahresabschlusses für die jeweilige Wirtschaftseinheit.

Die Feststellung der auf den Erfolg des Arbeitnehmers oder einer Gruppe von Arbeitnehmern abstellenden Ziele erfolgt im Wege einer Bewertung durch den Vorgesetzten des Arbeitnehmers zum jeweiligen Ende der in der Zielvereinbarung festgelegten Zielperiode, in Ermangelung einer solchen Festlegung zum Ende des Geschäftsjahres, im Rahmen eines persönlichen Gesprächs. Der Arbeitnehmer soll eine – unverbindliche – Selbsteinschätzung zu dem Gespräch vorlegen.

Der Arbeitnehmer soll bis zum 15. des ersten Kalendermonats des jeweils folgenden Geschäftsjahres eine Mitteilung über die Erreichung der individuellen oder auf die Gruppe abstellenden Ziele und bis zum 15. des vierten Kalendermonats des jeweils folgenden Geschäftsjahres eine Mitteilung über die Erreichung der wirtschaftlichen Ziele erhalten; Letzteres setzt voraus, dass zu diesem Zeitpunkt bereits der testierte Jahresabschluss für die jeweilige Wirtschaftseinheit vorliegt.

8. Stichtagsregelung

Der Anspruch auf die Bonuszahlung entsteht nur, wenn das Arbeitsverhältnis bis zum Schluss des längsten Bezugszeitraums eines Zieles, das für die Bemessung der Bonuszahlung maßgebend ist, besteht.[14]

---

[12] Soll eine Zielübererfüllung möglich sein, bedarf es genauer Betrachtung, bei welchen Zielen und in welchem Umfang die Höhe des variablen Entgelts beeinflusst wird. Bei wirtschaftlichen Zielen, die auf den Ertrag abstellen, wird in der Regel unproblematisch eine Erhöhung des variablen Entgelts möglich sein, da die Mehrbelastung aus dem Ertrag gespeist wird.

[13] Siehe die vorangegangene Fn – bei den individuellen Zielen bedeutet die Zielübererfüllung nicht notwendig einen wirtschaftlichen Mehrwert.

[14] Jedenfalls für ein wirtschaftliches Ziel bezogen auf das Geschäftsjahresergebnis neben sonstigen Zielen hat das BAG die Möglichkeit einer solchen Stichtagsregelung anerkannt. Wichtig ist, dass das wirtschaftliche Ziel tatsächlich auf das Geschäftsjahr abstellt. Dies würde z.B. durch einen anteiligen Bonusanspruch bei unterjährigem Beginn des Arbeitsverhältnisses infrage gestellt, siehe Kap. 4 Rn 49 ff. Die in Ziff. 4 vorgesehene Reduzierung der Zielgröße für Zeiten des Ruhens des Arbeitsverhältnisses könnte ggf. bereits als schädlich betrachtet werden. Allerdings knüpft die Reduzierung der Zielgröße nicht an eine unterjährige Ermittlung der Zielerreichung an, sodass kein ernsthafter Zweifel an dem Ziel bezogen auf das Geschäftsjahr entsteht. Eine abschließende Positionierung der Rechtsprechung bleibt abzuwarten.

9. Auszahlung
Entstandene Bonusansprüche werden mit dem Entgelt des auf die Mitteilung der wirtschaftlichen Ziele folgenden Kalendermonats abgerechnet und ausgezahlt.

....
Ort, Datum   Ort, Datum

....
Arbeitgeber   Arbeitnehmer

H. Betriebsvereinbarung zu einem Zielvereinbarungssystem

Eine Betriebsvereinbarung, die durch jeweilige einvernehmliche Zielvereinbarungen oder – bei deren Nichtzustandekommen – Zielvorgaben für einzelne Bezugszeiträume auszufüllen ist, kann für verschiedene Zielkomponenten mit gleicher Gewichtung, jedoch mit Stufenverhältnis (Vorrang) der wirtschaftlichen Ziele beispielhaft wie folgt gestaltet werden:

Betriebsvereinbarung zum Bonussystem

1. Geltungsbereich
Diese Betriebsvereinbarung gilt für alle Arbeitnehmer/innen des Betriebs i.S.d. § 5 Abs. 1 BetrVG.

2. Bonusmodell
2.1 Der Anspruch auf eine Bonuszahlung setzt voraus, dass die maßgebenden Ziele erfüllt sind.
2.2 Maßgebende Ziele sind sowohl unternehmenserfolgsbezogene als auch individualerfolgsbezogene Ziele.[15] Ein Bonusanspruch entsteht nur, wenn die unternehmenserfolgsbezogenen Ziele erfüllt sind.[16]
2.3 Die Höhe des Bonus richtet sich danach, in welchem Umfang unternehmenserfolgsbezogene sowie individualerfolgsbezogene Ziele erreicht wurden.
2.4 Ziele werden bezogen auf das jeweilige Geschäftsjahr bestimmt. Die Bestimmung erfolgt durch Vereinbarung zwischen Arbeitgeber und Arbeitnehmer. Kommt eine Vereinbarung nicht zustande, ist der Arbeitgeber berechtigt, Ziele nach billigem Ermessen einseitig festzusetzen.

3. Ziele
3.1 Unternehmenserfolgsbezogene Ziele knüpfen an das EBIT des Unternehmens an.
3.2 Individualerfolgsbezogene Ziele knüpfen an den Arbeitsplatz des Arbeitnehmers und die auf diesem im jeweiligen Geschäftsjahr zu erwartenden Herausforderungen an. Individualerfolgsbezo-

---

15 Mit dieser Regelung hält sich der Arbeitgeber offen, Ziele der genannten Art in die jeweilige Zielvereinbarung einfließen zu lassen. Bedeutung hat dies für den Fall, dass der Arbeitnehmer die Zielvereinbarung als vermeintlich unangemessen ablehnt, um anschließend Schadensersatz wegen unterbliebener Zielvereinbarung geltend zu machen. Nach der Rahmenregelung zulässige Ziele können ihrer Art nach nicht unangemessen sein.
16 Diese Regelung stellt klar, dass das vorrangige Stufenverhältnis wirtschaftlicher Ziele für den Bonusanspruch existenziell ist.

gene Ziele können auch an eine Gruppe von Arbeitsplätzen durch gemeinsam zu erreichende Ziele anknüpfen.

4. Festsetzung der Ziele
4.1 Die unternehmenserfolgsbezogenen EBIT-Ziele werden durch den Arbeitgeber vorgegeben und im Rahmen der Zielvereinbarung mit dem Arbeitnehmer festgelegt.
Die individualerfolgsbezogenen Ziele werden mit Blick auf die Individualität der Arbeitsplätze zwischen Arbeitgeber und Arbeitnehmer festgelegt. In der Regel sollen nicht weniger als drei und nicht mehr als fünf Ziele vereinbart werden.
4.2 Zielvereinbarungen sollen zeitnah nach Beginn des Geschäftsjahres getroffen werden. Der Arbeitgeber soll dem Arbeitnehmer ein erstes Angebot bis zum Ablauf des ersten Kalendermonats des jeweiligen Geschäftsjahres unterbreiten. Zielvereinbarungen sollen binnen eines weiteren Kalendermonats geschlossen sein.
Mit Blick darauf, dass die unternehmenserfolgsbezogenen Ziele von der Feststellung des Jahresabschlusses für das Vorjahr abhängen können, kann eine gesonderte spätere Vereinbarung über die unternehmenserfolgsbezogenen Ziele erfolgen.
4.3 Nimmt der Arbeitnehmer das jeweilige Angebot einer Zielvereinbarung ohne Nennung triftiger Gründe nicht an, ist der Arbeitgeber berechtigt, nach billigem Ermessen einseitig Ziele festzulegen. Einer Zielvereinbarung für das betroffene Geschäftsjahr bedarf es in diesem Falle nicht.[17]

5. Feststellung der Zielerreichung
5.1 Die Feststellung der unternehmenserfolgsabhängigen Zielerreichung erfolgt durch den Arbeitgeber nach Feststellung des Jahresabschlusses. Im Umfang der Überschreitung des unternehmenserfolgsabhängigen Ziels in Prozentpunkten erhöht sich der für die Bonusermittlung anzulegende Zielerreichungsgrad.
5.2 Die Feststellung der individualerfolgsbezogenen Ziele erfolgt durch den Arbeitgeber zum jeweiligen Ende des Geschäftsjahres. Der Grad der Zielerreichung wird in Prozentpunkten ausgedrückt.
5.3 Unter Berücksichtigung der jeweiligen Zielerreichungsgrade wird eine abschließende Feststellung über die Erreichung der Gesamtheit der Ziele durch eine Durchschnittsbildung über alle Ziele getroffen (Zielerreichungsgesamtgrad).

6. Höhe des Bonus
6.1 Die Höhe des Zielbonus ergibt sich aus den jeweiligen arbeitsvertraglichen Regelungen zwischen Arbeitgeber und Arbeitnehmer betreffend den variablen Vergütungsanteil.[18] Besteht keine

---

17 Auch wenn grundsätzlich eine einvernehmliche Zielvereinbarung Gegenstand dieses Modells ist, behält sich der Arbeitgeber bei deren Nichtzustandekommen eine einseitige Festlegung der Ziele vor. Nachteil dieser Gestaltung kann sein, dass bei vom Arbeitnehmer zu vertretendem Nichtzustandekommen der Zielvereinbarung nach der Rechtsprechung kein Schadensersatzanspruch entstünde und der Arbeitnehmer deshalb für das Geschäftsjahr „leer ausginge", es also gerade keiner Zielvorgabe bedürfte. Mit der nachgeschalteten Möglichkeit einer Zielvorgabe kann der Arbeitgeber jedoch die Aufstellung von Zielen erzwingen, faktisch ggf. die Akzeptanz einer Zielvereinbarung erhöhen (alternativ würde ohnehin einseitig vorgegeben) und damit die Ziele als Personalführungsinstrument in den Mittelpunkt stellen.
18 Betriebsvereinbarungen treffen häufig auf bereits existente arbeitsvertragliche Regelungen. Sofern im Arbeitsvertrag nichts Abweichendes vereinbart ist, kommt eine nähere Ausgestaltung

solche Vereinbarung, beträgt der Zielbonus drei Bruttomonatsgehälter. Der Zielbonus basiert auf einem während des gesamten Geschäftsjahres aktiv durchgeführten Arbeitsverhältnis und reduziert sich für Zeiten des Bestehens des Arbeitsverhältnisses ohne Entgeltzahlung (Ruhen des Arbeitsverhältnisses, z.B. während einer Elternzeit außerhalb der Mutterschutzfrist, Arbeitsunfähigkeit außerhalb des Entgeltfortzahlungszeitraums) entsprechend anteilig im Umfang des Ruhens- im Verhältnis zum Geschäftsjahreszeitraum.[19]

6.2 Werden die unternehmenserfolgsbezogenen Ziele nicht erreicht, erfolgt für das Geschäftsjahr keine Bonuszahlung. Dies gilt auch bei vollständiger oder teilweiser Erreichung der individualerfolgsbezogenen Ziele.

6.3 Die Höhe des jeweiligen konkreten Bonusanspruchs bemisst sich im Umfang des in Prozentpunkten ausgedrückten Zielerreichungsgesamtgrades von der Zielgröße. Der Zielbonus kann nicht überschritten werden.[20]

7. Auszahlung
Entstandene Bonusansprüche werden zum Ende des auf die Feststellung aller Ziele folgenden Kalendermonats abgerechnet und ausgezahlt.

8. Schlussbestimmungen
Diese Vereinbarung tritt mit Unterzeichnung in Kraft. Sie kann mit einer Frist von drei Monaten zum Schluss eines Geschäftsjahres gekündigt werden. Im Falle einer Kündigung wirkt sie nicht nach.

....
Ort, Datum   Ort, Datum

....
Arbeitgeber   Arbeitnehmer

I. Zielvereinbarung für einen Jahreszeitraum

Eine Zielvereinbarung für einen Jahreszeitraum kann die verschiedensten Inhalte haben, z.B.:

Zielvereinbarung für das Geschäftsjahr 2013
In Ausfüllung der Rahmenregelung zum variablen Entgeltsystem vereinbaren die Parteien nachfolgend die Ziele, deren Bemessung und deren Gewichtung zueinander, nach denen sich die Bemessung des Bonus für das Geschäftsjahr 2013 bemisst. Ergänzend gilt die Rahmenvereinbarung.

---

durch eine Betriebsvereinbarung in Betracht; anderenfalls ist – sofern der Arbeitsvertrag nicht betriebsvereinbarungsoffen gestaltet ist – das Günstigkeitsprinzip zu beachten, vgl. Kap. 3 Rn 96.
19 Diese Regelung ist für die Arbeitsunfähigkeit wegen der Regelung des § 4a EFZG mangels höchstrichterlicher Klärung nicht unproblematisch, vgl. Kap. 4 Rn 130 ff.
20 Soll eine Zielübererfüllung mit der Folge einer Überschreitung der Zielgröße des variablen Entgelts möglich sein, bedarf es genauer Betrachtung, bei welchen Zielen und in welchem Umfang die Höhe des variablen Entgelts beeinflusst werden darf.

1. Wirtschaftliche Ziele

Werden die nachstehenden wirtschaftlichen Ziele zu a) und zu b) nicht erreicht, entsteht kein – auch kein anteiliger – Bonusanspruch für das Geschäftsjahr 2013. Wirtschaftliche Ziele fließen zu 40% in die Bemessung des Bonusanspruchs ein, davon zu 60% betreffend die Arbeitgeber-GmbH und zu 40% betreffend den Arbeitgeber-Konzern. Maßgebend ist jeweils der testierte Jahresabschluss.

a) Arbeitgeber-GmbH

EBIT Arbeitgeber GmbH	Zielerreichungsgrad
= 2.000 T€	100%
≥ 2.000 T€ < 2.100 T€	100%–105% (+ 1%/20 T€, max. 105%)
≥ 2.100 T€ < 2.200 T€	105%–115% (+ 1%/10 T€, max. 115%)
≥ 2.200 T€	115%–125% (+ 1%/5 T€, max. 125%)

b) Arbeitgeber-Konzern

EBIT Arbeitgeber Konzern	Zielerreichungsgrad
= 6.500 T€	100%
≥ 6.500 T€ < 8.500 T€	100%–110% (+ 1%/200 T€, max. 110%)
≥ 8.500 T€	110%–125% (+ 1%/100 T€, max. 125%)

2. Produktabsatz durch den Arbeitnehmer

Im Geschäftsjahr 2013 soll der Arbeitnehmer einen Netto-Rohertrag aus Kundengeschäften im Bereich Bestandskunden und einen Brutto-Umsatz bei Neukunden aus der Veräußerung von Produkten wie folgt erzielen. Diese Ziele fließen zu 40% in die Bemessung des Bonusanspruchs ein, davon zu 50% betreffend Bestandskundengeschäft und zu 50% betreffend Neukundengeschäft.

a) Bestandskundengeschäft

Netto-Rohertrag	Zielerreichungsgrad
< 20.000 €	0%
≥ 20.000 € < 40.000 €	50%–99% (+1%/400 €)
= 40.000 €	100%
≥ 40.000 € < 45.000 €	100%–105% (+ 0,5%/500 €, max. 105%)
≥ 45.000 € < 47.500 €	105%–110% (+ 1%/500 €, max. 110%)
≥ 47.500 €	110%–125% (+ 2%/500 €, max. 125%)

b) Neukundengeschäft

Brutto-Umsatz	Zielerreichungsgrad
≤ 100.000 €	0%–100% (+ 1%/1.000 €)
≥ 100.000 €	101%–125% (+ 1%/2.500 €, max. 125%)

3. Produktprüfung

Die Produktprüfung des Arbeitnehmers wird anhand der Anzahl eingehender Reklamationen im Geschäftsjahr 2013 bezogen auf den Arbeitnehmer (mündlich, schriftlich oder in sonstiger Form, gleich in welcher Abteilung eingehend) bemessen. Dieses Ziel fließt zu 20% in die Bemessung des Bonusanspruchs ein.

Anzahl Reklamationen	Zielerreichungsgrad
> 12	0%
≤ 12 > 9	25%
≤ 9 > 6	50%
≤ 6 > 3	75%
≤ 3	100%

....
Ort, Datum   Ort, Datum

....
Arbeitgeber   Arbeitnehmer

Kapitel 10
Ausblick

Unternehmen sehen sich zunehmend beschleunigt wandelnden wirtschaftlichen Rahmenbedingungen ausgesetzt. Eine **Flexibilisierung der Personalkosten** hat bereits in der Vergangenheit zur Sicherung der Unternehmen am Markt eine erhebliche Rolle gespielt. In der Vergangenheit hat überwiegend der Weg eines **Personalabbaus** in wirtschaftlich schwierigen Zeiten und anschließender **Neueinstellungen** in Zeiten wirtschaftlichen Aufschwungs unternehmerisches Handeln gekennzeichnet. Insbesondere der Verlust des unternehmerischen Know-hows durch entlassene Arbeitnehmer bei gleichzeitiger wirtschaftlicher Belastung durch Personalabbaukosten hat die Notwendigkeit atmender Entgeltsysteme gezeigt, um einen **Personalabbau zumindest begrenzen** zu können.

Während diese Gesichtspunkte in Produktionsbetrieben, insbesondere bei reinen Anlerntätigkeiten, eine geringere Rolle spielen, ist insbesondere der Wirtschaftsstandort Deutschland durch ein Wirtschaftswachstum in Branchen gekennzeichnet, in denen zum Teil **hochspezialisierte Arbeitnehmer** tätig sind. Der Umgang mit sich ändernden wirtschaftlichen Rahmenbedingungen unternehmerischer Betätigung erfordert deshalb **flexible Arbeitsentgelte**. Diese werden in der Zukunft eine **weiter zunehmende Rolle** einnehmen.

Gleichzeitig ist eine **Entwicklung in der arbeitsgerichtlichen Rechtsprechung** – insbesondere des BAG – festzustellen, die die Möglichkeiten der Arbeitgeber zu einer Flexibilisierung des Arbeitsentgeltes materiell begrenzt – etwa jüngst in Gestalt der Aufgabe zulässiger Leistungen mit Mischcharakter. Für Arbeitgeber folgt daraus die Herausforderung, auf **Änderungen in der Rechtsprechung reagieren zu können**.

Das Regelungsinstrument der **Betriebsvereinbarung bietet insoweit die größtmögliche Flexibilität** und wird deshalb weiterhin bei Bestehen eines Betriebsrates eine erhebliche Bedeutung einnehmen. Darüber hinaus bleibt abzuwarten, ob und ggf. in welcher Gestalt die Rechtsprechung die Möglichkeit einmaliger Leistungen durch Vereinbarung von **Freiwilligkeitsvorbehalten** oder **befristete Entgeltbestandteile** weiterhin zulassen wird. Diesbezüglich hat die Rechtsprechung jedenfalls das **Bedürfnis des Arbeitgebers** (an-)erkannt, Leistungen nur einmalig zu gewähren, um ihn nicht von einer Leistung insgesamt abzuhalten und damit den Gedanken des **Arbeitnehmerschutzes in sein Gegenteil** zu verkehren. Bedauerlicherweise kommt dieser Gedanke in der höchstrichterlichen Rechtsprechung nur sehr punktuell zum Ausdruck.

Insbesondere bei arbeitsvertraglich begründeten variablen Entgeltsystemen wird darüber hinaus der Gedanke **klarer und verständlicher Formulierungen** und damit der Transparenz i.S.d. § 307 Abs. 1 S. 2 BGB eine weiterhin erhebliche Rolle einnehmen. Die **formalen Anforderungen der Rechtsprechung** an die Vertragsgestaltung sind hoch. Es ist nicht absehbar, dass die Rechtsprechung unter diesem Gesichtspunkt großzügigere Maßstäbe anlegen wird. Arbeitgeber werden deshalb über die Berücksichtigung der materiellen Gesichtspunkte bei der Ausgestaltung von variablen Entgeltsystemen hinaus erhebliches Augenmerk auf die **exakte Formulierung zulässiger Vertragsklauseln** legen müssen, sodass verbleibende **Beurteilungsspielräume des Arbeitgebers auf ein Minimum** begrenzt werden.

6   Mit diesen Maßgaben sind Arbeitgebern bei der Gestaltung variabler Entgeltsysteme allerdings **vielfältige Gestaltungsmöglichkeiten zum Einsatz als Personalführungsinstrument** eröffnet. Anders als bei repressiven Sanktionen bei leistungsgeminderten oder leistungsunwilligen Arbeitnehmern besteht darin die Chance für den Arbeitgeber, das **Verhältnis der Arbeitsleistung zum Arbeitsentgelt gezielt anzusteuern**, zumal insbesondere im laufenden Arbeitsverhältnis rechtliche Auseinandersetzungen über die Bemessung des Arbeitsentgeltes die Ausnahme darstellen.

Stichwortverzeichnis

Die Zahlen und Buchstaben in Fettdruck beziehen sich auf die Kapitel des Werkes, die Ziffern beziehen sich auf die Randnummern innerhalb der Kapitel.

Ä
Änderung des Arbeitsplatzes
- Betriebsrat, Mitbestimmungsrecht **Kap. 5** 67
- Direktionsrecht **Kap. 3** 104 ff.

Änderungskündigung **Kap. 5** 79
- Entgeltbestandteil, variabler **Kap. 8** 5

Änderungsvorbehalte
- Begriff und Abgrenzung **Kap. 3** 77
- Bezugnahme auf Betriebsvereinbarungen **Kap. 3** 95 ff.
- Bezugnahme auf externe Regelungswerke **Kap. 3** 92 ff.
- Bezugnahme auf einseitige Regelungswerke des Arbeitgebers **Kap. 3** 93 f.
- Bezugnahme auf Tarifverträge **Kap. 3** 92
- Direktionsrecht **Kap. 3** 104
- Leistungssystem, dauerhaftes **Kap. 2** 40
- Widerrufsvorbehalt **Kap. 3** 77 ff.

A
Abschlagszahlungen, monatliche **Kap. 3** 35
Abwesenheit
- ~, unberechtigte **Kap. 4** 128
- Mutterschutz **Kap. 4** 143
- ohne Entgeltfortzahlungsanspruch **Kap. 4** 128
- Pflegezeit **Kap. 4** 140 ff.
- Wehrdienst **Kap. 4** 140 ff.

Akkordlohn **Kap. 2** 3 ff.
- Betriebsrat, Mitbestimmungsrecht **Kap. 5** 7 f.

Aktienoptionen **Kap. 2** 52 ff.
- Aktienoptionsplan **Kap. 2** 53 f.
- Aktienoptionsprogramm **Kap. 2** 56
- Haltefristen **Kap. 2** 59 f.
- Verfallklausel **Kap. 2** 58
- Verfügungsbeschränkung **Kap. 2** 58
- Wartezeit **Kap. 2** 55 ff.

Aktienoptionsplan **Kap. 2** 53 f.
- Haltefristen **Kap. 2** 59 f.
- Verfallklausel **Kap. 2** 58

- Verfügungsbeschränkung **Kap. 2** 58
- Wartezeit **Kap. 2** 55 ff.

Aktienoptionsprogramm
- ~, schuldrechtliches **Kap. 2** 60
- Mitarbeiterbindung **Kap. 2** 52
- Mitarbeitermotivation **Kap. 2** 52
- Optionsrecht **Kap. 2** 56

Altersversorgung, betriebliche **Kap. 1** 4
Anforderungsprofil **Kap. 5** 54
Angemessenheitskontrolle **Kap. 1** 12
Annahmeverzugsrisiko **Kap. 4** 99
Anpassungsanspruch
- Zielvereinbarungen **Kap. 4** 90 f.
- Zielvorgaben **Kap. 4** 90 f.

Anreize **Kap. 7** 33 ff.
Anwesenheitszeiten
- Grenzen **Kap. 4** 127

Arbeitgeber
- Direktionsrecht **Kap. 3** 104 ff.
- Wirtschafts- und Prognoserisiko **Kap. 3** 74

Arbeitnehmerbindung
- Betriebstreueleistungen **Kap. 6** 1 ff.

Arbeitnehmerüberlassung
- Mindestentgelt **Kap. 3** 9

Arbeits- und Gesundheitsschutz
- Betriebsrat, Mitbestimmungsrecht **Kap. 5** 68

Arbeitsentgelt
- Basisabsicherung **Kap. 3** 1
- Bestandsschutz **Kap. 3** 3
- Gegenleistung für Arbeitsleistung **Kap. 3** 1
- Gleichbehandlungsgrundsatz **Kap. 3** 4 ff.
- Grundsatz der Vertragsfreiheit **Kap. 3** 4
- Grundvergütung **Kap. 2** 1 f.
- Mindestfixvergütung **Kap. 3** 1
- Sittenwidrigkeit **Kap. 3** 15 f.
- Synallagma **Kap. 4** 52
- Übertragbarkeit von Wertungen aus dem VorstAG **Kap. 4** 157 ff.
- Ungleichbehandlung **Kap. 3** 5

Arbeitsleistung
- Entgeltlichkeit **Kap. 2** 1
- Gegenleistung für Arbeitsentgelt
  Kap. 3 1

Arbeitsmaterial, Auslagen **Kap. 2** 8

Arbeitsunfähigkeit **Kap. 3** 87, **Kap. 4** 127
- Auswirkung auf erfolgsabhängige Entgeltbestandteile **Kap. 4** 130 ff., 146 ff.
- Bemessung der Kürzung von Sonderzahlungen **Kap. 4** 133 ff.
- Sonderzahlungen **Kap. 4** 130 ff.

Arbeitsvergütung
- Kosten des persönlichen Lebensbedarfs
  Kap. 2 11

Arbeitsverhältnis
- Bestandsschutz **Kap. 5** 94
- Leitbild, gesetzliches **Kap. 3** 1 ff.
- Ruhen **Kap. 4** 142

Aufhebung
- Betriebsvereinbarung **Kap. 5** 99 f.

Aufhebungsvereinbarung
- Regelungsabrede **Kap. 5** 72

Auftragsverhältnis
- Tätigkeit, unentgeltliche **Kap. 2** 1

Aufwendungsersatz
- Anspruch, gesetzlicher **Kap. 2** 14 ff.
- Ausgleich für freiwillige Vermögenseinbußen **Kap. 2** 8 ff.
- Bedeutung, arbeitsrechtliche **Kap. 2** 14 ff.
- kein Arbeitsentgelt **Kap. 2** 8 ff.
- kein Mitbestimmungsrecht des Betriebsrates **Kap. 2** 17
- Kostenneutralität **Kap. 2** 12
- Pauschalierung **Kap. 2** 12 ff.
- Reisekostenrichtlinie **Kap. 2** 14 ff.

Auslagen
- siehe Aufwendungsersatz

Auslösungsbeträge **Kap. 2** 8

Ausschluss
- ~ der Nachwirkung **Kap. 5** 109

B

Balanced Score Card **Kap. 1** 4

Basisabsicherung
- Arbeitsentgelte, sittenwidrige **Kap. 3** 15 ff.
- Arbeitsverhältnis, Leitbild **Kap. 3** 1 ff.
- Basisabsicherung **Kap. 3** 1 ff.
- Gleichbehandlungspflichten **Kap. 3** 4 ff.
- Kollektivrechtliche Pflichten **Kap. 3** 10 ff.
- Mindestfixvergütung **Kap. 3** 1

Beendigung
- Betriebsvereinbarung **Kap. 5** 97 ff.

Beendigungstatbestände
- Betriebstreueleistungen **Kap. 6** 22
- Rückzahlungsklauseln **Kap. 6** 26 f.
- Stichtagsregelungen **Kap. 6** 13 ff.

Befristung
- Betriebsvereinbarung **Kap. 5** 78, 97 f.
- Entgeltbestandteile **Kap. 3** 66 ff.

Befristung von Entgeltbestandteilen
- Abgrenzung zu Einmalleistungen **Kap. 3** 66 ff.
- Grenzen **Kap. 3** 67 ff.
- Gründe, sachliche **Kap. 3** 72 ff.
- Transparenzkontrolle **Kap. 3** 76
- Vor- und Nachteile **Kap. 7** 7

Befristungszeitpunkt **Kap. 3** 66

Beratungsrechte
- Betriebsrat **Kap. 5** 1 ff.

Berufsbildung
- ~, außerbetriebliche **Kap. 5** 64 ff.
- Betriebsrat, Mitbestimmungsrecht **Kap. 5** 6, 56 ff.
- Gegenstand **Kap. 5** 58 ff.

Bestandsschutz **Kap. 1** 12

Betriebliche Übung
- Entgeltbestandteile, freiwillige **Kap. 3** 20 ff.
- Freiwilligkeitsvorbehalt **Kap. 3** 55 f.
- Leistungen mit kollektivem Bezug **Kap. 3** 53 f.

Betriebsbindung
- Entgeltbestandteile, anlassbezogene **Kap. 2** 20

Betriebsrat
- Beratungsrechte **Kap. 5** 1 ff.
- Beteiligungsrechte **Kap. 5** 3 ff.
- Gesamtbetriebsrat **Kap. 5** 110 ff.
- Informationsrechte **Kap. 5** 1 ff.
- Konzernbetriebsrat **Kap. 5** 110 ff.
- Mitarbeitergespräche **Kap. 5** 3
- Mitbestimmungsfreiheit **Kap. 5** 15
- Mitbestimmungspflicht **Kap. 5** 16
- Mitbestimmungsrechte bei betrieblichen Entgeltgrundsätzen **Kap. 3** 11 f.
- Mitbestimmungsrechte **Kap. 5** 1 ff.

- Mitbestimmungsrechte, flankierende **Kap. 5** 41 ff.
- Zuständigkeitsverteilung **Kap. 5** 110 ff.

Betriebsrat, Mitbestimmungsrechte
- Akkordlohn **Kap. 5** 7 f.
- Änderung des Arbeitsplatzes **Kap. 5** 67
- Änderung variabler Entgeltgrundsätze **Kap. 5** 24 f.
- Arbeits- und Gesundheitsschutz **Kap. 5** 68
- Ausschluss durch Tarifbindung **Kap. 5** 21 ff.
- Ausschluss durch Vorbehalt einer tariflichen Regelung **Kap. 5** 21
- Ausübung **Kap. 5** 34, 69 ff.
- Berufsbildung **Kap. 5** 6, 56 ff.
- Berufsbildung, außerbetriebliche **Kap. 5** 64 ff.
- Berufsbildung, betriebliche **Kap. 5** 62 ff.
- Betriebsvereinbarungen **Kap. 5** 73 ff.
- Beurteilungsgrundsätze, allgemeine **Kap. 5** 53 ff.
- Datenauswertung, automatisierte **Kap. 5** 50 ff.
- Einführung variabler Entgeltgrundsätze **Kap. 5** 17 ff.
- Einigungsstelle **Kap. 5** 36 ff.
- Entgeltgestaltung **Kap. 5** 1 ff.
- Entgeltgestaltung, betriebliche **Kap. 5** 7 ff.
- Entgeltgrundsätze **Kap. 5** 9 ff.
- Entgeltgruppen, Bildung **Kap. 5** 11
- Flexibilisierungsinstrumente **Kap. 5** 1 ff.
- Gesamtvergütung, freiwillige **Kap. 5** 27 ff.
- Grenzen **Kap. 5** 20
- Lohngrundsätze, Aufstellung und Änderung **Kap. 5** 9 f.
- Rechtsfolgen fehlender Beteiligung **Kap. 5** 33 ff.
- Regelungsabrede **Kap. 5** 69 ff.
- Sonderzahlungen **Kap. 5** 14 ff.
- Transparenz **Kap. 5** 8
- Überwachungseinrichtungen, technische **Kap. 5** 47 ff.
- Überwachungsmaßnahmen **Kap. 5** 4
- Verhaltensregeln, Festlegung von **Kap. 5** 41 ff.
- Versetzung **Kap. 5** 67
- Verteilungsgerechtigkeit **Kap. 5** 13
- Zuständigkeitsverteilung **Kap. 5** 110 ff.

Betriebstreueleistungen
- ~, einmalige **Kap. 6** 28 f.
- Abgrenzung und Leistungszweck **Kap. 4** 1 f., **Kap. 6** 1 ff.
- Anspruchsvoraussetzungen **Kap. 4** 3 ff.
- Arbeitnehmerbindung **Kap. 4** 1 f., **Kap. 6** 1 ff.
- Arten **Kap. 6** 7
- Ausschluss der Leistung **Kap. 6** 22
- Ausschluss- und Kürzungstatbestände **Kap. 4** 4 f.
- Ausschluss von Leistungen mit Mischcharakter **Kap. 6** 19 ff.
- Bedeutung als Personalführungsinstrument **Kap. 4** 1 f., **Kap. 6** 1 ff.
- Begriff **Kap. 4** 1 f., **Kap. 6** 1 ff.
- Beendigungstatbestände **Kap. 6** 22
- Betriebstreue **Kap. 6** 8 ff.
- Bindungsklauseln, Grenzen **Kap. 4** 15 ff., **Kap. 6** 26 f.
- Bindungsklauseln **Kap. 4** 28
- Bindungszeiträume **Kap. 6** 8 ff.
- Bindungszeiträume, vergangenheits- und zukunftsbezogene **Kap. 6** 11 ff.
- Entgeltgestaltung, bestandsabhängige **Kap. 4** 1 ff.
- Fehlanreize **Kap. 7** 13
- Flexibilisierung der Anspruchshöhe **Kap. 6** 32 ff.
- Flexibilisierungsmöglichkeiten **Kap. 4** 11 ff., **Kap. 6** 28 ff.
- Flexibilisierungsspielraum **Kap. 4** 28
- Freiwilligkeitsvorbehalt **Kap. 3** 26, **Kap. 7** 4
- Gestaltung, rechtliche **Kap. 6** 7 ff.
- Grenzen für Bindungsklauseln **Kap. 4** 15 ff. **Kap. 6** 11 ff.
- Grenzen, quantitative **Kap. 4** 9 f., **Kap. 6** 17 f.
- Höhe des Anspruchs **Kap. 4** 28
- Jahresabschlusszahlung **Kap. 6** 7
- Jubiläumszahlung **Kap. 6** 7, 11 ff.
- Klarstellung des Leistungszwecks **Kap. 4** 28
- Kombination der Leistungszwecke **Kap. 4** 3
- Kündigungsfrist **Kap. 4** 24 ff.

- Leistungen, einmalige **Kap. 6** 28 f.
- Leistungsbestimmungsrecht, einseitiges **Kap. 6** 33 ff.
- Mischcharakter, Leistungen mit **Kap. 4** 6 ff.
- Muster **Kap. 9** 7 ff.
- Prüfungsmaßstab **Kap. 4** 28
- Referenzgröße **Kap. 4** 28
- Regelungsschranken **Kap. 4** 9 ff.
- Rückzahlungsklauseln **Kap. 4** 28, **Kap. 6** 26 f.
- Rückzahlungsklauseln, Grenzen **Kap. 4** 16 ff., **Kap. 6** 26 f.
- Ruhen des Arbeitsverhältnisses **Kap. 4** 147, **Kap. 6** 23 ff.
- Ruhezeiten, Auswirkung von **Kap. 6** 23 ff.
- Sonderzahlungen **Kap. 2** 18 ff., **Kap. 3** 30, **Kap. 6** 7
- Stichtagsregelungen **Kap. 4** 28, **Kap. 6** 13
- Stichtagsregelungen, Grenzen **Kap. 4** 20 ff.
- Stichtagsregelungen, Staffelung **Kap. 6** 12 f.
- Transparenzkontrolle **Kap. 4** 28
- Treuegeld **Kap. 6** 7
- Urlaubsgeld **Kap. 6** 7
- Vor- und Nachteile **Kap. 7** 10 ff.
- Weihnachtsgratifikation **Kap. 4** 3, **Kap. 6** 7
- Widerrufsvorbehalt **Kap. 6** 30 f.

Betriebsvereinbarung
- Aufhebung **Kap. 5** 99 f.
- Beendigung **Kap. 5** 97 ff.
- Befristung **Kap. 5** 78, 97 f.
- Bezugnahme, dynamische **Kap. 3** 95 ff.
- Diskriminierungsverbot **Kap. 5** 90
- Einigungsstelle **Kap. 5** 85
- Geltung, unmittelbare und zwingende **Kap. 5** 73 ff.
- Günstigkeitsprinzip **Kap. 5** 95 f.
- Inhaltskontrolle **Kap. 5** 90 ff.
- Kündigung **Kap. 5** 77 ff., 101 ff.
- Nachwirkung **Kap. 5** 98, 104 ff.
- Normenvertrag **Kap. 5** 73 ff.
- Regelungssperre **Kap. 5** 86 ff.
- Schriftform **Kap. 5** 80 ff.
- Stichtagsregelungen **Kap. 5** 91
- Tarifvertrag, Vorrang des **Kap. 5** 86 ff.
- Vergütungsvereinbarung **Kap. 3** 11 ff.
- Wirkung, normative **Kap. 5** 70
- Zustandekommen **Kap. 5** 80 ff.

Beurteilungsgrundsätze, allgemeine
- Betriebsrat, Mitbestimmungsrecht **Kap. 5** 53 ff.

Bewirtungskosten **Kap. 2** 8

Bezirksprovision **Kap. 2** 43, 50

Bezugnahme, dynamische
- Betriebsvereinbarungen **Kap. 3** 95 ff.
- Regelungswerke des Arbeitgebers, einseitige **Kap. 3** 93 f.
- Tarifverträge **Kap. 3** 92

Billigkeitskontrolle **Kap. 4** 65, 71
- Zielvorgaben, einseitige **Kap. 4** 61

Bindungsklauseln
- Grenzen **Kap. 4** 15 ff.

Bindungswirkung
- Organmitglieder **Kap. 4** 50
- Bezugszeitraum **Kap. 4** 53 f.

Bonuszahlungen
- Diskriminierungsverbot **Kap. 4** 36
- Entgeltbestandteile, erfolgsabhängige **Kap. 4** 35 ff.
- Festsetzung, ermessensabhängige **Kap. 2** 25 ff.
- Zusage, konkludente **Kap. 3** 51

Bonuszusage
- ~, konkludente **Kap. 3** 51

D

Datenauswertung, automatische
- Betriebsrat, Mitbestimmungsrecht **Kap. 5** 50 ff.

Dienstwagen
- Privatnutzung, Widerrufsvorbehalt **Kap. 3** 83, 91

Direktionsrecht **Kap. 3** 77, 104 ff., **Kap. 4** 72
- Bedeutung bei wirtschaftlichen Zielen **Kap. 4** 79 ff.
- Grenzen bei tätigkeitsbezogenen Zielen **Kap. 4** 76 ff.
- Zielvereinbarungen **Kap. 4** 72
- Zielvorgaben **Kap. 4** 76 ff.

Diskriminierungsverbot **Kap. 6** 24
- Betriebsvereinbarung **Kap. 5** 90
- Entgeltbestandteile, erfolgsabhängige **Kap. 4** 36

Doppelprovisionierung **Kap. 2** 49
Dotierungsentscheidung
   – Mitbestimmungsrecht des Betriebsrates **Kap. 5** 16
Dotierungsfreiheit **Kap. 5** 26

E
Einigungsstelle **Kap. 5** 34
   – Betriebsvereinbarung, Entscheidung über **Kap. 5** 85
   – Formerfordernisse **Kap. 5** 85
   – Prüfungsmaßstab des Arbeitsgerichts **Kap. 5** 39
   – Windhundprinzip **Kap. 5** 40
   – Zuständigkeit **Kap. 5** 36 ff.
Einmalzahlungen
   – siehe Sonderzahlungen
Einzelregelungen
   – Entgeltbestandteile, erfolgsabhängige **Kap. 4** 57 ff.
Elternzeit **Kap. 4** 128
   – Berücksichtigung bei erfolgsabhängigen Entgeltbestandteilen **Kap. 4** 140 ff.
   – Sonderzahlungen **Kap. 4** 140 ff.
Entgelt
   – ~, übliches **Kap. 2** 1
   – ~, vereinbartes **Kap. 2** 1
   – Befristung **Kap. 3** 1 ff.
   – Einmalzahlungen **Kap. 5** 12
   – Gesamtvergütung **Kap. 5** 12
   – Grundvergütung **Kap. 5** 12
   – Zulagen **Kap. 5** 12
Entgeltbestandteile
   – Aktienoptionen **Kap. 2** 52 ff.
   – Befristung **Kap. 3** 66 ff.
   – Direktionsrecht, Auswirkungen der Ausübung **Kap. 3** 104 ff.
   – Mischcharakter **Kap. 6** 19 ff.
   – Sachleistungen **Kap. 1** 6
Entgeltbestandteile, anlassbezogene
   – Bedeutung als Personalführungsinstrument **Kap. 1** 6
   – Sonderzahlungen **Kap. 2** 18 ff.
   – Stichtags- und Rückzahlungsklauseln **Kap. 2** 20 f.
   – Urlaubsgeld **Kap. 2** 18
   – Weihnachtsgeld **Kap. 2** 18
   – Zahlungen mit Gratifikationscharakter **Kap. 2** 19

Entgeltbestandteile, befristete
   – Abgrenzung zu Einmalleistungen **Kap. 3** 66
   – Grenzen, rechtliche **Kap. 3** 67 ff.
   – Gründe, sachliche **Kap. 3** 72 ff.
   – Transparenzkontrolle **Kap. 3** 76
Entgeltbestandteile, bestandsabhängige
   – ~, einmalige **Kap. 6** 28 f.
   – Abgrenzung und Leistungszweck **Kap. 4** 1 f., **Kap. 6** 1 ff.
   – Anspruchsvoraussetzungen **Kap. 4** 3 ff.
   – Arbeitnehmerbindung **Kap. 4** 1 f., **Kap. 6** 1 ff.
   – Arten **Kap. 6** 7
   – Ausschluss der Leistung **Kap. 6** 22
   – Ausschluss von Leistungen mit Mischcharakter **Kap. 6** 19 ff.
   – Ausschluss- und Kürzungstatbestände **Kap. 4** 4 f.
   – Bedeutung als Personalführungsinstrument **Kap. 4** 1 f., **Kap. 6** 1 ff.
   – Begriff **Kap. 4** 1 f., **Kap. 6** 1 ff.
   – Beendigungstatbestände **Kap. 6** 22
   – Betriebstreue **Kap. 6** 8 ff.
   – Bindungsklauseln, Grenzen **Kap. 4** 15 ff., **Kap. 6** 26 f.
   – Bindungsklauseln **Kap. 4** 28
   – Bindungszeiträume **Kap. 6** 8 ff.
   – Bindungszeiträume, vergangenheits- und zukunftsbezogene **Kap. 6** 11 ff.
   – Entgeltgestaltung, bestandsabhängige **Kap. 4** 1 ff.
   – Fehlanreize **Kap. 7** 13
   – Flexibilisierung der Anspruchshöhe **Kap. 6** 32 ff.
   – Flexibilisierungsmöglichkeiten **Kap. 4** 11 ff., **Kap. 6** 28 ff.
   – Flexibilisierungsspielraum **Kap. 4** 28
   – Freiwilligkeitsvorbehalt **Kap. 3** 26, **Kap. 7** 4
   – Gestaltung, rechtliche **Kap. 6** 7 ff.
   – Grenzen für Bindungsklauseln **Kap. 4** 15 ff., **Kap. 6** 11
   – Grenzen, quantitative **Kap. 4** 9 f., **Kap. 6** 17 f.
   – Höhe des Anspruchs **Kap. 4** 28
   – Jahresabschlusszahlung **Kap. 6** 7
   – Jubiläumszahlung **Kap. 6** 7, 11 ff.

- Klarstellung des Leistungszwecks **Kap. 4** 28
- Kombination der Leistungszwecke **Kap. 4** 3
- Kündigungsfrist **Kap. 4** 24 ff.
- Leistungen, einmalige **Kap. 6** 28 f.
- Leistungsbestimmungsrecht, einseitiges **Kap. 6** 33 ff.
- Mischcharakter, Leistungen mit **Kap. 4** 6 ff.
- Muster **Kap. 9** 7 ff.
- Prüfungsmaßstab **Kap. 4** 28
- Referenzgröße **Kap. 4** 28
- Regelungsschranken **Kap. 4** 9 ff.
- Rückzahlungsklauseln **Kap. 4** 28, **Kap. 6** 26 f.
- Rückzahlungsklauseln, Grenzen **Kap. 4** 16 ff., **Kap. 6** 26 f.
- Ruhen des Arbeitsverhältnisses **Kap. 4** 147, **Kap. 6** 23 ff.
- Ruhezeiten, Auswirkung von **Kap. 6** 23 ff.
- Sonderzahlungen **Kap. 2** 18 ff., **Kap. 3** 30, **Kap. 6** 7
- Stichtagsregelungen **Kap. 4** 28, **Kap. 6** 13
- Stichtagsregelungen, Grenzen **Kap. 4** 20 ff.
- Stichtagsregelungen, Staffelung **Kap. 6** 12 f.
- Transparenzkontrolle **Kap. 4** 28
- Treuegeld **Kap. 6** 7
- Urlaubsgeld **Kap. 6** 7
- Vor- und Nachteile **Kap. 7** 10 ff.
- Weihnachtsgratifikation **Kap. 4** 3, **Kap. 6** 7
- Widerrufsvorbehalt **Kap. 6** 30 ff.

Entgeltbestandteile, erfolgsabhängige
- Anknüpfungspunkte der Erfolgskomponente **Kap. 4** 38 f.
- Anpassung im laufenden Bezugszeitraum **Kap. 4** 88 ff.
- Anpassung von Zielvereinbarungen **Kap. 4** 95 ff.
- Anpassung von Zielvorgaben **Kap. 4** 92 ff.
- Anpassungsanspruch **Kap. 4** 90 f.
- Arbeitnehmerbindung für den Bezugszeitraum **Kap. 4** 46 ff.
- Arbeitsunfähigkeit, Kürzungsmöglichkeiten **Kap. 4** 130 ff., 146 ff.
- Banken, Besonderheiten für **Kap. 4** 162 ff.
- Bemessungsgrundlage **Kap. 4** 50
- Berücksichtigung von Abwesenheitszeiten, Gestaltungsmöglichkeiten **Kap. 4** 126 ff.
- Berücksichtigung von Abwesenheitszeiten, Grenzen **Kap. 4** 127 ff.
- Bezugszeitraum, Grenzen **Kap. 4** 44 ff.
- Bindungswirkung **Kap. 4** 44 ff.
- Bonuszahlungen **Kap. 2** 24, **Kap. 4** 35 ff.
- Direktionsrecht, Grenzen **Kap. 4** 76 ff.
- Diskriminierungsverbot **Kap. 4** 36
- Einzelregelungen **Kap. 4** 57 ff.
- Elternzeit **Kap. 4** 140 ff.
- Erfolgsvergütung **Kap. 4** 34
- Erholungsurlaub **Kap. 4** 144
- Entgeltvereinbarung, Grundsatz der freien **Kap. 4** 63 ff.
- Erreichbarkeit der Ziele **Kap. 4** 63 ff.
- Erscheinungsformen **Kap. 4** 29 ff.
- Festsetzung nach Zielen **Kap. 2** 29 ff.
- Festsetzung, ermessensabhängige **Kap. 2** 25 ff.
- Flexibilisierungsinstrumente **Kap. 4** 57 ff.
- Freiwilligkeitsvorbehalt **Kap. 4** 71
- Garantietantieme **Kap. 4** 33
- Grenzen, rechtliche **Kap. 4** 40 ff.
- Grundsätze der freien Entgeltvereinbarung **Kap. 4** 63 ff.
- Initiativpflicht von Arbeitnehmern **Kap. 4** 118 f.
- Kurzarbeit **Kap. 4** 145
- Leistungen, einmalige **Kap. 4** 57 f.
- Leistungssystem, arbeitsvertraglich festgeschriebenes **Kap. 4** 59
- Leistungssystem, dauerhaftes **Kap. 4** 60 ff.
- Mutterschutz **Kap. 4** 143
- Nachhaltigkeit der Unternehmensentwicklung **Kap. 4** 50 f.
- Pflegezeit **Kap. 4** 140 ff.
- Prämienzahlungen **Kap. 2** 24, **Kap. 4** 35 ff.
- Provisionen **Kap. 2** 43 ff.

- Ruhen des Arbeitsverhältnisses **Kap. 4** 34
- Schadensersatzanspruch **Kap. 4** 111 ff., 121
- Sonderzahlungen **Kap. 2** 24, **Kap. 4** 35 ff.
- Stichtagsregelungen **Kap. 4** 46 ff.
- Tantieme **Kap. 2** 22 f., **Kap. 4** 29 ff., **Kap. 6** 38 ff.
- Transparenzkontrolle **Kap. 4** 69 ff.
- Urlaubsgeld **Kap. 4** 144
- Versicherungen, Besonderheiten für **Kap. 4** 162 ff.
- Wehrdienst **Kap. 4** 140 ff.
- Ziele, gruppenerfolgsbezogene **Kap. 2** 31 ff.
- Ziele, individualerfolgsbezogene **Kap. 2** 30
- Ziele, unternehmens-, konzern- und spartenerfolgsbezogene **Kap. 2** 33 f.
- Zielfestlegung **Kap. 4** 44 f.
- Zielfestlegung, Zeitpunkt **Kap. 4** 84 ff.
- Zielvereinbarungen, Rechtsfolgen unterbliebener bzw. fehlerhafter **Kap. 4** 103 ff.
- Zielvereinbarungen **Kap. 4** 63 ff.
- Zielvorgaben **Kap. 4** 61, 73 ff.
- Zielvorgaben, Rechtsfolgen unterbliebener bzw. fehlerhafter **Kap. 4** 103 ff.

Entgeltbestandteile, freiwillige **Kap. 3** 18
- Anspruchsbegründung **Kap. 3** 19
- Betriebliche Übung **Kap. 3** 20 ff.
- Entgelt, laufendes **Kap. 3** 23
- Freiwilligkeitsvorbehalt, Anspruchsgrund **Kap. 3** 44 ff.
- Freiwilligkeitsvorbehalt, Anspruchshöhe **Kap. 3** 48 ff.
- Freiwilligkeitsvorbehalt, Erklärung **Kap. 3** 52 ff.
- Freiwilligkeitsvorbehalt, Reichweite **Kap. 3** 38 ff.
- Leistungen, einmalige **Kap. 3** 33 ff.
- Leistungen, wiederkehrende **Kap. 3** 36 ff.
- Totalvorbehalt **Kap. 3** 38 ff.

Entgeltbestandteile, variable
- Befristung **Kap. 3** 66 ff., **Kap. 7** 7
- Direktionsrecht, Auswirkungen der Ausübung **Kap. 3** 104 ff.
- Freiwilligkeitsvorbehalte **Kap. 7** 1 ff.
- Leistungssysteme, dauerhafte **Kap. 7** 8 f.
- Sittenwidrigkeit **Kap. 3** 17
- Vor- und Nachteile **Kap. 7** 1 ff.

Entgelterhöhung **Kap. 8** 24 ff.

Entgeltfortzahlungsanspruch
- Abwesenheiten **Kap. 4** 128

Entgeltgestaltung
- Akkordlohn **Kap. 2** 3 ff.
- Angemessenheitskontrolle **Kap. 1** 12
- Banken und Versicherungen, Besonderheiten **Kap. 4** 162 ff.
- Betriebsrat, Mitbestimmungsrecht **Kap. 5** 1 ff.
- Betriebstreueleistungen **Kap. 4** 1 ff.
- Entgeltbestandteile, erfolgsabhängige **Kap. 4** 29 ff.
- Institutsvergütung **Kap. 4** 162 ff.
- Kombination der Leistungszwecke **Kap. 4** 3
- Prämienlohn **Kap. 2** 3 ff.
- Tarifvertrag **Kap. 1** 11
- VorstAG, Übertragbarkeit der Wertungen **Kap. 4** 157 ff.
- Versicherungsvergütungsverordnung **Kap. 4** 175 ff.
- Vorstandsvergütung **Kap. 4** 149 ff.
- Weihnachtsgratifikation **Kap. 4** 3
- Zulagen **Kap. 2** 6 f.
- Zulagen, außertarifliche **Kap. 2** 7
- Zuschläge **Kap. 2** 6 f.

Entgeltgestaltung, betriebliche
- Mitbestimmungsrecht des Betriebsrates **Kap. 5** 7 ff.

Entgeltgrundsätze
- ~, betriebsverfassungsrechtliche **Kap. 8** 22
- ~, variable **Kap. 5** 17 ff.
- Änderung und Aufstellung **Kap. 5** 9 f.
- Betriebsrat, Mitbestimmungsrecht **Kap. 5** 9 f.

Entgeltgruppen, Bildung von **Kap. 5** 11

Entgeltsysteme, erfolgsabhängige
- Anreize **Kap. 7** 33 ff.
- Bedeutung für das Gesamtunternehmen **Kap. 7** 31 f.
- Erreichbarkeit der Ziele **Kap. 7** 27 ff.
- Fehlanreize **Kap. 7** 33 ff.

- Klarheit der Ziele **Kap. 7** 23
- Leistungsgerechtigkeit **Kap. 7** 36 ff.
- Motivation durch Identifikation **Kap. 7** 24 ff.
- Motivationssteigerung **Kap. 7** 16 ff.
- Notwendigkeit einer Zielidentifikation **Kap. 7** 20 ff.
- Sinn und Zweck **Kap. 7** 16 ff.
- Zielidentifikation **Kap. 7** 20 ff.

Entgeltsysteme, leistungsorientierte **Kap. 5** 97
Entgeltsysteme, variable
- Änderungskündigung **Kap. 8** 5
- Anreize und Fehlanreize **Kap. 8** 2 ff.
- Arbeitnehmergruppen **Kap. 8** 9
- Aspekte, betriebswirtschaftliche **Kap. 8** 2
- Aspekte, personalentwicklungsbezogene **Kap. 8** 2
- Aspekte, rechtliche **Kap. 8** 3 ff.
- Bedeutung als Personalführungsinstrument **Kap. 1** 1 ff., **Kap. 8** 11
- Befristung **Kap. 7** 7
- Betriebstreueleistungen **Kap. 6** 1 ff.
- Einführung und Umsetzung **Kap. 8** 1 ff.
- Entscheidungsprozesse **Kap. 8** 1 ff.
- Freiwilligkeitsvorbehalt **Kap. 7** 1 ff.
- Gestaltungsmöglichkeiten **Kap. 6** 1 ff.
- Gleichbehandlung in der Reihe **Kap. 8** 18 f.
- Gleichbehandlung in der Zeit **Kap. 8** 20 ff.
- Gleichbehandlungsgrundsatz **Kap. 8** 7, 18 ff.
- Komponente, zeitliche **Kap. 8** 16 f.
- Leistungen, dauerhafte **Kap. 7** 1 ff.
- Leistungen, einmalige **Kap. 7** 1 ff.
- Leistungssysteme, dauerhafte **Kap. 7** 8 ff.
- Tantieme **Kap. 6** 38 ff.
- Vor- und Nachteile **Kap. 7** 1 ff.
- Widerrufsrecht **Kap. 8** 4
- Zielkomponenten **Kap. 8** 14
- Zielsetzung **Kap. 8** 10
- Zielüberfüllung **Kap. 8** 13
- Zielvereinbarungssysteme **Kap. 6** 82 ff.

Entgeltvereinbarung
- ~, betriebliche **Kap. 3** 11 ff.
- ~, freie **Kap. 4** 63 ff.
- ~, individuelle **Kap. 5** 10

- Gleichbehandlungsgrundsatz **Kap. 3** 7 f.
- Grenzen **Kap. 3** 4 ff.
- Tarifvertrag **Kap. 3** 10
- Transparenzkontrolle **Kap. 4** 69 ff.

Entlohnungsmethoden
- Einführung und Anwendung **Kap. 5** 2
- Mitbestimmungsrecht des Betriebsrates **Kap. 5** 7

Erfolgsvergütung **Kap. 4** 34
Erholungsurlaub **Kap. 4** 127
- Sonderzahlungen **Kap. 4** 144

Ersatzdienst **Kap. 4** 128
Ertragssteigerung **Kap. 8** 13

F

Fachkräftemangel **Kap. 1** 2
Fehlanreize **Kap. 7** 33 ff.
Flexibilisierungsinstrumente **Kap. 3** 1
- ~, generelle **Kap. 3** 1
- Änderungsvorbehalt **Kap. 3** 77
- Befristung **Kap. 3** 66 ff.
- Betriebsrat, Mitbestimmungsrecht **Kap. 5** 1 ff.
- Betriebstreueleistungen **Kap. 6** 1 ff., 28 ff.
- Betriebstreueleistungen, einmalige **Kap. 6** 28 f.
- Bezugnahme auf externe Regelungswerke **Kap. 3** 92
- Entgeltbestandteile, erfolgsabhängige **Kap. 4** 57 ff.
- Entgeltbestandteile, freiwillige **Kap. 3** 18 ff.
- Entgeltgestaltung, bestands- und erfolgsabhängige **Kap. 4** 1 ff.
- Festlegung durch Betriebsvereinbarung **Kap. 5** 73 ff.
- Grenzen **Kap. 3** 1 ff.
- Kollektivrechtliche Pflichten **Kap. 3** 10 ff.
- Leistungsgerechtigkeit **Kap. 7** 36 f.
- Mindestfixvergütung **Kap. 3** 1
- Tantieme **Kap. 6** 38 ff., 60 ff.
- Vergütungsbestandteile, freiwillige **Kap. 3** 19
- Widerrufsvorbehalt **Kap. 3** 77 ff., **Kap. 6** 30 f.
- Zielvereinbarungssysteme **Kap. 6** 82 ff.

Flexibilität
- Freiwilligkeitsvorbehalte **Kap. 7** 2

Freiwilligkeitsvorbehalte **Kap. 3** 18 ff., **Kap. 4** 71
- ~, abstrakt-pauschal **Kap. 3** 57 ff.
- ~, pauschal **Kap. 3** 57 ff.
- Akzeptanz des Entgeltgefüges **Kap. 7** 5
- Anspruchsgrund **Kap. 3** 44 ff.
- Ausschluss zukünftiger Rechtsansprüche **Kap. 7** 1 ff.
- Betriebliche Übung **Kap. 3** 55 f.
- Betriebstreueleistungen, einmalige **Kap. 6** 28 f., **Kap. 7** 4
- der Höhe nach **Kap. 3** 48 ff.
- Entgelt, laufendes **Kap. 3** 24
- Erklärung **Kap. 3** 52
- Formulierung **Kap. 3** 42 f.
- Gleichbehandlungsgrundsatz **Kap. 7** 2
- Individualvereinbarung **Kap. 3** 60 ff.
- Konkretheit **Kap. 3** 57 ff.
- Leistungen, einmalige **Kap. 3** 33 ff.
- Leistungen, unregelmäßige **Kap. 3** 27 ff.
- Leistungen, wiederkehrende **Kap. 3** 36 f.
- Leistungen mit kollektivem Bezug **Kap. 3** 52 ff.
- Muster **Kap. 9** 2 f.
- Rechtswirksamkeit **Kap. 7** 4
- Reichweite **Kap. 3** 38 ff.
- Sonderzahlungen **Kap. 3** 25 ff., 64 f.
- Tantieme **Kap. 6** 61 f.
- Totalvorbehalt **Kap. 3** 38 ff.
- Transparenzgebot **Kap. 3** 59
- Vor - und Nachteile **Kap. 7** 1 ff.
- Widersprüchlichkeit **Kap. 3** 42
Führungskräfte **Kap. 5** 43, **Kap. 8** 19

G
Garantietantieme
- Mindestbetrag **Kap. 4** 33
Gegenseitigkeitsverhältnis
- siehe Synallagma
Gehalt **Kap. 2** 2
Gesamtbetriebsrat
- Zuständigkeit **Kap. 5** 110 ff.
Gesamtkostenverfahren **Kap. 6** 47 ff.
Gesamtvergütung **Kap. 5** 12
Gesamtvergütung, freiwillige
- Mitbestimmungsrecht des Betriebsrates **Kap. 5** 27 ff.
Gesamtzusage **Kap. 3** 21
Gewerkschaftszugehörigkeit **Kap. 5** 21

Gleichbehandlungsgrundsatz **Kap. 3** 47
- ~ bei Freiwilligkeitsvorbehalten **Kap. 7** 2
- Arbeitsentgelt **Kap. 3** 4 ff.
- Entgeltsysteme, variable **Kap. 8** 7, 18 ff.
- Gleichbehandlung in der Reihe **Kap. 8** 18 f.
- Gleichbehandlung in der Zeit **Kap. 8** 20 ff.
- Vergütungsvereinbarung **Kap. 3** 7 f.
Gratifikation **Kap. 5** 28
Grundvergütung **Kap. 2** 1, **Kap. 5** 12
- Zeitvergütung **Kap. 2** 2
Günstigkeitsprinzip
- Betriebsvereinbarung **Kap. 5** 95 f.

H
Handelsgeschäft **Kap. 2** 45 ff.
Handelsvertreter
- Provisionsanspruch **Kap. 2** 44 ff.
- Provisionsanspruch, Fälligkeit **Kap. 2** 47

I
Individualarbeitsrecht
- Flexibilisierungsinstrumente **Kap. 3** 1
Informationsrechte
- Betriebsrat **Kap. 5** 1 ff.
Inhaltskontrolle **Kap. 4** 65, 71
- Betriebsvereinbarung **Kap. 5** 90 ff.
- Leistungsbestimmungsrecht, einseitiges **Kap. 4** 73 ff.
- Regelung, arbeitsvertragliche **Kap. 1** 9 f.
- Stichtagsregelungen **Kap. 4** 20 ff.
- Rückzahlungsklauseln **Kap. 4** 16 ff.
- Widerrufsvorbehalt **Kap. 3** 89 f.
- Zielvorgaben **Kap. 4** 61 ff.

J
Jahresabschlusszahlung **Kap. 6** 7
Jubiläumszahlung
- Betriebstreueleistung **Kap. 6** 7, 11
- Staffelungsdichte **Kap. 6** 12 ff.

K
Karenzentschädigung **Kap. 6** 5
Kilometergeld **Kap. 2** 8
Know-how-Träger **Kap. 6** 5

Kontrollmaßstab
— Zielvereinbarungen Kap. 4 64
Konzernbetriebsrat
— Zuständigkeit Kap. 5 110 ff.
Konzernergebnis Kap. 6 53
Kostenneutralität Kap. 2 9, 12
Kündigung
— ~ des Arbeitnehmers Kap. 6 15
— Betriebsvereinbarung Kap. 5 101 ff.
— Regelungsabrede Kap. 5 72
Kündigungsfristen Kap. 6 15
Kurzarbeit
— Sonderzahlungen Kap. 4 145
Kurzarbeit Null Kap. 4 145
Kürzungsmöglichkeit
— Sonderzahlungen Kap. 4 129
Kürzungsvereinbarung
— Ruhen des Arbeitsverhältnisses Kap. 4 146

L
Leiharbeitnehmer
— Mindestentgelte Kap. 3 9
Leistungen mit Mischcharakter Kap. 4 6 ff., 19 ff.
Leistungen, einmalige Kap. 7 1
— Bedeutung als Personalführungsinstrument Kap. 1 5
— Entgeltbestandteile, erfolgsabhängige Kap. 4 57 f.
— Freiwilligkeitsvorbehalt Kap. 3 33 ff.
— Muster Kap. 9 1 ff.
— Tantieme Kap. 6 60 ff.
Leistungen, vermögenswirksame Kap. 5 28
Leistungen, wiederkehrende
— Freiwilligkeitsvorbehalt Kap. 3 36 f.
Leistungsbestimmungsrecht, einseitiges
— Billigkeitskontrolle Kap. 4 73 ff.
— Ermessen, billiges Kap. 3 49 ff.
Leistungsplan
— Mitbestimmungsrecht des Betriebsrates Kap. 5 14
Leistungssysteme
— ~, arbeitsvertraglich festgeschriebene Kap. 4 59
— ~, dauerhafte Kap. 2 39 f., Kap. 4 60 ff., Kap. 7 1 f.
— Vor- und Nachteile Kap. 7 8 f.

Leistungsversprechen Kap. 4 63
Lohn Kap. 2 2

M
Management by Objectives Kap. 1 4
Mindestansprüche
— Tantieme Kap. 6 55
Mindestentgelt Kap. 3 9
— Sittenwidrigkeit Kap. 3 2
Mindesterfolgsgrenze
— Tantieme Kap. 6 56
Mindestfixvergütung Kap. 3 1
— Arbeitsentgelte, sittenwidrige Kap. 3 15 ff.
— Arbeitsverhältnis, Leitbild Kap. 3 1 ff.
— Basisabsicherung Kap. 3 1 ff.
— Gleichbehandlungspflichten Kap. 3 4 ff.
— Kollektivrechtliche Pflichten Kap. 3 10 ff.
Mitarbeiterbindung Kap. 2 52
Mitarbeitergespräche Kap. 5 3
Mitarbeitermotivation Kap. 2 52
Mitarbeiterzufriedenheit Kap. 1 2
Mitbestimmungsfreiheit Kap. 5 15
— Sozialleistungen, freiwillige Kap. 5 30
Mitbestimmungspflicht Kap. 5 16
Motivationszweck Kap. 4 81
Muster
— Betriebstreueleistungen Kap. 9 7 ff.
— Freiwilligkeitsvorbehalt Kap. 9 2 f.
— Leistungen, befristete Kap. 9 5
— Rückzahlungsregelung Kap. 9 9
— Sonderzahlungen Kap. 9 1 ff.
— Stichtagsregelung Kap. 9 7 f.
— Tantiemevereinbarung Kap. 9 10
— Vertragsgestaltung, betriebsvereinbarungsoffene Kap. 9 6
— Widerrufsvorbehalt Kap. 9 4
— Zielvereinbarung für einen Jahreszeitraum Kap. 9 13
— Zielvereinbarungssystem mittels Betriebsvereinbarung Kap. 9 12
— Zielvereinbarungssystem mittels Rahmenvereinbarung Kap. 9 11
Mutterschutz
— Fristen Kap. 4 127
— Sonderzahlungen Kap. 4 143

N

Nachhaltigkeitsgebot **Kap. 4** 153 ff.
Nachwirkung
    – Ausschluss **Kap. 5** 109
    – Betriebsvereinbarung **Kap. 5** 72, 98, 104 ff.
    – Regelungsabrede **Kap. 5** 72
    – Sonderzahlung **Kap. 5** 72
Normenverträge
    – Betriebsvereinbarung **Kap. 5** 73 ff.

O

Offensichtlichkeitsmaßstab **Kap. 5** 39
Optionsrecht **Kap. 2** 56

P

Pauschalierungsvereinbarungen **Kap. 2** 14 ff.
Personalführungsinstrumente
    – Balanced Score Card **Kap. 1** 4
    – Entgeltgestaltung, zielabhängige **Kap. 1** 2
    – Entgeltsysteme, variable **Kap. 1** 1 ff., **Kap. 7** 1
    – Management by Objectives **Kap. 1** 4
Pflegezeit **Kap. 4** 128
    – Berücksichtigung bei erfolgsabhängigen Entgeltbestandteilen **Kap. 4** 140 ff.
    – Sonderzahlungen **Kap. 4** 140 ff.
phantom stocks **Kap. 2** 60
Prämien **Kap. 2** 3 ff., 24
    – Betriebsrat, Mitbestimmungsrecht **Kap. 5** 7
    – Diskriminierungsverbot **Kap. 4** 36
    – Entgeltbestandteile, erfolgsabhängige **Kap. 4** 35 ff.
    – Festsetzung, ermessensabhängige **Kap. 2** 25 ff.
Prämiensätze **Kap. 5** 7
Provisionen
    – Bezirksprovision **Kap. 2** 43, 50
    – Doppelprovisionierung **Kap. 2** 49
    – Handelsvertreter **Kap. 2** 44 ff.
    – Kausalitätsbetrachtung **Kap. 2** 49
    – Nichtzahlung **Kap. 2** 48
    – Provisionsanspruch **Kap. 2** 45 f.
    – Überhangprovision **Kap. 2** 50 f.
    – Vermittlungsprovision **Kap. 2** 43
Provisionspflicht **Kap. 2** 49
Provisionsvereinbarungen **Kap. 2** 49

R

Rahmen- und Einzelvereinbarungen
    – Undurchführbarkeit bei abschließender Dauerregelung **Kap. 6** 98 ff.
Rechtliche Gestaltung
    – Betriebstreueleistungen **Kap. 6** 7 ff.
    – Tantieme **Kap. 6** 43 ff.
    – Zielvereinbarungssysteme **Kap. 6** 98 ff.
Recruitingprozess **Kap. 6** 103
Regelungen, arbeitsvertragliche
    – Inhaltskontrolle **Kap. 1** 9 f.
    – Transparenzgebot **Kap. 1** 9 f.
Regelungsabrede
    – ~ als Zustimmung des Betriebsrates **Kap. 5** 69 ff.
    – Beendigung durch Aufhebungsvereinbarung **Kap. 5** 72
    – Beendigung durch Kündigung **Kap. 5** 72
    – Formfreiheit **Kap. 5** 69
    – Nachwirkung **Kap. 5** 72
Regelungssperre
    – Betriebsvereinbarung **Kap. 5** 86 ff.
Reisekostenrichtlinie **Kap. 2** 14 ff.
Richterrecht **Kap. 1** 12
Rücktrittsrecht
    – ~, gesetzliches **Kap. 2** 46
    – ~, vertragliches **Kap. 2** 46
Rückzahlungsklauseln
    – Betriebstreueleistungen **Kap. 6** 26 f.
    – Entgeltbestandteile, anlassbezogene **Kap. 2** 20 f.
    – Inhaltskontrolle **Kap. 4** 16 ff.
    – Muster **Kap. 9** 9
    – Transparenzkontrolle **Kap. 4** 18
Ruhen des Arbeitsverhältnisses **Kap. 4** 142
    – Betriebstreue **Kap. 4** 147
    – Kürzungsvereinbarung **Kap. 4** 146
Ruhezeiten
    – Auswirkungen auf Betriebstreueleistungen **Kap. 6** 23 ff.

S

Schadensersatzanspruch
    – Fahrlässigkeit **Kap. 4** 115
    – Vorsatz **Kap. 4** 115
    – Umfang **Kap. 4** 121
    – Zielvereinbarungen **Kap. 4** 111 ff.
    – Zielvorgaben **Kap. 4** 111 ff.

Schiedsstelle
- ~, innerbetriebliche **Kap. 6** 145
Schriftformerfordernisse
- Betriebsvereinbarung **Kap. 5** 80 ff.
Schuldanerkenntnis
- ~, konstitutives **Kap. 6** 142
Sittenwidrigkeit **Kap. 3** 15
- Arbeitsentgelt **Kap. 3** 16
- Entgeltbestandteile, variable **Kap. 3** 17
Sonderzahlungen **Kap. 3** 25 ff.
- Arbeitsunfähigkeit **Kap. 4** 130 ff.
- Bedeutung als Personalführungsinstrument **Kap. 1** 5
- Betriebsrat, Mitbestimmungsrecht **Kap. 5** 14 ff.
- Betriebstreueleistung **Kap. 6** 7
- Boni **Kap. 2** 24
- Diskriminierungsverbot **Kap. 4** 36
- Elternzeit **Kap. 4** 140 ff.
- Entgeltbestandteile, anlassbezogene **Kap. 2** 18 ff.
- Entgeltbestandteile, erfolgsabhängige **Kap. 4** 35 ff.
- Festsetzung, ermessensabhängige **Kap. 2** 25 ff.
- Festsetzung nach Zielen **Kap. 2** 29 ff.
- Freiwilligkeitsvorbehalt **Kap. 3** 30 ff., **Kap. 4** 71
- Gebot der Gleichbehandlung von Männern und Frauen **Kap. 4** 140 ff.
- Grundlage, wirtschaftliche **Kap. 4** 67
- Kurzarbeit **Kap. 4** 145
- Kürzungsmöglichkeiten **Kap. 4** 129
- Leistungssystem, dauerhaftes **Kap. 2** 39 f.
- Mischformen **Kap. 2** 35, **Kap. 4** 39
- Muster **Kap. 9** 1 ff.
- Mutterschutz **Kap. 4** 143
- Nachwirkung **Kap. 5** 72
- Pflegezeit **Kap. 4** 140 ff.
- Prämien **Kap. 2** 24
- Ruhen des Arbeitsverhältnisses **Kap. 4** 142
- Urlaubsgeld **Kap. 4** 144
- Wehrdienst **Kap. 4** 140 ff.
- Ziele, gruppenerfolgsbezogene **Kap. 2** 31 f.
- Ziele, individualerfolgsbezogene **Kap. 2** 30
- Ziele, unternehmens-, konzern- und spartenerfolgsbezogene **Kap. 2** 33 f.
- Zielvereinbarungen **Kap. 2** 41 f.
- Zielvorgaben **Kap. 2** 41 f.
Sozialleistungen, freiwillige
- Mitbestimmungsfreiheit **Kap. 5** 30
Spartenergebnis **Kap. 6** 53
Stellenbeschreibungen **Kap. 5** 54
Stichtagsregelungen **Kap. 6** 13 ff.
- Betriebsvereinbarung **Kap. 5** 91
- Bezugszeitraum **Kap. 4** 56
- Bindungszeitraum **Kap. 4** 23 ff.
- Entgeltbestandteile, anlassbezogene **Kap. 2** 20 ff.
- Entgeltbestandteile, erfolgsabhängige **Kap. 4** 46 ff.
- Inhaltskontrolle **Kap. 4** 20 ff.
- Muster **Kap. 9** 7 f.
Stufenverhältnis
- Transparenzkontrolle **Kap. 4** 71
- Zielvereinbarungen **Kap. 4** 70
Synallagma **Kap. 2** 1, **Kap. 4** 52

T
Tantieme
- ~, einmalige **Kap. 3** 35
- Auszahlung **Kap. 4** 34
- Bedeutung als Personalführungsinstrument **Kap. 6** 38 ff.
- Bemessung am Handels- oder Steuergewinn **Kap. 6** 45
- Bemessung am Jahresergebnis **Kap. 6** 44
- Bemessung an Gewinn- und Verlustrechnung **Kap. 6** 47
- Bemessungsfaktoren **Kap. 6** 54 ff.
- Bemessungsgrundlagen **Kap. 4** 29 ff., **Kap. 6** 43 ff.
- Bestand, unterjähriger **Kap. 6** 58 f.
- Entgeltbestandteil, erfolgsabhängiger **Kap. 2** 22 ff., **Kap. 4** 29 ff., **Kap. 6** 38 ff.
- Flexibilisierungsmöglichkeiten **Kap. 6** 60 ff.
- Freiwilligkeitsvorbehalt **Kap. 6** 61 f.
- Garantietantieme **Kap. 4** 33
- Gesamtkostenverfahren **Kap. 6** 47 ff.
- Gestaltung, rechtliche **Kap. 6** 43 ff.
- Leistungen, einmalige **Kap. 6** 60 ff.
- Konzernergebnis **Kap. 6** 53

Stichwortverzeichnis — 277

- Mindestansprüche, Vereinbarung **Kap. 6** 55
- Mindesterfolgsgrenze, Vereinbarung **Kap. 6** 56
- Muster einer Vereinbarung **Kap. 9** 10
- Ratierliche Kürzung bei Ruhezeiten **Kap. 6** 57
- Ruhen des Arbeitsverhältnisses **Kap. 4** 34
- Ruhezeiten, Berücksichtigung **Kap. 6** 57
- Spartenergebnis **Kap. 6** 53
- Umsatzkostenverfahren **Kap. 6** 47 ff.
- Unternehmensergebnis **Kap. 6** 53
- Variabilisierung der Tantiemebemessung **Kap. 6** 77 ff.
- Widerrufsgründe **Kap. 6** 65 ff.
- Widerrufsvorbehalt **Kap. 6** 63 f.
- Zieltantieme **Kap. 6** 80 f.
- Zweck **Kap. 6** 81

Tarifbindung **Kap. 3** 13
  – ~ des Arbeitgebers **Kap. 5** 21 ff.

Tarifliche Regelung
  – Vorbehalt **Kap. 5** 21

Tarifüblichkeit **Kap. 3** 14

Tarifvertrag
- Bezugnahme, arbeitsvertragliche **Kap. 5** 21
- Bezugnahme, dynamische **Kap. 3** 92
- Tarifbindung **Kap. 3** 13
- Vergütungsvereinbarung **Kap. 3** 10
- Vorrang gegenüber Betriebsvereinbarung **Kap. 5** 86 ff.

Teilkündigung **Kap. 5** 79
Totalvorbehalt **Kap. 3** 38 ff.
Transparenzkontrolle **Kap. 3** 59, **Kap. 4** 69 ff.
- Betriebstreueleistungen **Kap. 4** 28
- Entgeltbestandteile, anlassbezogene **Kap. 4** 28
- Entgeltbestandteile, befristete **Kap. 3** 76
- Entgeltbestandteile, erfolgsabhängige **Kap. 4** 69 ff.
- Gleichrangigkeit aller Ziele **Kap. 4** 70
- Stufenverhältnis **Kap. 4** 70 f.
- Zielvereinbarung **Kap. 2** 41, **Kap. 4** 69 ff., **Kap. 6** 107

Treuegeld
- Betriebstreueleistung **Kap. 6** 7

Ü
Überforderungsschutz **Kap. 5** 68
Überhangprovision **Kap. 2** 50 f.
Übernachtungskosten **Kap. 2** 8
Überwachungseinrichtungen, technische
- Betriebsrat, Mitbestimmungsrecht **Kap. 5** 47 ff.

Überwachungsmaßnahmen
- Betriebsrat, Mitbestimmungsrecht **Kap. 5** 4

U
Umsatzkostenverfahren **Kap. 6** 47 ff.
Unentgeltlichkeit **Kap. 2** 1
Unternehmensergebnis **Kap. 6** 53
Urlaubsgeld
- Betriebstreueleistung **Kap. 6** 7
- Entgeltbestandteil, anlassbezogener **Kap. 2** 18
- Sonderzahlungen **Kap. 4** 144

Urlaubsgratifikation
- Bedeutung als Personalführungsinstrument **Kap. 1** 5

V
Vergütung
- ~, übliche **Kap. 2** 1
- ~, vereinbarte **Kap. 2** 1
- Einmalzahlungen **Kap. 5** 12
- Gesamtvergütung **Kap. 5** 12
- Grundvergütung **Kap. 5** 12
- Zulagen **Kap. 5** 12

Vergütungsbestandteile
- Aktienoptionen **Kap. 2** 52 ff.
- Befristung **Kap. 3** 66 ff.
- Direktionsrecht, Auswirkungen der Ausübung **Kap. 3** 104 ff.
- Mischcharakter **Kap. 6** 19 ff.
- Sachleistungen **Kap. 1** 6

Vergütungsbestandteile, anlassbezogene
- Bedeutung als Personalführungsinstrument **Kap. 1** 6
- Sonderzahlungen **Kap. 2** 18 ff.
- Stichtags- und Rückzahlungsklauseln **Kap. 2** 20 f.
- Urlaubsgeld **Kap. 2** 18
- Weihnachtsgeld **Kap. 2** 18
- Zahlungen mit Gratifikationscharakter **Kap. 2** 19

Vergütungsbestandteile, befristete
- Abgrenzung zu Einmalleistungen **Kap. 3** 66
- Grenzen, rechtliche **Kap. 3** 67 ff.
- Gründe, sachliche **Kap. 3** 72 ff.
- Transparenzkontrolle **Kap. 3** 76

Vergütungsbestandteile, bestandsabhängige
- ~, einmalige **Kap. 6** 28 f.
- Abgrenzung und Leistungszweck **Kap. 4** 1 f., **Kap. 6** 1 ff.
- Anspruchsvoraussetzungen **Kap. 4** 3 ff.
- Arbeitnehmerbindung **Kap. 4** 1 f., **Kap. 6** 1 ff.
- Arten **Kap. 6** 7
- Ausschluss der Leistung **Kap. 6** 22
- Ausschluss- und Kürzungstatbestände **Kap. 4** 4 f.
- Ausschluss von Leistungen mit Mischcharakter **Kap. 6** 19 ff.
- Bedeutung als Personalführungsinstrument **Kap. 4** 1 f., **Kap. 6** 1 ff.
- Begriff **Kap. 4** 1 f., **Kap. 6** 1 ff.
- Beendigungstatbestände **Kap. 6** 22
- Betriebstreue **Kap. 6** 8 ff.
- Bindungsklauseln, Grenzen **Kap. 4** 15 ff., **Kap. 6** 26 f.
- Bindungsklauseln **Kap. 4** 28
- Bindungszeiträume **Kap. 6** 8 ff.
- Bindungszeiträume, vergangenheits- und zukunftsbezogene **Kap. 6** 11 ff.
- Entgeltgestaltung, bestandsabhängige **Kap. 4** 1 ff.
- Fehlanreize **Kap. 7** 13
- Flexibilisierung der Anspruchshöhe **Kap. 6** 32 ff.
- Flexibilisierungsmöglichkeiten **Kap. 4** 11 ff., **Kap. 6** 28 ff.
- Flexibilisierungsspielraum **Kap. 4** 28
- Freiwilligkeitsvorbehalt **Kap. 3** 26, **Kap. 7** 4
- Gestaltung, rechtliche **Kap. 6** 7 ff.
- Grenzen für Bindungsklauseln **Kap. 4** 15 ff., **Kap. 6** 11
- Grenzen, quantitative **Kap. 4** 9 f., **Kap. 6** 17 f.
- Höhe des Anspruchs **Kap. 4** 28
- Jahresabschlusszahlung **Kap. 6** 7
- Jubiläumszahlung **Kap. 6** 7, 11 ff.
- Klarstellung des Leistungszwecks **Kap. 4** 28
- Kombination der Leistungszwecke **Kap. 4** 3
- Kündigungsfrist **Kap. 4** 24 ff.
- Leistungen, einmalige **Kap. 6** 28 f.
- Leistungsbestimmungsrecht, einseitiges **Kap. 6** 33 ff.
- Mischcharakter, Leistungen mit **Kap. 4** 6 ff.
- Muster **Kap. 9** 7 ff.
- Prüfungsmaßstab **Kap. 4** 28
- Referenzgröße **Kap. 4** 28
- Regelungsschranken **Kap. 4** 9 ff.
- Rückzahlungsklauseln **Kap. 4** 28, **Kap. 6** 26 f.
- Rückzahlungsklauseln, Grenzen **Kap. 4** 16 ff., **Kap. 6** 26 f.
- Ruhen des Arbeitsverhältnisses **Kap. 4** 147, **Kap. 6** 23 ff.
- Ruhezeiten, Auswirkung von **Kap. 6** 23 ff.
- Sonderzahlungen **Kap. 2** 18 ff., **Kap. 3** 30, **Kap. 6** 7
- Stichtagsregelungen **Kap. 4** 28, **Kap. 6** 13
- Stichtagsregelungen, Grenzen **Kap. 4** 20 ff.
- Stichtagsregelungen, Staffelung **Kap. 6** 12 f.
- Transparenzkontrolle **Kap. 4** 28
- Treuegeld **Kap. 6** 7
- Urlaubsgeld **Kap. 6** 7
- Vor- und Nachteile **Kap. 7** 10 ff.
- Weihnachtsgratifikation **Kap. 4** 3, **Kap. 6** 7
- Widerrufsvorbehalt **Kap. 6** 30 ff.

Vergütungsbestandteile, erfolgsabhängige
- Anknüpfungspunkte der Erfolgskomponente **Kap. 4** 38 f.
- Anpassung im laufenden Bezugszeitraum **Kap. 4** 88 ff.
- Anpassung von Zielvereinbarungen **Kap. 4** 95 ff.
- Anpassung von Zielvorgaben **Kap. 4** 92 ff.
- Anpassungsanspruch **Kap. 4** 90 f.
- Arbeitnehmerbindung für den Bezugszeitraum **Kap. 4** 46 ff.

- Arbeitsunfähigkeit, Kürzungsmöglichkeiten **Kap. 4** 130 ff., 146 ff.
- Banken, Besonderheiten für **Kap. 4** 162 ff.
- Bemessungsgrundlage **Kap. 4** 50
- Berücksichtigung von Abwesenheitszeiten, Gestaltungsmöglichkeiten **Kap. 4** 126 ff.
- Berücksichtigung von Abwesenheitszeiten, Grenzen **Kap. 4** 127 ff.
- Bezugszeitraum, Grenzen **Kap. 4** 44 ff.
- Bindungswirkung **Kap. 4** 44 ff.
- Bonuszahlungen **Kap. 2** 24, **Kap. 4** 35 ff.
- Direktionsrecht, Grenzen **Kap. 4** 76 ff.
- Diskriminierungsverbot **Kap. 4** 36
- Einzelregelungen **Kap. 4** 57 ff.
- Elternzeit **Kap. 4** 140 ff.
- Erfolgsvergütung **Kap. 4** 34
- Erholungsurlaub **Kap. 4** 144
- Entgeltvereinbarung, Grundsatz der freien **Kap. 4** 63 ff.
- Erreichbarkeit der Ziele **Kap. 4** 63 ff.
- Erscheinungsformen **Kap. 4** 29 ff.
- Festsetzung nach Zielen **Kap. 2** 29 ff.
- Festsetzung, ermessensabhängige **Kap. 2** 25 ff.
- Flexibilisierungsinstrumente **Kap. 4** 57 ff.
- Freiwilligkeitsvorbehalt **Kap. 4** 71
- Garantietantieme **Kap. 4** 33
- Grenzen, rechtliche **Kap. 4** 40 ff.
- Grundsätze der freien Entgeltvereinbarung **Kap. 4** 63 ff.
- Initiativpflicht von Arbeitnehmern **Kap. 4** 118 f.
- Kurzarbeit **Kap. 4** 145
- Leistungen, einmalige **Kap. 4** 57 f.
- Leistungssystem, arbeitsvertraglich festgeschriebenes **Kap. 4** 59
- Leistungssystem, dauerhaftes **Kap. 4** 60 ff.
- Mutterschutz **Kap. 4** 143
- Nachhaltigkeit der Unternehmensentwicklung **Kap. 4** 50 f.
- Pflegezeit **Kap. 4** 140 ff.
- Prämienzahlungen **Kap. 2** 24, **Kap. 4** 35 ff.
- Provisionen **Kap. 2** 43 ff.
- Ruhen des Arbeitsverhältnisses **Kap. 4** 34
- Schadensersatzanspruch **Kap. 4** 111 ff., 121
- Sonderzahlungen **Kap. 2** 24, **Kap. 4** 35 ff.
- Stichtagsregelungen **Kap. 4** 46 ff.
- Tantieme **Kap. 2** 22 f., **Kap. 4** 29 ff., **Kap. 6** 38 ff.
- Transparenzkontrolle **Kap. 4** 69 ff.
- Urlaubsgeld **Kap. 4** 144
- Versicherungen, Besonderheiten für **Kap. 4** 162 ff.
- Wehrdienst **Kap. 4** 140 ff.
- Ziele, gruppenerfolgsbezogene **Kap. 2** 31 ff.
- Ziele, individualerfolgsbezogene **Kap. 2** 30
- Ziele, unternehmens-, konzern- und spartenerfolgsbezogene **Kap. 2** 33 f.
- Zielfestlegung **Kap. 4** 44 f.
- Zielfestlegung, Zeitpunkt **Kap. 4** 84 ff.
- Zielvereinbarungen, Rechtsfolgen unterbliebener bzw. fehlerhafter **Kap. 4** 103 ff.
- Zielvereinbarungen **Kap. 4** 63 ff.
- Zielvorgaben **Kap. 4** 61, 73 ff.
- Zielvorgaben, Rechtsfolgen unterbliebener bzw. fehlerhafter **Kap. 4** 103 ff.

Vergütungsbestandteile, freiwillige **Kap. 3** 18
- Anspruchsbegründung **Kap. 3** 19
- Betriebliche Übung **Kap. 3** 20 ff.
- Entgelt, laufendes **Kap. 3** 23
- Freiwilligkeitsvorbehalt, Anspruchsgrund **Kap. 3** 44 ff.
- Freiwilligkeitsvorbehalt, Anspruchshöhe **Kap. 3** 48 ff.
- Freiwilligkeitsvorbehalt, Erklärung **Kap. 3** 52 ff.
- Freiwilligkeitsvorbehalt, Reichweite **Kap. 3** 38 ff.
- Leistungen, einmalige **Kap. 3** 33 ff.
- Leistungen, wiederkehrende **Kap. 3** 36 ff.
- Totalvorbehalt **Kap. 3** 38 ff.

Vergütungsbestandteile, variable
- Befristung **Kap. 3** 66 ff., **Kap. 7** 7
- Direktionsrecht, Auswirkungen der Ausübung **Kap. 3** 104 ff.

– Freiwilligkeitsvorbehalte **Kap. 7** 1 ff.
– Leistungssysteme, dauerhafte **Kap. 7** 8 f.
– Sittenwidrigkeit **Kap. 3** 17
– Vor- und Nachteile **Kap. 7** 1 ff.
Vergütungsgrundsätze
 – ~, betriebsverfassungsrechtliche **Kap. 8** 22
 – ~, variable **Kap. 5** 17 ff.
 – Änderung und Aufstellung **Kap. 5** 9 f.
 – Betriebsrat, Mitbestimmungsrecht **Kap. 5** 9 f.
Vergütungssysteme, erfolgsabhängige
 – Anreize **Kap. 7** 33 ff.
 – Bedeutung für das Gesamtunternehmen **Kap. 7** 31 f.
 – Erreichbarkeit der Ziele **Kap. 7** 27 ff.
 – Fehlanreize **Kap. 7** 33 ff.
 – Klarheit der Ziele **Kap. 7** 23
 – Leistungsgerechtigkeit **Kap. 7** 36 ff.
 – Motivation durch Identifikation **Kap. 7** 24 ff.
 – Motivationssteigerung **Kap. 7** 16 ff.
 – Notwendigkeit einer Zielidentifikation **Kap. 7** 20 ff.
 – Sinn und Zweck **Kap. 7** 16 ff.
 – Zielidentifikation **Kap. 7** 20 ff.
Vergütungssysteme, leistungsorientierte **Kap. 5** 97
Vergütungssysteme, variable
 – Änderungskündigung **Kap. 8** 5
 – Anreize und Fehlanreize **Kap. 8** 2 ff.
 – Arbeitnehmergruppen **Kap. 8** 9
 – Aspekte, betriebswirtschaftliche **Kap. 8** 2
 – Aspekte, personalentwicklungsbezogene **Kap. 8** 2
 – Aspekte, rechtliche **Kap. 8** 3 ff.
 – Bedeutung als Personalführungsinstrument **Kap. 1** 1 ff., **Kap. 8** 11
 – Befristung **Kap. 7** 7
 – Betriebstreueleistungen **Kap. 6** 1 ff.
 – Einführung und Umsetzung **Kap. 8** 1 ff.
 – Entscheidungsprozesse **Kap. 8** 1 ff.
 – Freiwilligkeitsvorbehalt **Kap. 7** 1 ff.
 – Gestaltungsmöglichkeiten **Kap. 6** 1 ff.
 – Gleichbehandlung in der Reihe **Kap. 8** 18 f.
 – Gleichbehandlung in der Zeit **Kap. 8** 20 ff.
 – Gleichbehandlungsgrundsatz **Kap. 8** 7, 18 ff.
 – Komponente, zeitliche **Kap. 8** 16 f.
 – Leistungen, dauerhafte **Kap. 7** 1 ff.
 – Leistungen, einmalige **Kap. 7** 1 ff.
 – Leistungssysteme, dauerhafte **Kap. 7** 8 ff.
 – Tantieme **Kap. 6** 38 ff.
 – Vor- und Nachteile **Kap. 7** 1 ff.
 – Widerrufsrecht **Kap. 8** 4
 – Zielkomponenten **Kap. 8** 14
 – Zielsetzung **Kap. 8** 10
 – Zielüberfüllung **Kap. 8** 13
 – Zielvereinbarungssysteme **Kap. 6** 82 ff.
Vergütungsvereinbarung
 – ~, betriebliche **Kap. 3** 11 ff.
 – ~, freie **Kap. 4** 63 ff.
 – ~, individuelle **Kap. 5** 10
 – Gleichbehandlungsgrundsatz **Kap. 3** 7 f.
 – Grenzen **Kap. 3** 4 ff.
 – Tarifvertrag **Kap. 3** 10
 – Transparenzkontrolle **Kap. 4** 69 ff.
Verhaltensregeln, Festlegung
 – Mitbestimmungsrechte des Betriebsrates **Kap. 5** 41 ff.
Vermittlungsprovision **Kap. 2** 43
Vermögensmehrung **Kap. 2** 9
Verpflegungspauschbeträge **Kap. 2** 8
Verschwiegenheitsklausel
 – ~, nachvertragliche **Kap. 6** 4
Versetzung
 – Auswirkungen auf Zielvereinbarung **Kap. 6** 100
 – Mitbestimmungsrecht des Betriebsrates **Kap. 5** 67
Verteilungsgerechtigkeit **Kap. 5** 11
 – ~, innerbetriebliche **Kap. 5** 11
 – Mitbestimmungsrecht des Betriebsrates **Kap. 5** 13
Vertragsauslegung
 – ~, ergänzende **Kap. 4** 100 f.
Vertragsfreiheit **Kap. 3** 4
Vertragsgestaltung, betriebsvereinbarungsoffene
 – Muster **Kap. 9** 6
Vorstandsvergütung
 – Wertungsmodell **Kap. 4** 149 ff.

W

Wartefrist
  – Aktienoptionen **Kap. 2** 55 f.
Wehrdienst **Kap. 4** 128
  – Entgeltbestandteile, erfolgsabhängige **Kap. 4** 140 ff.
  – Sonderzahlungen **Kap. 4** 140 ff.
Weihnachtsgratifikation **Kap. 4** 3, **Kap. 5** 29, **Kap. 6** 8
  – Bedeutung als Personalführungsinstrument **Kap. 1** 5
  – Betriebstreueleistung **Kap. 6** 7
  – Entgeltbestandteile, anlassbezogene **Kap. 2** 18
Wertungsmodelle
  – Nachhaltigkeit **Kap. 4** 153 ff.
  – Übertragbarkeit auf Arbeitsverhältnisse **Kap. 4** 157 ff.
  – Unternehmensziele **Kap. 4** 153 ff.
  – Vorstandsvergütung **Kap. 4** 149 ff.
Wettbewerbsverbot
  – ~, nachvertragliches **Kap. 6** 5
Widerrufsvorbehalt **Kap. 3** 41, 77 ff.
  – ~, arbeitsvertraglicher **Kap. 5** 32
  – Ankündigungsfrist **Kap. 3** 90 f.
  – Arbeitsunfähigkeit **Kap. 3** 87
  – Ausübungskontrolle **Kap. 3** 90
  – Betriebstreueleistungen **Kap. 6** 30 f.
  – Bezugnahme auf externe Regelungswerke **Kap. 3** 93 f.
  – Dienstwagennutzung, private **Kap. 3** 83, 91
  – Direktionsrecht **Kap. 3** 104 ff.
  – Entgeltbestandteile, variable **Kap. 8** 4
  – Inhaltskontrolle **Kap. 3** 89 f.
  – Leistungsdefizite, personenbedingte **Kap. 3** 87
  – Muster **Kap. 9** 4
  – Tantieme **Kap. 6** 63 f.
  – Verbot der geltungserhaltenden Reduktion **Kap. 3** 85
  – Widerrufsgrund **Kap. 3** 80 ff.
Windhundprinzip **Kap. 5** 40
Wirtschaftsrisiko **Kap. 4** 99

Z

Zeitvergütung **Kap. 2** 2
Ziele, gruppenerfolgsbezogene
  – Anreize **Kap. 7** 34 f.
  – Fehlanreize **Kap. 7** 34 f.
Ziele, individualerfolgsbezogene
  – Anreize **Kap. 7** 33
  – Fehlanreize **Kap. 7** 33
Zieltantieme **Kap. 6** 80 f.
Zielüberfüllung **Kap. 8** 13
Zielvereinbarung für einen Jahreszeitraum
  – Muster **Kap. 9** 13
Zielvereinbarungen
  – ~, gestaffelte **Kap. 4** 67
  – Abgrenzung zu einseitigen Zielvorgaben **Kap. 6** 110 ff.
  – Annahmeverzugsrisiko **Kap. 4** 99
  – Anpassung im laufenden Bezugszeitraum **Kap. 4** 88 ff.
  – Anpassung **Kap. 4** 95 ff.
  – Anpassungsanspruch **Kap. 4** 90 f.
  – Auskunftsanspruch des Arbeitnehmers **Kap. 6** 147 ff.
  – Bemessung der Ziele **Kap. 6** 132 ff.
  – Bemessungsgrundlage **Kap. 6** 101
  – Bemessungsverfahren **Kap. 6** 114 f.
  – Bezugszeitraum für die Zielerreichung **Kap. 6** 129 ff.
  – Billigkeitskontrolle **Kap. 4** 65
  – Direktionsrecht, arbeitgeberseitiges **Kap. 4** 72
  – Einmalzahlungen **Kap. 2** 41 f.
  – Entgeltbestandteile, erfolgsabhängige **Kap. 4** 63 ff.
  – Entscheidungszuständigkeit **Kap. 6** 139 ff.
  – Erreichbarkeit der Ziele **Kap. 6** 109
  – Fahrlässigkeitsvorwurf **Kap. 4** 117
  – Fehlen **Kap. 4** 108 ff.
  – Fehlerhaftigkeit **Kap. 4** 123 ff.
  – Feststellung der Zielerreichung **Kap. 6** 137 f.
  – Formerfordernisse **Kap. 6** 120
  – Gewichtung der Ziele **Kap. 4** 67
  – Gewichtung einzelner Zielkomponenten **Kap. 6** 124 ff.
  – Gleichbehandlungsgrundsatz **Kap. 6** 134
  – Gleichrangigkeit aller Ziele **Kap. 4** 70
  – Graduierung der Bewertung **Kap. 6** 132 ff.
  – Grenze der Sittenwidrigkeit **Kap. 4** 66

- Grundsätze der freien Entgeltvereinbarung **Kap. 4** 63 ff.
- Initiativpflicht von Arbeitnehmern **Kap. 4** 118 f.
- Innovations- und Verhaltensziele **Kap. 6** 121
- Intransparenz **Kap. 4** 123
- keine Inhaltskontrolle **Kap. 4** 65, **Kap. 6** 108
- Kombination aus abstrakter Rahmen-und ausfüllender Einzelregelung **Kap. 6** 102 ff.
- Kontrollmaßstab **Kap. 4** 64
- Meinungsverschiedenheiten über Erreichen **Kap. 6** 145 ff.
- Rahmen-und Einzelvereinbarungen **Kap. 6** 98 ff.
- Rechtliche Gestaltung **Kap. 6** 98 ff.
- Rechtsfolge bei Fehlen **Kap. 4** 103 ff.
- Rechtsfolgen **Kap. 4** 72
- Risikoverteilung **Kap. 4** 102
- Schadensersatzanspruch **Kap. 4** 111 ff., 121
- Stufenverhältnis **Kap. 4** 70 f.
- Transparenzkontrolle **Kap. 2** 41, **Kap. 4** 69 ff., **Kap. 6** 107
- Überprüfbarkeit, eingeschränkte gerichtliche **Kap. 6** 109
- Verhaltensziele **Kap. 6** 121
- Versetzung, Auswirkungen **Kap. 6** 100
- Vertragsauslegung, ergänzende **Kap. 4** 100 f.
- Wirtschaftsrisiko **Kap. 4** 99
- Zeitpunkt der Festlegung der Ziele **Kap. 4** 86
- Zielgröße der variablen Entgeltkomponente **Kap. 6** 115
- Zielkomponenten **Kap. 6** 116 ff.
- Zielkomponenten, individual- oder gruppenerfolgsbezogene **Kap. 6** 151
- Zusage, arbeitsvertragliche **Kap. 6** 103 ff.
- Zusatzvereinbarung **Kap. 6** 101

Zielvereinbarungssysteme
- Auskunftsanspruch des Arbeitnehmers **Kap. 6** 147 ff.
- Bedeutung als Personalführungsinstrument **Kap. 1** 3 f., **Kap. 6** 82 ff.
- Bemessung der Ziele und Graduierung der Bewertung **Kap. 6** 132 ff.
- Bezugszeitraum **Kap. 6** 129 ff.
- Einzelvereinbarung **Kap. 6** 98 ff.
- Kombination aus abstrakter Rahmen- und ausfüllender Einzelregelung **Kap. 6** 102 ff.
- Muster Betriebsvereinbarung **Kap. 9** 12
- Muster Rahmenvereinbarung **Kap. 9** 11
- Rahmenvereinbarung **Kap. 6** 98 ff.
- Rechtliche Gestaltung **Kap. 6** 98 ff.
- Zielerreichung, gruppenerfolgsbezogene **Kap. 6** 137 ff.
- Zielkomponenten, Gewichtung **Kap. 6** 124 ff.
- Zielkomponenten, gruppenerfolgsbezogene **Kap. 6** 88 ff.
- Zielkomponenten, individualerfolgsbezogene **Kap. 6** 92

Zielvorgaben
- Abgrenzung zu Zielvereinbarungen **Kap. 6** 110 ff.
- Anpassung **Kap. 4** 92 ff.
- Anpassung im laufenden Bezugszeitraum **Kap. 4** 88 ff.
- Anpassungsanspruch **Kap. 4** 90 f.
- Billigkeitskontrolle **Kap. 4** 61 ff.
- Direktionsrecht **Kap. 4** 79 f.
- Entgeltbestandteile, erfolgsabhängige **Kap. 4** 61
- Erreichbarkeit der Ziele **Kap. 4** 81
- Fahrlässigkeitsvorwurf **Kap. 4** 116
- Fehlen **Kap. 4** 106 f.
- Fehlerhaftigkeit **Kap. 4** 123 ff.
- Gewichtung der Ziele **Kap. 4** 82 f.
- Grenzen des billigen Ermessens **Kap. 2** 42
- Grenzen des Direktionsrechts bei tätigkeitsbezogenen Zielen **Kap. 4** 76 ff.
- Initiativpflicht von Arbeitnehmern **Kap. 4** 118 f.
- Leistungsbestimmungsrecht, einseitiges **Kap. 4** 73 ff.
- Motivationszweck **Kap. 4** 81
- Rechtsfolge bei Fehlen **Kap. 4** 103 ff.
- Schadensersatzanspruch **Kap. 4** 111 ff.
- Sonderzahlungen **Kap. 2** 41 f.
- Zeitpunkt der Festlegung der Ziele **Kap. 4** 87

Zulagen **Kap. 2** 6 f., **Kap. 5** 12, 28
   – ~, außertarifliche **Kap. 2** 7
Zusage, arbeitsvertragliche
   – Zielvereinbarung **Kap. 6** 104 f.

Zuschläge **Kap. 2** 6 f.
Zuständigkeit
   – Konzern-, Gesamt- sowie Betriebsrat **Kap. 5** 110 ff.